ACCESO GRATIS a la Lectura en la Nube

Para visualizar el libro electrónico en la nube de lectura envíe junto a su nombre y apellidos una fotografía del código de barras situado en la contraportada del libro y otra del ticket de compra a la dirección:

ebooktirant@tirant.com

En un máximo de 72 horas laborables le enviaremos el código de acceso con sus instrucciones.

La visualización del libro en **NUBE DE LECTURA** excluye los usos bibliotecarios y públicos que puedan poner el archivo electrónico a disposición de unacomunidad de lectores. Se permite tan solo un uso individual y privado.

JUSTICIA AMBIENTAL

Perspectivas nacional y comparada

JUSTICIA AMBIENTAL

PERSPECTIVAS NACIONAL Y COMPARADA

Coordinador
Gerardo Ruiz-Rico Ruiz

Universidad de Jaén
Grupo de Investigación SEJ-173
"Derechos fundamentales, Andalucía y UE"

Sur de Europa

tirant lo blanch
Valencia, 2024

© *Coordinador:*
Gerardo Ruiz-Rico Ruiz

© TIRANT LO BLANCH
EDITA: TIRANT LO BLANCH
C/ Artes Gráficas, 14 - 46010 - Valencia
TELFS.: 96/361 00 48 - 50
FAX: 96/369 41 51
Email: tlb@tirant.com
www.tirant.com
Librería virtual: www.tirant.es
DEPÓSITO LEGAL: V-2224-2024
ISBN: 978-84-1056-256-1

Si tiene alguna queja o sugerencia, envíenos un mail a: *atencioncliente@tirant.com*. En caso de no ser atendida su sugerencia, por favor, lea en *www.tirant.net/index.php/empresa/politicas-de-empresa* nuestro procedimiento de quejas.

Responsabilidad Social Corporativa: http://www.tirant.net/Docs/RSCTirant.pdf

INDICE DE AUTORES

GERARDO RUIZ-RICO RUIZ
(Universidad de Jaén)
VITULIA IVONE
(Universidad de Salerno)
ANTONIO LUIS FAYA BARRIOS
(Letrado de la Junta de Andalucía)
NICOLÁS PEREZ SOLA
(Universidad de Jaén)
CATERINA DRIGO
(Universidad de Bologna)
JOSÉ MANUEL RUIZ-RICO RUIZ
(Universidad de Málaga)
BELÉN CASADO CASADO
(Universidad de Málaga)
ANTONIO JOSÉ QUESADA SÁNCHEZ
(Universidad de Málaga)
DR. JOSÉ MANUEL MARTÍN FUSTER
(Universidad de Málaga)
MARÍA DOLORES RUIZ-RICO ARIAS
(Universidad de Málaga)
.DR. JESÚS MARTÍN FUSTER
(Universidad de Málaga)
PATRICIO CURY PASTENE
(Universidad de Chile y Universidad Academia Humanismo Cristiano)
DIEGO SAN MARTÍN VILLAVERDE
(Pontificia Universidad Católica del Perú–Estudio Caro & Asociados)
MARCELO ALBERTO LÓPEZ ALFONSÍN
(Universidad de Buenos Aires)
MARÍA DEL PILAR GARCÍA PACHÓN Y JUAN DIEGO RODRÍGUEZ
ACUÑA *(Universidad Externado de Colombia)*
ANA LOPEZ NAVÍO
(Universidad de Jaén)
RAQUEL CASTILLEJO MANZANARES
(Universidad de Santiago de Compostela)

Índice

Presentación

La protección del medio ambiente y la lucha contra el cambio climático se han convertido en objetivos globales que están provocando un cambio en los paradigmas jurídicos de los tribunales de justicia estatales y supranacionales. Con un cierto grado de debilidad y una regulación deficitaria en ocasiones en el plano constitucional, parece estar consolidándose una doctrina jurisprudencial que pretende y aspira a garantizar el cumplimiento y ejecución de los compromisos ambientales que se adquieren en la esfera internacional. Esta inédita hasta hace poco "justicia climática" que emana de las Altas Cortes nacionales, supone una posición mucho más activa de la justicia frente a los riesgos de la emergencia climática, complementada con el papel cada vez más determinante en esa línea que están jugando las jurisdicciones europeas y latinoamericana (Tribunal Europeo de Derechos Humanos, Tribunal de Justicia de la UE, Corte Interamericana de Derechos Humanos), en los litigios que ponen aprueba la eficacia jurídica de los grandes acuerdos internacionales.

La presente monografía aporta una visión amplia del concepto de "justicia ambiental", que no se circunscribe a los conflictos donde está comprometida la meta del "neutralidad climática". La protección del medio ambiente sigue enfrentándose todavía a los clásicos y tradicionales conflictos jurídicos, donde el interés general y social que representa el medio ambiente, en cuanto derecho constitucional "fundamental", tiene que ser asegurado por quienes actúan como el último garante frente a los daños ecológicos que ponen en riesgo permanente su ejercicio por el conjunto de la ciudadanía..

Capítulo 1.

Un ensayo sobre la justicia ambiental y los posibles parámetros para lograr una justiciabilidad efectiva del derecho constitucional al medio ambiente

GERARDO RUIZ-RICO RUIZ

La incorporación al constitucionalismo contemporáneo del derecho a un medio ambiente, con diferentes adjetivaciones (adecuado, sano, etc.), no ha venido acompañada de un sistema de garantías apropiado para hacerlo efectivo en la esfera jurisdiccional. Este déficit en lo que respecta a su virtualidad normativa, representa todavía un obstáculo para que pueda ser identificado como un auténtico derecho fundamental, esto es, un derecho que goza de inmediatez y *accionabilidad* potenciales, cuando entra en conflicto con otros derechos o intereses legitimados igualmente por su positivación constitucional.

Sin embargo, conviene subrayar del mismo modo que el principio ambiental ha dejado de ser lo que podríamos denominar como una "simple regla interpretativa de acompañamiento" en la respuesta judicial que se está dando a este tipo de dilemas. Por el contrario, y aunque obviamente no de una forma uniforme, se está imponiendo como centro de atención de aquellas decisiones donde se sustancian demandas colectivas; unas veces están relacionadas con la protección de determinados recursos naturales, y otras tienen como objeto el cumplimiento de compromisos internacionales adoptados para mitigar el cambio climático.

Por otro lado, resulta evidente el carácter multinivel de esta -podríamos llamarla- justicia ambiental, dentro de la cual existe ya una modalidad específica, cuya denominación más generalizada sería la de "justicia climática". Existen hoy numerosos precedentes o referentes jurisprudenciales en las principales dimensiones jurisdiccionales. De un lado, en el nivel nacional se constatan sentencias "ambientales" que proceden tanto de la justicia ordinaria como de la constitucional específicamente. Podemos mencionar como más emblemáticas hasta el momento algunas que se han dictado en Holanda, Alemania o Francia o Portugal. Los nuevos "paradigmas judiciales" dejan en evidencia el papel que puede llegar a tener la justicia constitucional (o suprema ordinaria) como instrumento que garantizaría los derechos ambientales de unas "futuras generaciones".

En el caso Urgenda, el Tribunal Supremo holandés (2019) impone al Gobierno de aquel Estado, la obligación de reducir las emisiones de efecto invernadero en un 20% a partir del año siguiente. En el *caso de Neubauer y otros contra Alemania* (2021) se localiza igualmente un precedente jurisprudencial de significativa importancia, en la medida en que representa una intervención del Tribunal Federal como verdadero "legislador activo", al fijar al Gobierno unos estándares de control de la contaminación más allá de la secuencia temporal que se habían establecido legalmente (2030). En la misma línea, la inacción o la acción insuficiente de los poderes públicos hacia ese objetivo ha sido señalada por el Consejo de Estado francés, el cual ha exigido al Ejecutivo una justificación sobre la planificación prevista para la reducción de emisiones hasta 2030. En Portugal, unos adolescentes han presentado con éxito una demanda ante TEDH, por la inactividad de los Estados europeos ante el calentamiento global. Un caso cuya solución puede ser realmente importante para conocer el alcance de las decisiones judiciales que se adopten en el futuro en el ámbito de la justicia climática.

Así mismo en el orden supranacional son realmente significativas de la evolución jurisprudencial en esta materia un catálogo cada vez más amplio de resoluciones procedentes de instancias jurisdiccionales especializadas en derechos humanos y, en el caso europeo, de la justicia comunitaria de la UE. Pongamos como referencia, por su carácter emblemático e importancia, la sentencia del TJUE que condenó a Polonia, de 17 de abril de 2018, por la desprotección de del Parque Nacional y la reserva forestal de Białowieża. Además del cumplimiento de las obligaciones que derivan de unas serie de directivas ambientales de mayor impacto en el territorio de la (92/43/CEE, 2009/147/CE), la decisión judicial puede ser entendida –lo hemos sugerido ya (2022)- como "una forma de autoconcepción del propio Tribunal de Luxemburgo como modelo de *justicia ambiental*".

La anterior multilateralidad no conforma desde luego compartimentos sino vasos comunicantes. Fluctúa también aquí un "diálogo de Cortes", si bien no del todo perfecto ni sin resistencias, entre los Altos Tribunales de Justicia que tienen que dictaminar y resolver conflictos donde está en juego la eficacia jurídica del derecho al medio ambiente.

Así pues, cabría afirmar que está abierto un verdadero proceso de "judicialización" de los conflictos ambientales y climáticos, que tiene como eje de atención principal el modus operandi de los poderes públicos a la hora de dar cumplimiento a las obligaciones que se adquieren en la arena constitucional.

Ciertamente sería legítimo dudar de la idoneidad de un poder del Estado (judicial) que cuenta seguramente con la capacidad resolutiva –en la solución de los conflictos ambientales y climáticos-, pero no con los instrumentos imprescindibles y necesarios para la ejecución de las decisiones que se adoptan en la esfera jurisdiccional. En lo relativo a la tutela del medio ambiente la intervención de los poderes "políticos" del Estado

–Legislativo y Ejecutivo- resulta imprescindible para implementar, administrativa y presupuestariamente, aquellas decisiones judiciales. Es en aquellos, y no estas últimas donde recae la primordial responsabilidad para dar cumplimiento los objetivos ambientales marcados por las superiores fuentes normativas (Constitución, Tratados).

Una constatación no meramente hipotética del presente y para el futuro: la eficacia de la normativa ambiental como parámetro de evaluación se está imponiendo como paradigma jurisdiccional, reforzado por las reglas y acuerdos que se fraguan en una dimensión supranacional. En efecto, la justicia ambiental ha empezado a cobrar un protagonismo indiscutible, como "factor de ponderación" (Hesse) inexcusable en los procesos de toma de decisiones de los poderes públicos. Gracias a una especie de *alianza* jurídica que conforman, de un lado, los mandatos de naturaleza constitucional, y de otro, la obligada importación a los ordenamientos estatales de los compromisos internacionales de índole convencional, o en su caso también mediante el efecto vinculante y hegemónico de un derecho ambiental, derivado y primario, que procede de instituciones supranacionales (Unión Europea).

Sin embargo, hay que poner también relieve el riesgo aquí de que un creciente y excesivo "activismo judicial" pueda derivar en un verdadero *creacionismo judicial*, sin cobertura constitucional en una modalidad de Estado constitucional donde impera, siempre y con independencia de la forma de gobierno elegida (parlamentaria o presidencial), el principio de separación de poderes. No sólo porque la solución judicial de los conflictos medioambientales requerirá inevitablemente de la colaboración institucional de los otros poderes del Estado, y en mayor medida del aparato administrativo al servicio del poder Ejecutivo. Sino principalmente porque el cumplimiento de la normativa sectorial, así como de las resoluciones que se adoptan por los órganos judiciales, se sitúa en el marco constitucional de la llamada función de gobierno o de dirección política;

fuera del alcance de las potestades que ostentan y ejercen las instituciones jurisdiccionales (del Poder Judicial o la justicia específicamente constitucional).

Pese a un "evolucionismo" jurisdiccional de signo muy positivo, resulta del mismo incuestionable la existencia todavía de elevados déficits funcionales de la justicia ambiental; en concreto en aquella que se ejerce desde y por órganos jurisdiccionales especializados (Tribunal Constitucional), o la que practican aquellos otros que tienen entre sus competencias basilares la aplicación de la norma fundamental del Estado (justicia ordinaria). Se manifiestan, de un lado, como resultado de una línea de interpretación –inconstante y con fluctuaciones- en el ejercicio de sus funciones procesales; pero inevitable en la práctica también, como una consecuencia insuperable del principio de la independencia judicial.

Para superar este tipo de dificultades que evidencia la aplicación judicial de los objetivos ambientales, parece inevitable proponer una revisión del modelo de constitucionalización empleado hasta el momento, así como la técnica jurídica mediante la cual se ha configurado un "supuesto" derecho al medio ambiente, devaluado normativamente y con unas garantías instrumentales insuficientes, incapaces de contener hipotéticas lesiones o incumplimientos, tanto en una fase preventiva como ante el posible el daño ambiental ya producido.

La indeterminación por tanto de la categoría (derecho) surge de manera invariable a la hora de otorgar incluso un significado y contenido concretos al sustantivo (medio ambiente) y la adjetivación que normalmente le acompaña (sano, adecuado, etc.) [1]. Pero esa ambigüedad, por otro lado consustancial a la

---

1 .- En una de las sentencias más emblemáticas y representativas de la línea jurisprudencial en buena medida dominante todavía, el Tribunal Constitucional (STC 102/1995), se empleó a fondo a la

mayor parte de los enunciados de la dogmática constitucional, llega a ser con frecuencia más un pretexto que un argumento verídico en las operaciones interpretativas, con las que se pretende definir el alcance de la tutela que proporciona la norma fundamental.

No cabe discutir la necesidad de adaptación de un concepto en permanente estado de evolución. La actualización del canon de constitucionalidad se impone como un imperativo insoslayable para el intérprete judicial, en la misma medida que los problemas medioambientales van experimentando transformaciones de acuerdo con los diferentes motores de desarrollo potencialmente "insostenible". De esta mutabilidad fáctica deriva también una imprescindible redefinición, legislativa y jurisprudencial, de los patrones jurídicos marcados en la Constitución.

El problema además se intensifica cuando estos últimos renuncian por anticipado a su potencialidad normativa. La mejor exponente sería sin duda la fórmula que adoptó el constituyente español con la combinación entre unos derechos sociales implantados en un bloque de la declaración de derechos (Título Primero), a los que se niega de partida esa misma condición. Primero, al identificarlos con una denominación que a priori rechaza una eventual consideración como derechos subjetivos (*Principios Rectores de la política social y económica*); y luego privándoles de cualquier oportunidad de reconocimiento de una hipotética "justiciabilidad" directa, como mandatos de naturaleza constitucional, más allá de lo que haya decidido para su concreción posterior el legislador ordinario (art. 53.3).

---

hora intentar definir el concepto "medio ambiente" que aparece enunciado en el artículo 45 de la CE. Tuvo que utilizar varias páginas de la fundamentación jurídica para delimitar una noción que, al final, sigue siendo por su *dinamicidad* –reconocida por el propio Tribunal- en gran medida indeterminada o indeterminable a priori.

Con el valor teóricamente "informativo" que se predica del conjunto de derechos sociales, el derecho al medio ambiente-como la mayor parte de los derechos en los que se despliega la noción de Estado social- va a sufrir de partida una notable limitación desde el punto de su carácter normativo y vinculante. Sus posibilidades de *alegabilidad jurisdiccional* quedan muy mermadas por expresa puntualización del constituyente, que –de nuevo en el artículo 53.3, in fine- viene a sancionar una suerte de aplicabilidad *en diferido* en esa esfera jurídica, condicionándola a la normativa infraconstitucional posterior que desarrolle el "principio ambiental".

Con estas premisas regulativas no se podía esperar -ni se puede todavía- una respuesta positiva y decidida del TC, pero tampoco obviamente de la justicia ordinaria. En este último caso la subordinación "única" al "imperio de la ley" que subraya –erróneamente en su carácter teórica y formalmente exclusivo- refuerza la idea de que, ante la falta de inmediatez y aplicabilidad directa (art.53.3), el derecho al medio ambiente queda al final configurado sólo por los parámetros de legalidad establecidos por el poder constituido. En este sentido, un análisis en clave *case law* de la jurisprudencia del Tribunal Constitucional (TC) y el Tribunal Supremo (TS) pondría de relieve la escasa entidad normativa que conceden al derecho al medio ambiente, proclamado formalmente en el artículo 45 de la CE, en su potencial calidad de parámetro de evaluación, eficaz y autónomo, de la validez de actos y normas eventualmente contrarias al ejercicio y garantías de ese derecho.

El modelo implantado por la CE de 1978 y destinado a reforzar la eficacia jurídica de los derechos fundamentales se estructura en primer lugar, en torno a tres "garantías normativas": carácter vinculante, contenido esencial y reserva "cualificada" de ley (Ley Orgánica (art. 53.1). De ninguna de ellas se puede beneficiar el derecho al medio ambiente. Por lo que se refiere a las posibilidades de aplicabilidad judicial, se limitarían a las que con carácter genérico o global, para el conjunto del articulado la norma fundamental, se proyecta desde el principio de constitucionalidad reconocido en el artículo 9.1 (*los ciudadanos y los poderes públicos están sujetos a la Constitución y al resto del ordenamiento jurídico*). Si a los condicionamientos anteriores se añade el "presunto" y mero "valor informativo" que le estaría atribuyendo el artículo 53.3, entonces quedan muy pocas oportunidades para que el derecho en cuestión se convierta en un canon efectivo de evaluación constitucional cuando se invoque o alegue en un proceso jurisdiccional (constitucional o judicial).

Pero desde otro ángulo menos basado en un criterio meramente formalista, hoy no es posible negar ya la condición jurídica de la Constitución, y por tanto no existirían argumentos que se opongan a reivindicar la obligación que incumbe a cualquier operador jurídico para integrar el derecho al medio ambiente, exponente representativo de su parte dogmática, como "canon de relevancia" –y no simplemente hermenéutico- en el enjuiciamiento de las controversias ambientales que llegan a los tribunales de justicia.

La cuestión, si no la dificultad mayor, estriba en la necesidad de extraer de la norma constitucional un "contenido normativo", aunque sea mínimo, pero que quede fuera de la disponibilidad o autonomía del propio intérprete constitucional, sea este un actor político (Poderes Ejecutivo y Legislativo), con funciones jurisdiccionales (Poder Judicial) o pertenezca al ámbito de los sujetos públicos (Administración).

La operación no resulta en absoluto fácil ni estará exenta de polémica, aunque el responsable de llevarla a cabo (Tribunal Constitucional) contará siempre con legitimidad funcional suficiente como para bloquear las eventuales interpretaciones contradictorias con la Constitución, en las que incurran otros poderes del Estado a los que se les ha otorgado, directa o indirectamente, una legitimación democrática para desarrollar normativamente los preceptos de la CE.

El modelo que implanta la CE es posiblemente singular, casi excepcional, en el marco del constitucionalismo europeo. Cuando señala fronteras y divisiones en el seno de la declaración de derechos y debilitar de este modo –expresa y casi podríamos decir, intencionadamente- las garantías normativas, y luego jurisdiccionales, de la casi totalidad de los derechos (sociales), respecto de una minoría de privilegiados "derechos fundamentales" (civiles y políticos).

A la vista de esta deficitaria confección constitucional de un instrumental adecuado para obtener una tutela judicial efectiva del medio ambiente, no ya sólo como derecho subjetivo o individualizado, sino inclusive como valor o principio del que deriven mandatos nítidos sobre la orientación –imperativa y vinculante- marcada en el artículo 45, se hace preciso explorar algunas alternativas que permitan superar, o cuanto menos neutralizar, la debilidad jurídica del diseño constitucional.

Una exploración básica de la doctrina jurisprudencial elaborada sobre ese derecho "prefigurado" y contenido en el artículo 45 no permite reconocer de salida un balance demasiado optimista. Su utilización como canon o medida de validez "efectivo" en la solución de controversias de naturaleza constitucional, planteadas a través de las vías directas o incidentales de control de constitucionalidad (recursos y cuestiones de inconstitucionalidad, conflictos positivos de competencias Estado-CCAA) podría calificarse como tangencial. El TC sigue defendiendo una concepción todavía excesivamente anclada en el nominalismo o el valor simplemente interpretativo de las compromisos y obligaciones que se proclaman en un precepto que reconoce un derecho solo "virtual" desde el punto de vista jurídico.

No obstante, esos déficits de justiciabilidad constatables del sistema de protección constitucional del derecho al medio ambiente podrían quedar relativizados -o superados de facto- desde una propuesta dogmática sostenida por una comprensión "convencional" o supranacional (europea) de ese mismo derecho. Apoyaría esta tesis la expansión que ha tenido lugar de un *derecho ambiental común europeo;* una nueva disciplina jurídica que ha cobrado un desarrollo exponencial en las últimas décadas y con una potencialidad extraordinaria a futuro a partir del denominado *Green Deal*.

La "audacia" de esta propuesta dogmática no tiene por qué desacreditar su funcionalidad como operación doctrinal que aspira a superar los elementos semánticos que todavía persisten en la interpretación jurisdiccional sobre el derecho al medio ambiente y su eficacia jurídica como parámetro normativo de medición.

En primer lugar, desde la incontestable subordinación a los principios que articulan la relación entre el ordenamiento europeo y los ordenamientos nacional-estatales, deriva un efecto vinculante que se proyecta sobre el conjunto del derecho primario y derivado que se genera en las instituciones de la Unión. Con esta premisa no cabe entonces argumentar la ausencia de ese mismo efecto, para el conjunto de normas ambientales que conforman un estándar homogéneo internacional en el significado jurídico del principio de sostenibilidad.

Desde la configuración como catálogo de mandamientos imperativos, hegemónicos y vinculantes, la legislación comunitaria, aprobada progresivamente en formato principalmente de directivas -y en menor medida de reglamentos-, estaría conformando una suerte de "contenido esencial" normativo, que suple las carencias de normatividad que –como el caso español-sufre el derecho al medio ambiente en la esfera constitucional. Con esta operación de delimitación material se podrían indirectamente establecer los contornos principales -materiales u objetivos- de un derecho que la CE priva de una de las garantías normativas imprescindibles para su aplicación jurisdiccional.

La operación que se propone no carecería de una cierta cobertura y legitimidad constitucionales. Sería una consecuencia del mismo sistema de integración previsto por el artículo 10.2 de la norma fundamental de los tratados y convenios internacionales en materia de derechos y libertades, y de igual manera de la doctrina jurisprudencial que se elabore por las instituciones judiciales a la hora de aplicarlos y definir su significado y alcance.

El derecho al medio ambiente, consagrado en el Tratado de Lisboa (2007) como regla de obligado cumplimiento y delimitado como parámetro de evaluación efectivo por la jurisprudencia comunitaria, obtiene una dimensión sustantiva "constitucional" que se proyectaría desde este plano suparanacional europeo a la esfera, normativa y jurisdiccional de los ordenamientos estatales (constitucional y legislativo).

La tercera de las garantías *normativas* que proporciona exclusivamente la CE a los derechos calificados como "fundamentales" –la reserva de Ley Orgánica- lógicamente no puede ser suplida por una normativa internacional, aunque tenga ésta un carácter vinculante inmediato. Sin embargo, la finalidad última y principal para la que se ha previsto este mecanismo de tutela, esto es, la "indisponiblidad" de una regulación superior para una mayoría política minoritaria , sí que se cumple de nuevo –pensamos- a través de los criterios constitucionales a los que que se acogen con carácter general para el conjunto de los tratados y convenio internacionales (supremacía jerárquica frente a la ley nacional); de igual modo, y muy específicamente, por la hegemonía que queda garantizada para el conjunto del derecho europeo "derivado" a través de los efectos de supremacía y efecto directo. Así pues, si no es posible predicar del derecho al medio ambiente una reserva legal cualificada (ley orgánica), el resultado que se persigue con esta última se obtiene en buena medida por la integración del cuerpo normativo que se aprueba en la UE para proteger el medio ambiente y frenar el cambio climático.

Todavía dentro de este marco de "formalización" positiva, habría que mencionar también el valor que puede tener, desde la perspectiva del sistema de fuentes interno, la "estatutorización" de un derecho al medio ambiente, perfilado jurídicamente en términos bastante más concretos, desde una dimensión sustantiva y a través del sistema de garantías normativas que se ofrecen por una normativa que forma parte del "bloque de constitucionalidad". Somos conscientes, sin embargo, de esa doctrina jurisprudencial que calificaríamos como muy "reduccionista" del TC, que viene a rechazar su naturaleza como verdaderos derechos subjetivos, subjetivos (aunque sí admite su carácter de mandatos vinculantes) para subjetivos la práctica totalidad del catálogo derechos sociales estatutarios. Estos han sido enunciados, en buena parte de la última generación de EEAA, como derechos -en potencia individualizables en su ejercicio y aplicables judicialmente- y no como meros "principios rectores", tal y como hace hasta ahora el vigente texto constitucional. En todo caso, con esta cualificación normativa superior –recordemos que los Estatutos se aprueban formalmente como leyes orgánicas- se estaría en condiciones de defenderse la "cualificación" superior a la ley ordinaria (autonómica pero también estatal) de los compromisos que se han adquirido en la esfera estatutaria; incluso también su potencial utilización por la justicia constitucional, ejercida tanto por los tribunales de justicia ordinarios como por el propio TC, como parámetros efectivos de enjuiciamiento y solución de los que venimos llamando como conflictos ambientales y climáticos.

Si hablamos de justicia ambiental desde un plano constitucional en España, resulta inevitable examinar y evaluar las aportaciones que ha hecho en este sentido la jurisprudencia de quien es el último y superior intérprete de la norma fundamental.

Como se ha subrayado anteriormente, los presupuestos "regulativos" de partida no eran los más idóneos para garantizar la eficacia normativa y la aplicabilidad jurisdiccional del derecho constitucional al medio ambiente. Ciertamente su recepción en el texto de 1978 dentro del Capítulo Tercero (Título Primero), viene a excluirlo, directamente y sin paliativos, de la condición como "derecho fundamental"; con todo lo que esto implica de eliminación del conjunto de instrumentos (normativos y procesales) que asegurarían su justiciabilidad.

Pero además, la ausencia, a priori al menos, de un "contenido esencial" va a dificultar, si no a bloquear inevitablemente, su adopción como verdadero parámetro de constitucionalidad en los mecanismos de fiscalización previstos para controlar jurisdiccionalmente – en un modelo de justicia constitucional esencialmente concentrado- la validez de las normas legislativas (o de rango equivalente) que emanan de las diferentes instituciones con potestad de esa naturaleza (Cortes Generales y Parlamentos Autonómicos).

Los cierto es que el balance que se puede extraer de la utilización de los mecanismos implantados para el control abstracto de constitucionalidad no puede ser muy positivo. La doctrina mantenida por el TC no ha sabido establecer –probablemente no lo ha intentado con la necesaria determinación- un canon de interpretación "sustantivo" que permita descifrar el valor real y efectivo de lo que ha supuesto en España la constitucionalización del derecho al medio ambiente. Queda pues como desafío o asignatura pendiente en la jurisprudencia constitucional el dotar a este de un significado y alcance definibles y operativos, a la hora de medir la validez del desarrollo legislativo que reciben los objetivos ambientales por las diferentes instituciones con potestad normativa.

La excepción, no obstante, se encuentra en la labor de fiscalización que lleva a cabo el TC de las leyes y normas con rango de ley que delimitan las competencias estatales y autonómicas que afectan a la tutela del medio ambiente. Singularmente la interpretación del concepto de "lo básico" en esta materia ha servido para definir, progresivamente y a golpe de conflictos entre el centro y las periferias institucionales, no sólo las atribuciones ambientales que corresponden a esos dos niveles de gobierno; también para, "indirectamente", imponer unos niveles mínimos y generales en los estándares normativos con los que se garantizan las "condiciones básicas" en el ejercicio del derecho consagrado en el artículo 45 de la CE.

De este modo, la jurisprudencia constitucional realiza una doble operación que permite el sistema de distribución de competencias ambientales (constitucionales y autonómicas), al tiempo que impone el modus operandi de las dos principales esferas de gobierno y administración para dar cumplimiento a los objetivos y mandamientos "sustantivos" que se infieren del derecho al medio al medio ambiente. En todo caso, con toda seguridad no es suficiente, y por tanto, esta operación hermenéutica encierra déficits que por el momento han impedido apoyar una virtualidad normativa "autónoma" en la jurisprudencia constitucional, no condicionada por la dinámica conflictual que tiene lugar entre poderes políticos territoriales que con frecuencia no sintonizan en sensibilidades ecológicas.

Pero la justiciabilidad constitucional del derecho al medio ambiente, como expresión de una vía procesal de tutela, individualizada o colectiva, no tiene una respuesta adecuada en el sistema de garantías de orden jurisdiccional dispuesto para las diferentes categorías de derechos que se reúnen en el Título Primero de la norma fundamental de 1978.

Esta limita el grado máximo –y podríamos adjetivar como privilegiado- de protección a través de las dos jurisdicciones que comparten la función del control de constitucionalidad (justicia ordinaria y TC) a una serie, limitada y reducida, de derechos proclamados en el Título Primero. Conviene recordar aquí que los dos instrumentos de tutela procesal no genérica, con los cuales se intensifica y refuerza el principio de constitucionalidad (el amparo judicial ordinario y el recurso de amparo ante el TC) quedan reservados para una minoría de derechos constitucionales –los denominados como "derechos fundamentales"- entre los que no se reconoce, a priori al menos, el derecho al medio ambiente, ni ninguno que específicamente que aparentemente pueda "conectar" con este último.

La ubicación que recibe en el contexto del Título Primero (Capítulo tercero) lo hace acreedor de una dificultad adicional para defender su eficacia como norma con significado y finalidad vinculantes para los poderes constituidos. La prohibición expresa de "alegabilidad" procesal, condicionada siempre a lo que determine el desarrollo normativo postconstitucional (art.53.3), coloca al derecho al medio ambiente en las peores condiciones para reclamar su carácter de regla jurídica y por sí misma justiciable.

Y sin embargo, la progresiva "fundamentalidad" de este derecho, medible perfectamente en términos socio-jurídicos, debería servir de argumento imprescindible para impulsar una revalorización de su condición de derecho constitucional.

Porque indudablemente objetivos que conforman el contenido esencial y básico del derecho, tales la defensa del medio ambiente, y hoy ya la neutralización del cambio climático, se han convertido en una aspiración social globalizada. Del mismo modo que se encuentra hoy incorporado plenamente como criterio vinculante y trasversal en la actuación de los poderes públicos, a partir lo cual no cabe negar tampoco su reconversión indirecta o explícitamente en un derecho de primera categoría en los ordenamientos que identifican hoy a un Estado constitucional de derecho. Parece en consecuencia necesario proporcionarle un tratamiento en consonancia con la relevancia que ha alcanzado en la realidad social e institucional, articulando vías y métodos de tutela jurisdiccional, especiales si es necesario, para reforzar la garantías ante las instancias encargadas de resolver los conflictos en donde está en juego su ejercicio, individualizado o colectivo.

Como alternativa a la deficitaria defensa judicial que sufre todavía este derecho, se podría plantear la viabilidad de una operación para diseñar una especie de *proceso de amparo ambiental*, con el que se pudiera reaccionar con eficacia a la multiplicidad de casos en los que se producen daños ambientales, irreversibles o de muy difícil contención con los vigentes instrumentos de tutela que proporciona las diferentes leyes de enjuiciamiento. No creemos que existan inconvenientes de naturaleza constitucional para el diseño y articulación de esta propuesta. La aplicación de un amparo judicial, caracterizado por su preferencia y sumariedad, reservado en principio por la CE (art.53.2) sólo a una parte de la Declaración de Derechos, excluido por tanto el derecho al medio ambiente, no tiene por qué ser óbice para atribuir esas mismas condiciones procesales garantistas, o que tengan efectos análogos, a otros derechos constitucionales. Y no sólo por la ausencia de una limitación material, expresa y excluyente, prevista en este sentido por la norma fundamental; también porque se hace necesario promover una interpretación de esta última, acorde con las demandas actuales de la sociedad, que reclaman una dotación adecuada de instrumentos procesales para una tutela realmente eficaz de aquellos derechos que, si originariamente no se les dotó de la suficiente entidad normativa, hoy nadie discute su carácter fundamental en el marco axiológico de la Constitución.

La implantación de un método o sistema que refuerce una justiciabilidad ordinaria, prioritaria y/o excepcional, del derecho al medio ambiente se debería proyectar a su vez en varios planos.

En primer lugar, resulta inexcusable facilitar un derecho básico como es el derecho de acceso a la justicia. De un lado porque sigue siendo imperativo para lograr un derecho ambiental "justiciable" eliminar los obstáculos que todavía existen y dificultan su ejercicio por agentes que representan a los intereses sociales medioambientales. La imposición de fianzas procesales de un valor elevado e insuperable para este tipo de actores denotan el conservadurismo de unas leyes de enjuiciamiento que no garantizan el principio fundamental y esencial en cualquier procedimiento judicial como el de "igualdad de parte".

Además, el modelo de demandas climáticas que se están presentando últimamente ante las diferentes instituciones judiciales, estatales (Cortes Supremas y Constitucionales) y supranacionales (TEDH) está experimentando una transformación de los patrones tradicionales del concepto de legitimación procesal. Se plantea ahora la necesidad de reconocer como sujetos de acción procesal a actores que carecen aún de capacidad para actuar en esos procedimientos, o que incluso carecen todavía de una existencia propia que permita delimitar su personalidad jurídica. Como titulares de una suerte de derecho o interés legítimo "en diferido" por la tutela del medio ambiente, está cobrando una fuerza inusitada en la esfera jurisdiccional aquella mención, originariamente insustancial desde el punto de vista procesal, de las "generaciones futuras"; representadas estás últimas por lo general a través de grupos "difusos" de demandantes que todavía no cuentan con una capacidad jurídica que sigue estando constreñida por los cánones tradicionales que se aplican en los procedimientos judiciales. Así pues, es interesante subrayar cómo se ha ido reafirmando en un plano constitucional, e identificado progresivamente en decisiones de Altas Cortes, un –hasta hace poco inédito– nuevo sujeto titular, efectivo y no meramente simbólico o casi "ritual", del derecho al medio ambiente.

Por otra parte, la acción judicial puede resultar completamente infructífera e inútil si opera una vez se ha producido ya el daño ambiental. El problema se agrava además cuando no existen opciones para una reversibilidad o restauración al estado ambiental que existía con anterioridad al "momento procesal", cuando se incoa una demanda o se reclama la actuación de los órganos judiciales mediante la técnica de las "medidas cautelares". Ciertamente, existen demasiados ejemplos de esta incapacidad material de la justicia para lograr una restauración efectiva del medio ambiente afectado por la intervención humana (privada o institucional). Este tipo de dificultades dejan entredicho la virtualidad normativa de uno de los elementos identitarios del derecho ambiental. Nos referimos al principio de prevención, cuya aplicación en el plano jurisdiccional adquiere de este modo una relatividad jurídica insostenible.

De lo anterior se deduce sin dificultad la necesidad de "reconstruir" el histórico sistema de protección judicial cautelar, para proponer uno alternativo y específico que responda a la idiosincrasia que conlleva el "*derecho a la tutela judicial ambiental efectiva*" por los órganos con potestad jurisdiccional. Son estos los únicos que disponen de autoridad suficiente, como poder del Estado, para paralizar o bloquear aquellas actuaciones lesivas contra los recursos naturales o que directa o indirectamente puedan contribuir al cambio climático.

El diseño de este nuevo instrumental preventivo o cautelar corresponde obvia y naturalmente al legislador. Su implementación normativa debería contemplar la posibilidad de activar un método de análisis e intervención jurisdiccional preventivo, susceptible de ser activado en la fase preliminar o inicial de cualquier procedimiento judicial donde se haya reclamado la protección de un bien natural en situación de riesgo.

La fórmula procesal que estamos defendiendo cuenta ahora con un precedente, no exactamente idéntico en sus presupuestos conceptuales, pero sí en lo que se refiere a su justificación última y efectos. Nos referimos al denominado "principio de precaución", reconocible ya en un formato de principio con naturaleza constitucional a partir de la *Charte de l'environnement* aprobada en Francia (2004), y de cuya supremacía y aplicabilidad jurisdiccional dan cuenta ya algunas resoluciones en las que se aplica, sin paliativos normativos, por la justicia constitucional (*Conseil Constitutionnel*) de ese país. El presupuesto que se exige en la Carta para poder ser utilizado como canon de validez de la actividad o disposición que va a ser objeto de evaluación reside en la ausencia de una certeza científica que permita reconocer de forma anticipada los posibles efectos negativos que aquellos puedan tener sobre el medio ambiente. No obstante, la "mecánica procesal" sería muy similar a la de una prototípica intervención "cautelar" que se adopta por un órgano jurisdiccional, frente al peligro cierto de un daño irreversible en un derecho o interés legítimo (en este caso sería el derecho al medio ambiente), o cuyo restablecimiento o reintegración resultaría imposible en la práctica si se sigue permitiendo o autorizando legal y administrativamente.

Tampoco nos cabe la menor duda de que una justicia ambiental verdaderamente efectiva necesita de una nueva regulación en las leyes de enjuiciamiento, donde se implanten procedimientos judiciales ágiles y que permitan evaluaciones inmediatez de aquellas situaciones de riesgo ambiental. Fórmulas procesales que reduzcan la secuencia temporal de las resoluciones que se adoptan por los tribunales de justicia. La "sumariedad" debería complementarse igualmente con la pioridad de los procedimientos que sustancian conflictos donde está en juego la conservación de recursos naturales. Porque una tutela realmente efectiva del medio ambiente no puede garantizarse muchas veces sin que se otorgue la debida preferencia a esos procesos en el funcionamiento ordinario de los órganos judiciales competentes en la materia y en cualquier orden jurisdiccional (penal, contencioso o civil).

Este doble carácter de un hipotético "proceso ambiental" no tendría por qué chocar ni ser incompatible con la previsión de un *amparo judicial* previsto con esas misma características (preferencia y sumariedad) por el artículo 53 de la CE, y reservado en exclusiva por la CE para los considerados como "derechos fundamentales" (Sección Primera del Capítulo Segundo, Título Primero). Una interpretación por "conexidad" (constatable ya en la jurisprudencia del TEDH) con otros derechos fundamentales permitiría ampliar perfectamente a otras categorías de derechos que han adquirido en las últimas décadas una auténtica fisonomía jurídica, como intereses de especial y cualificada relevancia social, la dotación una garantías reforzadas en la esfera jurisdiccional.

Finalmente, la posibilidad de reivindicar con cierto grado de realismo el carácter justiciable del derecho al medio ambiente no puede obviar las dificultades que presenta hasta ahora la ejecución o implementación de las decisiones que se adoptan en la justicia ordinaria y constitucional. No cabe duda de que estamos en presencia de un derecho cuyo ejercicio no termina con sus posibilidades de reivindicación procesal en forma de acceso y legitimación ante los diferentes órdenes jurisdiccionales; ni tampoco con una baremación sustantiva que recibe el derecho al medio ambiente en los conflictos que se activan en sede judicial. La medida exacta de su eficacia se pone a prueba en la fase última de los procedimientos que resuelven las demandas ambientales; esto es, durante la fase de ejecución y aplicación de aquellas decisiones judiciales que implican obligaciones de resultado en favor de la protección o restauración del medio ambiente. La experiencia en este sentido sigue siendo en gran medida negativa, ante los numerosos *cases of law* que ponen en evidencia la falta de una instrumentalización y de mecanismos que permitan a los mismos órganos judiciales que han resuelto los conflictos ambientales hacer efectivo el cumplimiento de “lo juzgado”.

Desde un angulo supracional, la justicia ambiental tiene en el sistema multinivel de protección de derechos una fórmula que en buena media viene a compensar los deficitarios mecanismos que se han diseñado en los ordenamientos constitucionales para garantizar el derecho al medio ambiente.

Desde lo que podríamos denominar como *doble justiciabilidad supranacional* la doctrina que emana desde hace tiempo de las Altas Cortes (Tribunal de Justicia de la UE y TEDH) ha ido conformado un –reconocible- “derecho fundamental europeo” al medio ambiente, con virtualidad normativa indiscutible y potencialidad jurisdiccional.

En primer lugar, mediante una interpretación, -a veces algo oscilante- de una cada vez más amplia normativa ambiental, que desde las instancias judiciales de la Unión certifica la existencia de un catálogo de obligaciones jurídicas para los Estados miembros, sometidas a una fiscalización por parte de los órganos encargados de ejercer la potestad jurisdiccional en el seno de la organización internacional.

No obstante, también aquí se observan algunas muestras de inconsistencia "constitucional", cuando la propia Carta de Derechos, a todos los efectos vinculante después del Tratado de Lisboa (2007) muestra cierta dosis de indecisión a la hora de configurar el objeto e interés social (medio ambiente) en un derecho subjetivo del que emane la facultad para ser exigido jurídicamente y de forma individualizada. En el enunciado del artículo 37 de la Carta se observa una fórmula de positivación que otorga preferencia a la dimensión objetiva, como mandato o directriz dirigida al conjunto de los poderes públicos que conforman la Unión, eludiendo la que, como derecho individual o subjetivo, permitiría fundar una expectativa "prestacional".

Los principios que informan la relación entre derecho europeo comunitario y derecho interno nacional (supremacía y efecto directo) representan sin duda factores muy positivos en pro de la justiciabilidad de la protección medioambiental y climática; a lo que habría que añadir ese mecanismo de naturaleza incidental -la cuestión perjudicial- implantado como salvaguardia que asegura la efectividad del derecho supranacional en el funcionamiento de los sistemas de justicia estatales.

De todos modos, el éxito final del sistema europeo de tutela ambiental no está garantizado siempre y en todo caso. Aunque en términos porcentuales se ha podido avanzar notablemente en la eficacia jurisdiccional de los mandatos conservacionistas o ecológicos, quedan todavía espacios de indeterminación jurídica y "asignaturas pendientes" que no han sido del todo resueltos por la obra del legislador y la justicia europeos. Aunque algunas de ellas se están intentando superar con iniciativas ambiciosas como el Pacto Verde por la neutralidad climática, o más recientemente la Propuesta de Reglamento del parlamento Europeo y del Consejo sobre la Restauración de la Naturaleza (2022).

Si bien el futuro se anticipa complejo, la línea hacia la que apunta el llamado *Green Deal* puede ser el mejor indicador de la consolidación de una nueva "*seña de identidad*" europea, que se proyecta de forma "global" sobre sobre el conjunto de leyes y programas a través de los cuales se despliega la actividad de la Unión. De recorrido todavía incierto, e indudablemente complejo, los objetivos que se han marcado demuestran la fiabilidad jurídica actualmente de una concepción normativa del medio ambiente

Con un propósito similar al que opera el derecho ambiental europeo – en otras palabras simples pero verificables, lo que podríamos llamar como "*vigilar a los Vigilantes*- se ha ido consolidando una jurisdicción convencional que ha dejado en evidencia su capacidad "creativa" para dar forma a un nuevo derecho imprevisto e inexistente formalmente en el catálogo propuesto por aquel tratado de referencia aprobado en 1950, ampliado y actualizado con posteriores protocolos. La jurisprudencia encargada de aplicar esa primera declaración de derechos de alcance regional en Europa (TEDH) ha demostrado unas facultades sobresalientes de adaptación a una dinámica y realidades muy diferentes a los que existían en el momento, ya lejano, de su aprobación.

El derecho al medio ambiente no se contempla en el listado de derechos de la Convención /y sus protocolos adicionales o complementarios. Seguramente sería conveniente a estas alturas modificar los patrones normativos de justiciabilidad, incorporando quizás un protocolo específico sobre el derecho al medio ambiente, para que desde la Corte Europea consolide definitivamente lo que hoy ha llegado a ser un *derecho-mandato*, individual y accionable por quienes consideran vulnerados -por conexidad- otros derechos fundamentales que sí están expresamente formulados en el Convenio. No cabe duda de que esta última ha ido configurando indirectamente una tutela judicial del medio ambiente, como bien jurídico cualificado, equiparable al que se protegen con los otros derechos y libertades civiles convencionales. Sin cobertura normativa que haya positivizado su alcance y significado primarios; pero con una incuestionable determinación jurisdiccional que puede tener otras aplicaciones.

En el formato escasamente resolutivo y *favor iuris*, como exponente de la línea doctrinal mayoritaria, se incardina la propuesta *de lege ferenda* de un referente en la materia como Ferrajoli propulsora de una *Constitución de la Tierra.* Efectivamente su aportación no se puede valorar como excesivamente novedosa, si se lleva cabo una operación de contraste con la reiterada tendencia académica que se resiste a reconocer una posible naturaleza fundamental y subjetiva en el derecho al medio ambiente; una posición seguramente coherente con el modelo de constitucionalización que destaca las debilidades y condicionamientos de ese mismo derecho. No obstante lo anterior, sostiene una clara pretensión de consolidar al *principio ambiental* como eje central de ese proyecto de *Constitución global,* del que emana un catálogo de derechos relacionados con la protección de la tierra, como "bien jurídico" desde el que se articula su dimensión dogmática y estructural.

Pero en la hipótesis de Ferrajoli sobresale la ausencia como verdaderos derechos de aquellos que se encuentran más intrínsecamente relacionados con la protección de los recursos y bienes de ese doble titular y objeto constitucional (la Tierra). Aparece por tanto "fuera de catálogo" el derecho sustantivo (al medio ambiente); como tampoco se incorpora, en el conjunto de los derechos sociales, una obligación o mandamiento directo, dirigido a cualquier tipo de autoridad (nacional o supranacional) que establezca obligaciones positivas (de acción o de resultado). Llama la atención por tanto que la tutela del medio ambiente se concrete, dentro de lo que el autor denomina como "garantías de los bienes fundamentales", que afectan y se proyectan sobre los llamados "bienes comunes" o "bienes vitales naturales": aire, agua potable y sus fuentes, ríos, mares, grandes bosques, glaciares, biodiversidad, fondos marinos; y hasta algo que todavía nos parece inconcebible en su dimensión jurídico-constitucional, como "*los espacios ultraterrestres, la luna y los demás cuerpos celestes*".

En todo caso, no puede calificarse de anecdótico ni superficial, sino más bien el resultado inevitable de una trayectoria doctrinal demasiado "tradicional" o conservadora, el hecho de que esta Constitución de la Tierra, que concibe su objeto más bien como una especie de espacio físico donde se asienta la especie dominante (humanidad), excluya al derecho al medio ambiente del listado que contiene los auténticos "Derechos Fundamentales" (Título Segundo), para remitirlo a otra sección (Título Tercero), en el que difícilmente se podría apoyar una reclamación ciudadana para exigir una "acción de la justicia" (art. 47) adecuada a la importancia que hoy tiene la tutela del medio ambiente. Es sólo en ese espacio dogmático de su Constitución de la Tierra, donde Ferrajoli introduce, todavía con un grado elevado de generalidad, un doble "derecho" (sustantivo y procesal) de todos "*a vivir en un medio ambiente saludable y a influir en la adopción de decisiones concernientes a los bienes comunes y al medio ambiente en el que viven*". Se complementa este reconocimiento con algunas cláusulas relativas a "bienes ilícitos", entras la que se mencionan algunas "prohibiciones" sobre determinadas actividades humanas que tienen una repercusión negativa extraordinaria sobre el miedo ambiente: actividades que provoquen daños irreversibles a la naturaleza, la biodiversidad y los procesos ecológicos esenciales (art. 54).

Seguramente no se puede extraer una lección ni conclusiones categóricas sobre el papel que tendrá en el futuro inmediato la que hemos llamado Justicia Ambiental. Es más que probable porque el análisis casuístico –inevitable por otra parte- de las resoluciones judiciales que afectan a conflictos jurídicos ambientales no ofrece aún una línea homogénea ni mínimamente unidireccional. La inclinación "pendular" de las decisiones que se toman desde las instancias jurisdiccionales provoca bastantes incertidumbres, a propósito del valor normativo real que tiene en perspectiva constitucional el principio ambiental, así como sus proyecciones más específicas en forma de derechos y responsabilidades político-administrativas.

Tampoco resulta sencillo descifrar si existen diferencias cualitativas en el grado de implicación en la tutela del medio ambiente entre los diferentes niveles institucionales (justicia supranacional, constitucional u ordinaria). En todo caso, no cabe negar que actualmente todos ellos se encuentran sensibilizados y comprometidos en la protección y garantía de este derecho social.

Por delante se mantiene aún el "desafío" de positivizar en los planos hegemónicos del ordenamiento (Convención internacional, Constitución y Ley) un derecho púbico subjetivo al medio ambiente, superando el formato, siempre deficitario en cuanto efectividad, de directriz o mandato constitucional/convencional. La alternativa de la "subjetivizacion" tendría siempre como consecuencia evidente e inevitable el reforzamiento de su potencialidad jurisdiccional. Sin aquella, las resoluciones judiciales pueden marcar una orientación de carácter vinculante para la acción de los poderes públicos involucrados, pero difícilmente se logra garantizar el "efecto de resultado" que se necesita para cumplir lo prometido en la Carta Magna.

BIBLIOGRAFÍA

ARAGAO, A., "Derecho para la innovación en la protección de la biodiversidad y del clima", en *Estudios sobre la efectividad del derecho a la biodiversidad* (P. Serra-Palao, S.M. Álvarez Carreño y B. Soro Mateo), Tirant lo Blanch, valencia, 2022, pp. 59 y ss.

BERNAUD V. y CALDERÓN-VALENCIA, F., "Derecho constitucional ambiental francés: entre promesas y decepciones", *Estudios Constitucionales,* 195, vol. 20, núm. 2, 2022, pp. 195-227.

CANOSA USERA, R., "¿Existe un verdadero derecho constitucional a disfrutar del medio ambiente?", *Anuario de Derechos Humanos. Nueva Época,* Vol. 7, T. 1, 2006, pp. 151-215.

DORESTE HERNÁNDEZ, J., "La paulatina consolidación del principio de no regresión ambiental en la jurisprudencia española ", en *Libro de Actas congreso homenaje a Ramón Martín Mateo,* VII Congreso Nacional Derecho Ambiental (vulnerabilidad ambiental) Sevilla, 10 y 11 de octubre de 2019.

GARCÍA URETA, A., "El derecho europeo de la biodiversidad en el contexto actual de lucha contra el cambio climático", en *Estudios sobre la efectividad del derecho a la biodiversidad* (P. Serra-Palao, S.M. Álvarez Carreño y B. Soro Mateo), Tirant lo Blanch, valencia, 2022, pp. 17 y ss.

GOMES CANOTILHO, J.J., "*Estado constitucional ecológico e democracia sustentada*", URI: http://hdl.handle.net/10316.2/5732.

J. JUSTE RUIZ J. y CASTILLO DAUDÍ, M., *La protección del medio ambiente en el ámbito internacional y en la Unión Europea,* Tirant lo Blanch, Valencia, 2014.

LÓPEZ ESCUDERO, M., "Título V, Solidaridad", en *Carta de Derechos Fundamentales de la Unión Europea. Comentario artículo por artículo* (A. Mangas Martín, dir.). Fundación BBVA, 2008

LOZANO CUTANDA, B., "Derecho ambiental: algunas reflexiones desde el derecho administrativo", *Revista de Administración Pública,* núm. 200, Madrid, mayo-agosto (2016), pp. 409-438.

MONTALDO, R., "La tutela costituzionale dell'ambiente nella modifica degli artt. 9 e 41 Cost.: una riforma opportuna e necessaria?", en *Federalismi.it, Rivista di Diritto Pubblico Comparato, Europeo,* mayo, 2022.

PEREZ SOLA, N., "El derecho-deber de protección del medio ambiente", *Revista de Derecho Político,* núm. 100, septiembre-diciembre 2017, pp. 949-986.

PEREZ SOLA, N., "El tránsito de la justicia ambiental a la justicia climática: el inicio de una evolución", en *Revista General de Derecho Público Comparado* 31 (2022)

RUIZ-RICO, G., *El derecho constitucional al medio ambiente. dimensión jurisdiccional,* Tirant lo Blanch, Valencia, 2000.

RUIZ-RICO, G., "Una identidad ambiental europea de alta calidad y en construcción desde la esfera constitucional y supranacional", en *Identidades europeas, subsidiariedad e integración* (J. García Roca y R. Bustos Gisbert. Coords), Thomson Reuters-Aranzadi, Madrid., 2022.

SIMON YARZA, F., "El llamado derecho al medio ambiente: un desafío a la teoría delos derechos fundamentales", *Revista Española de Derecho Constitucional,* núm. 94, enero-abril (2012), pp. 153-179.

VERNET J. y VARA J., "El derecho a un medio ambiente sano: su reconocimiento en el constitucionalismo comparado y en el derecho internacional", *Teoría y Realidad Constitucional,* núm. 20, 2007, pp. 513-533.

VICENTE GIMÉNEZ, T. (edit), *Justicia ecológica en la era del antropoceno,* Editorial Trotta, Madrid, 2016.

Capítulo 2.

La introducción de la protección constitucional del medio ambiente en Italia con la revisión del art.9: el nuevo concepto de responsabilidad intergeneracional.

VITULIA IVONE

1. LA NUEVA LEY CONSTITUCIONAL DE MEDIO AMBIENTE. NOTAS PRELIMINARES.

La ley constitucional de 11 de febrero de 2022 n. 1 que contiene "Reformas a los artículos 9 y 41 de la Constitución italiana en materia de protección del medio ambiente" fue publicada en el Boletín Oficial nº 44 de 22 de febrero de 2022[1].

---

1 El proyecto de ley constitucional A.C. 3156-B sobre protección ambiental fue aprobado definitivamente por la Cámara de Diputados, en segunda deliberación, en la sesión del 8 de febrero de 2022, con una mayoría de dos tercios de sus miembros.
El proyecto de ley constitucional había sido aprobado, en segunda deliberación, por el Senado de la República con una mayoría de dos tercios de sus miembros el 3 de noviembre de 2021, y ya aprobado, en primera deliberación, por el Senado, en un texto unificado, el 9 de junio de 2021 (A.S. 83 y conexas) y por la Sala, el 12 de octubre de 2021 (A.C. 3156).

La reforma inserta una referencia expresa a la protección del medio ambiente y de los animales en la Carta Constitucional, introduciendo cambios en los artículos 9 y 41 de la Constitución.

En particular, integrando el artículo 9 de la Constitución, el texto introduce la protección del medio ambiente, la biodiversidad y los ecosistemas entre los principios fundamentales, también en interés de las generaciones futuras. Asimismo establece que la ley estatal regula los modos y formas de protección de los animales.

También modifica el artículo 41 de la Constitución, disponiendo que la iniciativa económica no puede realizarse de forma que cause daños a la salud y al medio ambiente y que la ley determinará los programas y controles adecuados para que la actividad económica pública y privada pueda dirigirse y coordinarse con fines ambientales.

2. LA FORMULACIÓN ORIGINAL DEL ARTÍCULO 9 DE LA CONSTITUCIÓN ITALIANA.

El contenido reglamentario del art. 9 constituye sin duda una de las novedades de la Constitución de 1947 con respecto a la tradición constitucional prerrepublicana italiana.

En el Estatuto Albertino no había ninguna disposición al respecto; por el contrario, el reconocimiento explícito del carácter inviolable de "todos los bienes" (art. 29) parecía excluir

---

Tras la aprobación de ambas cámaras en segunda votación con la mayoría cualificada de dos tercios de sus miembros, se promulga la ley constitucional, al no ser posible presentar solicitudes de referéndum confirmatorio, de conformidad con el art. 138, tercer párrafo, de la Constitución.

E. BRUTI LIBERATI – CECCHETTI – ROCCHETTI, *Tutela dell'ambiente: diritti e politiche*, Napoli, 2021.

fundamentalmente la admisibilidad de restricciones de carácter administrativo en relación con la protección del patrimonio cultural[2].

La colocación a nivel constitucional de una disposición dedicada a la promoción de la cultura y la investigación y a la protección del paisaje y del patrimonio histórico-artístico fue el resultado –en algunos aspectos incluso un poco casual– de una elaboración no particularmente exhaustiva en la etapa embrionaria. El dato destaca sobre todo si se compara con la considerable articulación de la disciplina legislativa entonces vigente, que se dedicaba expresamente a la protección de "las cosas de interés histórico y artístico" y a la protección de las "bellezas naturales"[3].

Estas leyes (las llamadas "leyes de Bottai") se basaban en una concepción esencialmente estática y conservadora de la protección de lo que podía considerarse valioso en un sentido "estético" y expresaban una visión fuertemente unitaria y homogénea de la disciplina regulatoria de "la belleza histórico-artística" y de la "belleza natural"[4].

---

2 F. S. MARINI, *Lo statuto costituzionale dei beni culturali*, Milano, 2002, p.5.

3 Legge 1° giugno 1939, n. 1089, "Tutela delle cose di interesse artistico e storico" e Legge 29 giugno 1939, n. 1497, "Protezione delle bellezze naturali".

4 El 1 de junio de 1939 el Ministro de Educación Nacional, Giuseppe Bottai, promulgó la ley n. 1089/1939 "para la protección de los bienes de interés artístico e histórico" (ley Bottai), la primera ley orgánica destinada a regular la protección del patrimonio cultural, y el 29 de junio la otra ley "para la protección de las bellezas paisajísticas" (l. n. 1497/1939). En ésta se prevé la protección del patrimonio histórico-artístico, teniendo como objetivo la conservación del concepto decimonónico de "belleza". Es una concepción puramente estética y meramente conservadora, pero marca un importante punto de inflexión en la concepción del patrimonio y la protección de la cultura. Este principio

Los trabajos de la Asamblea Constituyente muestran cómo se prestó atención casi exclusivamente al contenido del actual párrafo 2° del art. 9, mientras que una primera versión del actual párrafo 1° apareció sólo al final de la discusión en la Asamblea Plenaria, fue aprobado sin debate alguno y sufrió cambios decisivos incluso durante la coordinación final de su redacción.

Además de la cultura[5] y la investigación[6], la fórmula original del artículo 9 contenía una referencia expresa al paisaje coin-

---

se incluyó entre los doce primeros artículos y, por tanto, entre los principios fundamentales del sistema jurídico italiano, porque promover la protección de la cultura se percibía como promover la autoconciencia de los ciudadanos y su historia cultural.
El cambio más significativo, respecto a la legislación vinculante anterior, es la prohibición de exportar determinados bienes, así como el plazo bimestral para el ejercicio de la preferencia estatal para los bienes sujetos a notificación ministerial por estar comprendidos en la categoría de bienes culturales.

5 La cultura a que se refiere el art. 9 de la Constitución es la que surge del libre desarrollo de la personalidad del hombre, de su libertad de elegir sus propios procesos formativos, de la libre formación de su sistema de valores. Así, el significado constitucional de cultura acaba coincidiendo con todo el proceso de formación intelectual de la persona humana. En este sentido, el principio fundamental contenido en el art. 9 debe considerarse el de la protección, en cuanto a la libertad, y la promoción, en cuanto a la actividad, de toda la actividad investigadora intelectual del hombre: ya sea que se desarrolle en los campos más amplios y generales del conocimiento humano, ya sea que se desarrolle en los más definidos sectores de la ciencia y la tecnología. F. SANTORO PASSARELLI, *I beni della cultura secondo la Costituzione*, in *Studi per il ventesimo anniversario dell'Assemblea costituente*, II, Firenze, 1969, p.435.

6 La investigación científica y técnica debe entenderse en el sentido más amplio, incluyendo tanto las ciencias naturales como las ciencias humanas: dentro de ella se incluyen todas las actividades humanas encaminadas a ampliar el conocimiento, así como a comprender e

cidiendo con "la forma del territorio, o del medio ambiente, creado por la comunidad humana que allí se ha asentado, con una interacción continua con la naturaleza y con las personas"; el paisaje, por tanto, "como un proceso creativo continuo, incapaz de configurarse como una realidad o dato inmóvil", como una "forma de ser del territorio en su percepción visible", como una "forma e imagen del entorno", "como un entorno visible, pero inseparable de lo invisible"[7].

Estas definiciones acercan el concepto de paisaje al concepto de medio ambiente, es decir, se resalta el valor cultural atribuido a la relación hombre-medio ambiente.

Una concepción similar encuentra una primera manifestación parcial con la Ley del 8 de agosto de 1985, n. 431[8], en la cual categorías de bienes mucho más amplias que las de la Ley de 1939 están directamente sujetas a protección, debido a su particular interés ambiental y paisajístico, expresivo del valor "estético cultural" vinculado a áreas y porciones del territorio en las que se reconoce la identidad del país[9].

---

interpretar los fenómenos naturales –incluidos los socioeconómicos– comprender sus relaciones mutuas, inventar nuevos procedimientos para el uso de los recursos disponibles. En cada una de las dos nociones de cultura ilustradas emergen elementos inequívocos sobre la unidad del fenómeno contemplado en el párrafo 1° del art. 9, constituyendo la referencia expresa a la "investigación científica y técnica" nada más que una especificación del "desarrollo de la cultura" encaminada a dar una orientación más precisa a las tareas de la República.

7 F. MERUSI, *Art. 9*, in *Comm. Cost. Branca*, 1975, p.434.

8 La ley del 8 de agosto de 1985, n. 431 (conocida como ley Galasso en honor a su proponente Giuseppe Galasso, subsecretario de patrimonio cultural y ambiental) es una ley de la República Italiana, que introdujo una serie de protecciones sobre los bienes paisajísticos y ambientales a nivel regulatorio.

9 R. FUZIO, *I beni paesaggistici e ambientali*, in G. CAIA, *Il testo unico sui beni culturali e ambientali*, 2000, p.203.

Sobre esta base, incluso el Tribunal Constitucional italiano admite que la noción de paisaje "de conformidad con el artículo 9 de la Constitución debe ahora considerarse inclusiva de todos los elementos naturales y humanos pertenecientes a la forma exterior del territorio", reconociendo que en l. 431/1985 surge una "protección del paisaje basada en la integridad y la globalidad, es decir, que implica una reconsideración asidua de todo el territorio nacional a la luz del valor estético-cultural"[10].

3. LA RELACIÓN ENTRE PAISAJE, BIENES AMBIENTALES Y BIENES PAISAJÍSTICOS.

La evolución legislativa más reciente muestra el abandono de la referencia a "bienes ambientales" y su sustitución por la expresión "bienes paisajísticos". En este sentido, tanto el decreto legislativo 3/2004[11], y sobre todo el nuevo código aprobado con el decreto legislativo 42/2004[12].

El art. 2, tras señalar que los bienes paisajísticos constituyen, junto con los bienes culturales, el patrimonio cultural, establece que "son bienes paisajísticos las edificaciones y espacios indicados en el artículo 134, que constituyen una expresión de los valores históricos, culturales, naturales, morfológicos y estéticos del territorio, y los demás bienes identificados por la ley o con arreglo a ella".

---

10 Corte cost., 3 marzo 1986, n.39.

11 Decreto Legislativo 8 gennaio 2004, n. 3, "Riorganizzazione del Ministero per i beni e le attività culturali, ai sensi dell'articolo 1, della legge 6 luglio 2002, n. 137".

12 Decreto Legislativo 22 gennaio 2004, n. 42, "Codice dei beni culturali e del paesaggio, ai sensi dell'articolo 10 della legge 6 luglio 2002, n. 137".

El art. 134 enumera luego tres categorías de bienes paisajísticos: las "bellezas naturales" de la ley n.1497/1939; las áreas de la ley n.431/1985; "los edificios y zonas en todo caso sujetos a protección mediante planes paisajísticos".

Además, el Código del patrimonio cultural y del paisaje proporciona por primera vez una definición normativa de "paisaje" en plena sintonía con las teorías más modernas, calificándolo como "una parte homogénea del territorio cuyas características derivan de la naturaleza, de la historia humana o de interrelaciones recíprocas" y añadiendo que "la protección y puesta en valor del paisaje salvaguardan los valores que éste expresa como manifestaciones perceptibles de la identidad" (art. 131)[13].

4. LA CRECIENTE CONCIENCIA DE LA IMPORTANCIA DE LA NORMA CONSTITUCIONAL.

La escasa atención dedicada en la Asamblea Constituyente a la formulación definitiva del art. 9 ha influido durante mucho tiempo en los estudios de la doctrina jurídica, hasta el punto de que hasta los años 70 del siglo pasado se produjo una devaluación generalizada de la eficacia normativa del artículo 9 de la Constitución italiana.

Más concretamente, la forma se considera "desafortunada" y la ubicación entre los principios fundamentales de la Carta discordante: el primer párrafo se define como una "pseudodisposición", desprovista de valor normativo debido a la excesiva vaguedad de su objeto[14].

---

13 S. AMOROSINO, *Il concetto giuridico di paesaggio: evoluzione, amplificazione ed indeterminazione*, en *Riv. giur. urbanistica*, 2020, p.824.

14 V. CRISAFULLI, *La Costituzione e le sue disposizioni di principio*, Milano, 1952, p.36.

La doctrina afirma que en el artículo 9 sólo hay declaraciones que tienen un valor "ético-político", por lo que carecen de efecto vinculante; llegamos incluso a considerar superflua la disposición sobre el paisaje y el patrimonio histórico-artístico, por ser meramente repetitiva del principio recogido en el apartado 1[15].

En los años siguientes, la doctrina señala la afirmación progresiva de un interés cada vez mayor por el potencial normativo del artículo 9, hasta el punto de hacer de la disposición "el punto de referencia obligado para un acalorado debate que toca los institutos esenciales para la caracterización de todo el ordenamiento jurídico"[16].

Al parecer, por tanto, los dos apartados del art. 9 parecerían corresponder a dos polos claramente separados entre sí: por un lado, según una lógica "dinámica", la función promocional que la República asumiría en el desarrollo de la cultura y la investigación; por otro, según una lógica "estática", la función de conservación apuntaba a preservar la integridad del paisaje y del patrimonio histórico y artístico[17].

Sin embargo, la labor de la jurisprudencia ha producido una lectura unitaria de las dos disposiciones, de modo que sea posible una especie de ósmosis entre las partes de la disposición, dentro de un contexto común representado por el valor estético-cultural en el que se plantea la necesidad de garantizar el progreso cultural de la persona humana y de toda la comunidad civil.

---

15 E. SPAGNA MUSSO, *Lo Stato di cultura nella Costituzione italiana,* Napoli, 1961, p.80.

16 F. MERUSI, *Art. 9,* in *Comm. Cost. Branca,* 1975, p.434.

17 S. MERLINI, *La "politica culturale" della Repubblica ed i principi della Costituzione,* in *Diritti, nuove tecnologie, trasformazioni sociali. Scritti in memoria di Paolo Barile,* Padova, 2003, p.507.

En particular, la jurisprudencia del Tribunal Constitucional italiano ha reafirmado reiteradamente el interés histórico-artístico del relieve paisajístico y su progresiva puesta en valor en términos de memoria cultural a nutrir, garantizando su adecuada y generalizada utilizabilidad; en segundo lugar, tendrá que encargarse de dar impulso a nuevos acontecimientos culturales, artísticos y científicos, que puedan conducir a la producción de bienes, que a su vez (esperemos) serán salvaguardados y valorizados[18].

5. EL MODELO EUROPEO DE REGULACIÓN "CONSTITUCIONAL" PARA LA PROTECCIÓN DEL MEDIO AMBIENTE.

El modelo que se ha ido imponiendo progresivamente en el ámbito ambiental en el ordenamiento jurídico de la Unión Europea se presenta como uno de los más avanzados y vanguardistas entre los ordenamientos jurídicos contemporáneos para la elaboración e implementación de políticas de protección ambiental, hundiendo sus raíces "de derecho positivo" desde el Acta Única Europea de 1986 y hoy presente en el derecho de los tratados TUE y TFUE[19].

Los dos tratados europeos actualmente vigentes esbozan un modelo de protección del medio ambiente basado esencialmente en dos "pilares":

a) la base jurídica de una disciplina sustantiva articulada, particularmente específica y analítica, de rango superior a la producción de "derecho derivado", en la que se identifican los

---

18 Corte cost., 20 giugno1995, n. 269.

19 G. CERRINA FERONI, *Il paesaggio nel costituzionalismo contemporaneo – Profili comparati europei*, in *www.federalismi.it*, 2019, fasc. 8.

fundamentos, tipos de enfoque, objetivos, principios y parámetros de las políticas ambientales de la Unión, así como los criterios para una distribución racional y al mismo tiempo suficientemente flexible de las tareas entre el nivel supranacional y el nivel de los Estados miembros;

b) especial atención, a nivel formal, al método de elaboración y aplicación de las políticas ambientales, con especial atención a la construcción de procesos de toma de decisiones complejas, articuladas y de largo plazo, que difieren según el contenido de los actos a ser adoptados y, en cualquier caso, son plenamente adecuados y se ajustan a las exigencias previas específicas que imponen dichos contenidos[20].

Bajo el primer perfil, en primer lugar, los tratados europeos identifican el "fundamento" de las políticas ambientales en una concepción de protección de los ecosistemas, persiguiendo el objetivo de "un alto nivel de protección y mejora de la calidad del medio ambiente" dentro del marco más amplio y concepto más complejo de "desarrollo sostenible de Europa", en lo que respecta al orden interno europeo, y de "desarrollo sostenible de la Tierra", en lo que respecta a las relaciones exteriores de la Unión con el resto del mundo.

De la simple lectura del art. 3, párr. 3 del TUE, según el cual la Unión "obrará en pro del desarrollo sostenible de Europa, basado en un crecimiento económico equilibrado y en la estabilidad de los precios, en una economía social de mercado altamente competitiva, tendente al pleno empleo y al progreso social, y [precisamente] en un elevado nivel de protección y

20 M. CECCHETTI, *La revisione degli articoli 9 e 41 della Costituzione e il valore costituzionale dell'ambiente: tra rischi scongiurati, qualche virtuosità (anche) innovativa e molte lacune*, in *Forum di quaderni costituzionali*, 3, 2021, p.290.

mejora de la calidad del medio ambiente», la amplitud del desarrollo sostenible es evidente.

Los tratados europeos identifican entonces lo que se puede calificar como "tipos de enfoque" de la protección del medio ambiente y lo hacen a través de la distinción fundamental entre una política "en el sector medioambiental"[21] y la "integración" de las "exigencias de la protección del medio ambiente (...) en la definición y en la realización de las políticas y actividades de la Unión, en particular con objeto de fomentar un desarrollo sostenible".

Estas dos grandes líneas estratégicas de intervención pública destinadas a la protección del medio ambiente justifican la orientación según la cual la expresión "política medioambiental" debería declinarse siempre correctamente en plural, según dos significados distintos: en primer lugar, el de "política ambiental en sentido estricto", dirigida a perseguir directamente fines "ambientales"; en segundo lugar, el de la "integración" de las necesidades ambientales dentro de todas las demás políticas o acciones públicas[22].

Por tanto, a nivel europeo, surge la necesidad de dos líneas distintas de acción pública para satisfacer las demandas de protección del medio ambiente.

---

21 La política europea "en el ámbito del medio ambiente" está expresamente contemplada entre las competencias en competencia en el art. 4, párr. 2, letra. e), del TFUE y puede calificarse como tal sobre la base de la búsqueda "directa" de los objetivos identificados en el párr. 1 del art. 191 del mismo Tratado.

22 M. CECCHETTI, *La revisione degli articoli 9 e 41 della Costituzione e il valore costituzionale dell'ambiente: tra rischi scongiurati, qualche virtuosità (anche) innovativa e molte lacune,* in *Forum di quaderni costituzionali,* 3, 2021, p.291.

El tratado europeo sobre protección del medio ambiente no ha proporcionado una definición normativa del medio ambiente.

La "política medioambiental en sentido estricto" de la Unión queda definida por la indicación –en el párr. 1 del art. 191 del TFUE– de los cuatro "objetivos" que directamente "ayuda a perseguir", dentro de los cuales es ciertamente posible agrupar todos los sectores de la legislación y los perfiles comúnmente adscritos al ámbito del Derecho medioambiental: la "protección y mejora de la calidad del medio ambiente"; la "protección de la salud humana"; el "uso inteligente y racional de los recursos naturales"; la "promoción internacional de medidas destinadas a resolver problemas ambientales regionales o globales y, en particular, a combatir el cambio climático".

Con respecto a los objetivos, los "principios" y "parámetros" de la política medioambiental de la Unión, enumerados respectivamente en los parr. 2 y 3 del mismo art. 191 del TFUE[23].

Del lado de los "principios", destaca la regla de precaución y su aptitud para imponer que la política ambiental se dirija no sólo a la prevención de daños al medio ambiente atribuibles con certeza a determinadas actividades, sino también a la gestión de los riesgos identificados tanto desde el punto de vista político como científico.

---

23 En el Tratado de Funcionamiento de la Unión Europea, la política de protección ambiental se centra y estructura en el principio de prioridad que vincula indisolublemente la obligación de reparar a la persona que ha contaminado "... a fin de inducir a los operadores a adoptar medidas y desarrollar prácticas dirigidas a minimizar los riesgos de que se produzcan daños medioambientales". Directiva de 21 de abril de 2004 del Parlamento Europeo y del Consejo 2004/35/CE.

Pensemos, pues, en el principio "quien contamina paga" y en su capacidad de proteger el medio ambiente con operaciones concretas[24].

Del lado de los "parámetros", en cambio, el párr. 3 del art. 191 afirma la necesidad de que la política medioambiental de la Unión se base siempre en "los datos científicos y técnicos disponibles", en la consideración de las "condiciones medioambientales de las distintas regiones de la Unión", en un análisis preventivo coste/beneficio, es decir, "de las ventajas y cargas que puedan surgir de la acción o de la falta de acción".

El segundo "pilar sustentador", que constituye la auténtica fuerza de las políticas medioambientales a nivel europeo, se refiere, como se ha dicho, al "método de elaboración y aplicación" de estas políticas y, más en general, al especial cuidado con el que se toman las decisiones para que sean plenamente adecuadas a las especificidades de la cuestión medioambiental.

6. EL PROYECTO DE LEY CONSTITUCIONAL C. 3156.

Para comprender el alcance de esta reforma es necesario analizar el camino seguido por el Parlamento italiano para completar el proceso.

El proyecto de ley constitucional C. 3156 fue aprobado en primera deliberación por la Asamblea del Senado en texto uni-

---

[24] Cass. civ., Sez. Unite, Sent., 1° febbraio 2023, n. 3077: «En materia de daños medioambientales, el principio de derivación europea "quien contamina paga" no justifica ninguna obligación por parte del propietario que no es responsable del hecho contaminante de adoptar medidas de seguridad de emergencia; los criterios de atribución de responsabilidad no pueden desconocer la constatación del nexo causal entre la actividad realizada por el sujeto y el hecho contaminante».

ficado (S. 83 y conexos) y por la Cámara de Diputados en el mismo texto.

El proyecto de ley constitucional fue luego aprobado, en segunda deliberación, por el Senado con una mayoría de dos tercios de sus miembros.

Finalmente, la Comisión de la Cámara llevó a cabo el examen del proyecto de ley C. 3156-B en la sesión del 19 de enero de 2022, de conformidad con el artículo 99, párrafo 1, del Reglamento, en base al cual, para los efectos de la segunda deliberación, los proyectos constitucionales son reexaminados en la Comisión sin proceder al examen de enmiendas.

El proyecto de ley constitucional consta de tres artículos.

El artículo 1 introduce un nuevo párrafo al artículo 9, con el fin de reconocer un principio de protección del medio ambiente en el marco de los principios fundamentales establecidos en la Constitución italiana[25].

Por lo tanto, junto con la protección del paisaje y del patrimonio histórico-artístico de la nación, a que se refiere el segundo párrafo, también es atribuida a la República la protección del medio ambiente, la biodiversidad y los ecosistemas.

Finalmente, se introduce un principio de protección de los animales, mediante la disposición de una reserva de derecho estatal que regula sus formas y métodos.

El artículo 2 modifica el artículo 41 de la Constitución italiana respecto del ejercicio de la iniciativa económica.

---

25 M. CECCHETTI, *Art. 9*, in R. BIFULCO, A. CELOTTO, M. OLIVETTI (a cura di), *Commentario alla Costituzione*, Wolters Kluwer-UTET Giuridica, Milano, 2006, en particular pp. 219-220; F. RESCIGNO, *Quale riforma per l'articolo 9*, in *federalismi.it–paper*, 23 giugno 2021.

En primer lugar, interviene sobre el párrafo segundo y establece que la iniciativa económica privada no puede realizarse en detrimento de la salud y el medio ambiente, anteponiendo estos dos límites a los ya vigentes, es decir, la seguridad, la libertad y la dignidad humana. La segunda modificación, sin embargo, afecta al párrafo tercero del artículo 41, reservando a la ley la posibilidad de dirigir y coordinar la actividad económica pública y privada, no sólo con fines sociales sino también ambientales.

El artículo 3 contiene una cláusula de salvaguardia para la aplicación del principio de protección de los animales, tal como lo introduce el proyecto de ley constitucional, a las regiones con estatutos especiales y a las provincias autónomas de Trento y Bolzano[26].

---

[26] El examen de los proyectos de ley combinados S. 83, S. 212 y S. 1203 en la oficina remitente se inició en el Senado de la República en la sesión del 8 de octubre de 2019 de la 1ª Comisión de Asuntos Constitucionales.
En la misma sesión se resolvió la celebración de un ciclo de audiencias informales, las cuales se llevaron a cabo en las sesiones del 24 de octubre, 14 y 27 de noviembre de 2019, 4 de febrero y 23 de septiembre de 2020, así como el 19 de abril de 2021.
Durante el examen, se reunieron el proyecto de ley constitucional n. 1532, núm. 1627, núm. 1632, núm. 938 y núm. 2160. En la sesión del 4 de noviembre de 2020, la Comisión creó un Comité Selecto para la identificación de un texto unificado de los proyectos de ley en cuestión. Al finalizar los trabajos del Comité, el 23 de marzo de 2021, la Comisión adoptó el texto consolidado formulado por el ponente como texto base para la continuación del examen. El examen de la Comisión continuó en las sesiones del 20 de abril, así como de los días 5, 18 y 19 de mayo de 2021 al final de las cuales se propuso a la Asamblea un texto unificado que contenía una modificación respecto del texto base, relativo a la protección de animales. En particular, la Comisión insertó en el párrafo adicional del artículo 9 de la Constitución un segundo inciso que prevé la reserva de ley estatal en materia de protección de los animales. En consecuencia,

La Asamblea del Senado aprobó el texto unificado en la sesión del 9 de junio de 2021.

Respecto al texto propuesto por la Comisión, se introduce el artículo 3, que prevé una cláusula de salvaguardia para las regiones con estatutos especiales y provincias autónomas en materia de protección animal.

La Comisión I (Asuntos Constitucionales, Presidencia del Consejo e del Interior) de la Cámara de Diputados inició el examen en primera lectura del proyecto de ley C. 3156, aprobado por el Senado, y de las propuestas legislativas asociadas en la sesión de 23 de junio de 2021[27].

Luego de discusión en la Asamblea en la Cámara, el texto –sin modificaciones– fue aprobado en primera deliberación con 387 votos a favor y ningún voto en contra.

Tras el examen en la oficina remitente realizado por la Comisión de Asuntos Constitucionales del Senado el 26 de octubre de 2021, la Asamblea del Senado aprobó –en la sesión del 3 de noviembre de 2021– el proyecto de ley constitucional en segunda resolución con una mayoría de dos tercios de con-

---

se derogó el artículo 3 original del proyecto de ley, que preveía la sustitución de la letra s) del segundo párrafo del artículo 117 de la Constitución, incluyendo la protección de los animales entre las materias de competencia exclusiva del Estado, además de la de la protección del medio ambiente, los ecosistemas y el patrimonio cultural.

27 En la sesión del 29 de junio de 2021 se adoptó como texto base para la continuación del examen el proyecto de ley aprobado por el Senado. La Comisión examinó las 21 propuestas de modificación presentadas en la reunión del 7 de julio de 2021 sin aprobar ninguna enmienda. En la sesión del 29 de julio de 2021, habiendo tomado nota de los dictámenes de las Comisiones VI, VII, VIII, X, XII y XIII, la Comisión resolvió otorgar al relator el mandato de informar a favor de la Asamblea sobre la disposición, en el mismo texto aprobado por el Senado.

formidad con art. 138 de la Constitución: 218 votos a favor, 2 abstenciones, ningún voto en contra.

A continuación, la Comisión 1ª de la Cámara procedió al examen del proyecto de ley C. 3156-B en la sesión del 19 de enero de 2022, de conformidad con el artículo 99, párrafo 1, del Reglamento, en base al cual, a los efectos de la segunda deliberación, los proyectos de ley constitucionales se reexaminan en la Comisión sin proceder al examen de enmiendas.

En esta sesión, la Comisión resolvió darle mandato al relator para que informase favorablemente a la Asamblea sobre la medida.

7. REFORMA CONSTITUCIONAL DE 2022: EL NUEVO ARTÍCULO 9.

Con la modificación del artículo 9, la ley constitucional introduce entre los principios fundamentales la protección del medio ambiente, la biodiversidad y los ecosistemas, también en interés de las generaciones futuras.

De igual modo, se establece que la ley estatal regula los modos y formas de protección de los animales.

El artículo 1 añade un párrafo al artículo 9 de la Constitución, que en el segundo párrafo ya reconoce la tarea de la República de proteger el paisaje y el patrimonio histórico y artístico. El nuevo tercer párrafo está dedicado específicamente a los perfiles medioambientales y se divide en dos incisos. El objetivo de la enmienda, sobre la base de lo que surgió durante el debate parlamentario, es en primer lugar articular el principio de protección del medio ambiente, además de la mención de la "protección del medio ambiente, del ecosistema y del patrimonio cultural" prevista por el artículo 117, segundo párrafo de la Constitución -introducido con la reforma del Título V aprobada en 2001[28]- en la parte en la que enumera las materias sobre las cuales el Estado tiene competencia legislativa exclusiva.

En el primer apartado, junto con el del medio ambiente, también se atribuye a la República la protección de la biodiversidad y los ecosistemas. Igualmente, en el primer inciso se introduce una referencia expresa al "interés de las generaciones futuras", expresión inédita en el texto constitucional.

El medio ambiente se entiende aquí en su significado más amplio y "sistémico": como medio ambiente, ecosistema, biodiversidad.

La formulación realiza y desarrolla rasgos de protección afirmados por la Corte Constitucional italiana de manera interpretativa, cuando sean pertinentes para los efectos de las disposiciones constitucionales vigentes.

La protección de los ecosistemas alude a la competencia legislativa del Estado, a que se refiere la letra s) del segundo párrafo del artículo 117 Const.

---

28 El título V de la Constitución italiana fue reformado con la ley constitucional n. 3/2001, por la que se da pleno efecto al art. 5 de la Constitución, que reconoce las autonomías locales como órganos exponenciales preexistentes a la formación de la República. Los municipios, ciudades metropolitanas, provincias y regiones son cuerpos exponenciales de las poblaciones que residen en un territorio determinado y están obligados a atender sus necesidades. La acción del gobierno tiene lugar en el nivel inferior y lo más cerca posible de los ciudadanos, excepto la facultad de sustituir el nivel de gobierno inmediatamente superior en caso de imposibilidad o incumplimiento por el nivel de gobierno inferior (principio de subsidiariedad vertical). La reforma era necesaria para dar plena implementación y cobertura constitucional a la reforma denominada 'Federalismo a C. invariata' (l. 59/1997).

En particular, la protección del "paisaje" consagrada constitucionalmente en el artículo 9 ha sido desestimada por la jurisprudencia constitucional como protección paisaje-ambiental con una lectura "expansiva".

En esta perspectiva, el medio ambiente no se configura como una mera materia sino como un valor primario y sistémico.

El Tribunal también se refirió a un "proceso evolutivo encaminado a reconocer una nueva relación entre la comunidad territorial y el entorno circundante, dentro del cual se ha consolidado la conciencia del suelo como un recurso natural ecosistémico no renovable, esencial para los fines del equilibrio ambiental, capaz de expresar una función social e incorporar una pluralidad de intereses y utilidades colectivos, incluidos los de carácter intergeneracional"[29].

Más analítica es la sentencia del Tribunal Constitucional italiano que precisa: "Desde esta perspectiva, el cuidado del paisaje concierne a todo el territorio, incluso cuando esté degradado o aparentemente desvalorizado"[30].

---

29 Corte cost., 16 luglio 2019, n.179.

30 Tribunal Constitucional, 12 de febrero de 2020, n.71. El juez constitucional aprovechó este fallo para un "reconocimiento del estado de la legislación y jurisprudencia en la materia". Las consideraciones del Tribunal se refieren a cuatro perfiles que se consideran vinculados entre sí por una relación de interdependencia y perjuicio. El primer aspecto es el relativo a la relación entre protección paisajística-ambiental y garantías de carácter civil a favor de las comunidades propietarias de bienes cívicos. Las razones de la limitación paisajística de las zonas de uso cívico se identifican en la "particular sensibilidad" hacia la conservación del territorio por parte de las comunidades que tradicionalmente poseen dominios colectivos, con la consecuencia de que la protección del medio ambiente y del paisaje ha incorporado los marcos de civismo. Teniendo este régimen su característica principal en la especial legitimación de los usuarios-condominios individuales para "promover a los peticionarios y poseedores, uti singuli et cives, en

Según esta sentencia, "la protección del paisaje ambiental ya no es una disciplina circunscrita al ámbito nacional", sobre todo teniendo en cuenta el Convenio Europeo del Paisaje[31], según el cual "el concepto de protección vincula indisolublemente la gestión del territorio a la contribución de las poblaciones" (de ahí "el paso de una protección meramente conservadora a la necesidad de potenciar los intereses públicos y de las comunidades locales con intervenciones articuladas", incluyendo, en ese caso, la adquisición y recuperación de tierras degradadas).

En esta evolución interpretativa de la protección, desde el paisaje (por tanto morfológico, visual, cultural) hasta el ambiental (constitutivo, valorativo, comunitario), intervino también la reforma del Título V, por la que se modifica el artículo 117, segundo párrafo de la Constitución.

En este contexto, se introdujo la previsión de la "protección" del medio ambiente y del ecosistema, entre las materias reservadas al poder legislativo exclusivo del Estado (con atribución, en cambio, de la "valorización" de los bienes ambientales al poder concurrente de las Regiones).

En esta perspectiva más amplia se sitúa el segundo inciso del párrafo adicional que tiene por objeto la protección de los animales, mediante la introducción de una reserva de derecho estatal que regule formas y métodos de protección.

---

beneficio de la comunidad a la que pertenecen", emerge un horizonte jurídico en el que –si hemos entendido exactamente el significado de las declaraciones de la Corte– el ejercicio de acciones para proteger los usos cívicos, beneficiando a toda la comunidad propietaria del bien cívico, debe operar en "absoluta sinergia con la protección del paisaje-ambiente".

[31] Convenzione europea del paesaggio (adottata a Strasburgo dal Comitato dei Ministri del Consiglio d'Europa il 19 luglio 2000 e ratificata con legge n. 14 del 2006).

Por primera vez, se introduce en la Constitución italiana la referencia a los animales, previendo una ley que defina las reglas.

Durante el debate parlamentario, también salieron varias posibles formulaciones, como la propuesta de insertar una protección de los animales como "seres sintientes"[32] o contra la opción de no insertar ninguna disposición relativa a la protección de los animales, que se considera ya incluida plenamente en el concepto de ecosistema y biodiversidad tal como lo marca la nueva norma.

La decisión de separar la protección de los animales de la protección del medio ambiente subraya la intención de mejorar el posicionamiento independiente de la protección de los animales entre los intereses constitucionales.

Hay que subrayar que la norma no puede referirse a animales individuales, sino a la especie a la que pertenecen, cuando pudieran verse amenazados por la actividad humana.

---

32 La referencia retoma el contenido del artículo 13 del Tratado de Lisboa de la Unión Europea.
El reconocimiento de los animales como seres sintientes ya había sido introducido por la UE en la Constitución Europea de 2005, ahora modificada por el Tratado de Lisboa que mantuvo el principio.
El artículo 13 de la versión consolidada del Tratado de Lisboa establece: "Al formular y aplicar las políticas de la Unión en materia de agricultura, pesca, transporte, mercado interior, investigación y desarrollo tecnológico y espacio, la Unión y los Estados miembros tendrán plenamente en cuenta las exigencias en materia de bienestar de los animales como seres sensibles, respetando al mismo tiempo las disposiciones legales o administrativas y las costumbres de los Estados miembros relativas, en particular, a los ritos religiosos, tradiciones culturales y patrimonio regional".
La Comisión, en sus propuestas sobre salud, seguridad, protección del medio ambiente y protección de los consumidores, "se basa en un alto nivel de protección, teniendo en cuenta, en particular, cualquier novedad basada en descubrimientos científicos".

La fórmula probablemente comprometedora no ha omitido ninguna referencia a la sensibilidad de los animales, sin distinguirlos así de los seres no sintientes.

Aún en la segunda frase del tercer párrafo, la reforma atribuye a la ley estatal los modos y formas de protección de los animales.

No se comprende bien la necesidad de haber previsto dos locuciones (modos y formas) que sustancialmente tienen un significado en gran medida superponible.

Otro elemento de la disposición es la atribución –a la ley estatal– de la competencia para regular la materia, donde se reconoce a la República la protección del medio ambiente, los ecosistemas y la biodiversidad.

De hecho, la ratio de la reserva de ley estatal parece responder más a la lógica de división de competencias del art. 117, 2.ª y 3.ª, que a la función de garantía, prevista en los derechos fundamentales.

8. EL MEDIO AMBIENTE COMO VALOR CONSTITUCIONAL.

La propuesta sobre la protección del medio ambiente, la biodiversidad y los ecosistemas presente en la nueva redacción del artículo 9 de la Constitución es especialmente apreciada también bajo un perfil más amplio y decisivo.

Esta atribución de una "nueva" tarea a la República hace absolutamente inequívoca la elección del legislador de aceptar la configuración del interés por la protección del medio ambiente como un "valor constitucional", es decir, como un "principio fundamental" de carácter objetivo y confiado al cuidado de políticas públicas específicas.

El punto es absolutamente importante: entre las diversas formulaciones propuestas en la iniciativa parlamentaria, surgió una diferencia significativa y fundamental –igualmente distribuida– entre aquellas que parecían orientadas a calificar expresamente la protección del medio ambiente y de los ecosistemas como un "derecho fundamental de la persona y la comunidad» y los que mantuvieron una calificación en términos objetivos, es decir, como un "valor constitucional" encomendado a las "políticas públicas", al mismo nivel de los demás intereses públicos actualmente contemplados en el art. 9 (es decir, la protección del paisaje y del patrimonio histórico y artístico de la nación y la promoción de la cultura y la investigación científica y tecnológica).

En relación con el bien jurídico ambiental, el derecho civil, ante la aparición de nuevos intereses, reacciona replicando el modelo propietario: de ahí la identificación del medio ambiente natural como un "bien jurídico unitario" de carácter público[33].

Además, la afirmación de un derecho subjetivo al medio ambiente es más bien una proclamación de principios: en la teoría de los bienes, los bienes de propiedad individual están flanqueados por bienes de uso común y bienes de propiedad pública, incluso funcionalizados, que son de disfrute o disfrute colectivo inmediato, por medio de relaciones de concesión.

---

33 Cass. 4 aprile 2017, n. 8662, en *Danno e resp.*, 2017, 481, en materia de responsabilidad por daño ambiental; Cass. 19 febbraio 2016, n. 3259, en *Guida al dir.*, 2016, fasc. 15, 24; Cass. 6 maggio 2015, n. 9012, en *Danno e resp.*, 2016, 646; Cass. 10 ottobre 2008, nn. 25010 e 25011, citt.; Cass., sez. un., 16 aprile 2007, n. 8955, en *Riv. giur. edilizia*, 2007, I, 1266, e Cass., sez. un., 16 aprile 2007, n. 8956, en *Fisco 1*, 2007, 2834, sobre la evaluación de impacto ambiental.
Véase, en particular, Cass., sez. un., 14 febbraio 2011, n. 3665, en *Foro it.*, 2012, I, 564, sobre los "valles de pesca" de la laguna de Venecia.

Pero permanece la división que establece el art. 42 de la Constitución[34]; donde ambas propiedades están equipadas para cuidar a los intereses de terceros: la propiedad pública por definición, la propiedad privada porque está diseñada como sensible a fines supraindividuales.

La categoría más adecuada para el medio ambiente es la de bien público funcionalizado, sector en el que la correlación entre derechos y deberes es particularmente necesaria.

Como recordó el Tribunal Constitucional italiano, en realidad no sería lícito permitir "la expansión ilimitada de uno de los derechos, que se convertiría en "tirano" respecto de las

---

34 S. PUGLIATTI, *La proprietà e le proprietà,* en *La proprietà nel nuovo diritto,* Milano, rist. 1964; N. IRTI, *Proprietà e impresa,* Napoli, 1965; S. CASSESE, *I beni pubblici. Circolazione e tutela,* Milano, 1967; G. COSTANTINO, *Contributo alla teoria della proprietà,* Napoli, 1967; R. SACCO, *La proprietà,* Torino, 1968; P. PERLINGIERI, *Introduzione alla problematica della «proprietà»,* Camerino-Napoli, 1970; M. S. GIANNINI, *Le basi costituzionali della proprietà privata,* en *Politica del diritto,* 1971, p.445; P. RESCIGNO, *Per uno studio sulla proprietà,* in *Riv. dir. civ.,* 1972, 1; F. SANTORO PASSARELLI, *Proprietà privata e costituzione,* en *Riv. trim. dir. e proc. civ.,* 1972, p.955. U. NATOLI, *La proprietà,* I, Milano, 1976; A. IANNELLI, *La proprietà costituzionale,* Camerino-Napoli, 1980; S. RODOTÀ, *Il terribile diritto–Studi sulla proprietà priva*ta, Bologna, 1981; C. SALVI, *Modelli di proprietà e principi costituzionali,* en *Riv. critica dir. priv.,* 1986, 317; P. GROSSI, *Proprietà (diritto intermedio),* en Enc. Dir., XXXVII, Milano, 1988, p.226; L. MENGONI, *Proprietà e libertà,* en *La Costituzione economica a quarant'anni dall'approvazione della Carta fondamentale,* Milano, 1990; A. BALDASSARRE, *Proprietà. I. Diritto costituzionale,* en *Enc. Giur.,* XXV, Roma, 1992; G. COSTANTINO, *Proprietà. II. Profili generali–Diritto civile,* in *Enc. Giur.,* XXV, Roma, 1992; A. GAMBARO, *Il diritto di proprietà,* in Tratt. Cicu-Messineo, Milano, 1995; M. BARCELLONA, *Proprietà, (tutela costituzionale),* en *Digesto civ.,* XV, Torino, 1997, p.456; U. MATTEI, *Proprietà,* in *Digesto civ.,* XV, Torino, 1997, p.432; G. ESPOSITO, *I fondamenti costituzionali del demanio. Basi per uno studio sulla disciplina legislativa dei beni pubblici,* Torino, 2018.

demás situaciones jurídicas constitucionalmente reconocidas y protegidas, que en su conjunto constituyen una expresión de la dignidad de la persona»[35].

La reforma constitucional también afectó al artículo 41 de la Constitución, que establece que el derecho a la iniciativa económica privada no puede ejercerse cuando daña el medio ambiente y la salud. Una modificación que se abre a nuevos escenarios en cumplimiento de la sostenibilidad de las generaciones presentes y futuras.

La ley constitucional del 11 de febrero de 2022, n. 1, que modificó los artículos 9 y 41 de la Constitución, puso especial énfasis en la protección del medio ambiente, tanto en la parte dedicada a los Principios Fundamentales como entre las disposiciones de la llamada Constitución Económica.

Así, el nuevo apartado 3 del art. 9 de la Constitución, al disponer que la República (por tanto, todas las instituciones de la República) "Protege el medio ambiente, la biodiversidad y los ecosistemas, también en interés de las generaciones futuras", dicta un criterio general de actuación de los poderes públicos basado en la protección del medio ambiente.

El criterio hoy vincula directamente a las instituciones nacionales, incluso independientemente de ulteriores especificaciones reglamentarias: así, la disposición reafirma internamente el principio de integrar las necesidades medioambientales en las decisiones públicas, ya expresado por el art. 11 del Tratado de Funcionamiento de la Unión Europea (según el cual "Las exigencias de protección del medio ambiente deberán integrarse en la definición y en la realización de las políticas y acciones de la Unión, en particular con objeto de fomentar un desarrollo sostenible").

---

35 Corte cost. 23 marzo 2018, n. 58 y Corte cost. 9 maggio 2013, n. 85.

Todavía en el art. 9, apartado 3, la referencia a las generaciones futuras es esencial: la referencia tiñe la acción de los poderes públicos para proteger el medio ambiente con una profundidad intergeneracional, en línea con lo dispuesto por otras Constituciones europeas[36] y, antes, por el principio de desarrollo sostenible, reconocido a nivel internacional, europeo

---

36 La protección del medio ambiente, generalmente no contemplada en las constituciones europeas de posguerra, ha entrado en las más recientes (como la española de 1978), y ha sido incluida en los textos más antiguos, tras una revisión constitucional, con significados diferentes: tanto como derecho fundamental considerado en sí mismo, como derecho a un medio ambiente sano, y como componente del "derecho a llevar una vida compatible con la dignidad humana".
Francia, con la Carta del medio ambiente, adoptada con la ley constitucional n. 2005-205, de 1 de marzo de 2005, reconoció, en su preámbulo, el medio ambiente como "patrimonio común de la humanidad", integrándolo entre los objetivos de valor constitucional, y tornó positivos los principios de precaución y desarrollo sostenible (art. 5 y 6). En particular, el art. 1 establece el derecho a "vivir en un medio ambiente equilibrado y propicio para la salud", cuya contrapartida natural es el deber de participar en la protección y mejora del medio ambiente", prevenir y limitar los daños al medio ambiente, contribuir a su reparación, sancionada por los artículos 2, 3,4 de la misma Carta.
En la República Federal de Alemania, desde principios de los años 1970, la necesidad de garantizar la protección del medio ambiente se ha planteado en términos, en muchos sentidos, peculiares en comparación con otros países occidentales, ya que se percibe como una emergencia, sobre todo a nivel social, y se caracteriza como interés existencial, lo que requirió la redefinición de modelos organizativos, con el fin de garantizar la protección del hábitat natural. La centralidad que asume el interés ambiental queda probada también por las nuevas reflexiones desarrolladas por la doctrina y por la jurisprudencia sobre el Umweltschutzrecht, que han llevado a una revisión de los derechos fundamentales, y a una interpretación rigurosa, en particular, del art. 2, apartado 2, y del art. 14 de la ley fundamental, respectivamente en materia de derechos de la personalidad y protección de la propiedad, así como por el intenso debate sobre las herramientas y técnicas de protección más adecuadas para combinar la "calidad de vida", el desarrollo y el equilibrio medioambiental.

y nacional (en el artículo 3-quater del Código de Medio Ambiente): de hecho, ese principio exige perseguir un desarrollo que garantice la satisfacción de las necesidades de la generación presente sin comprometer las posibilidades de las generaciones futuras de hacer las suyas[37].

La Constitución española de 1978 (artículo 45) fue una de las primeras del mundo en reflejar la preocupación social por la tutela del medio ambiente. Se siguió para ello el modelo de la Constitución portuguesa de 1976 (artículo 66), que fue el empleado por las asociaciones ecologistas en las presiones que ejercieron sobre los constituyentes de nuestro país. El precepto español se encontraba ya en el anteproyecto de Constitución (artículo 38) y, después, en el proyecto que se aprobó por el Congreso de los Diputados (artículo 41). En todos los casos se regulaba la materia ordenándola en los tres párrafos característicos que nos han llegado: el primero, para establecer situaciones jurídicas subjetivas en relación con el medio ambiente; el segundo, para implicar a los poderes públicos en la acción protectora del medio ambiente; y el tercero, para reclamar sanciones contra los atentados ambientales. Así, en el artículo 45 de la versión definitiva de la Constitución se indica: "1. Todos tienen el derecho a disfrutar de un medio ambiente adecuado para el desarrollo de la persona, así como el deber de conservarlo. 2. Los poderes públicos velarán por la utilización racional de todos los recursos naturales, con el fin de proteger y mejorar la calidad de la vida y defender y restaurar el medio ambiente, apoyándose en la indispensable solidaridad colectiva. 3. Para quienes violen lo dispuesto en el apartado anterior, en los términos que la ley fije, se establecerán sanciones penales o, en su caso, administrativas, así como la obligación de reparar el daño causado." Las interpretaciones producidas a lo largo del tiempo, hasta la actualidad, en relación con el precepto, ponen de relieve la continua ampliación de su significado.

37 El informe "*Our common future*" de la Comisión Brundtland de las Naciones Unidas, de 1987, destacó la necesidad de implementar una estrategia capaz de integrar las necesidades del desarrollo y el medio ambiente. Esta estrategia ha sido definida con el término «desarrollo sostenible», para indicar «aquel desarrollo que permite a la generación presente satisfacer sus propias necesidades sin comprometer la posibilidad de que las generaciones futuras satisfagan las suyas».

El texto aprobado es, sin duda, de compartir sin reservas, no sólo por su corrección intrínseca, sino también por su absoluta coherencia con las posiciones expresadas por el Tribunal Constitucional y con el derecho de los Tratados europeos.

9. EL NUEVO CONCEPTO DE RESPONSABILIDAD INTERGENERACIONAL.

El nuevo artículo 41 de la Constitución no se limita al reconocimiento de la protección del medio ambiente como un interés público. Permite cambiar el objeto empresarial mediante intervención legislativa, modificando la idea misma de actividad económica privada.

Si el art. 9 se centra en el papel de los poderes públicos en la protección del medio ambiente, el art. 41 amplía la perspectiva al papel de las personas privadas.

En particular, el segundo párrafo establece hoy que la iniciativa económica privada no puede desarrollarse en conflicto con la utilidad social o de forma que cause daños, así como a la seguridad, la libertad y la dignidad humana, también "a la salud" y "al ambiente".

Y el tercer párrafo amplía –con la referencia expresa a los "fines ambientales"– el abanico de fines hacia los cuales la actividad económica puede ser dirigida y coordinada por la ley ("La ley determina los programas y controles adecuados para que la actividad económica pública y privada puedan abordarse y coordinarse con fines sociales y ambientales").

La enmienda allana el camino para una nueva relación entre el poder público y el mercado, con una posible nueva expansión del papel del Estado en la economía, en línea con las recientes políticas europeas: pensemos en el *Green Deal*, el plan ideado por a la Comisión Europea en 2019 para promover inversiones públicas masivas, entre otros, en los ámbitos de la energía, la política industrial y la movilidad, con vistas a la transición energética.

Pensemos también en el *Next Generation EU*, es decir, el plan de más de 700 millones de euros para reconstruir la Europa post-Covid-19 promoviendo una economía más verde, más digital y más resiliente, que incluye los distintos *Recovery Plan* aprobados a nivel nacional, incluido nuestro PNRR (Plan Nacional de Recuperación y Resiliencia).

Pero no se trata sólo de esto.

La nueva disposición constitucional del art. 9, párrafo 3, no contiene una referencia explícita al desarrollo sostenible, sino que evoca indirectamente su contenido a través de la referencia a la responsabilidad intergeneracional, de la cual la sostenibilidad es una condición necesaria[38].

La dimensión diacrónica es inherente a las Constituciones: el tiempo es, por tanto, un aspecto inmanente a las constituciones, que asumen también el valor de un pacto intergeneracional.

Sin embargo, la categoría de generaciones futuras no está reconocida como entidad jurídica calificada en el ordenamiento jurídico y, como tal, como titular de reclamaciones y derechos legales[39].

---

38 R. BIFULCO, A. D'ALOIA (a cura di), *Un diritto per il futuro. Teorie e modelli dello sviluppo sostenibile e della responsabilità intergenerazionale*, Napoli, 2008, pp. 59 ss.; M. LUCIANI, *Dottrina del moto delle Costituzioni e vicende della Costituzione repubblicana*, en *Rivista AIC*, 1, 2013, p. 1; T. GROPPI, *Sostenibilità e costituzioni: lo Stato costituzionale alla prova del futuro, in Dir. pubbl. comp. europeo*, 1, 2016, pp. 199 ss.; I. CIOLLI, *Diritto delle generazioni future, equità intergenerazionale e sostenibilità del debito. Riflessioni sul tema*, en *Bilancio, comunità persona*, 1, 2021, p. 55; L. BARTOLUCCI, *Il più recente cammino delle generazioni future nel diritto costituzionale, in AIC, Osservatorio costituzionale*, 4, 2021, p. 215.

39 F. RESCIGNO, *Quale riforma per l'articolo 9?*, en *federalismi.it*, 2021, p. 4, según la cual «el aspecto decididamente menos convincente es la

La doctrina y la jurisprudencia han reconocido la capacidad de entidades, asociaciones y comités de representar, en determinadas condiciones, intereses de una dimensión supraindividual de la que son portadores, sobre un hilo interpretativo que, sin embargo, difícilmente llega a explicar, ni siquiera parcialmente, la protección de intereses generalizados en una perspectiva futura[40].

Desde un punto de vista formal, la protección intergeneracional difícilmente encaja en la lógica de las clasificaciones tradicionales.

En esencia, muchas calificaciones jurídicas, «más allá de lo que se suele creer, muestran y resumen tanto qué es una regla

---

llamada "también en interés de las generaciones futuras", es un pasaje bastante humeante, ¿incluso respecto de quién? ¿A las generaciones actuales o al propio medio ambiente? ¿Qué generaciones futuras? Es una ambigüedad que suscita confusión respecto de los propios intereses humanos y al mismo tiempo demuestra un enfoque marcadamente antropocéntrico».

40 Cons. St., ad. plen., 20 febbraio 2020, n. 6, en *www.giustizia-amministrativa.it,* en la que se señala que las «entidades asociativas exponenciales, inscritas en el listado especial de asociaciones representativas de usuarios o consumidores o en posesión de los requisitos señalados por la jurisprudencia, están facultadas para realizar acciones para proteger los legítimos intereses colectivos de determinadas comunidades o categorías, y en particular la acción general de nulidad en la jurisdicción administrativa de legitimación, independientemente de disposición expresa de la ley al efecto" y se precisa que, sin perjuicio de las condiciones identificadas en el tiempo por la jurisprudencia, no deben surgir dudas sobre la legitimidad de las asociaciones, cuando todos los rasgos salientes del interés colectivo están presentes en la situación jurídica en cuestión. En otras palabras, la legitimidad, para existir, debe referirse a un interés originariamente difundido, y por tanto anatema, que, en relación con los bienes de uso colectivo, es "personalizado" por una entidad exponencial, dotada de determinadas características, que se coloca para esto como un interés legítimo de la entidad".

como cuál es la capacidad de moverse dentro de ella o respecto de ella. Una mayor autenticidad del lenguaje jurídico debe hacernos comprender esta ambivalencia, que está por otra parte en la base del fenómeno jurídico, si ésta precisamente quiere representar la fuerza y al mismo tiempo el límite de la subjetividad»[41].

Desde este punto de vista, la protección del hábitat natural y la conservación de los recursos, también para el futuro, toman la forma de una necesidad objetiva de recomposición y adaptación al orden natural.

La inclusión de la protección del medio ambiente entre los valores fundamentales de la Constitución está vinculada al principio de solidaridad, como regla de convivencia mutua de las libertades individuales, en el que se basa la organización del Estado, y se traduce en un deber de salvaguarda de los recursos y del ecosistema en el que vivimos, como expresión de una responsabilidad de las generaciones presentes y también como garantía para las futuras[42].

La afirmación de este principio implica una profunda revisión de la ideología que subyace al modelo de desarrollo de los países industrializados, tradicionalmente anclado en la lógica "extracción-producción consumo-desperdicio", y la transición hacia una economía circular, basada en la racionalización del uso de los recursos y la regeneración de los procesos productivos, en una perspectiva de desarrollo sostenible, y por tanto compatible con la capacidad del planeta para absorber los impactos de las actividades humanas.

---

41 G. BERTI, *Manuale di interpretazione costituzionale,* Padova, 1994, p.102 y ss.

42 L. SALVEMINI, *Dal cambiamento climatico alla modifica della Costituzione: i passi per la tutela del futuro* (non solo il nostro), en *federalismi.it,* 20, 2021), p. 71.

Este enfoque implica una revisión de las estructuras socioorganizativas del Estado, con el fin de incorporar la dimensión ambiental, e involucra a una pluralidad de actores, desde las instituciones hasta la sociedad civil, y en particular el mundo empresarial, como ahora aclara el art. 41 de la Constitución, tras la reforma.

Se discute si la modificación del art. 41 de la Constitución (en particular, del segundo párrafo) tiene la capacidad de legitimar, incluso en ausencia de normas específicas, un cambio en el objeto de la empresa: este último ya no sería (o no sería sólo) la maximización del beneficio, pero llegaría a incluir la sostenibilidad o la responsabilidad social corporativa.

Este planteamiento parecería desmentido por el hecho de que, incluso antes de la reforma constitucional, el art. 41, apartado 2, contenía una referencia a la "utilidad social", sin que ello haya dado lugar a lecturas extensas del objeto social.

Sin embargo, no hay duda de que la nueva disposición al menos permite al legislador imponer a los particulares una internalización de las exigencias medioambientales en el marco de su objeto social.

En resumen, el nuevo artículo 41 de la Constitución va mucho más allá de la identificación de la protección del medio ambiente como un interés público predominante que se impone a los sujetos privados desde el exterior, configurando su actividad y limitando su libertad de iniciativa económica. Permite cambiar en la legislación el objeto de la empresa, transformando el interés ambiental en un auténtico interés del sujeto regulado, con la consiguiente modificación de la idea misma de actividad económica privada.

La reciente propuesta de directiva sobre la diligencia debida de las empresas en materia de sostenibilidad, publicada por la Comisión Europea el 23 de febrero de 2022[43], va en esta dirección: empresas (por ahora, solo grandes) que pretendan entrar en el mercado europeo, incluidas aquellas con sede fuera de la Unión Europea, deben implementar sistemas y procesos adecuados para prevenir (y, cuando esto ya no sea posible, remediar) el impacto negativo sobre los derechos humanos y el medio ambiente causado por su actividad y a lo largo de su cadena de producción. Aunque el resultado del proceso legislativo europeo sigue siendo incierto, la dirección parece marcada.

La reciente enmienda constitucional sienta las bases para una intervención también del legislador italiano.

---

[43] El 23 de febrero de 2022, la Comisión Europea publicó la esperada propuesta de Directiva sobre la debida diligencia en materia de sostenibilidad corporativa. La propuesta responde a una necesidad creciente de regular las cadenas de valor a nivel mundial, con especial atención a sus impactos negativos sobre el medio ambiente y las personas. La necesidad también surgió de la consulta pública que precedió a la propuesta de directiva en la que más del 80 por ciento de los que respondieron (incluidas las empresas) expresaron su apoyo a dicho instrumento. Entre las principales razones surgieron las siguientes: hacer una contribución efectiva a los objetivos de desarrollo sostenible (76,5 por ciento); favorecer una mayor igualdad de condiciones entre empresas (75,5 por ciento); promover una mayor seguridad jurídica (70,2 por ciento).

Capítulo 3.

Distribución de competencias. Derecho ambiental europeo. Ley 27/2006 de 18 de julio de acceso a la información, participación pública y acceso a la justicia en materia de medio ambiente

ANTONIO LUIS FAYA BARRIOS

1.ESTADO DE LAS AUTONOMÍAS Y MEDIO AMBIENTE

1.1 Distribución de competencias entre el Estado y las Comunidades Autónomas

La Constitución española de 1978 supone el tránsito del modelo de Estado-nación unitario y centralizado a otro descentralizado donde el poder se divide ex artículo 137 de la Constitución entre Estado, Comunidades Autónomas y entidades locales, gozando cada una de estas entidades de autonomía para la gestión de sus respectivos intereses, siendo sus atributos respectivos la soberanía (Estado), autonomía política (Comunidades Autónomas) y autonomía administrativa (entidades locales).

Para la distribución de poderes entre estas instancias, la Constitución establece listas de materias en los que tendrían competencias Estado y Comunidades Autónomas en los artículos 148 y 149.

El 149.1.23 establece que el Estado tendrá competencia exclusiva sobre legislación básica sobre protección del medio ambiente, sin perjuicio de las facultades de las Comunidades Autónomas de establecer normas adicionales de protección.

En general, la legislación básica constituye el mínimo común denominador normativo de aplicación al conjunto de la nación, que puede ser desarrollado por el legislador autonómico que además ostenta competencias de ejecución en la materia de que se trate. Desde el punto de vista formal, tras diversas oscilaciones el Tribunal Constitucional concluye que lo básico debe normalmente incorporarse a una ley formal, puede en ocasiones establecerse en una disposición reglamentaria estatal y muy excepcionalmente es admisible que determinados actos de ejecución del Estado puedan tener carácter básico.

Dicho esquema general se abrió camino con dificultad en la materia de medio ambiente, en la que además existía la referencia a las normas adicionales de protección. El estado actual de la cuestión lo sintetiza la STC 118/2017 de 19 de octubre con base en las siguientes premisas:

a) Al amparo de su competencia para dictar la legislación básica, el Estado puede proceder a establecer una política global de protección ambiental, con más razón considerando la fuerte componente de Derecho europeo e internacional presente en la materia.

b) Con todo, dicha legislación básica estatal no puede llegar a tal grado de detalle que impida el desarrollo legislativo posterior por las Comunidades Autónomas. Lo básico cumple una función de ordenación mediante mínimos que las Comunidades Autónomas deben respetar en todo caso pero no impide que estas establezcan niveles de protección más altos

c) Pueden existir actuaciones ejecutivas del Estado, si bien con carácter excepcional, cuando no sea posible vincularlo a competencias de las Comunidades Autónomas o la actuación tenga carácter supraautonómico.

A lo dicho añadamos el carácter transversal u horizontal de las competencias en materia de medio ambiente. Con base en ese título competencial el Estado puede incidir en otras materias sectoriales sobre las que ostentan competencias exclusivas las Comunidades Autónomas si bien dicha incidencia o afectación sólo será conforme con la Constitución cuando dicha afectación se traduzca en la imposición de límites a las actividades sectoriales en razón de la apreciable repercusión negativa que el ejercicio de la actividad sectorial de que se trate pueda tener (STC 5/2016 de 21 de enero, que en general recoge una interpretación restrictiva de otros títulos horizontales del Estado, como los del 149.1.1 y 149.1.13)

1.2 Competencias de las entidades locales

El artículo 25 Ley de Bases de Régimen Local atribuye a los municipios numerosas competencias vinculadas al medio ambiente urbano que conllevan la obligación de prestación de servicios del artículo 26 tales como parques y jardines, gestión de residuos, protección contra la contaminación acústica, atmosférica y lumínica, limpieza viaria, alcantarillado. Con más de 5.000 habitantes tienen que prestar el servicio de tratamiento de residuos y con más de 50.000 la protección del medio ambiente urbano en sentido más global.

El artículo 27 LBRL recoge la posibilidad de delegación por parte del Estado y Comunidades Autónomas de más competencias si bien lo supedita a análisis de eficacia y sostenibilidad económica y dotación de medios humanos y materiales.

Por su parte, la Ley 5/2010 de 11 de junio de Autonomía Local de Andalucía atribuye a los municipios andaluces importantes competencias ambientales en materias como saneamiento y depuración de aguas residuales urbanas, recogida y tratamiento de residuos, limpieza viaria, deslinde y gestión de caminos, vías pecuarias o vías verdes, promoción, defensa y protección del medio ambiente (calificación ambiental, mejora de la calidad del aire, declaración suelo contaminado, protección frente a la contaminación lumínica y ruidos, información ambiental)

2. LA IMPORTANCIA DEL DERECHO EUROPEO

2.1 El medio ambiente en el Derecho originario europeo

En un primer momento el Tratado de Roma no contenía ninguna habilitación directa para el desarrollo de una política ambiental. Pero a pesar de ello se llevó a cabo en el ámbito de la UE casi desde el primer momento una política de este tipo por diversas razones: interpretación evolutiva del Tratado, voluntad de la UE y de los Estados miembros y finalmente existencia de materias relacionadas en las que sí se asumían competencias como la PAC

La incorporación al Derecho originario de la protección del medio ambiente se produce en 1986 con la introducción del Título VII (artículos 130-R a 130-T) a raiz del Acta Unica Europea. Junto a los objetivos de la política ambiental comunitaria introduce los principios del Derecho ambiental europeo: acción preventiva, corrección preferentemente en la fuente misma de las lesiones del medio ambiente, quien contamina paga y la exigencia de la protección medioambiental como componente integrante de las restantes políticas. El Tratado de Maastricht añade el principio de cautela, estableciendo además que la política de la UE en la materia tiene como objetivo alcanzar un nivel de protección elevado, sin perjuicio de que pueda elevarse por los Estados miembros.

La importancia de los principios es doble: inspiran el Derecho europeo y por tanto los Derechos nacionales pero es que además son utilizados por el TJUE como cánones para enjuiciar la adecuación al Derecho europeo de las legislaciones o de los actos de los Estados miembros.

Actualmente, se encuentra el derecho en el artículo 37 de la Carta de Derechos Fundamentales de la Unión Europea y en los artículos 11 y 191 a 193 del Tratado de Funcionamiento de la Unión Europea. El 191 convierte la lucha contra el cambio climático en un objetivo expreso de la política medioambiental de la Unión.

2.2 El Derecho derivado europeo en materia de medio ambiente

Esta progresiva asunción de la materia ambiental en el Derecho originario tiene su reflejo en una muy copiosa producción normativa normalmente incorporada a Directivas, que como es sabido suponen una legislación en dos etapas, de manera que queda a los Estados miembros la tarea de su incorporación o transposición al Derecho interno mediante normas propias en un plazo preestablecido. El incumplimiento de dicho plazo puede dar lugar al llamado efecto directo de la Directiva y a sanciones al Estado miembro.

Normalmente, frente a los Reglamentos, las Directivas dejan a los Estados un margen de conformación mayor. Con todo, en materia ambiental suelen ser muy detalladas y de facto el margen que queda a los Estados es escaso.

La normativa europea más relevante en materia ambiental, integrada por Directivas en su mayoría, es la siguiente:

1) Directiva 2004/35/CE del Parlamento Europeo y del Consejo de 21 de abril de 2004 sobre responsabilidad medioambiental en relación con la prevención y reparación de daños medioambientales modificada por la

Directiva 2013/30/UE del Parlamento Europeo y del Consejo de 12 de junio de 2013.

2) Directiva 2018/2001 del Parlamento Europeo y del Consejo de 11 de diciembre de 2018 relativa al fomento del uso de energía procedente de fuentes renovables.

3) Directiva 2012/27/UE modificada por Directiva 2018/2002 del Parlamento Europeo y del Consejo de 11 de diciembre de 2018, relativa a la eficiencia energética

4) Directiva 92/43/CEE del Consejo relativa a la conservación de los hábitats naturales y de la fauna y flora silvestres de 21 de mayo de 1992 modificada por Directiva 97/62/CEE de 27 de octubre de 1997 en cuya virtud se crea la red de Lugares de Interés Comunitario y Zonas Especiales de Conservación integradas en la red europea Natura 2000.

5) Reglamento (UE) nº 1143/2014 del Parlamento Europeo y del Consejo de 22 de octubre de 2014 sobre la prevención y la gestión de la introducción y propagación de especies exóticas invasoras.

6) Directiva 2000/60/CE del Parlamento Europeo y del Consejo de 23 de octubre de 2000, por la que se establece un marco comunitario de actuación en el ámbito de la política de aguas

7) Directiva 2006/118/CE del Parlamento Europeo y del Consejo, de 12 de diciembre de 2006, relativa a la protección de las aguas subterráneas contra la contaminación y el deterioro

8) Directiva 91/271/CEE del Consejo de 21 de mayo de 1991, sobre el tratamiento de las aguas residuales urbanas

9) Directiva 2008/50/CE del Parlamento Europeo y del Consejo de 21 de mayo de 2008, relativa a la calidad del aire ambiente y a una atmósfera más limpia en Europa

10) Directiva 2016/2284 del Parlamento Europeo y del Consejo, de 14 de diciembre de 2016, relativa a la reducción de las emisiones nacionales de determinados contaminantes atmosféricos

11) Directiva 2010/75/UE del Parlamento Europeo y del Consejo de 24 de noviembre de 2010, sobre las emisiones industriales (prevención y control integrados de la contaminación)

12) Directiva 2002/49/CE del Parlamento Europeo y del Consejo de 25 de junio de 2002 sobre evaluación y gestión del ruido ambiental

13) Directiva 2008/98/CE del Parlamento Europeo y del Consejo de 19 de noviembre de 2008, sobre los residuos

14) Reglamento (CE) nº 1013/2006 del Parlamento Europeo y del Consejo, de 14 de junio de 2006, relativo a los traslados de residuos

15) Directiva 2011/92/UE del Parlamento Europeo y del Consejo de 13 de diciembre de 2011 sobre la evaluación de los efectos de determinados proyectos públicos y privados sobre el medio ambiente

16) Reglamento 2018/1999 del Parlamento Europeo y del Consejo de 11 de diciembre de 2018 sobre la gobernanza de la Unión de la Energía y de la Acción por el Clima

17) Reglamento 2021/1119 del Parlamento Europeo y del Consejo de 30 de junio de 2021 por el que se establece el marco para lograr la neutralidad climática (Ley Europea del Clima)

La profusión de normas que acabamos de citar y el modo en que alcanzan a prácticamente todas las facetas del Derecho ambiental nos permite concluir que en el ámbito europeo se ha acabado conformando un corpus de Derecho ambiental homogéneo para todos los Estados miembros y que realmente supone la conformación de estándares elevados de protección del medio ambiente en el ámbito europeo. En ocasiones resulta complicado por parte de las autoridades nacionales profundizar o incrementar los niveles de protección ambiental, no sólo porque como hemos dicho la normativa europea es exigente sino que buena parte de su energía y recursos se consumen luchando por transponer más o menos en plazo las Directivas.

2.3 La ejecución del Derecho europeo

En cuanto a la ejecución del Derecho europeo la regla general es que corresponde a los Estados miembros si bien las instituciones europeas muestran un protagonismo creciente en el control de la correcta ejecución del Derecho europeo. Los medios más eficaces para que los ciudadanos puedan hacer valer el Derecho ambiental europeo son los siguientes:

2.3.1 Procedimientos de infracción

Destaca el papel de la Comisión Europea, guardiana de los Tratados, fundamentalmente a través del procedimiento de infracción regulado en los artículos 258 a 260 Tratado Funcionamiento de la Unión Europea. La secuencia tipo de uno de estos procedimientos podría ser la siguiente:

1) Inicio de oficio o en virtud de denuncia o queja recibida de cualquier persona física o jurídica. Esta posibilidad de denuncia es un arma poderosa en manos de las asociaciones ecologistas o de cualquier ciudadano de la UE

2) Diálogo estructurado o proyecto piloto UE. Comunicación de la Comisión al Estado para abrir un proceso de diálogo que permita solucionar el posible incumplimiento evitando un procedimiento formal de infracción.

3) Procedimiento de infracción propiamente dicho:

   3.1 Carta de emplazamiento , dándole al Estado miembro dos meses para contestar

   3.2 Dictamen motivado, que argumenta las razones por las que la Comisión considera que existe incumplimiento, nuevo plazo de doce meses

   3.3 Recurso por incumplimiento ante el TJUE, se pide sanción económica y/o multa coercitiva

   3.4 Sentencia TJUE. Si la sentencia es condenatoria, deber de ejecución por el Estado miembro. Si incumple a juicio de la Comisión, nueva carta de emplazamiento y segundo proceso ante TJUE que puede acabar en segunda sentencia condenatoria con nuevas sanciones

2.3.2 El recurso indirecto o cuestión prejudicial

Si bien desde la sentencia Simmenthal es claro que los jueces nacionales deben ser los primeros garantes del Derecho europeo, incluso inaplicando normas nacionales en virtud de los principios de efecto directo y primacía, es infrecuente que esto suceda.

El único modo en que los particulares pueden obtener un pronunciamiento del TJUE es el también llamado recurso indirecto en el que el órgano jurisdiccional nacional plantea a instancia de las partes una cuestión prejudicial, donde el Tribunal de Luxemburgo responda a dudas de aquel sobre la interpretación o aplicación del Derecho comunitario si bien es el órgano jurisdiccional nacional el que finalmente resolverá el concreto litigio partiendo de la interpretación efectuada por el TJUE.

2.3.3 El Derecho europeo que nos viene

Como consecuencia de la crisis económica de 2008 se suscitó para el Derecho ambiental la necesidad de afrontar dos desafíos, la desregulación y la reversibilidad de los derechos ambientales, que plantea la cuestión de si los estándares de protección ambiental pueden en tiempo de crisis disminuirse.

Nuestro Derecho ambiental ha quedado bastante resguardado frente a estas tendencias precisamente por el hecho de que el Derecho europeo al establecer un estándar elevado de protección ambiental se convierte en una barrera infranqueable: no puede el legislador nacional desmontar ese sistema de protección ambiental sin exponerse a procedimientos de infracción ante la Unión Europea.

Respecto a la reversibilidad de los derechos, el Derecho europeo cuyo contenido, ese ius commune ambiental, vuelve a convertirse en mínimo infranqueable. Queda de manifiesto en materia de espacios naturales protegidos, respecto a los espacios integrados en la Red Natura 2000. Frente a presiones urbanísticas que pretenden promover proyectos a costa de menoscabar ZEPAS o LIC la jurisprudencia europea y nacional se muestra inflexible: no pueden los Estados miembros reducir la superficie de estos espacios o descatalogarlos. Tal descatalogación corresponde a las autoridades europea siendo la única motivación admisible la degradación natural de los valores del espacio. Antes se habló de Valdecañas

En cuanto al Derecho europeo que nos viene, hemos de referirnos a la aprobación en 2019 del Pacto Verde Europeo, el proyecto de política ambiental más ambicioso de la historia europea. Su objetivo es nada menos que construir una Europa climáticamente neutra, ecológica, justa y social a través de una profunda transformación de la economía y la sociedad europeas. Se pretende lograr a través de un uso eficiente de los recursos que no haya emisiones netas de gases de efecto invernadero en 2050, protegiendo y manteniendo al tiempo el capital natural de la UE así como la salud y bienestar de sus ciudadanos frente a los riesgos y efectos medioambientales.

Como instrumento normativo fundamental para llevar a efecto el Pacto Verde Europeo se dicta el Reglamento 2021/1119 del Parlamento Europeo y del Consejo de 30 de junio de 2021 por el que se establece el marco para lograr la neutralidad climática y se modifican los Reglamentos 401/2009 y 2018/1999.

Supone un cambio de paradigma. El Derecho ambiental europeo tradicional respondía como indicamos al establecimiento de estándares elevados de protección ambiental susceptibles de mejora por parte de los Estados y actuaba con una vocación de transversalidad influyendo en las distintas políticas de la Unión.

El Derecho ambiental y climático europeo que nos viene supera con mucho estos parámetros: no es ya un estándar elevado sino directamente el establecimiento de un objetivo vinculante y extremadamente exigente (la neutralidad climática) que adquiere una posición de centralidad que desborda lo ambiental: no es ya que sea necesario elevar los estándares de la normativa ambiental europea en su conjunto para la consecución de este objetivo sino que la vis expansiva del mismo hace que, superada la transversalidad, el modo de vida de los ciudadanos europeos cambie sustancialmente en aspectos tan cotidianos como la vivienda, la alimentación o el transporte.

En este contexto va a desenvolverse por supuesto el Derecho ambiental español, de manera que la incorporación y ejecución de la normativa europea y el cumplimiento de los objetivos de neutralidad climática van a constituir una prioridad absoluta.

3. LA LEY 27/2006 DE 18 DE JULIO POR LA QUE SE REGULAN LOS DERECHOS DE ACCESO A LA INFORMACIÓN, DE PARTICIPACIÓN PÚBLICA Y DE ACCESO A LA JUSTICIA EN MATERIA DE MEDIO AMBIENTE

3.1 Objeto de la ley

La ley pretende proporcionar herramientas que permitan a los ciudadanos participar activamente en la tutela del medio ambiente y a tal efecto permite:

a) Acceder a información ambiental que obre en poder de las autoridades públicas u otros sujetos que la posean en su nombre. También obliga a los poderes públicos a tener disponible para el público la información ambiental (publicidad activa).

   La STJUE 15 abril 2021 concluye que los órganos jurisdiccionales no tienen la consideración de " autoridad pública" a los efectos del ejercicio del derecho de acceso previsto en la ley.

b) Participar en los procedimientos para la toma de decisiones sobre asuntos que incidan directa o indirectamente en el medio ambiente y cuya elaboración o aprobación corresponda a las Administraciones Públicas

c) Instar la revisión administrativa y judicial de los actos y omisiones imputables a cualquiera de las autoridades públicas que supongan vulneraciones de la normativa medioambiental

3.2 Derecho de acceso

Surge la cuestión del modo en que este derecho se ve afectado por el derecho de acceso genéricamente garantizado por la Ley 19/2013 de 9 de diciembre de transparencia, acceso a la información pública y buen gobierno, que además dota a este derecho de un sistema reforzado de garantías. La cuestión la resuelve la Disposición adicional primera de la ley, que establece que se regirá por su normativa específica, entre otras, el acceso a la información ambiental si bien la Ley 19/2013 será supletoriamente aplicable en lo no previsto en aquella. A día de hoy, existe disparidad entre los Consejos de Transparencia, algunos admiten las reclamaciones que traigan causa del ejercicio del derecho de acceso a la información ambiental y otros no.

En cuanto a los derechos que comprende el derecho de acceso a la información ambiental serían los siguientes:

a) A acceder a la información ambiental que obre en poder de las autoridades públicas o en el de otros sujetos en su nombre, sin que para ello estén obligados a declarar un interés determinado, cualquiera que sea su nacionalidad, domicilio o sede.

b) A ser informados de sus derechos y a ser asesorados para su correcto ejercicio.

c) A ser asistidos en su búsqueda de información.

d) A recibir la información que soliciten en los plazos máximos establecidos en el artículo 10.

e) A recibir la información ambiental solicitada en la forma o formato elegidos, en los términos previstos en el artículo 11.

f) A conocer los motivos por los cuales no se les facilita la información, total o parcialmente, y también aquéllos por los cuales no se les facilita dicha información en la forma o formato solicitados.

g) A conocer el listado de las tasas y precios que, en su caso, sean exigibles para la recepción de la información solicitada, así como las circunstancias en las que se puede exigir o dispensar el pago.

Por lo que hace a los efectos de no resolver y notificar en plazo, la STSJ Canarias 175/2012 de 23 de noviembre entiende que puede hablarse de un silencio positivo sui generis: no supone lógicamente la obligación de la Administración de facilitar una información de la que carece y no impide que la Administración invoque las excepciones del artículo 13. En idéntico sentido, la STSJ Madrid 365/2016 de 16 de junio. También de gran interés últimamente la STS 22 junio de 2023, recaída en el recurso nº 1814/2022.

Existen por supuesto excepciones a la obligación de facilitar la información ambiental (art 13) [1], que deben ser interpretados de manera restrictiva ponderando en cada caso el interés público en la divulgación de la información con el interés atendido con su denegación. En ocasiones será posible el suministro parcial de la información solicitada cuando sea posible separar del texto de la información solicitada la información incursa en motivo de denegación.

La Sentencia Audiencia Nacional 452/2016 de 30 de junio reafirma con carácter general la necesidad de interpretación restrictiva de las excepciones del artículo 13 y en relación con la información en curso de elaboración entiende que no cabe denegar el acceso si estamos hablando de informes con sustantividad propia, aun cuando estén pendientes de firma, aprobación, análisis o contraste. Acoge en ese punto la doctrina de la STS 29 septiembre de 2011, recaída en el recurso 2071/2008.

---

1 Información no obre en poder de la autoridad pública, solicitud manifiestamente irrazonable, solicitud formulada de manera excesivamente general, solicitud referida a material en elaboración o documentos o datos inconclusos, solicitud referida a comunicaciones internas, según interés público en revelación

También puede denegarse (13.2) si afecta negativamente a los siguientes extremos: confidencialidad de los procedimientos de las autoridades públicas, relaciones internacionales, defensa nacional, seguridad pública; asuntos sujetos a procedimiento judicial, al derecho a la tutela judicial efectiva o a la capacidad para realizar una investigación penal o disciplinaria; confidencialidad datos carácter comercial e industrial a fin de proteger intereses económicos legítimos, incluido el de mantener la confidencialidad estadística y el secreto fiscal; derechos propiedad intelectual e industrial, salvo que el titular haya consentido su divulgación; datos personales salvo consentimiento de su titular; intereses o protección de un tercero que facilitó voluntariamente la información, salvo que consintiera su divulgación; protección del medio ambiente al que se refiere la información solicitada, en particular la localización de las especies amenazadas o de sus lugares de reproducción

Cuando la solicitud de información verse sobre emisiones al medio ambiente las autoridades no podrán negarse aduciendo confidencialidad de los procedimientos, de los datos de carácter comercial o industrial, datos personales, intereses o protección de un tercero o protección del medio ambiente.

3.3 El derecho de participación pública

Comprende las siguientes facultades:

a) A participar de manera efectiva y real en la elaboración, modificación y revisión de aquellos planes, programas y disposiciones de carácter general relacionados con el medio ambiente

b) A acceder con antelación suficiente a la información relevante relativa a los referidos planes, programas y disposiciones de carácter general.

c) A formular alegaciones y observaciones cuando estén aún abiertas todas las opciones y antes de que se adopte la decisión sobre los mencionados planes, programas o disposiciones de carácter general y a que sean tenidas debidamente en cuenta por la Administración Pública correspondiente.

d) A que se haga público el resultado definitivo del procedimiento en el que ha participado y se informe de los motivos y consideraciones en los que se basa la decisión adoptada, incluyendo la información relativa al proceso de participación pública

Tienen a estos efectos la condición de interesado, además de aquellos en quienes concurra esta circunstancia por aplicación de la normativa reguladora del procedimiento administrativo, las asociaciones ecologistas que cumplan los requisitos del artículo 23. Las previsiones de esta ley tienen carácter mínimo de manera que si la legislación sectorial prevé mayores facultades de participación, prevalecerá sobre la Ley 27/2006.

Se entiende por Planes y Programas relacionados con el medio ambiente los relativos a las siguientes materias: residuos, pilas y acumuladores, nitratos, envases, calidad del aire. En los planes y programas relativos a aguas y planes sujetos a evaluación ambiental habrá que estar a su normativa específica. En ningún caso alcanza a planes relativos a defensa nacional o protección civil

Se entiende por normas relacionadas con el medio ambiente las relativas a las siguientes materias: aguas, ruido, suelos, contaminación atmosférica, ordenación territorio y utilización suelos, conservación naturaleza y biodiversidad, montes, gestión residuos, productos químicos incluidos biocidas y plaguicidas, biotecnología, otras emisiones y vertidos, evaluación de impacto ambiental, acceso a la información, participación pública y acceso a la justicia en materia de medio ambiente

3.4 Derecho de acceso a la justicia y a la tutela administrativa

Comprende los siguientes derechos:

a) A recurrir los actos y omisiones imputables a las autoridades públicas que contravengan los derechos que la Ley reconoce en materia de información y de participación pública.

b) A ejercer la acción popular para recurrir los actos y omisiones imputables a las autoridades públicas que constituyan vulneraciones de la legislación ambiental en los términos previstos en esta Ley.

Con carácter general, el artículo 20 prevé que el público que considere que un acto u omisión de una autoridad pública ha vulnerado los derechos que le reconoce la ley en materia de información y participación pública podrá interponer los recursos administrativos previstos en la Ley 39/2015 así como el recurso contencioso-administrativo en su caso.

Si el acto u omisión es imputable a personas físicas o jurídicas que asuman responsabilidades públicas, ejerzan funciones públicas o presten servicios públicos relacionados con el medio ambiente bajo la autoridad de cualquier autoridad pública el artículo 21 prevé una reclamación ante la Administración Pública bajo cuya autoridad ejerce su actividad. Debe resolverla en un plazo que la Disposición adicional establece para la Administración del Estado en tres meses. Si la persona física o jurídica no cumpliera la Resolución la autoridad pública matriz podrá imponerle multas coercitivas.

El artículo 22 recoge la acción popular en asuntos medioambientales frente a actos u omisiones de las autoridades públicas que vulneren las disposiciones de carácter general en materia ambiental. No es una acción pública como la reconocida en otros sectores del ordenamiento jurídico (acción penal, acción en materia de urbanismo o patrimonio histórico) sino que sólo están legitimadas las personas jurídicas sin ánimo de lucro que cumplan los requisitos del artículo 23 y se traduce en la interposición de los recursos administrativos o en su caso contencioso-administrativo que proceda. No cabe frente a las personas físicas o jurídicas del artículo 2.4.2 de la Ley.

En cuanto a su naturaleza, como decimos, resulta controvertida. La STS 16 de mayo de 2007, recaída en el recurso de casación 8001/2003, aparte de señalar que la legitimación en ningún caso alcanza a personas físicas, niega que pueda hablarse de una acción pública en materia de medio ambiente. La STS 7 junio 2013 habla de una acción pública peculiar.

Por su parte, la STS 25 mayo 2010, recurso casación 2185/2006 señala que las personas jurídicas legitimadas ostentan un especial interés legítimo colectivo: no sólo ejercen defensa de la legalidad sino que actúan en defensa cualificada de intereses colectivos afectados por la decisión administrativa.

En cuanto a su alcance, la STSJ Cantabria 132/2019 de 17 de abril, recurso 96/2017) considera que no sería de aplicación para reclamar medidas protectoras respecto al lobo, al ser en Cantabria especie cinegética y por tanto no existir vulneración de disposición de carácter general en materia ambiental en los términos del artículo 22.

Menos restrictiva parece la STS 143/2016 de 16 de junio, que entiende que la remisión del artículo 22 a las disposiciones de carácter general referidas a las materias del artículo 18.1 no permitiría excluir la minería, si bien niega legitimación en este caso en la medida en que las objeciones que se aducen para solicitar la declaración de caducidad de la concesión minera son de mera legalidad minera, no de afección al medio ambiente.

Los requisitos que establece el artículo 23 :

a) Deben tener entre los fines acreditados en sus estatutos la protección del medio ambiente en general o la de alguno de sus elementos en particular

b) Constituidos legalmente al menos dos años antes del ejercicio de la acción y que vengan ejerciendo de modo activo las actividades necesarias para alcanzar los fines previstos en sus estatutos y ejerzan esas actividades

c) Que según sus estatutos, desarrollen su actividad en un ámbito territorial afectado por la actuación o en su caso omisión administrativa

La sentencia de la Audiencia Nacional 4 septiembre 2019, recaída en el recurso contencioso-administrativo 201/2016 niega que pueda incardinarse en el artículo 23 la legitimación de un partido político para impugnar el otorgamiento de autorización previa a una instalación radiactiva.

Hay supuestos en que más allá de los requisitos de la acción popular se reconoce la legitimación de entidades por la titularidad de intereses legítimos colectivos. STS 9 octubre 2012, asociación de vecinos legitimada para recurrir la exclusión del trámite de evaluación ambiental de un centro penitenciario en principio sujeto. Aplica el criterio geográfico y de fines del artículo 23

Finalmente, establece el artículo 23 que las personas jurídicas sin ánimo de lucro que cumplan estos requisitos tienen además derecho a asistencia jurídica gratuita.

Para terminar nos referiremos a la Disposición adicional octava de la ley, relativa a la legitimación del Ministerio Fiscal, la cual establece que estará legitimado en cualesquiera procesos contencioso-administrativos que tengan por objeto la aplicación de aquella. A estos efectos, la autoridad competente pondrá en conocimiento del Ministerio Fiscal todos los supuestos de responsabilidad medioambiental derivados de esta ley.

La STS 28 noviembre 2014 (recurso 3756/2012) rechaza una interpretación amplia de esta legitimación: sólo en los procesos que se desarrollen en el ámbito de aplicación de la ley, sobre daños ambientales o las amenazas inminentes de que tales daños ocurran.

Capítulo 4.

La defensa del derecho de todos a disfrutar de un medio ambiente adecuado ante el cambio climático

NICOLÁS PÉREZ SOLA

1. INTRODUCCIÓN

El cambio climático y su incidencia en la vida de las personas constituye un tema de debate que se ha extendido desde los ámbitos académicos y de los medios de comunicación, no solo a la sociedad sino también a los distintos operadores jurídicos. En efecto, determinados procesos que afectan al conjunto de la sociedad como el cambio climático han sido objeto de debates, acuerdos y compromisos de los Estados con el objetivo de hacer frente, entre otras, al nivel de emisiones de los gases de efecto invernadero (GEI en adelante) con el propósito de su estabilización primero y su disminución después. Es en este sentido que debemos subrayar, más allá de su escasa presencia en el debate político, la necesidad de llevar a cabo una reflexión jurídica frente al cambio climático dando entrada a nuevos análisis respecto de fórmulas de legitimación procesal, exigencias de responsabilidad y verificación del cumplimiento de compromisos políticos adquiridos por los Estados en el ámbito de las organizaciones internacionales y regionales.

El instrumento internacional esencial en esta materia es el Acuerdo de las Partes en la Convención Marco de las Naciones Unidas sobre el Cambio Climático (COP 21) de 13 de diciembre de 2015. El ordenamiento de la Unión Europea ha incorporado en su normativa ambiental los elementos contenidos en dicho Acuerdo, aunque con anterioridad ya se había recogido la conservación, la protección y la mejora de la calidad del medio ambiente, así como la lucha contra el cambio climático, como objetivos de la Unión (art. 191.1 Tratado de Funcionamiento de la Unión Europea), completados con la exigencia de alcanzar un "nivel elevado de protección del medio ambiente" (art. 37 Carta de Derechos Fundamentales de la Unión Europea).

Pues bien, las obligaciones internacionales contraídas por los Estados, luego concretadas en compromisos precisos, deben quedar sujetas al control de su cumplimiento y ejecución. La litigación climática surge pues como una demanda de sujetos afectados y ONGs que plantean ante los tribunales contra Gobiernos por ausencia de ambición climática a la hora de implementar los compromisos adquiridos en el Acuerdo de Paris 2015 para la reducción de las emisiones de GEI.

En consecuencia, los demandantes esperan obtener de los tribunales una exigencia de cumplimiento de los compromisos internacionales adquiridos en materia climática que se concreten en resoluciones judiciales que impongan a los Gobiernos obligaciones positivas de planificar con mayor rigor y ambición las políticas conducentes a una reducción más efectiva de las emisiones de GEI. Las respuestas de los tribunales no deben entenderse como una inmiscusión de estos en la competencia de planificación que corresponde a los Ejecutivos y administraciones, sino como una de las vías posibles para impulsar una efectiva lucha contra el cambio climático, que desde las esferas de la política y de los poderes Ejecutivo y Legislativo se han demostrado insuficientes.

Es por ello que a través del análisis de diversos casos de litigación ambiental podremos determinar el alcance de dichas obligaciones, así como su exigibilidad y la existencia de los instrumentos procesales que la hagan posible. Se abre paso así un concepto aún impreciso de litigación climática, de la que ya disponemos de referentes en el derecho comparado, sobre cuya eficacia hasta el momento llevaremos a cabo alguna consideración para concluir con el balance de dicha litigación ante nuestros órganos jurisdiccionales.

El planteamiento de acciones de litigación climática contra los Estados constituye una nueva modalidad de exigencia de responsabilidad a los poderes públicos respecto de la preservación de la calidad de vida de las personas, si bien comienza a ser objeto de la misma también entidades privadas de carácter mercantil y societario[1]. Puede ser entendido como un paso sucesivo en la tendencia a lograr una justiciabilidad de la protección ambiental, si bien se enfrenta no solo a las mismas dificultades que las precedentes acciones en defensa del medio ambiente, sino que incorpora niveles elevados de imprecisión en cuanto al contenido cuantitativo de las obligaciones contraídas por los Estados como por los plazos de cumplimento de las mismas.

De este modo resulta igualmente necesario reflexionar sobre la justiciabilidad de las demandas climáticas y el rol del juez ante su proliferación y la insuficiencia del ordenamiento jurídico vigente para abordar la incidencia del cambio climático en los derechos humanos. Es indudable que el cambio climático plantea nuevos retos no solo para los Gobiernos y Parlamentos sino también para los órganos jurisdiccionales internos como para los Tribunales internacionales.

---

1 *Milieudefensie and Other v. Royal Dutch Shell* plc, C/09/571932 / HA ZA 19-379. http://climatecasechart.com/climate-change-litigation/non-us-climate-change-litigation/. Disponible en la base de datos sobre cambio climático del Sabin Center for Climate Change Law.

2. LA LITIGACIÓN CLIMÁTICA ANTE LOS TRIBUNALES DE JUSTICIA

La litigación climática posibilita reflexionar sobre la exigibilidad jurídica de las obligaciones contraídas por los Estados en este ámbito y la virtualidad de los procesos emprendidos y resueltos como otra vía para alcanzar la efectiva tutela ambiental. La existencia de una serie de obligaciones internacionales adquiridas por los Estados[2] conlleva el necesario cumplimiento de las mismas por lo que el incumplimiento de contribuciones comprometidas por los Estados en la COP 21 de París está siendo objeto de litigios ante los tribunales internos, para exigir dicho cumplimiento[3].

No obstante, diversos serán los escollos a salvar desde la legitimación de los litigantes para llevar a cabo la exigibilidad del cumplimiento de las obligaciones ambientales hasta la fase probatoria, debiéndose acreditar el nexo causal entre los riesgos o perjuicios ambientales y la protección de los derechos humanos. En cuanto al alcance, en su caso, de la resolución judicial de la demanda climática, no han faltado objeciones por considerar una intromisión de los órganos judiciales en cuestiones competencia del legislador o de las administraciones.

Una posible justificación de la litigación climática tiene su fundamento en la inacción por parte de los poderes públicos frente a las obligaciones contraídas en el ámbito internacional desde una doble vertiente, de un lado por la consideración de incumplimiento de las normas que se le podría imputar por

---

2 "mantener el aumento de la temperatura media mundial muy por debajo de 2º con respecto a los niveles preindustriales" (art. 2.1 Acuerdo de París).

3 "las partes procuraran adoptar medidas de mitigación con el fin de alcanzar los objetivos de esas contribuciones" (art. 4.2 Acuerdo de París).

dicha inacción de los Estados, y por otra, por desatender las exigencias derivadas del principio de no regresión.

En todo caso, la exigencia a los Estados del cumplimiento de los compromisos adquiridos en el ámbito internacional y no cumplidos o con retrasos manifiestos en su cumplimiento, a través de la aprobación de iniciativas legislativas y la adopción de políticas públicas, está presente en todas las demandas "climáticas". Algunas ocasiones sucede que no hay concreción respecto de la reducción de emisiones en el tiempo porque no se han aprobado los planes concretos para llevarla a cabo dentro del plazo comprometido; en otras es el reducido objetivo de las medidas o planes aprobados lo que hace casi imposible su ejecución dentro del plazo previsto por la inacción o la timidez en las medidas propuestas.

Sin embargo las diferencias de los ordenamientos en cuestiones procesales son muy relevantes, por lo que la posibilidad de prosperar acciones de litigación climática queda supeditado las más de las ocasiones a las previsiones legales internas de los Estados o las normas procesales para acceder a tribunales nacionales e internacionales.

Cuestión igualmente compleja es la de acreditar ante los tribunales la relación de causalidad entre el cambio climático derivado de las emisiones de GEI y los daños presentes o futuros que puedan sufrir los demandantes con ocasión de la inacción o escasa ambición climática de los Gobiernos.

Es evidente que la emisión de GEI provoca el cambio climático que repercute negativamente en las personas. Pero quienes llevan a cabo dichas emisiones son esencialmente actores privados y no los Estados contra los que se dirigen estas demandas climáticas. Además, las emisiones de GEI tienen un alcance transfronterizo ya que aun cuando su punto de origen sea en el territorio de un Estado pueden producir efectos en otros incluso distantes.

Aunque la mayor dificultad en un litigio climático es acreditar ante un tribunal que existe "un vínculo claro entre el cambio climático y la vulneración de sus derechos concretos". Por ello, en la tramitación de estas demandas es esencial contar con avales científicos que acrediten riesgos, daños o consecuencias para la salud o la vida humana. La evidencia científica sobre el cambio climático debe ser esgrimida y en este sentido es que los Informes del Panel Internacional sobre Cambio Climático (IPCC) son objeto de la mayor consideración científica, si bien cabe preguntarse por su valor jurídico. Se trata de un organismo intergubernamental y los informes que por este se elaboran son solicitados por Estados como por actores particulares, pero no constituyen un documento indubitado desde el punto de vista legal. Por lo que habrá que demostrar que la política climática de un Estado es insuficiente y tiene consecuencias para el ejercicio de los derechos humanos. En este sentido la resolución del caso *Urgenda* primero y más tarde *Neubauer et al. v. Germany* han abierto un nuevo escenario para la indagación de la justiciabilidad de los derechos "climáticos".

Al objeto de recapitular brevemente las litigaciones climáticas que han prosperado baste recordar como la regulación constitucional[4], procesal y de responsabilidad civil en Holanda es muy diferente a la de otros ordenamientos donde la legitimación de los demandantes tiene un tratamiento diverso. En efecto, la exigencia al Estado del cumplimiento de sus obligaciones contraídas supone un elemento de objetivación de la conducta exigible al Gobierno holandés ya que existía un compromiso de reducción de las emisiones de GEI que no podría quedar, a juicio de los demandantes, a la discrecionalidad gubernamental. Sin duda, esta exigencia se veía reforzada por la previsión constitucional del art. 21 que conllevaría una obligación positiva de

4 "Los poderes públicos velarán por la habitabilidad del país y por la protección y el mejoramiento del medio ambiente" (art. 21).

actuar, que no quedaría reducida por el alto grado de discrecionalidad del Gobierno y el Parlamento en la planificación específica para alcanzar los objetivos comprometidos.

El fallo del Tribunal Supremo holandés en el caso *Urgenda* es relevante porque afirma la competencia de los órganos jurisdiccionales para apreciar si la discrecionalidad de las autoridades ha respetado los límites del ordenamiento jurídico nacional (arts. 93 y 94 de la Constitución holandesa) como de la normativa de la Unión Europea y especialmente el principio de precaución (art. 191 TFUE). Igualmente por cuanto constata el deber de cuidado que corresponde al Estado y la afirmación de la conexión existente entre los derechos reconocidos en el CEDH y las consecuencias de la inacción en materia climática de los Gobiernos, ya que "la protección de los derechos humanos (...) proporciona un componente esencial de un Estado democrático"[5].

En otras ocasiones la reforma constitucional ha posibilitado el planteamiento de una demanda climática contra una regulación concreta estatal sobre cambio climático y mitigación de emisiones de GEI. Este es el caso de *Neubauer et al. v. Germany*. En concreto se impugnó la Ley Federal de Protección del Clima de Alemania por entender que el objetivo de la misma de reducción de las emisiones de GEI en un 55% para 2030 a los niveles de 1990 resultaba insuficiente, ya que sería preciso llevar a cabo una reducción de un 70% en la emisión, por lo que se consideraba por los demandantes inconstitucional.

La fundamentación jurídica de la demanda ante el Tribunal Constitucional Federal se basaba en la dignidad humana

---

5 *Urgenda Fondation v. State of the Netherlands*. http://climatecasechart.com/climate-change-litigation/non-us-climate-change-litigation/. Disponible en la base de datos sobre cambio climático del Sabin Center for Climate Change Law.

(art.1), la protección de la vida y la integridad (art. 2) y los fundamentos naturales de la vida (art. 20a)[6]. La sentencia de este alto Tribunal de 29 de abril de 2021 resolvió que la previsión legal de reducción del 55% de las emisiones de gases de efecto invernadero era contraria a la Ley Fundamental y que el legislador quedaba obligado a la elaboración y aprobación de nuevas reducciones con fundamento en el art. 20a al considerar que este precepto "es una norma legal justiciable que tiene como objetivo vincular el proceso político a favor de las preocupaciones ecológicas, también con miras a las generaciones futuras que se verán particularmente afectadas"[7].

En concreto se estableció que el retraso en la adopción de medidas de reducción de las emisiones de GEI constituye una violación por discriminar a las generaciones más jóvenes que tendrán que asumir en el futuro el coste y las consecuencias de la inacción actual. El Tribunal entiende que la protección de la vida y la integridad física proclamada en el art. 2 de la Ley Fundamental también lo es frente a la contaminación ambiental por lo que reconoce la existencia de un deber de su protección por parte del Estado frente al cambio climático que alcanza también a las generaciones futuras (art. 20a).

Precisamente es el riesgo de deterioro ambiental y sus consecuencias futuras el que pone en cuestión las condiciones en

---

6 "El Estado protegerá, teniendo en cuenta también su responsabilidad con las generaciones futuras (...) los fundamentos naturales de la vida y (...) por medio de los poderes ejecutivo y judicial".

7 "No se debe permitir que una generación consuma una gran parte del presupuesto de CO2 bajo una carga de reducción comparativamente leve si esto deja al mismo tiempo a las generaciones futuras con una carga de reducción radical (...) y exponen sus vidas a graves pérdidas de libertad". *Neubauer, et al.v. Germany*. http://climatecasechart.com/climate-change-litigation/non-us-climate-change-litigation/. Disponible en la base de datos sobre cambio climático del Sabin Center for Climate Change Law.

las que los titulares de los derechos reconocidos en la Ley Fundamental podrán ejercer dichos derechos en un futuro. Por ello la protección de derechos como "garantía intemporal" requiere que por parte del legislador se adopte de forma temprana la previsión normativa precisa que permita garantizar también el derecho a la libertad de las generaciones futuras por lo que insta al Parlamento a la adopción de las normas precisas para alcanzar ese objetivo en un tiempo determinado. Así el Tribunal Constitucional proyecta los deberes del Estado más allá de los titulares actuales de los derechos. La importancia de esta sentencia radica en que abre una nueva perspectiva en la forma de abordar las cuestiones ambientales en la medida en que se declara la afectación de la protección del medio ambiente a los derechos fundamentales y por tanto la dimensión intergeneracional del problema del cambio climático.

En otros casos la dimensión de los demandantes ambientales tiene como punto de partida la situación particular de especial afectación frente al cambio climático; ocurre así en el asunto *Commune Grande-Synthe v. France*[8]. Los demandantes ante el riesgo real de inundaciones que afectan también a sistemas de riego y drenaje, con ocasión del cambio climático y que sufren en su población, acudieron inicialmente al Presidente de la República, Primer Ministro y Ministro de Transición Ecológica y Solidaridad en petición de adopción de medidas concretas en relación con el cambio climático y la reducción de las emisiones de GEI. Pero ante la negativa implícita de éstos de adoptar cualquier medida "útil" que permita doblar la curva de las emisiones de gases de efecto invernadero demandaron al Gobierno francés por inacción climática ante el Consejo de

---

8 Conseil D´Etat, contentieux no. 427301. http://climatecasechart.com/climate-change-litigation/non-us-climate-change-litigation/. Disponible en la base de datos sobre cambio climático del Sabin Center for Climate Change Law.

Estado por la incapacidad de aquél de reducir las citadas emisiones y violando así no solo la normativa internacional al respecto, sino también la Carta francesa del medio ambiente. En efecto el riesgo de inundaciones en la citada zona, con ocasión del incremento de fenómenos meteorológicos y su situación por debajo del nivel del mar, son objeto de consideración por el Consejo de Estado una vez que las instituciones demandadas han hecho caso omiso a las comunicaciones formuladas desde la alcaldía de dicho municipio en el sentido de tomar medias para revertir la curva de emisiones de GEI. El Consejo de Estado resolvió el 1 de julio de 2021 la obligación del Gobierno de que se adoptasen medidas necesarias al objeto de revertir la curva de dichas emisiones antes del 31 de marzo de 2022 y dar cumplimiento así a los objetivos climáticos comprometidos por el Gobierno.

En el denominado Juicio del siglo (*Affaire du Siécle*) son cuatro ONGs las que formulan la demanda climática ante el Tribunal Administrativo de París[9] una vez que el Gobierno francés desestimó una "lettre prèalable indemnitaire" relativa a la falta de acción en materia climática. Con fundamentación en la Carta francesa del medio ambiente, los demandantes invocan el derecho de toda persona a vivir en un entorno saludable y ecológicamente equilibrado, a la vez que recuerdan el de-

---

9 En el petitum de la demanda se solicita que el Tribunal ordene al Gobierno francés a tomar las medidas adecuadas para reducir las emisiones de gases de efecto invernadero, desarrollar energías renovables y aumentar la eficiencia energética, las medidas necesarias para adecuar el territorio nacional a los efectos del cambio climático así como para proteger la vida y la salud de los ciudadanos de los riesgos del cambio climático. Tribunal Administratif de Paris no. 1904967, 1904968, 1904972, 1904976/4-1, Décision du 14 octobre 2021. http://climatecasechart.com/climate-change-litigation/non-us-climate-change-litigation/. Disponible en la base de datos sobre cambio climático del Sabin Center for Climate Change Law.

ber del Gobierno de "tomar todas las medidas necesarias para identificar, evitar, reducir y compensar las consecuencias del cambio climático". No obstante, la sentencia que resuelve el caso muestra las limitaciones de esta vía de litigación ya que el Tribunal puede constatar el retraso en el cumplimiento de los objetivos comprometidos por el Gobierno en materia de reducción de las emisiones de GEI, así como su repercusión en el derecho al medio ambiente y a la salud, pero tan sólo puede acordar la obligación de aquel de adoptar medidas en un plazo breve para reducir dichas emisiones, sin posibilidad de concretar con mayor precisión la obligación de hacer del Gobierno a riesgo de vulnerar el principio de división de poderes.

Es cierto que la formulación de ambas demandas climáticas contra el Gobierno francés ha desembocado en la tramitación y aprobación el 20 de julio de 2021 de la Ley de lucha contra el cambio climático y fortalecimiento de la resilencia ante sus efectos, tras una Convención ciudadana que formuló 149 propuestas sobre esta materia. La citada norma tiene por destinatarios tanto a la administración como a los ciudadanos y cuenta con un régimen sancionatorio que incorpora, entre otras, la prohibición de publicidad relacionada con la comercialización o promoción de combustibles fósiles. Pero hemos de ser conscientes del alcance relativo de ambas resoluciones, aun cuando constituyen precedentes muy relevantes respecto de la legitimación ciudadana en estos litigios como en la respuesta gubernamental ante el eco mediático y social de los mismos.

En todo caso, la lectura de ambas resoluciones nos permite cuestionar hasta qué punto se puede instar a los órganos jurisdiccionales a sancionar al Poder Ejecutivo por no llevar a cabo iniciativas legislativas en un sistema de separación de poderes, con el agravante de que la resolución jurisdiccional posterior, en caso afirmativo, solo podrá serlo sobre la responsabilidad por la inacción pero no se pueda concretar en la obligación positiva de hacer sin mayor precisión. Lógicamente una resolución judicial en ese sentido podría encontrar el posible rechazo por el legislador que puede considerar invadido su ámbito competencial, o en el caso de políticas públicas por el Ejecutivo su competencia de diseño, concreción de objetivos y ejecución de las mismas en orden a la mitigación climática.

Así se evidencian estas dificultades en el recurso *VZW Klimaatzaak v. Kingdom of belgium* que promovió una organización de ciudadanos y 58.000 ciudadanos codemandantes, ante la insuficiencia de objetivos en la reducción de emisiones de GEI. El recurso se concretaba en la exigencia a los órganos jurisdiccionales belgas de resolver la obligación del Gobierno de reducir las emisiones en una cuantía específica. En primera instancia se admitió la legitimación de los demandantes por su interés directo en la exigencia de responsabilidad al Ejecutivo, ante el incumplimiento por parte de las autoridades de adoptar las medidas precisas para la reducción de las emisiones[10]. Sin embargo, el órgano jurisdiccional en atención a la división de poderes constata la imposibilidad de adoptar una resolución que contenga la obligación de establecer objetivos concretos que imponer al poder ejecutivo. La resolución fue recurrida ante la instancia superior sin que aún se haya resuelto el recurso correspondiente.

Es en este sentido que también hemos de hacernos eco de la demanda formulada en el asunto *A Sud et al v. Italy* ante el Tribunal Civil de Roma. Con carácter previo a la formulación de la demanda se desarrolló una campaña abierta a la sociedad (*Giudizio Universale*) con el objeto de instar una resolución judicial relativa a las consecuencias que la inacción del Gobierno italiano conlleva para el ejercicio de los derechos de los ciudadanos frente a la emergencia climática y, por eso, se persigue

---

10 Tribunal de prémiere instance francophone de Bruselles, Section Civile 2015/4585/A. http://climatecasechart.com/climate-change-litigation/non-us-climate-change-litigation/. Disponible en la base de datos sobre cambio climático del Sabin Center for Climate Change Law.

una resolución judicial en la que se concrete la reducción de las emisiones en un 92% para 2030 respecto de los niveles de 1990. Las exigencias de los demandantes se pueden sintetizar en la obtención de una declaración de que el Estado italiano es responsable del incumplimiento en la lucha contra la emergencia climática[11]; se insta pues la condena al Estado a llevar a cabo la reducción de las emisiones de GEI en un 92% para 2030 en comparación con el nivel de 1990, aplicando el principio de equidad y el principio de responsabilidad común pero diferenciada.

No han prosperado sin embargo otras acciones climáticas como *Friends of the Irish Environment v. Ireland* en donde se recurría el Plan Nacional de Mitigación aprobado por el Gobierno irlandés en 2017 por considerar los recurrentes que violaba la Ley de acción climática y desarrollo bajo en carbono de 2015, así como que contravenía la Constitución y el CEDH en especial en relación con el derecho a la vida privada y familiar. En concreto se planteaba también si las medidas acordadas por el Gobierno irlandés en materia de mitigación de GEI eran suficientemente específicas así como susceptibles de control jurisdiccional. El Tribunal Supremo irlandés determinó que el Plan no contenía las necesarias especificidades para cumplir las disposiciones de la Ley de 2015 y anuló dicho Plan[12]. Pero también el Tribunal determinó que los demandantes carecían de legitimación activa para presentar dicho recurso de confor-

---

11 "La exigencia de responsabilidad extracontractual al estado italiano (art. 2043 del Código Civil) deriva de no alcanzar la estabilidad climática, dada la conexión entre el cambio climático y los derechos fundamentales". http://climatecasechart.com/climate-change-litigation/non-us-climate-change-litigation/. Disponible en la base de datos sobre cambio climático del Sabin Center for Climate Change Law.

12 "I have concluded that the Plan falls well short of the level of specificity required to provide that transparency and to comply with the provisions of the 2015 Act. On that basis, I propose that the Plan be quashed".

midad con la Constitución o el CEDH. El Tribunal concluyó que los recurrentes no habían presentado argumentos suficientemente convincentes para identificar un derecho no enumerado a un medio ambiente saludable, separado de los derechos expresamente conferidos por la Constitución irlandesa[13].

En cuanto a la discrecionalidad con la que Gobiernos y Parlamentos han de adoptar medidas urgentes para alcanzar los objetivos comprometidos tanto en la COP 21 como internamente por la Unión Europea, hemos de recordar que se trata de obligaciones contraídas en el ámbito internacional. Por otro lado, hemos de reiterar la dificultad de acreditar ante los tribunales la relación de causalidad entre el cambio climático derivado de las emisiones de GEI y los daños presentes o futuros que puedan sufrir los demandantes con ocasión de la inacción de los Gobiernos.

Cuestión que nuevamente nos conduce a la legitimación para instar la litigación climática ante los Tribunales. Así ha sucedido cuando se ha planteado una acción climática ante el TJUE frente a las instituciones de la Unión Europea en el asunto *Armando Ferrao Carvalho and Others v. The European Parliament of the European Union*[14]. Por parte de los recurrentes se interpuso recurso para la anulación parcial de la Directiva 2018/40 del Parlamento Europeo y del Consejo de 14 de marzo por

---

13 "I also conclude that it has not been shown that it is necessary to allow FIE to have standing under the exception to the general rule, which arises in circumstances where refusing standing would make the enforcement of important rights either impossible or excessively difficult". https:// climatecasechart.com/non-us-case/friends-of-the-irish-environment-v-ireland/.Disponible en la base de datos sobre cambio climático del Sabin Center for Climate Change Law.

14 Por los recurrentes se sostiene que los actos impugnados afectan de forma diferente a los ciudadanos, bien por sequías, inundaciones, deshielo, olas de calor provocadas por el cambio climático. Asuntos T-330/18 y C-565/19.

la que se modifica la Directiva 2003/87/CE para reforzar la rentabilidad de las reducciones de emisiones y promover inversiones bajas en carbón; también eran objeto de impugnación otros instrumentos normativos[15]. En concreto se pretendía la anulación parcial de los actos impugnados por considerar que la reducción del 40% de las emisiones previstas en estos instrumentos eran "manifiestamente insuficientes". Sin embargo, la interpretación estricta de los términos de la proclamación de la tutela judicial efectiva (art. 47 CDFUE) llevó a la desestimación del mismo por falta de legitimación[16]. El TJUE ha denegado la posibilidad de interponer un recurso directo de anulación en materia medioambiental cuando no se ha podido acreditar un interés o afectación individual (art. 263.4[17]), por tanto no es posible ampliar el derecho a interponer recurso

---

15 Reglamento (UE) 2018/841 del Parlamento Europeo y del Consejo, de 30 de mayo de 2018, sobre la inclusión de las emisiones y absorciones de gases de efecto invernadero resultantes del uso de la tierra, el cambio de uso de la tierra y la silvicultura en el marco de actuación en materia de clima y energía hasta 2030, y por el que se modifican el Reglamento (UE) nº 525/2013 y la Decisión nº 529/2013/UE.
Reglamento (UE) 2018/842 del Parlamento Europeo y del Consejo, de 30 de mayo de 2018, sobre reducciones anuales vinculantes de las emisiones de gases de efecto invernadero por parte de los Estados miembros entre 2021 y 2030 que contribuyan a la acción por el clima, con objeto de cumplir los compromisos contraídos en el marco del Acuerdo de París, y por el que se modifica el Reglamento (UE) nº 525/2013.

16 "que la protección conferida por el art. 47 de la Carta no exige que un particular tenga un derecho incondicional a interponer un recurso de anulación de tal acto legislativo de la Unión directamente ante el juez de la Unión Europea". En el mismo sentido *Peter Sabo and Others v. European Parliament and Council of the Euroepean Unión*, T-141/19 y C-297/20.

17 "las personas físicas o jurídicas sólo cumplen el requisito relativo a la repercusión individual si el acto impugnado les afecta debido a determinadas cualidades que les son particulares o a una situación

ante el TJUE puesto que los demandantes no se vieron afectados directamente por dicha Directiva[18].

3. ¿PUEDE SER EL TRIBUNAL EUROPEO DE DERECHOS HUMANOS EL TRIBUNAL COMPETENTE FRENTE A LA CRISIS CLIMÁTICA?.

A partir del planteamiento de demandas climáticas ante los tribunales surge entre otras la pregunta sobre ¿Cuál es el papel que están llamados a desempeñar los órganos jurisdiccionales frente a las demandas climáticas[19]? Una vez planteada la pregunta la polémica está servida, ya que las respuestas hasta el momento han sido diversas, más allá de la controversia respecto a la hipotética existencia de obligaciones climáticas de carácter positivo para los Estados parte de los acuerdos internacionales en la materia. Sin duda a raíz de la resolución definitiva del caso *Urgenda* las opiniones vertidas al respecto reflejan la dificultad de alcanzar un cierto consenso sobre esta cuestión hasta ahora tan controvertida. Además el objetivo que pueden perseguir estas demandas climáticas puede ser muy diverso desde la exigencia de daños y perjuicios, a la adopción de medidas cautelares o la aprobación de objetivos ambientales más ambiciosos. Sin duda la preocupación por el cambio climático, las emisiones de GEI o la necesidad de adoptar me-

---

de hecho que les caracteriza respecto de cualquier otra persona y, por tanto, les individualiza de forma análoga a la de un destinatario".

18 "los demandantes no han demostrado que las disposiciones impugnadas del paquete legislativo infringieran sus derechos fundamentales y pudieran individualizarlos, de manera análoga a la del destinatario de estas disposiciones, en relación con cualquier otro persona física o jurídica afectada por estas disposiciones".

19 Burgers, Laura "Sould Judges Make Climate Change Law ", *Transnational Envirormmental Law,* 9:1 (2020), pp. 55-75.

didas de mitigación forman ya parte del debate, no solo en el ámbito político sino también en el conjunto de la sociedad. Ahora bien, la adopción de políticas por los Gobiernos o la aprobación de normas jurídicas por los Parlamentos ¿Pueden ser cuestionadas ante los tribunales?. Es evidente que el órgano jurisdiccional deberá responder en algún modo ante una demanda climática pero ¿Puede alterar el modelo de división de poderes? La resolución del caso *Urgenda* nos muestra como la invocación de derechos fundamentales, recogidos en el CEDH frente a los tribunales holandeses, posibilitó que un objetivo de reducción de emisiones GEI adoptado por un Gobierno elegido a través de un proceso electoral democrático, pudiera ser cuestionado e imponer los tribunales nuevos objetivos de reducción de emisiones ante la urgencia de actuar frente al cambio climático[20].

Aunque la vía de impugnación al TEDH ha sido explorada en diversas ocasiones y presenta un balance diverso, sin duda la conexión entre el derecho a la vida y la intimidad familiar con un entorno habitable, saludable y sostenible se erige en el fundamento esencial para instar una respuesta del Tribunal de Estrasburgo. Ahora bien, ¿puede este Tribunal conocer, pronunciarse y resolver sobre la "inactividad" de un Gobierno o la omisión de actuar del mismo frente al cambio climático y sus efectos sobre la salud y la calidad de vida de las personas? Proponer una suerte de activismo judicial por parte de este Tribunal solo estaría justificado en la medida en que la vulneración de los derechos fuese evidente y siempre tendrá que acomodarse al margen de apreciación de cada Estado.

En efecto, la litigación climática ha encontrado en la invocación de la garantía de los derechos recogidos en el CEDH

---

20 Torre Schaub, Marta "Dynamics, Prospects, and Trends in Climate Change Litigation Making Climate Change Emergency a Priority in France", *German Law Journal* (2021) 22, pp. 1445-1458.

y la interpretación evolutiva llevada a cabo por el TEDH, una fundamentación para iniciar una nueva vía de defensa ante los tribunales de justicia. Aunque por el Tribunal de Estrasburgo no se ha reconocido la existencia de un derecho como tal al medio ambiente, es cierto que a través de una jurisprudencia muy casuística se ha podido constatar como los fenómenos de degradación ambiental pueden tener repercusiones importantes en el ejercicio de los derechos garantizados en el CEDH y, por consiguiente, exigen de los Estados acciones positivas para garantizar el pleno ejercicio de los mismos. El marcado carácter procesal que aporta el TEDH a partir del reconocimiento del derecho al acceso a los tribunales (art. 6)[21] ha posibilitado su conexión con la afección de otros derechos como significativamente el derecho a la vida (art. 2)[22] o a la intimidad y vida familiar (art. 8)[23]. Es en este sentido que la jurisprudencia del Tribunal de Estrasburgo ha contribuido a dotar de base jurídica y fundamentación a la protección ambiental[24].

---

21 *Efgan Cetín and Others v. Turkiye, nº 14684/18,* 3 october 2023.

22 *Budayeva and Others v. Russi, nºs 15339/02, 21166/02, 1167/02 and 15343/02 ECHR 2008.*

23 Como puso de manifiesto en su voto discrepante el magistrado Zagrebelsky "Es cierto que la importancia de la calidad del medio ambiente y la creciente conciencia de esa cuestión no pueden conducir al tribunal a ir más allá del alcance del Convenio. Pero estos factores deben conducir a reconocer la creciente importancia del deterioro medioambiental en las vidas de las personas. Este punto de vista puede estar perfectamente en línea con la interpretación dinámica y la puesta al día evolutiva del Convenio que el tribunal adopta habitualmente en muchos campos". *Kyrtatos v. Greece,* nº 41666/98, EHR 2003-VI.

24 Spano, Robert "Should the European Court of Human Rights become Europe´s enviornmental and climate change court"? in *Human Rights for the Planet, Proveedings of the Hight-level International Conferencie on Human Rights and Environmental Protection* Strasbourg, 5 october 2020, rm.coe.int/proceedings-hr-for-planet-bil/1680a3ff22.

Ahora bien, cabe preguntarse si el Tribunal se ha manifestado de modo inequívoco sobre la existencia de obligaciones positivas de los Estados para adoptar medidas razonables, adecuadas para la protección de los derechos también en materia ambiental. La jurisprudencia del TEDH nos muestra como en determinados supuestos el incumplimiento por parte de las administraciones de obligaciones de hacer pueden ser las causantes o concurrir a causar la vulneración de alguno de los derechos reconocidos en el Convenio. En la jurisprudencia del Tribunal se puede encontrar la referencia a los derechos humanos objeto de protección por el CEDH vinculados a un entorno ecológico por lo que sin olvidar la visión antropocéntrica del Tribunal, es evidente que los condicionantes ambientales afectan al ejercicio de esos derechos. Recordemos como en el sistema de protección de los derechos humanos de Estrasburgo existe la necesidad de acreditar la condición de víctima (art. 34)[25]. La construcción jurisprudencial de víctima para el Tribunal es muy exigente y se debe acreditar la existencia de una afectación real de cierta gravedad en los derechos de la persona. Así la interrelación entre los derechos humanos y el medio ambiente se constata por ejemplo en *Cordella and Others v. Italy*[26] ya que ante riesgos ambientales de cierta gravedad se puede limitar el ejercicio de los derechos al domicilio y a la

---

25 Con carácter reciente el Tribunal declaró inadmisibles dos recursos por considerar que los demandantes no se vieron suficientemente afectados por la supuesta violación del Convenio o de sus Protocolos para afirmar ser víctimas de una violación. *Humane Being and Others v. The United Kingdom* nº 36959/22 y *Plan B. Earth and Others v. the United Kingdom* nº 35057/22.

26 Los efectos adversos de los impactos ambientales deben alcanzar un cierto nivel mínimo para que entren dentro del alcance del art. 8 CEDH. La evaluación de este mínimo es relativa y depende de las circunstancias del caso: la intensidad y duración de las molestias, sus efectos físicos y mentales. *Cordella and Others v. Italy*, nos. 54414/13 and 54264/15, 24 january 2019.

vida familiar, por lo que el Tribunal ha extendido la protección, en determinadas ocasiones, a las personas afectadas por grave deterioro ambiental. En este sentido no cabe duda que el cambio climático afecta de forma negativa al disfrute de los derechos del Convenio y en algún modo debe obligar a los Estados parte a llevar a cabo la adopción de medidas preventivas y de precaución para evitar que se produzcan daños ambientales con repercusión en los seres humanos. La existencia de una obligación positiva de los Estados se manifiesta a través del deber de diligencia para "impedir una futura violación de estos derechos"[27]. Por tanto existe un deber positivo de los Estados también frente al cambio climático de tomar medidas para garantizar los derechos humanos, como se deriva del propio art. 8 CEDH, que no se limita a obligar al Estado a abstenerse de llevar a cabo injerencias arbitrarias, sino que puede conllevar también obligaciones positivas inherentes al respeto efectivo de los derechos a la intimidad y la vida familiar[28].

Una vez afirmada la existencia de obligaciones positivas de los Estados la dificultad estriba en precisar "qué medidas de mitigación del cambio climático serian razonables, adecuadas" y susceptibles de evaluación por el Tribunal de Estrasburgo frente a demandas de exigencia a los Estados de adopción de medidas más ambiciosas para la prevención de los daños previsibles a los derechos humanos que pudiera causar el cambio climático[29]. Ahora bien el nivel de "ambición" en las mismas es difícil de determinar pues también en los supuestos de litigación climática ante el TEDH se debe tener presente el margen

---

[27] *Buyadeva v. Russia*, n° 153339/02, 20 mars.

[28] *Lascia and Others v. Italy*, n° 35648/10 19 october.

[29] Voigt, Cristina "The climate Dimemsion o fuman Rights obligations" in *Human Rights for the Planet, Proveedings of the Hight-level International Conferencie on Human Rights and Environmental Protection* Strasbourg, 5 october 2020, rm.coe.int/proceedings-hr-for-planet-bil/1680a3ff22, pp .78.

de apreciación de los Estados[30] que hasta el momento podemos considerar amplio en materia ambiental.

Por otra parte, la litigación climática ante el Tribunal suscita diversos problemas en relación con la legitimación de los recurrentes, no solo en el ámbito estricto de la representación por parte de ONGs para actuar en defensa de los derechos a la vida o a la integridad física en un entorno digno, sino también respecto de la representación de titulares futuros de los mismos, frente a hipotéticas vulneraciones que pudieran sufrir como consecuencia, entre otros, del calentamiento global. Sin duda la exigencia a las ONGs de contener entre sus finalidades estatutarias la defensa de la calidad de vida y la consecución de la sostenibilidad contribuyen a un entendimiento amplio de la legitimación por parte del Tribunal de Estrasburgo.

También resulta sugerente plantearse hasta qué punto el Tribunal puede manifestarse sobre las consecuencias para los derechos garantizados por el Convenio por la insuficiencia en la adopción de medidas de reducción de las emisiones de GEI. Incluso con fundamento en el derecho a la igualdad (art. 14 CEDH) cabría preguntarse si podrían constituir una vulneración o discriminación de los titulares presentes de los derechos, respecto de las generaciones más jóvenes que deberían soportar con posterioridad las consecuencias del deterioro ambiental causado por la inacción o la falta de ambición ambiental de los poderes públicos del momento actual.

En todo caso el TEDH debe operar en garantía de los derechos contenidos en el Convenio, pero también en armoniosa

---

30 "a pesar del margen de apreciación reconocido al Estado demandado, el Tribunal considera que éste no supo conseguir un equilibrio adecuado entre el interés del bienestar reconocido de la ciudad (...) y el disfrute efectivo por la recurrente de su derecho al respeto a su domicilio y a su vida privada y familiar". *López Ostra v. Spain*, serie A nº 303-C, 9 de diciembre de 1994.

convivencia con otras normas internacionales, como el Acuerdo de París por lo que se ha propuesto que por parte del Tribunal se considere en aplicación del mismo la existencia de obligaciones positivas para los Estados en virtud de los arts. 2 y 8 CEDH. Aunque la propuesta de conversión del Tribunal en un tribunal europeo de medio ambiente y climático ha despertado un debate con posiciones divergentes en cuanto a la intervención de los tribunales en los litigios ambientales[31].

Es por esta razón que resulta de gran interés la lectura de la sentencia del Tribunal de Estrasburgo recaída en *Pavlov and Others v. Russia*[32]. La resolución que en ella se contiene sobre las obligaciones positivas de los Estados en la preservación de la vida familiar frente a injerencias medioambientales presenta diversas argumentaciones de gran interés, más allá del fallo concreto relativo a si las autoridades nacionales han logrado un equilibrio justo entre los intereses contrapuestos de diferentes actores privados en este ámbito.

La formulación de votos particulares a esta resolución en sentido contrario permiten visibilizar el debate también interno, en el seno del Tribunal, respecto al papel que está este llamado a cumplir frente al incremento de cuestiones ambientales y climáticas presentes en los recursos planteados ante el mismo. Pero sin duda la nota más relevante para este análisis es la que aporta el voto particular concurrente en dicha sentencia del Juez Serghides en el que profundiza en la relación entre la protección ambiental y el derecho al respeto de la vida privada (art. 8 CEDH), afirmando la "interrelación e interdependencia entre derechos humanos y la protección del medio ambiente".

---

31 Esta cuestión se aborda desde distintas perspectivas en *Human Rights and the Planet. The Future of Environmental Human Rights in the European Court of Human Rights*, Natalia Kobylarz and Evadne Grant (Edited by) Edward Elgar publishing 2022. UK.

32 *Pavlov and Others v. Russia*, nº 31612/09, 11 de octobre.

El elemento en el que se fundamenta el razonamiento de este voto particular es que el medio ambiente saludable constituye "una condición previa para el pleno disfrute del derecho al respeto de la vida privada, como es el caso de casi cualquier otro derecho sustantivo protegido por la Convención". Concluyendo que "los derechos humanos y la protección del medio ambiente tienen una interdependencia fundamental: una vida sana". A partir de aquí prosigue el Juez Serghides formulando lo que denomina un subderecho de carácter ambiental que considera "indispensable para el ejercicio y goce del derecho al respeto a la vida privada" que califica de "implícito o emergente", como sucede con el derecho de acceso a un tribunal respecto del derecho al juicio justo. Evidentemente esta formulación descansa en la consideración del Convenio como instrumento vivo y su interpretación evolutiva y dinámica llevada a cabo por el Tribunal de Estrasburgo[33].

Igualmente es relevante el voto concurrente del Juez Krenc en la medida en la que tomando como punto de partida el carácter de tribunal internacional del TEDH, "debe tener en cuenta la evolución del derecho internacional" cuando interprete el CEDH "a la luz de las condiciones actuales". Es por ello que lamenta que en esta sentencia no se haga mención alguna a las normas internacionales relativas a la protección del medioambiente. Entiende que aun cuando el caso que se analiza tiene un destinatario concreto "se refiere a un problema (contaminación del aire y su degradación) que preocupa a toda la comunidad internacional".

---

33 La conclusión que alcanza el Juez es que "Con el fin de garantizar una interpretación eficaz, dando una lectura <verde> al art. 8 y otras disposiciones del Convenio, es un requisito previo que exista una comprensión de la interrelación interdependencia entre los seres humanos, los derechos humanos y la protección del medio ambiente, así como una comprensión de la fuente de esta protección en el art. 8, y cómo puede desarrollarse en el futuro por el tribunal".

No obstante, recordemos que pese al fallo mayoritario de los miembros de la Sala, esta resolución también cuenta con un voto particular del Juez Lobov donde manifiesta su parecer en cuanto a la existencia de límites por parte del sistema europeo de protección de derechos humanos a la hora de analizar determinadas reclamaciones, bien por las consecuencias económicas, sociales, etc., que se derivan de las mismas como por el respeto al margen de apreciación estatal que nunca debe ser olvidado.

El hecho de que algunos de los recursos pendientes de resolución en los que se invoca el derecho a la vida o a la intimidad familiar han sido trasladados a la Gran Sala puede resultar indicativo del debate interno sobre la transcendencia de dichas resoluciones en la medida en que contribuirán de un lado a determinar la propia percepción del Tribunal sobre la protección ambiental y el medio ambiente sano. De otro, porque concretará el alcance de las obligaciones internacionales asumidas por los Estados en esta materia. Por último, la resolución de los mismos podrá contribuir a precisar la eficacia de la protección de la intimidad familiar frente al deterioro ambiental y el cambio climático en defensa de un derecho no explicitado en el Convenio.

La competencia del TEDH para revisar la planificación de los Gobiernos sobre determinadas materias con consecuencias ambientales así como el riesgo que puede suponer el activismo judicial están presentes entre otros recursos en el caso *Greenpace Nordic* and *Young Friends of the Earth*[34] junto *a Grandparents Climate Campaign y Friends of the Eart Novway*[35] (la cuestión aquí planteada hace referencia a un conjunto de licencias de auto-

---

34 *Greenpace Nordic* and *Young Friends of the Earth* nº 3468/21.

35 *Supreme Court of Norway in plenary, HR-2020-2472-P, Nature and Youth, Greenpeace Nordic v. The State by Ministry for Petroleum and Energy*, 22 December 2020, (hereinafter "NSC judgment").http://climatecasechart.com/climate-change-litigation/non-us-climate-

rización de extracción de petróleo y gas en aguas profundas en el Mar de Barents otorgadas por el Ministerio de Petróleo y Energía de Noruega). Los recurrentes cuestionan la conexión de las licencias de explotación por el riesgo que para la vida y el bienestar de los demandantes supone que, como consecuencia de las mismas, se posibilite en el futuro la comercialización de nuevos combustibles fósiles a partir de 2035.

En la demanda formulada por *Duarte Agosthino and Others v. Portugal and 32 Other States*[36] se denuncia a diversos Estados parte del Consejo de Europa por la insuficiencia en la adopción de medidas nacionales contra el calentamiento global, que han tenido entre otras consecuencias los incendios habidos en aquel país en los últimos años con graves pérdidas de vidas, bienes materiales y perturbaciones de la salud de las personas.

Ambas demandas presentan una característica común que descansa en la edad de los recurrentes. Se trata de niños y jóvenes que cuestionan no solo las políticas de los Estados en la materia, sino que abundan en la dimensión intergeneracional de las mismas, en la medida en que las consecuencias de la escasa ambición ambiental de los Estados en el presente redundará en perjuicio de las generaciones futuras cuando ya sea tarde para evitarlo.

En el asunto *Verein Klima Seniorinnen and Others v. Switzerland*[37] el fundamento del recurso ante el TEDH es la vulneración del derecho a la vida, así como a la intimidad personal

change-litigation/. Disponible en la base de datos sobre cambio climático del Sabin Center for Climate Change Law.

36 *Duarte Agosthino and Others v. Portugal* and 32 Other States, nº. 39371/20. http://climatecasechart.com/climate-change-litigation/non-us-climate-change-litigation/. Disponible en la base de datos sobre cambio climático del Sabin Center for Climate Change Law.

37 *Verein KlimaSeniorunnen Schweiz and others v. Switzerland* no. 53600/20. http://climatecasechart.com/climate-change-litigation/non-us-

ante la insuficiencia de una legislación adecuada que debió ser adoptada por el Estado y la ausencia de medidas pertinentes para lograr los objetivos de lucha contra el cambio climático.

Nos encontramos ante recursos formulados por integrantes de colectivos especialmente vulnerables que invocan el riesgo posible para la salud y la vida, como consecuencia de la falta de ambición climática de los Estados recurridos. Si en el caso *Duarte Agosthino and Others v. Portugal and 32 Other States* se trata de menores de edad en el caso de *Verein Klima Seniorinnen and Others v. Switzerland* son mujeres mayores con afecciones a su salud con ocasión de los episodios de calor padecidos en el pasado reciente. Ocurre que no responden a una interpretación literal del art. 34 CEDH, pero si que pueden ser considerados como "víctimas potenciales", si atendemos a una interpretación evolutiva del Convenio, en tanto que como consecuencia del cambio climático y la subida de las temperaturas corren el riesgo de sufrir en el futuro daños irreparables en su vida o en su salud. Se interesa pues del Tribunal de Estrasburgo una resolución que declare la insuficiencia de los objetivos comprometidos por los Estados conforme al Acuerdo de París para la protección de la vida y la salud de las personas y la necesidad de incrementar su ambición climática. Pero esta cuestión exigirá un pronunciamiento del Tribunal innovadora, ya que no basta "la mera sospecha o conjetura" respecto de la incidencia del cambio climático en la vida o en la salud de las personas que resultaría insuficiente. La aportación al debate jurídico de las evidencias científicas conforme a las que se debe acreditar que los objetivos marcados en el Acuerdo de París ya resultan insuficientes para la protección de la vida y la salud de las personas, posibilitará que por el Tribunal se valore la relevancia de los datos científicos aportados para evaluar el nivel de sufi-

---

climate-change-litigation/. Disponible en la base de datos sobre cambio climático del Sabin Center for Climate Change Law

ciencia o ambición climática de los Estados recurridos a tenor de la mejor ciencia disponible. En suma, permitirá al TEDH precisar el alcance de las obligaciones positivas de los Estados en la lucha contra el cambio climático para minimizar sus impactos en las personas.

Además, en el asunto *Duarte Agosthino and Other v. Portugal* deberán los recurrentes justificar no haber agotado los recursos internos ante los países contra los que se ha dirigido el recurso, esto es, la urgencia en la adopción de decisiones frente a los riesgos asociados al cambio climático, dado el tiempo que hubiese sido preciso para cumplir este trámite ante las jurisdicciones internas de los 32 países recurridos.

En el asunto *Carêm c. France* el demandante que con anterioridad como alcalde de un municipio había participado en el asunto *Commune de Grande-Synthe c. Francia*[38], plantea el recurso por considerar que la denegación de legitimación acordada por el Consejo de Estado francés ignoró la afectación directa al riesgo climático del recurrente por la "acción gubernamental insuficiente". Dicha inacción tendría como consecuencia la vulneración de la obligación de protección de la vida privada y familiar (art. 8) así como de garantizar el derecho a la vida (art. 2).

La Gran Sala conoció el 29 de marzo de 2023 en la vista oral las demandas planteadas en los asuntos *Verein Klima Seniorinnen and Other v. Switzerland* y *Carême v. France* y el asunto *Duarte*

---

38 El riesgo de inundaciones en este municipio con ocasión del incremento de fenómenos meteorológicos y su situación por debajo del nivel del mar fueron objeto de consideración por el Consejo de Estado ante el caso de omisión de las autoridades competentes. El Consejo de Estado resolvió la obligación del Gobierno de adoptar las medidas necesarias al objeto de revertir la curva de emisiones de gases de efecto invernadero antes del 31 de marzo de 2022 y dar cumplimiento así a los objetivos climáticos comprometidos por el Gobierno.

Agosthino and Other v. Portugal fue abordado en audiencia el 27 de septiembre de 2023. Sin embargo, los recursos difieren en cuanto a los Estados demandados, pues en los dos primeros asuntos son los propios Estados de los recurrentes contra los que se dirige el recurso, mientras que en el tercero se plantea contra 31 Estados ajenos a la nacionalidad de los recurrentes, frente al que se ha excepcionado el no agotamiento de la vía judicial previa interna, así como la no competencia del Tribunal por la extraterritorialidad que plantea la demanda.

Sin duda, la resolución de estos recursos pendientes ante la Gran Sala posibilitará avanzar en el estudio de la aplicabilidad del Convenio a las cuestiones de protección del medio ambiente y el cambio climático, profundizando en la determinación de las conexiones entre daños ambientales reales o potenciales y derechos convencionales[39]. Entre las cuestiones que deben ser abordadas por la Gran Sala se encuentran las relativas a la extraterritorialidad de la competencia del Tribunal de Estrasburgo para enjuiciar asuntos que transcienden de las fronteras de un Estado y que implican el proceder de diversos Gobiernos de los Estados parte del CEDH. Igualmente, la reiterada doctrina del margen de apreciación estatal que ha aplicado el TEDH en numerosas ocasiones deberá ser objeto de matización para alcanzar la resolución de los mismos en relación con los impactos del cambio climático sobre los derechos proclamados en el Convenio. También será una oportunidad para que en la resolución de los recursos se incorpore la posición del Tribunal sobre la dimensión intergeneracional de la protección de los derechos del CEDH como consecuencia del cambio cli-

39 El Tribunal ha pospuesto el análisis de otros recursos hasta la resolución de estos tres por la Gran Sala (*Uricchio v. Italy and 32 Other States* nº 14615/21; *De Conto v. Italy and 32 Others States* nº 14620/21; *Müllner v. Austria* nº 18859/21; *Soubeste and Others v. Austria and 11 Other States* nº 31925/22; *Engels v. Germany* nº 46906/22; *The Norwegian Grandparents¨climate Campaign and Other v. Norway* 19026/21).

mático. Pero sin duda resultará del mayor interés la ponderación entre los intereses en juego, pues constituye un elemento determinante en las resoluciones del Tribunal de Estrasburgo el "equilibrio justo" entre los intereses ambientales que deben protegerse y otros económicos o sociales confrontados[40].

El creciente interés suscitado sobre estas cuestiones ha llevado a que la Asamblea Parlamentaria del Consejo de Europa haya interesado la adopción de un nuevo marco legal que posibilite la consolidación del "derecho a un medio ambiente seguro, limpio, saludable y sostenible", mediante la presentación de un borrador de protocolo al Convenio que conllevaría una obligación legal para todos los Estados parte que lo ratificasen[41]. Cabe recordar que ya en 2009 se presentó una iniciativa de estas características que no prosperó[42]. Pero como se ha señalado por la doctrina y por el propio Tribunal la ausencia de un reconocimiento formal en el Convenio ha dado lugar en diversas ocasiones a la inadmisión por este de recursos por hipotéticas vulneraciones del art. 8 CEDH en materia ambiental, ya que la interpretación evolutiva de dicho precepto no resulta

---

40 *Giacomelli v. Italy*, nº 59909/00, ECHR 2006-XI. "Sin embargo, la Corte debe garantizar que los intereses de la comunidad se equilibren con el derecho del individuo al respeto de su hogar y su vida privada. Reitera que ha sostenido sistemáticamente que, si bien el artículo 8 no contiene requisitos procesales explícitos, el proceso de toma de decisiones que conduce a medidas de interferencia debe ser justo y debe respetar debidamente los intereses salvaguardados al individuo por el artículo 8".

41 https://pace.coe.int/news/8452/the-right-to-a-healthy-environment-pace-proposes-draft-of-a-new-protocol-to-the-european-convention-on-human-rights-

42 Drafting an additional protocol to the European Convention on Human Rights concerning the right to a healthy environment, Reply to Recommendation | Doc. 12298 | 19 June 2010.

suficiente, para dotar de un reconocimiento expreso al derecho al medio ambiente sano en el ámbito familiar.

4. LA LITIGACIÓN CLIMÁTICA: APROXIMACIÓN A LA LITIGACIÓN CLIMÁTICA EN ESPAÑA.

Una vez introducido el contexto en el que se han planteado algunos litigios climáticos ante tribunales nacionales e internacionales, corresponde analizar cómo se ha abordado ante los órganos jurisdiccionales internos. Así en la estela de algunos de los recursos antes comentados, el hasta ahora único ejemplo de litigación climática ante nuestros tribunales comparte características con algunos de los casos referidos. En efecto, como a continuación se indica cuando ha suscitado por los recurrentes ante el Tribunal Supremo la necesidad de una respuesta del Ejecutivo acorde con las obligaciones internacionales contraídas, se ha puesto en evidencia la falta de ambición en materia de lucha contra el cambio climático con aportaciones recientes de la ciencia sobre su insuficiencia e incorporado la afectación de los derechos fundamentales (arts. 15 y 18 CE) como consecuencia del mismo.

Pero los obstáculos desde los que se parte en el ordenamiento jurídico español son diversos, de un lado, un tratamiento constitucional del medio ambiente y del derecho a la calidad de vida muy débil en su forma de defensa y sujeto al escueto desarrollo legislativo posterior. Contrasta el texto del art. 45 CE con los novedosos planteamientos de otros textos constitucionales en los que se ha incorporado la defensa de la calidad de vida no solo de las generaciones presentes sino también de las futuras[43]. Por tanto, la permanencia imperturbable del texto

---

[43] La reciente reforma de la Constitución italiana incorpora que "La República (...) Protege el medio ambiente, la biodiversidad y los

originario del art. 45 CE es una rémora indudable[44], que se ve acrecentada por un entendimiento rígido del propio intérprete de la Constitución[45], que no ha admitido otros derechos fundamentales que los expresamente recogidos en la misma, alejándose del alcance y consecuencias de algunas sentencias del TEDH en la materia. Por esta razón la interpretación del art. 45 CE está lastrada y no permite un entendimiento más amplio y evolutivo de los titulares de los derechos concernidos por el cambio climático[46]. Además, se une a lo anterior

---

ecosistemas, también en interés de las generaciones futuras" (art. 9). Sin olvidar que la iniciativa económica privada no podrá desarrollarse en contra de la "salud y medio ambiente" atendiendo a fines sociales pero también "con fines ambientales" (art.41).

44 En tanto que principio rector "corresponde a los Tribunales el deber de <<velar por el respeto al medio ambiente, sin duda, pero de acuerdo con lo que dispongan las leyes que desarrollen el principio constitucional>>" (STC 199/1996).

45 El Tribunal Constitucional se ha planteado la opción de "atribuir al derecho al medio ambiente un contenido intangible para el legislador", si bien ha concluido que "Esta construcción encuentra, en nuestro sistema constitucional, las dificultades intrínsecas a la propia extensión y abstracción de la noción de «medio ambiente», y a la ausencia de parámetros previos que contribuyan a la identificación del contenido de ese instituto jurídico. Ante tales dificultades, no se antoja casual que el principal reconocimiento de los derechos subjetivos en materia de medio ambiente se haya plasmado, hasta el presente, en el Convenio de Aarhus a través de los llamados «derechos procedimentales» (información, participación y acceso a la Justicia)" STC 233/2015.

46 En relación con la interpretación del término derecho el Tribunal Constitucional ha señalado que "se comprenden tanto verdaderos derechos subjetivos como cláusulas de legitimación para el desarrollo de determinadas opciones legislativas, si bien en ambos casos se trata siempre, al cabo, de mandatos dirigidos al legislador, bien imponiéndole un hacer o una omisión que se erigen en objeto de una pretensión subjetiva exigible ante los Tribunales de Justicia, bien obligándose a la persecución de un resultado sin prescribirle específicamente los

la dificultad de concretar el alcance y contenido del mandato constitucional a los poderes públicos de proteger el medio ambiente, formulado inicialmente como un deber genérico de conservación. Incluso la normativa sustantiva de desarrollo como procesal ha dificultado enormemente la posibilidad de ejecutar en sus propios términos sentencias firmes, o la exigencia de responsabilidad frente a daños materiales considerables al medio ambiente.

El primer recurso contencioso-administrativo núm. 265/2020, se interpuso por Greenpace España, Oxfam Intermón y Ecologistas en Acción por "inactividad climática del gobierno" con fundamento en el art. 29.1 de la LJCA por falta de aprobación del Plan Nacional Integrado de Energía y Clima (PNIEC), ante la Sala de lo Contencioso-administrativo del Tribunal Supremo. Por los litigantes se interesaba que por el Tribunal se declarase que el Gobierno español debía de aprobar y promulgar el PNIEC establecido por la Unión Europea y cuyo plazo ya había vencido. En dicho PNIEC los litigantes señalaban la obligación de "establecer unos objetivos de reducción" de GEI acordes con los compromisos asumidos por el Estado español con la ratificación del Acuerdo de París, así como las recomendaciones del IPCC de 2018, entre otras, al objeto de garantizar "los derechos humanos y el derecho a un medio ambiente adecuado de las generaciones presentes y futuras".

En concreto, el incumplimiento que se alegaba en este recurso lo era de las obligaciones derivadas del Reglamento (UE) 2018/1999 del Parlamento Europeo y del Consejo, de 11 de diciembre de 2018, sobre gobernanza de la Unión de la Energía y Acción por el Clima. Recordemos que en esta norma se incorporaba la obligación por parte de los Estados miembros de for-

---

medios para alcanzarlos y sin hacer de esa obligación el contenido de ningún derecho subjetivo, que sólo nacerá, en su caso, de las normas dictadas para cumplir con ella" (STC 31/2010).

mular y comunicar los Planes Nacionales Integrados de Energía y Clima a más tardar el 31 de diciembre de 2019 (art. 3), en los que se contenga "el objetivo específico nacional vinculante del Estado miembro respecto de las emisiones" de GEI (art.4 a, 1, i). Estos Planes deben contener la descripción de las políticas públicas existentes como las previstas para la consecución de los objetivos señalados en dichos planes (art. 7), con concreción respecto a la previa consulta pública de los mismos (art. 10). El incumplimiento del ordenamiento de la Unión Europea se fundamentaría en la propia naturaleza del Reglamento que conlleva su carácter "obligatorio en todos sus elementos y directamente aplicable en cada Estado miembro" (art. 288 TFUE). Además, de dicho Reglamento se deriva igualmente la obligación de los Estados de elaborar una estrategia de descarbonización para 2050 (art. 15.1), y, por tanto, requería la aprobación de esa estrategia que incluyera una hoja de ruta relativa a la descarbonización energética e industrial para 2050.

Ante un supuesto de inactividad normativa del Gobierno, pese a la existencia de un deber legal de dictar normas o disposiciones de carácter general, se persigue por los recurrentes el control por los tribunales de esta inactividad reglamentaria que supondría una omisión de un deber jurídico. El incumplimiento alcanzaría también al contenido del Reglamento (UE) 2018/842, del Parlamento Europeo y del Consejo de 30 de mayo de 2018, sobre reducciones anuales vinculantes de las emisiones de GEI entre 2021 y 2030 que contribuyan a la acción por el clima, con objeto de cumplir los compromisos contraídos en el marco del Acuerdo de París, y por el que se modifica el Reglamento (UE) nº 525/2013 que conlleva explicitas obligaciones de los Estados miembros respecto a sus contribuciones a la reducción de los GEI.

En suma, los recurrentes pretendían la aprobación de la Estrategia de Descarbonización a Largo Plazo así como la aprobación del PNIEC y el establecimiento de un determinado objetivo de ambición climática para 2030. Pero es esta precisamente una de las mayores dificultades que plantea este recurso, puesto que se hace referencia al contenido que se demanda de la resolución del Tribunal Supremo. En la medida en que el petitum de los demandantes se concreta en la exigencia a la administración para que por esta se proceda a la aprobación de la norma reglamentaria con un contenido preciso. Además se interesa que se "condene a la Administración a estar y pasar" por la obligación de aprobar y promulgar un PNIEC en los términos antes señalados así como la condena en costas.

No obstante, el retraso por parte del Gobierno en la aprobación de estos instrumentos en la materia, cabe recordar que se procedió en diferentes momentos a dar cumplimiento a las exigencias derivadas de la normativa de la Unión Europea. En primer lugar, debemos referirnos a la aprobación por el Consejo de Ministros de 3 de noviembre de 2020 del "Acuerdo por el que se aprueba la Estrategia de Descarbonización a Largo Plazo 2050". También debe recordarse que con fecha 20 de mayo de 2021 se publicó la Ley 7/2021, de cambio climático y transición energética con la que se pretende responder a los compromisos internacionales adquiridos por el Estado español en esta materia con la pretensión de poner en el centro de la acción política la lucha contra el cambio climático y la transición energética.

En efecto, una vez interpuesto el citado recurso y con fecha 16 de marzo de 2021 el Consejo de Ministros aprobó el PNIEC por lo que la Abogacía del Estado instó la pérdida sobrevenida del objeto del mismo. Por el Ministerio Fiscal se interesó la desestimación del recurso en esta materia. Los recurrentes aceptaron parcialmente las argumentaciones de ambos, pero persistieron en el recurso en lo relativo a la necesidad de que se concretase en el PNIEC los compromisos internacionales adquiridos. Por su parte, el Tribunal admitió dichas consideraciones continuándose la tramitación del proceso en lo relativo a las restantes pretensiones de los recurrentes que se concretaban en el cumplimiento del objetivo de reducción de los GEI "en ningún caso inferiores al 55% en 2030 respecto de 1990". En cuanto al porcentaje de mitigación establecido del 23%, los recurrentes no lo consideraban satisfactorio para la consecución de la neutralidad climática que garantizase el derecho a un medio ambiente adecuado a las generaciones presentes y futuras".

Con posterioridad, una vez aprobado el PNIEC se interpuso un nuevo recurso (núm. 162/2021) contra el PNIEC por Greenpace España, Oxfam Intermón, Ecologistas en Acción y la Coordinadora de ONGs para el Desarrollo ante la Sala de lo Contencioso-administrativo del Tribunal Supremo haciendo constar la insuficiencia del citado Plan para el cumplimiento de los objetivos comprometidos en el Acuerdo de París, así como la omisión por el Gobierno de las garantías exigidas en la normativa comunitaria tanto respecto de la participación pública, como a la realización de una evaluación ambiental adecuada del mismo. Estas obligaciones estarían fundadas en el Reglamento 2018/1999 en el que se contiene la obligación del Estado de garantizar dicha participación del público en la preparación del proyecto de Plan Nacional (art. 10), así como propiciar un diálogo multinivel sobre el clima y la energía entre administraciones, organizaciones empresariales y la sociedad civil (art. 1). Por lo que se refiere al ejercicio de acceso a la información relativa al proyecto de Plan e informe ambiental se arguye por los recurrentes el incumplimiento de las exigencias derivadas del art. 6 de la Directiva 2001/42/CE y de los arts. 19 y 22 de la Ley 21/2013 de Evaluación Ambiental.

El nuevo recurso gira en torno al "bajo nivel de ambición climática" respecto de los compromisos internacionales adquiridos por nuestro país en esta materia, que constituiría una vulneración de la obligación positiva del Gobierno de garantizar los derechos fundamentales, significativamente la intimidad personal, familiar y domiciliaria y el derecho a la vida de las generaciones presentes y futuras. Además se hace especial invocación de los principios de desarrollo sostenible, de precaución, de equidad intergeneracional así como de no regresión[47] en fundamentación del recurso.

Los recurrentes entienden que el PNIEC aprobado por el Gobierno no garantiza el respeto a los derechos humanos y al derecho al medio ambiente adecuado de las generaciones presentes y futuras. Pero la objeción principal que se formula respecto del Plan es la disconformidad entre los objetivos de reducción de los GEI contenidos en el mismo y los que se derivan de los compromisos asumidos con la ratificación del Acuerdo de París, con la finalidad de no superar 1,5°C, estimando que para alcanzar dicho objetivo no podía ser inferior la reducción de gases al 55% en 2030 respecto de 1990. Para los recurrentes el objeto del recurso se centra en la exigencia del cumplimiento de "la obligación de mitigar los efectos nocivos del cambio climático tomando las medidas más ambiciosas posibles para salvaguardar los derechos fundamentales de la ciudadanía" por lo que se afirma en el recurso que "únicamente sería legal" aquel Plan en el que se contengan "unos objetivos de reducción de GEI lo suficientemente ambiciosos como para ser considerados como una contribución nacional determinada, justa y suficiente para poder coadyuvar a limitar el incremento de la temperatura global por debajo de 1.5°C respecto de los niveles preindustriales", ya que la previsión del Plan es "totalmente insuficiente y no alcanza el objetivo establecido en el Acuerdo de París".

Finalmente, se propone por los recurrentes el planteamiento de una cuestión prejudicial ante el TJUE por la "incorrecta aplicación e interpretación" del art. 3.1 del Reglamento

[47] El principio de no regresión también ha sido recogido en la jurisprudencia constitucional conforme al que "no consentiría la adopción de medidas, carentes de justificación objetiva, de tal calibre que supusieran un patente retroceso en el grado de protección que se ha alcanzado tras décadas de intervención tuitiva" (STC 233/2015).

2018/1999 ya comentado, que se ve reforzado con los informes científicos que alertan de la necesidad de intensificar la mitigación de las emisiones[48], así como el compromiso de la Unión Europea en esta materia[49], que reduciría el margen de apreciación del Gobierno a la hora de fijar el porcentaje de reducción de emisiones en el período 2020-2030, ya que este no puede justificar con dicho margen el desatender sus obligaciones de garantía de los derechos de los ciudadanos.

El Tribunal tendría que resolver sobre el alcance de la obligación del Estado español de mitigar "los efectos nocivos del cambio climático, tomando las medidas más ambiciosas posibles para salvaguardar los derechos fundamentales de la ciudadanía". También debería pronunciarse sobre la "aparición de nuevos derechos o la redefinición de derechos antiguos", pues en opinión de los recurrentes el PNIEC vulnera los derechos fundamentales a la vida de las generaciones presentes y futuras, así como el derecho a la intimidad personal y familiar.

El planteamiento del recurso se ancla en la regulación ambiental de la Unión Europea así como de sus principios (primacía, efecto directo y aplicación uniforme por los Estados miembros). Las referencias jurisprudenciales de otros tribunales nacionales e internacionales contribuyen a la fundamentación

---

48 Entre otros, Informe Especial del IPCC sobre calentamiento global de 1.5°C, 2018: Informe sobre la disparidad en las emisiones del 2020 del Programa de las Naciones Unidas para el Medio Ambiente.

49 Expresamente se cita entre las conclusiones de la reunión del Consejo Europeo celebrado el 10 y 11 de diciembre de 2020 como "Para alcanzar el objetivo de una UE climáticamente neutra de aquí a 2050 conforme a los objetivos del Acuerdo de París, la UE debe ser más ambiciosa para el próximo decenio y actualizar su marco de actuación en materia de clima y energía. Con este fin, el Consejo Europeo refrenda un objetivo vinculante para la UE de reducción interna neta de las emisiones de gases de efecto invernadero, de aquí a 2030, de al menos un 55% con respecto a los valores de 1990".

del mismo. Es por esta razón que la jurisprudencia del TEDH es objeto de alegación en diversas ocasiones. No podemos olvidar que fue en el caso *López Ostra v. Spain*[50] que el Tribunal de Estrasburgo resolvió por primera vez una vulneración del derecho a la vida privada y familiar por alteración de las condiciones ambientales (art. 8 CEDH), debido a que "los daños graves al medio ambiente pueden afectar al bienestar de una persona y privarla del disfrute de su domicilio, de tal modo que su vida privada y familiar sea perjudicada, sin por ello poner en grave peligro la salud de la interesada". De hecho, ya reconoció el Tribunal Constitucional que "en determinados casos de especial gravedad, ciertos daños ambientales aun cuando no pongan en peligro la salud de las personas, pueden atentar contra su derecho al respeto de su vida privada y familiar, privándola del disfrute de su domicilio, en los términos del art. 8.1 del Convenio de Roma" (STC 119/2001).

Ahora bien, las características específicas del sistema de protección europeo de derechos humanos no pueden ser trasladadas en su totalidad a nuestro ordenamiento jurídico y menos aún hacerse valer ante nuestros órganos jurisdiccionales. Sin embargo, de dicha jurisprudencia pueden derivarse determinados elementos que deben esgrimirse de modo fundamentado ante la administración como ante los tribunales de justicia. En esencia, derivado del art. 34 CEDH se debe acreditar la condición de víctima pese a la complejidad que reviste, pues resulta insuficiente su invocación genérica relativa al deterioro ambiental, siendo preciso demostrar la existencia de un efecto perjudicial para la salud de las personas[51].

Sin duda con estos antecedentes no resultan sorprendentes los fallos del Tribunal Supremo recaídos en sendos recursos teniendo en cuenta que hasta la aprobación de la ley 7/2021 de

---

50 *López Ostra v. Spain*, serie A nº 303-C, 9 de diciembre de 1994.

51 *Di Sarno and Others v. Italy*, nº 30765/08, 10 de enero de 2012.

cambio climático y transición energética no hemos dispuesto en nuestro ordenamiento jurídico de un instrumento preciso para "asegurar el cumplimiento, por parte de España, de los objetivos del Acuerdo de París"[52]. Además como señala el propio Tribunal es en el art. 3 de esta norma donde expresamente se recoge el objetivo de "reducir en el año 2030 las emisiones" de GEI del conjunto de la economía española "en, al menos, un 23 % respecto del 1990". Por tanto pese al retraso en la aprobación del PNIEC dicho objetivo de mitigación queda expresamente recogido en la Ley 7/2021.

La sentencia del Tribunal Supremo de 18 de julio 2023 que pone fin al primero de los recursos se centra en la demanda de los actores relativa a la necesidad de que la aprobación de un PNIEC contenga "unos objetivos de reducción de gases de efecto invernadero acordes con los compromisos asumidos con la ratificación del Acuerdo de París y las recomendaciones científicas del Panel Intergubernamental de Cambio Climático (IPCC)".

Una primera consideración de interés es la relativa al reconocimiento de legitimación de los actores para plantear el recurso. Todo parece indicar que se va abriendo paso ante nuestros órganos jurisdiccionales un entendimiento más amplio de la legitimación de las ONGs ambientales para la interposición de acciones en defensa de los intereses ambientales recogidos estatutariamente entre sus objetivos.

A continuación, el Tribunal se cuestiona la existencia de "una prestación concreta" que exija la actuación de la Admi-

---

52 "facilitar la descarbonización de la economía española, su transición a un modelo circular, de modo que se garantice el uso racional y solidario de los recursos; y promover la adaptación a los impactos del cambio climático y la implantación de un modelo de desarrollo ostensible que genere empleo decente y contribuya a la reducción de las desigualdades" (art. 1).

nistración y la naturaleza jurídica de la misma. Sobre la primera cuestión la aprobación primero del PNIEC y de la posterior Ley 7/2021 supusieron la adaptación de las previsiones del art. 3.1 del Reglamento (UE) 2018/1999. Por el Tribunal Supremo se afirma que "únicamente cabe apreciar una ilegalidad omisiva controlable jurisdiccionalmente, cuando, siendo competente el órgano titular de la potestad reglamentaria para regular la materia de que se trata, la ausencia de previsión reglamentaria supone el incumplimiento de una obligación expresamente establecida por la Ley" en orden a desarrollar o ejecutar, o "cuando el silencio del reglamento determine la creación implícita de una situación jurídica contra la Constitución o el ordenamiento jurídico". Resulta obvio que una vez aprobado el PNIEC la existencia de inactividad administrativa procesal planteada por los recurrentes no puede prosperar. Cuestión distinta es si dicha actividad administrativa concretada en la aprobación y promulgación del PNIEC puede ser considerada suficiente y conforme con los compromisos internacionales adquiridos por el Estado español.

En la sentencia se aborda por el Tribunal igualmente el carácter del instrumento aquí cuestionado, ya que se afirma que el PNIEC es un "instrumento de planificación administrativa vinculante y, por tanto" debe ser considerado "como una disposición de carácter general". Resuelta la naturaleza jurídica del PNIEC se avanza en la competencia del Gobierno para llevar a cabo la planificación y la consiguiente discrecionalidad que le acompaña al objeto de su posterior control judicial. Así por parte del Tribunal Supremo se señala que la "Sala no puede sustituir, con su decisión, la discrecionalidad y flexibilidad que este texto internacional (el Acuerdo de París) atribuye a los Estados parte a la hora de elaborar las contribuciones determinadas a nivel nacional, para los que no establece contenido cualitativo o cuantitativo alguno en relación a las medidas a adoptar".

Pues bien, con fundamento en el art. 71.2 LJCA y debido al vínculo íntimo entre la potestad reglamentaria y la función "político-constitucional de dirección política del Gobierno" (art. 97 CE), entiende el Tribunal que excede de las facultades de la jurisdicción la condena a "dictar" un reglamento "con un contenido determinado, ya que no se contiene en el Acuerdo de París" la determinación de las contribuciones nacionales para la mitigación de las emisiones de GEI. Tan solo se reitera por el juzgador, de conformidad con el art. 4.3 del Acuerdo de París, la progresividad a la que deben responder las posteriores contribuciones nacionales al objeto de observar el principio de progresividad, no regresión e "intensidad del esfuerzo" de cada Estado parte. Por lo que dicho precepto constituirá un límite a la discrecionalidad del "planificador" y sujeto al control de los órganos jurisdiccionales nacionales "en futuros planes". Además no considera pertinente la reiterada invocación por parte de los recurrentes de la doctrina contenida en la resolución del caso *Urgenda*[53] en fundamentación del recurso.

Queda de este modo desestimado el recurso ante la discrecionalidad gubernamental para fijar los instrumentos de planificación también en el ámbito de la mitigación de las emisiones de GEI, ya que no existe "una determinación vinculante derivada del Acuerdo de París o de las recomendaciones del Panel Intergubernamental de Cambio Climático que imponga un objetivo singular de reducción de gases de efecto invernadero no inferior al 55% en 2023 respecto a 1990".

---

[53] Pues considera que se trata de "un marco normativo ajeno, no aplicable al caso y que además dista temporal y sustantivamente, de las actuales circunstancias normativas que acontecen en el supuesto enjuiciado. Por ello, resulta una referencia palmariamente insuficiente para modificar nuestra doctrina jurisprudencial sobre inactividad en el ejercicio de la potestad reglamentaria y el poder de sustitución de los órganos jurisdiccionales allí donde el legislador reserva a la Administración Pública el ejercicio de potestades discrecionales".

La sentencia del Tribunal Supremo de 27 de julio de 2023 pone fin al segundo recurso planteado. Por los recurrentes se había solicitado a la Sala que se declarase la obligación del Estado español de "revisar los objetivos de mitigación" contenidos en el PNIEC o "subsidiariamente declarase la nulidad" o anulase y dejase sin efecto el citado Plan.

Como primera consideración y desde una perspectiva formal, no cabe nada que alegar a la resolución alcanzada por la Sala, en la medida en que la fundamentación de la misma descansa en una interpretación estricta de nuestro ordenamiento jurídico en general y de la competencia de la jurisdicción contencioso-administrativa en particular, pero es evidente que no deja resquicio alguno para una interpretación novedosa e innovadora en relación con las cuestiones que en este procedimiento se suscitan. No obstante, se debe destacar que por el juzgador no se elude ninguna de las cuestiones suscitadas si bien se resuelven, con mayor o menor profundidad en el análisis, en atención a la objetivación de las mismas cuando obedecen a cuestiones técnico-jurídicas y se resuelven sin mayor argumentación otras que, acaso, hubieran permitido esbozar líneas futuras de interpretación novedosas en relación con los derechos hipotéticamente afectados por el cambio climático.

Sorprenden diversas afirmaciones quizá por su contundencia, quizá por su brevedad expositiva, en la fundamentación o simplemente por una concepción de la competencia de la jurisdicción contencioso-administrativa y su alcance aferrada al status quo. La deferencia para con la Administración, el principio de discrecionalidad que informa su actuación, así como una consideración menor de determinadas previsiones legislativas, también deben ser apuntadas.

Cabe recordar que estamos ante una resolución del Tribunal Supremo y, por tanto, hemos de ser conscientes de las consecuencias que se derivan para los órganos jurisdiccionales de la jurisprudencia que de él emana. Es por esta razón que en la sentencia se ha tenido en cuenta las repercusiones socioeconómicas que se pudieran derivar de un fallo en otro sentido, de conformidad con lo pedido por los recurrentes, para los operadores económicos como para la propia ciudadanía, que se hace patente de modo particular en materia de energía con repercusión en el sector industrial.

Pero más sorprendente resulta que habiendo desatendido los pronunciamientos alegados por los recurrentes de otros tribunales en la materia y, para eludir mayores consideraciones sobre el necesario diálogo entre tribunales que debe presidir el actual sistema multinivel, se utilice una referencia que tan solo afecta a la impugnabilidad de la normativa de la Unión Europea y la imposibilidad de un recurso directo por parte de la ciudadanía ante el TJUE. En efecto, no resulta irrelevante que se acuda en esta sentencia a una cita de la resolución recaída por el Tribunal de Luxemburgo en el asunto C-565/19 ya comentado, que desestimó el recurso por una cuestión de legitimación sin entrar en el fondo del asunto planteado. Así se asume por el Tribunal Supremo la afirmación de que "el hecho de que los efectos del cambio climático puedan ser diferentes para una persona que para otra no significa que, por esta razón exista legitimación activa para interponer un recurso contra una medida de alcance general" sin reparar en las peculiaridades en materia de competencia del TJUE respecto del Tribunal Supremo, así como las vías respectivas de impugnación ante los mismos. El Tribunal Supremo se limita a reproducir una afirmación sobre la desestimación del recurso debido a la ausencia de legitimación de los recurrentes para plantear el recurso ante dicho Tribunal de Justicia sin mayores consideraciones sobre las cuestiones sustantivas que en el mismo son objeto de controversia.

Respecto de los defectos formales en los que se habría incurrido en la elaboración del PNIEC, sin duda ni en lo relativo a la ausencia de Evaluación Ambiental Estratégica, como al proceso de participación ciudadana, ambos son considerados como irregularidades que carecen de entidad suficiente para comportar la nulidad interesada por los recurrentes. Por lo que resulta, en nuestra opinión, devaluada la consideración que presta el Tribunal a la Convención de Aahrus sobre el acceso a la información, la participación pública en los procesos de decisión y el acceso a la justicia en materia de medio ambiente o la Directiva 2003/4/CE del Parlamento Europeo y del Consejo de 28 de enero relativa al acceso público a la información en materia de medio ambiente.

Los términos del debate se sujetan a la actuación de la administración guiados por criterios de oportunidad sobre los que no se ha podido acreditar su arbitrariedad y de otro lado por la potestad jurisdiccional que no permite a los órganos jurisdiccionales imponer a la Administración "la forma en que han de quedar redactados preceptos de una norma reglamentaria". Aquí el Tribunal puntualiza el objetivo de los recurrentes para afirmar que una cuestión hubiese sido la de instar la nulidad del Plan y otra, indicar los términos exactos en los que debiera de establecerse la reducción de las emisiones de GEI.

Además, las consecuencias de una modificación sobre la reducción contenida en la Ley 7/2021 presenta dos implicaciones al menos. Como ya se ha indicado conlleva consecuencias diversas en el orden económico y social sobre las que el juzgador es prolijo en su exposición. Pero es en el orden jurídico donde el Tribunal desentraña el marco normativo de referencia. Primero a través de las consideraciones que se formulan en relación con el Acuerdo de París y los "compromisos" que no obligaciones que suponen para el Estado español. Después sobre las exigencias derivadas del Reglamento 2018/1999, con especial referencia al ya citado art. 3 de dicho texto normativo y la conformidad del PNIEC al mismo. A continuación, en relación a la ambición climática, con el análisis del Reglamento 2021/1119 (UE) del Parlamento y del Consejo de 30 de junio de 2021, por el que se establece el marco para lograr la neutralidad climática y se modifican los Reglamentos (CE) nº

401/2009 y (UE) 2018/1999[54] y los nuevos compromisos fijados en la COP 26 de Glasgow, que no han sido implementados aún por la Unión Europea. Por todo ello y realizado un ejercicio de contraste de las obligaciones contraídas por el Estado español y el marco normativo europeo vigente, no se constata un incumplimiento deducido de los términos del PNIEC. En caso contrario no se descarta que el propio Tribunal hubiera planteado una cuestión ante el Tribunal Constitucional, se nos dice en la sentencia, respecto de su compatibilidad con nuestro ordenamiento jurídico. Ocurre que fundamentar en el objetivo de alcanzar un nivel de protección elevado (art. 191.2 TFUE) la nulidad del PNIEC y la insuficiente relevancia atribuida por el Tribunal a los "datos científicos" disponibles aportados por los recurrentes, no opera -según el Tribunal- como elementos determinantes para el examen de legalidad del citado Plan y menos aún para la declaración de nulidad pretendida.

El planteamiento de los recursos comentados y las posteriores resoluciones del Tribunal Supremo aportan respuestas a la competencia del mismo para pronunciarse, primero, sobre la inactividad inicial del Gobierno en materia de regulación interna de los compromisos internacionales en materia de lucha contra el cambio climático. En segundo lugar, una vez aprobado el instrumento correspondiente (PNIEC), si es susceptible de control jurisdiccional la fijación "insuficiente" de objetivos de reducción de las emisiones de GEI por el Ejecutivo y, en caso positivo, si se podría imponer por el Tribunal un determinado objetivo de reducción. Sin embargo, no se aborda otra posible opción, esto es, constatar la insuficiencia de la reducción prevista en la el PNIEC sin imponer una reducción con-

---

54 "el objetivo climático vinculante de la Unión para 2020 consistirá en una reducción interna de las emisiones netas de gases de efecto invernadero (...) de, al menos, un 55% con respecto a los niveles de 1990, de aquí a 2020".

creta -coincidimos en que no le corresponde-, pero si y ante las evidencias científicas aportadas por los recurrentes, afirmar dicha insuficiencia. Después se aborda la cuestión litigiosa desde diferente perspectiva, esto es, la separación de poderes que conlleva que en este caso la impugnación de disposiciones reglamentarias en vía contencioso-administrativa, queden limitadas las potestades de los Tribunales a la anulación. A partir de aquí, se reitera la imposibilidad por los tribunales de "determinar la forma en que han de quedar redactados los preceptos de una disposición general en sustitución de los que anularen después". Afirmada la discrecionalidad del Ejecutivo para fijar los objetivos de mitigación climática dentro de los parámetros de la Unión Europea, es evidente que para el Tribunal los arts. 2 y 4 del Acuerdo de París no pueden restringir dicha discrecionalidad gubernamental.

Sin duda en las resoluciones del Tribunal Supremo no ha tenido cabida una reflexión sobre la necesidad de un mayor compromiso en la fijación de objetivos de mitigación, pues resuelve el Tribunal reconociendo la discrecionalidad gubernamental para establecer dichos objetivos a través de la Ley posterior a la aprobación del Plan aquí cuestionado, sin recoger como elemento valorativo el estado del conocimiento científico sobre la materia y reiterando que se trata de "criterios de oportunidad" que competen a la Administración en ejercicio de la potestad reglamentaria.

Por último, y frente a una prolija argumentación en relación con otras cuestiones suscitadas en los recursos sorprende como desde el Tribunal Supremo apenas se analiza la incidencia del cambio climático en el ejercicio de los derechos fundamentales, cuando del mismo puede deducirse un riesgo para el derecho fundamental a la vida, limitándose a señalar que de la no imposición de un porcentaje de reducción de emisiones "pueda estimarse que exista esa afección a tales derechos", ni sea tampoco dicha reducción "la única solución a la lucha contra el cambio climático". Pese al influjo de la jurisprudencia del

TEDH sobre el art. 8 CEDH y la existencia de cuatro condenas al Reino de España recaídas por vulneración de este precepto en relación con la protección de la intimidad familiar[55], para el juzgador las aportaciones del Tribunal de Estrasburgo no suplen ni permiten superar los límites constitucionales impuestos al derecho de todos al medio ambiente, pues ni siquiera la recepción de esta jurisprudencia por nuestros órganos jurisdiccionales se ha llevado a cabo de un modo automático[56].

Porque como recoge el Tribunal Supremo en la sentencia que aquí comentamos en relación con la jurisprudencia "de otros Estados que no nos vinculan" no se aporta mayor precisión por parte del juzgador respecto a las referencias aducidas por los recurrentes de diversos tribunales, descartándose radicalmente cualquier consideración sobre las mismas. Para el Tribunal no es posible trasladar las consecuencias de la resolución de determinadas demandas climáticas al análisis de las mismas conforme a nuestro ordenamiento jurídico.

Además, en dichas referencias jurisprudenciales se argumentaba por los recurrentes "la pretendida afección de derechos fundamentales" que sin más fundamentación queda descartada por el órgano juzgador. Solo es entendible esta

---

55 *López Ostra v. Spain* 9 december 1994, Series A nº 303-C, *Moreno Gómez v. Spain*, nº 4143/02, ECHR 2004-X, *Martínez Martínez and Pino Manzano v. Spain*, nº 61654/08, 3 july 2012 y *Cuenca Zarnoso v. Spain*, nº 23383/12, 16 January 2018.

56 "No corresponde a este tribunal, al conocer en recurso de amparo, examinar la observancia o inobservancia, per se, de textos internacionales que obliguen a España, sino comprobar el respeto o la infracción de los preceptos constitucionales que conocen derechos fundamentales y libertades públicas, susceptibles de amparo (art. 53." CE y art. 49 LOTC), sin perjuicio de que por mandato del art. 10.2 CE, deban tales preceptos ser interpretados "de conformidad con la Declaración de Derechos Humanos y los tratados y acuerdos internacionales sobre las mismas materias ratificado por España" (STC 120/1990).

suerte de afirmaciones desde una lectura literal del art. 45 CE y cautiva también de una jurisprudencia del Tribunal Constitucional que permanece invariable en relación con el entendimiento del citado precepto. No se da respuesta tampoco a la argumentación de los recurrentes en relación con la necesidad de "dotar de titularidad de estos derechos fundamentales a las generaciones futuras", aunque sin duda esa sería labor de una reforma constitucional pero en tanto tiene lugar, podría articularse una interpretación más acorde a la normativa internacional en la materia como a la jurisprudencia de otros tribunales de justicia[57].

No obstante, en breve se han de resolver, como hemos señalado con anterioridad, varios recursos ante el TEDH en materia de cambio climático y protección de derechos cuya resolución pudiera iluminar futuras líneas jurisprudenciales, también de nuestros órganos jurisdiccionales, para la lucha frente al cambio climático.

BIBLIOGRAFÍA

Burgers, Laura "Sould Judges Make Climate Change Law", *Transnational Envirormmental Law*, 9:1 (2020).

Feira-Tinta, M., "The future of environmental cases in the Europen Court of Human Rights: extraterritoriality, victim status, treaty interpretation, attribution, imminence and "due diligence" in climate change cases" in *Human Rights and the Planet. The Future of Environmental Human Rights in*

[57] Baste recordar la ya citada Sentencia del Tribunal Supremo de Irlanda de 20 de septiembre de 2020 en la que se explicita, ante la inexistencia de un reconocimiento expreso en la Constitución irlandesa del derecho al medio ambiente, que su reconocimiento "no aporta nada más que el derecho a la vida o el derecho a la integridad corporal, en cuyo caso no hay necesidad de ello" en la medida que los anteriores derechos ya tienen un concreto reconocimiento en el texto constitucional.

the European court of Human rights, Natalia Kobylarz and Evadne Grant Edward Elgar Publishing 2022, UK.

Torre Schaub, Marta "Dynamics, Prospects, and Trends in Climate Change Litigation Making Climate Change Emergency a Priority in France, *German Law Journal* (2021).

Spano, Robert "Should the european Court of Human Rights become Europe´s enviornmental and climate change court"? in *Human Rights for the Planet, Proveedings of the Hight-level International Conferencie on Human Rights and Environmental Protection*, Strasbourg, 5 october 2020, rm.coe.int/proceedings-hr-for-planet-bil/1680a3ff22.

Voigt, Cristina "The climate Dimemsion o fuman Rights obligations" in *Human Rights for the Planet, Proveedings of the Hight-level International Conferencie on Human Rights and Environmental Protection,* Strasbourg, 5 october 2020, rm.coe.int/proceedings-hr-for-planet-bil/1680a3ff22.

Capítulo 5.

El rol de la jurisprudencia del TEDH en el desarrollo de las formas indirectas de protección del medio ambiente: desde los primeros casos de contaminación y protección de la propiedad hasta los nuevos desafíos planteados por los efectos del cambio climático

CATERINA DRIGO

1. PERFILES INTRODUCTORIOS

En el contexto del Consejo de Europa, ni el Convenio Europeo para la Protección de los Derechos Humanos y de las Libertades Fundamentales, ni la Carta Social Europea están abiertos a la protección explícita y general del medio ambiente en su conexión con los derechos humanos.

Sin embargo, ésto no ha supuesto una indiferencia por parte del Tribunal Europeo de Derechos Humanos o del Comité Europeo de Derechos Sociales hacia las cuestiones medioambientales: gradualmente, el medio ambiente, también a la luz de los cambios en el contexto y las sensibilidades internacionales[1] y en los distintos ordenamientos jurídicos nacionales, ha sido objeto de protección jurisprudencial gracias a una interpretación amplia y evolutiva de muchas disposiciones del Convenio o de la Carta Social Europea (*ex multis*, K. LUKAS, 2021; M.C. CLIZA, L.C. SPATARU-NEGURA, 2/2020, 122 ss.; C. VOIGT, 2019, M. TRILSCH, 2009, 529 ss.)[2].

Así, ha surgido progresivamente una relación inseparable entre la protección del medio ambiente y la protección de los derechos humanos expresamente reconocidos y exigibles: el medio ambiente se ha erigido como un elemento que contribuye al justo equilibrio entre las distintas vertientes de los derechos humanos expresamente codificados, aunque su carácter de derecho autónomo se resiste a emerger y configurarse[3].

Además, desde los años setenta, sin éxito, los órganos del Consejo de Europa han intentado repetidamente promover la integración del CEDH con disposiciones específicas dedicadas a la protección del medio ambiente (para una reconstrucción,

---

1 Profesora titular de Derecho constitucional. Alma Mater studiorum Università di Bologna.
A este respecto, véase C. DRIGO, 2021, 635 ss. Para una panorámica de la evolución de la protección del medio ambiente en el contexto internacional, véase, *ex multis*, B. POZZO, 2010; A. FODELLA, L. PINESCHI L. (eds.), 2009; G. CORDINI, P. FOIS, S. MARCHISI, 2008; R. ANTONUCCI, 2007, 51 ss.

2 El Comité incluyó el derecho a un medio ambiente sano como complementario del derecho a la salud recogido en el artículo 11 de la Carta Social Europea. Véase *ex multis*, *Marangopoulos Foundation for Human Rights c. Grecia* n. 30/2005, de 2006 o *International Federation for Human Rights (FIDH) c. Grecia* n. 72/2011, de 2013.

3 En general, la doctrina tiende a considerar el derecho a vivir en un entorno saludable como un derecho in fieri, a configurarse más como una extensión del derecho a la salud que como un derecho autónomo. Véase en este sentido C. TRINIDADE, 1993, 15 ss. Considera los derechos humanos y la protección del medio ambiente como valores distintos D. SHELTON, 1991, 103.

C. DRIGO, 2021, 635 y ss.). Sólo en los últimos años, esencialmente a partir de 2020, parece haber surgido una mayor sinergia entre el Comité de Ministros y la Asamblea Parlamentaria del COE, debido también a la mayor sensibilidad por las cuestiones medioambientales en el marco de los distintos Estados miembros, a menudo trágicamente afectados por los efectos del cambio climático[4].

2. VÍAS ARTICULADAS DE PROTECCIÓN AMBIENTAL EN LA JURISPRUDENCIA DEL TEDH: UN PANORAMA DE GEOMETRÍA VARIABLE EN TÉRMINOS DE INTENSIDAD Y EFICACIA

2.1. Líneas evolutivas de los procesos de protección del medio ambiente en la jurisprudencia de Estrasburgo

A la luz de lo anterior, en el contexto del CEDH el medio ambiente encuentra hoy sólo una protección jurídica indirec-

4 Véase, por ejemplo, la Resolución de la Asamblea Parlamentaria 2400 de 29.09.2021 *Combating inequalities in the right to a safe, healthy and clean environment* o la *Recommendation* 2211 (2021) del 29.09.2021, par 1.) *Anchoring the right to a healthy environment: need for enhanced action by the Council of Europe* que solicitaba una mayor implicación del Consejo de Europa, insistiendo por enésima vez en la adopción de un protocolo adicional al CEDH y a la Carta Social Europea que salvaguarde adecuadamente los requisitos de protección del medio ambiente. En otoño de 2022, el Comité de Ministros adoptó la *Recommendation CM/Rec(2022)20 to member States on human rights and the protection of the environment* (27.09.2022) recomendando a los gobiernos de los Estados miembros que adopten una serie de medidas, incluso legislativas, para proteger el medio ambiente y los derechos conexos, especificando una serie de criterios que deben seguir los Estados miembros.

ta, gracias a la actividad hermenéutica evolutiva del Tribunal de Estrasburgo que, interpretando las normas convencionales como un "instrumento vivo" (*ex multis*, V. ZAGREBELSKY, R. CHENAL, L. TOMASI, 2022; J. GARCÍA ROCA, P. SANTOLAYA, 2012) que debe adaptarse a las contingencias, ha actualizado el Convenio al progresivo cambio del contexto socioeconómico y de las sensibilidades jurídicas (recientemente, véase AA.VV, 2022). Así, el medio ambiente se ha ido afirmando progresivamente como un valor real capaz de condicionar, de distintas maneras, el ejercicio de los derechos garantizados por la Convención, aunque no han faltado intentos de identificar un contenido tendencialmente "objetivo" del mismo.

Son muchas las disposiciones convencionales que han permitido la protección preventiva del medio ambiente: el derecho a la vida (Art. 2), la prohibición de tratos inhumanos y degradantes (Art. 3), el derecho a la libertad y a la seguridad (Art. 5); el derecho al respeto de la vida privada, familiar y doméstica (Art. 8), los artículos 10 y 11, dedicados respectivamente al derecho a recibir y difundir informaciones e ideas y a la libertad de reunión y asociación; o el derecho a la propiedad (art. 1 del Protocolo n. 1), el derecho de acceso a la justicia y a un proceso equitativo (art. 6), el derecho a un recurso efectivo (art. 13).

Aunque existe un interés creciente por las cuestiones medioambientales y la necesidad de proteger el medio ambiente, en la práctica no es fácil identificar una línea evolutiva unitaria que describa este proceso, ya que en el sistema del CEDH la protección del medio ambiente se ha realizado de múltiples formas, siguiendo un proceso diacrónico que muestra vías de protección indirectas, articuladas y diferenciadas, también en términos de grado de eficacia.

Sólo a principios de los años ochenta los jueces de Estrasburgo empezaron a reconocer la existencia de un nexo entre las condiciones medioambientales desfavorables y el goce de los derechos protegidos por el CEDH, declarando admisibles los primeros recursos presentados al respecto (véase TEDH, *Arondelle c. Reino Unido,* 15.07.1980, relativo a las emisiones sonoras; *Baggs c. Reino Unido,* 19.01.1985; *Powell y Rayner c. Reino Unido,* 21.02.1990; *Zander c. Suecia,* 21.11.1993, relativo a la contaminación de las aguas).

Desde un punto de vista metodológico, la extensión de la protección ambiental en el ámbito del CEDH se ha producido tanto a través del reconocimiento de la legitimidad de las limitaciones estatales al ejercicio de derechos convencionales, adoptadas para salvaguardar el medio ambiente, los recursos naturales o el paisaje, como a través de la elaboración interpretativa de obligaciones positivas de carácter sustantivo y procesal en materia ambiental, funcionales al disfrute efectivo de determinados derechos individuales expresamente protegidos por el CEDH (C. Drigo, 2021, 653 y ss.; L. Krämer, 2019, 25 y ss.; M. Dejant-Pons, 1991, 461 y ss.; Id, 2004, 861 y ss.).

En referencia al primer perfil, la jurisprudencia del TEDH se ha orientado principalmente en la dirección de incidir en el alcance del margen de apreciación de los Estados cuando la injerencia en el ejercicio de determinados derechos expresamente garantizados es necesaria y funcional al cumplimiento de exigencias de protección ambiental. Como es sabido, el Tribunal Europeo aplica regularmente la doctrina del margen de apreciación como técnica interpretativa para valorar el cumplimiento de los deberes de los Estados parte en el Convenio (*ex multis,* H. Mullerova, 2015, 83 y ss.; J. García Roca, P. Santolaya, 2012; S. Kravchenko, J.E. Bonine, 2012, 245 y ss.).

El Tribunal se ha referido a menudo a los conceptos de "proporcionalidad" y de "justo equilibrio de los intereses en juego" para condicionar la amplitud del margen de apreciación de que disponen los Estados al aplicar disposiciones convencionales para determinar si se vulneran uno o más derechos codificados (*ex multis* M. Dejant-Pons, 2004, 861 y ss. D.G. San José,

2005; P. BILLET, 2010). Como ejemplos de la manera en que puede ejercerse la doctrina del margen de apreciación cuando se consideran las políticas medioambientales como una cuestión de interés potencialmente general susceptible de justificar una injerencia en el ejercicio de derechos convencionales, se pueden citar tanto el asunto *Gillow c. Reino Unido*, de 23 de octubre de 1986, como el asunto *Muriel Herrick c. Reino Unido*, de 13 de marzo de 1985.

Este último, en particular, tuvo su origen en el recurso de un ciudadano al que la autoridad pública había impuesto restricciones al uso de su propiedad con el fin de proteger un paisaje de especial interés, incluida la creación de una "zona verde" de especial valor paisajístico y naturalístico. El Tribunal consideró que el establecimiento de normas de uso del suelo era necesario para proteger zonas de especial valor naturalístico también en relación con el disfrute de otros habitantes de la zona y de los turistas (véanse asimismo las sentencias *Fredin c. Suecia*, de 18.02.1991, y *Pine valley c. Irlanda*, de 23.10.1991, relativas a la planificación urbanística; *Photos Photiades Ldt c. Chipre*, de 21.10.1998; *Cooperativa la Laurentina c. Italia*, de 2.8.2001).

En 2008, en el asunto *Köktepe c. Turquía*, en materia de limitaciones medioambientales, después de haber recordado que la protección del medio ambiente constituye "uno de los objetivos primordiales de las sociedades contemporáneas" y de haber reconocido expresamente que "la protección de la naturaleza y de los bosques y, más en general, la del medio ambiente constituye un valor cuya defensa suscita en la opinión pública y, en consecuencia, en los poderes públicos, un interés acreditado de particular importancia", el TEDH se refirió expresamente a los principios de proporcionalidad y equilibrio a fin de resolver el caso concreto, previendo asimismo una forma de graduación de los distintos derechos en juego, precisando que los intereses de carácter económico, así como algunas categorías de derechos fundamentales (en el presente caso, el derecho de propiedad), no deben considerarse prevalentes sobre los intereses relativos a la protección del medio ambiente (párr. 87).

Sólo dos años más tarde, en 2010, en el asunto *Deés c. Hungría* de 9 de noviembre de 2010, los jueces de Estrasburgo, llamados a pronunciarse sobre la contaminación causada por un tráfico vehicular excesivo que producía niveles de ruido, vibraciones, contaminación y olores considerados insoportables por los denunciantes, expresaron eficazmente la forma de expresión de los criterios de interpretación expuestos al referirse a los límites e implicaciones del margen de apreciación del Estado, a la necesidad de ponderar los intereses en juego y a la proporcionalidad (en el presente caso, considerada desproporcionada) de la situación perjudicial sufrida por los demandantes (párrs. 23 y ss.).

En relación con el segundo perfil mencionado, es decir, el relativo a la emersión de la protección del medio ambiente como componente de los derechos individuales identificados por el TEDH, cabe señalar que está vinculado con el anterior en la medida en que el TEDH ha demostrado que hace uso de múltiples herramientas interpretativas para adoptar sus decisiones. En este sentido, existe una abundante jurisprudencia que ha anclado la protección del medio ambiente, entendida como el derecho a vivir en un medio ambiente sano, al dato textual de determinados derechos expresamente reconocidos.

En este contexto, no obstante, conviene señalar que el concepto de protección del medio ambiente debe definirse en sus confines, teniendo necesariamente en cuenta el rol subsidiario del Tribunal Europeo y el requisito de "víctima" de la parte que presenta la demanda (véanse los párrafos 3 y 4 infra). En efecto, cuando la violación del Derecho medioambiental se ha constatado definitivamente a nivel nacional, es necesario el previo agotamiento de todas las vías de recurso internas posibles y la parte que presenta la demanda debe demostrar que se ve perjudicada personalmente y directamente por los efectos de una acción u omisión de las autoridades estatales y que esto afecta potencialmente a la calidad del medio ambiente. Además, para invocar la aplicación del CEDH es necesario que los efectos negativos derivados del elemento lesivo alcancen en todo caso un nivel mínimo de gravedad (en general, sobre los estándares de adjudicación del TEDH véase V. ZAGREBELSKY, R. CHENAL, L. TOMASI, 2022; J. GARCÍA ROCA, P. SANTOLAYA, 2012).

2.2. (cont.): derechos de carácter sustantivo y derechos de carácter eminentemente procesal, un posible criterio taxonómico

Para realizar un examen "ponderado" de la jurisprudencia existente, es posible proponer un ulterior esquema reconstructivo de las formas en que se ha garantizado la protección efectiva del medio ambiente, distinguiendo según se haya protegido el medio ambiente refiriéndose a derechos expresamente reconocidos de carácter sustantivo o refiriéndose a derechos de carácter eminentemente procesal.

Como es bien sabido, los derechos sustantivos protegidos por el CEDH pueden dividirse a su vez en derechos primarios (y absolutos), como principalmente el derecho a la vida en el artículo 2, o la prohibición de tratos inhumanos y degradantes del artículo 3, y en derechos condicionales. Estos últimos pueden protegerse como primarios (como el artículo 8) o secundarios (como el artículo 1 del Primer Protocolo Adicional o el artículo 13).

Los derechos de carácter eminentemente procesal, por su parte, protegen el medio ambiente de forma aún más subordinada: el valor medioambiental se protege si a la parte que actúa, en su propia jurisdicción, se le ha denegado un juicio justo o se ha violado su derecho a un recurso efectivo (J.F. RENUCCI, 2007).

2.3. (continúa): la protección del medio ambiente como componente de los derechos individuales definidos por el CEDH

2.3.1. La protección del derecho a la vida como ocasión para proteger el medio ambiente

Como sabemos, el artículo 2 del CEDH resulta vulnerado no sólo cuando la lesión del derecho a la vida se deriva de una conducta directa del Estado, sino también cuando el Estado no ha adoptado todas las medidas necesarias y razonables para evitarla. La jurisprudencia que permite la protección del medio ambiente en virtud del artículo 2 del CEDH es bastante escasa, aunque significativa. Se refiere principalmente a la exposición a radiaciones nucleares (*L.C.B. c. Reino Unido,* de 9.06.1998), a la realización de actividades industriales peligrosas (*Öneryıldız c. Turquía,* de 30.11.2004 y *Kolyadenko y otros c. Rusia* de 28.02.2012), la conexión entre las emisiones industriales y la salud (*Smaltini c. Italia* de f 24.03.2015); los desastres naturales (*Budayeva y otros c. Rusia* de 20.03.2008, *Murillo Saldias y otros c. España* de 28.11.2006, *Viviani y otros c. Italia* de 24.03.2015; *M. Özel y otros c. Turquía* de 17.11.2015).

En el asunto *L.C.B. c. Reino Unido,* el Tribunal tuvo que juzgar si existía responsabilidad del Estado en virtud del artículo 2 del CEDH por no haber adoptado las medidas necesarias y preventivas para evitar que la exposición de un soldado profesional a las radiaciones provocara leucemia a su hija. Para resolver la cuestión, los jueces de Estrasburgo consideraron que debían valorar si el Estado había adoptado todas las medidas legalmente exigibles para garantizar que la vida de la demandante no corriera un peligro innecesario y concluyeron que: en el caso, las medidas cautelares y de precaución invocadas por la demandante sólo deberían haberse adoptado si en el momento de la exposición de su padre a las radiaciones (a los finales de los años sesenta), los conocimientos científicos permitían concluir que existía una relación de causalidad entre dicha exposición y la enfermedad posteriormente desarrollada por la joven, concluyendo que, en aquel momento, no podía probarse o demostrarse una relación de causalidad.

Del mismo modo, incluso en épocas más recientes, el Tribunal ha seguido sin examinar en cuanto al fondo, o a la inadmisibilidad, cuestiones en las que los demandantes no pudieron probar la existencia de un vínculo causal entre emisiones potencialmente peligrosas y la aparición de una enfermedad mortal, descartando así el incumplimiento de obligaciones positivas por parte de los Estados (véase *Smaltini c. Italia* cit.; *Locascia y otros c. Italia*, 19.10.2023 y, entre los asuntos actualmente pendientes: y *Di Caprio y otros c. Italia*, appl. 39742/14; *Greenpeace Nordic y otros c. Noruega*, appl. no. 34068/21).

En el asunto *Öneryıldız c. Turquía*, de 30 de noviembre de 2004, el Tribunal condenó por primera vez a un Estado por violación del artículo 2 del CEDH como consecuencia de una explosión de gas metano producido por los residuos acumulados en un vertedero cerca del cual se habían construido varias viviendas no autorizadas, que provocó la muerte de nueve miembros de la familia del demandante. Esta decisión es muy significativa porque sus fundamentos apuntan a la interpretación y aplicabilidad del artículo 2 del Convenio en materia de medio ambiente (en línea con esta decisión véase también *Budayeva y otros c. Rusia* cit., párrafos 128 y ss.).

El Estado denunciado fue condenado por incumplimiento de las obligaciones positivas que le incumben en virtud del artículo 2 del Convenio Europeo de Derechos Humanos, a pesar de que se demostró que las autoridades públicas eran conscientes de la existencia de un elevado riesgo de explosiones de metano, no adoptaron ninguna medida preventiva. En vista de ello, el Tribunal consideró que existía un riesgo inmediato y real para la vida de las personas que vivían cerca del vertedero y reconoció que las autoridades tenían la obligación positiva de proteger a esas personas. Además, el Tribunal censuró a las autoridades por no haber informado adecuadamente a la población afectada de los riesgos a los que se enfrentaban y se consideró que el marco jurídico existente no cumplía con las normas del art. 2 del CEDH (véase también, *Kolyadenko y otros c. Rusia* de 28.02.2012, párrs. 130-164).

Por lo tanto, de la jurisprudencia del Tribunal se deduce claramente cómo se imponen a los Estados obligaciones positivas, tanto de carácter sustantivo como procesal, que se solapan con las del artículo 8 del CEDH y las superan (véase *Budayeva*, cit., párr. 133). En el caso del ejercicio de actividades especialmente peligrosas (como las actividades de ensayos nucleares, el funcionamiento de instalaciones químicas de las que puedan derivarse emanaciones nocivas, la irrupción de emplazamientos para el almacenamiento de residuos o materiales peligrosos, o cuando los conocimientos disponibles sugieran la existencia de situaciones potencialmente peligrosas de degradación del medio ambiente), los Estados están obligados a adoptar todas las medidas necesarias para la protección de la vida, que puedan evitar los daños previsibles.

Las obligaciones positivas de protección que incumben a los Estados se han concretado en la necesaria adopción y aplicación de normas preventivas para reducir el riesgo para la vida de las personas expuestas a la contaminación o a los efectos nocivos de las catástrofes naturales (previsibles); en la instrucción de un sistema de información en beneficio de las personas potencialmente afectadas o en todo caso de la colectividad, sobre los riesgos inherentes a la exposición a la contaminación causada por actividades industriales peligrosas o por catástrofes naturales (previsibles) (*Brincat y otros c. Malta*, 24.07.2014, párrs. 79 y ss.; *Viviani y otros c. Italia*, cit.; *Kolyadenko y otros c. Rusia*, 28.02.2012); en el desarrollo de investigaciones oficiales o procedimientos judiciales efectivos sobre hechos que hayan causado la muerte de una o varias personas o hayan puesto en peligro el derecho a la vida (*M. Özel y otros c. Turquía*, cit, párrs.

170 y ss., *Öneryıldız c. Turquía* cit., párrs. 89-118; *Budayeva c. Rusia* cit., párrs. 129-130).

En relación con la ocurrencia de catástrofes naturales con efectos letales, las obligaciones positivas de los Estados se vuelven menos estrictas debido a su imprevisibilidad inherente, pero no desaparecen, haciéndose hincapié en las obligaciones de información, la disposición de medidas de defensa y alerta, y el establecimiento de procedimientos para identificar los puntos débiles o perseguir a los posibles autores. Además, si la pérdida de vidas no es imputable a la voluntad del Estado, la provisión de recursos compensatorios administrativos o disciplinarios puede considerarse suficiente (*Budayeva*, cit., párrs. 129, 132, 139).

Sin embargo, el Tribunal es consciente de las dificultades inherentes a la identificación de las obligaciones positivas, ya que no han sido negociadas por los Estados parte del CEDH y pueden afectar en gran medida a su margen de apreciación. Por lo tanto, aunque se trate de un derecho absoluto como en el artículo 2, el Tribunal es cauteloso y precisa que las obligaciones positivas no pueden consistir en "imponer una obligación imposible o desproporcionada" a las autoridades nacionales, sin tener debidamente en cuenta las dificultades sociales, económicas o técnicas existentes (*ex multis, M. Özel* cit., párr. 173; *Budayeva*, cit., párr. 135; *Öneryıldız*, cit., párr. 107).

2.3.2. La prohibición de tratos o penas inhumanos o degradantes como oportunidad para la protección indirecta del medio ambiente

En relación con el artículo 3 del CEDH, que prohíbe los tratos o penas inhumanos o degradantes, cabe señalar que la jurisprudencia de Estrasburgo sobre la protección del medio ambiente ha evolucionado considerablemente. De una posición inicialmente cerrada en el sentido de declarar inadmisibles las cuestiones planteadas sobre la base de esta disposición, el Tribunal Europeo ha acabado por afirmar que vivir en un medio ambiente particularmente contaminado, con todas las consecuencias imaginables desde el punto de vista de los daños a la salud, podría, en abstracto, cuando se alcanza un nivel mínimo de gravedad y se sobrepasa el límite de lo tolerable, constituir una violación del artículo 3 (a este respecto, cabe remitirse a la célebre sentencia *López Ostra c. España* de 9.12.1994–esp. párr. 60–aunque, en ese caso, sólo se declaró la violación del artículo 8 CEDH).

En su jurisprudencia de los últimos 13 años, el Tribunal también ha constatado una vulneración del derecho a vivir en un medio ambiente sano -entendido en relación con el trato prohibido por el artículo 3 del CEDH- en algunos casos relativos a las condiciones de detención y a la exposición "obligatoria" al tabaquismo pasivo. Aunque no existe una obligación positiva de los Estados de adoptar medidas generales para combatir el tabaquismo pasivo (véase *Aparicio Benito c. España* de 3.11.2006, decisión de inadmisibilidad y *Botti c. Italia* de 2004), sin embargo, los Estados sí tienen la obligación positiva de proteger a los reclusos de sus efectos nocivos no sólo cuando ya padecen enfermedades respiratorias previas (*Elefteriadis c. Rumanía* de 25.01. 2011, párrs. 49-55 y ss.), sino sicmprc quc sc considcrc necesario por razones sanitarias, especialmente cuando no falten resoluciones judiciales nacionales que impongan la detención separada entre reclusos fumadores y no fumadores (*Florea c. Rumanía,* de 14.09.2010, párrs. 46 y ss.).

2.3.3. El medio ambiente en la jurisprudencia sobre el artículo 5 del CEDH

Son muy raras las decisiones del Tribunal Europeo de Derechos Humanos (TEDH) que proporcionan protección indirecta a las necesidades medioambientales sobre la base del artículo 5 del CEDH relativo al derecho a la libertad y a la seguridad. Probablemente el único caso significativo es *Mangouras c. España* [GC] de 28 de septiembre de 2010 (pero véase también el anterior *Mangouras c. España* de 8.01.2009) relativo a un desastre ecológico causado por el derramamiento de 70.000 toneladas de petróleo en el mar.

El recurrente, capitán del petrolero, detenido por su responsabilidad en la catástrofe medioambiental, había impugnado la ilegalidad de la fianza que se le había exigido (correspondiente a tres millones de euros), alegando que resultaba desproporcionada. El Tribunal señaló que no se puede "ignorar la preocupación creciente y legítima que existe tanto a nivel europeo como internacional respecto a los delitos contra el medio ambiente" recordando que los Estados tienen la facultad, y la obligación, de identificar formas de prevención y lucha contra la contaminación marítima y que existe una voluntad unánime, tanto de los Estados como de las organizaciones internacionales y europeas, de no dejar impunes a los responsables de amenazas al delicado equilibrio natural existente (párr. 86).

Tales elementos deben tenerse en cuenta en la interpretación de los requisitos del artículo 5, párrafo 3 del CEDH (párr. 87) y, en consecuencia, dada la especial gravedad de los hechos, la imposición de una fianza particularmente elevada no se consideró irrazonable o desproporcionada, sino más bien necesaria para garantizar la presencia del demandante en el juicio. A este respecto, el Tribunal subrayó que "los hechos del presente asunto -donde se cuestionaba una contaminación marítima de una rara amplitud que causaba enormes daños medioambientales- revisten un carácter excepcional y tienen consecuencias muy importantes en cuanto a la responsabilidad tanto penal como civil. En tal contexto, no es extraño que las autoridades judiciales adapten el importe de la fianza al nivel de las responsabilidades en que se había incurrido, de modo que los responsables no tengan interés en sustraerse a la justicia perdiendo la fianza (párr. 88).

2.3.4. El derecho al respeto de la vida privada y familiar como oportunidad de protección indirecta del medio ambiente

La disposición del Convenio en la que se han basado la mayoría de las decisiones en materia de medio ambiente es sin duda el artículo 8, relativo al derecho al respeto de la vida privada y familiar.

La jurisprudencia que ve la conexión entre el artículo 8 CEDH y la protección del medio ambiente es bastante rica y variada y se refiere principalmente a fenómenos de riesgo ambiental en lo que se relaciona con el derecho a recibir información adecuada de las autoridades (*ex multis, Brincat y otros c. Malta,* 2014) [5], a diversas formas de contaminación, industrial (*ex multis, Cordella y otros c. Italia,* de 24.01.2019) [6], electromag-

---

5 Véase también *Vilnes y otros c. Noruega* de 3.12.2013; *Roche c. Reino Unido* [GC] de 19.10.2005; *McGinley e Egan c. Reino Unido* de 9.6.1998 e *Guerra y otros c. Italia* de 19.02.1998.

6 y casos conexos: *Ardimento y otros c. Italia* de 5.05.2022; *Pirelli y otros c. Italia* de 5.05.2022; *A.A. y otros c. Italia* de 5.05.2022; *Briganti y otros c. Italia* de 5.05.2022–en relación con la Ex-Ilva de Taranto. Pero véase también *Apanasewicz c. Polonia* de 3.05.2011; *Dubetska y otros c. Ucrania* de 10.02.2011; *Tătar c. Rumanía* de 27.01.2009; *Giacomelli c. Italia* de 2.11.2006; *Fedayeva c. Rusia,* de 9.06.2005; *Taşkin y otros c. Turquía,* de 10.11.2004; *Guerra y otros c. Italia,* de 19.02.1998; *López Ostra c. España* de 9.12.1994. También está pendiente *Greenpeace Nordic y otros c. Noruega* (nº 34068/21) de 16.12.2021.

nética[7], acústica[8], del agua o del suelo[9], pero también con la manera en que se recogen, gestionan y almacenan los vertidos[10] o con la emisión de gases de efecto invernadero[11].

---

7 En relación con la contaminación causada por el tráfico aéreo, véanse *Flamenbaum y otros c. Francia*, de 13.12.2012; *Hatton y otros c. Reino Unido* [GC], de 8.07.2003 y *Powell y Rayner c. Reino Unido*, de 21.02.1990.
En relación con la contaminación acústica derivada del funcionamiento de actividades por particulares, véase *Yevgeniy Dmitriyev c. Rusia*, de 1.12.2020 (contaminación acústica causada por una estación de policía); *Cuenca Zaroso c. España* de 16.01.2018 (contaminación acústica causada por el funcionamiento de actividades comerciales–bares, pubs y discotecas); *Chis c. Rumanía*, de 9.09.2014 (dec. sobre admisibilidad, relativa a la apertura de una serie de bares); *Zammit Maempel y otros c. Malta* (contaminación acústica causada por fuegos artificiales); *Mileva y otros c. Bulgaria*, de 25.11.2010 (contaminación acústica causada por el funcionamiento de una actividad comercial–clubes de informática); *Moreno Gómez c. España*, de 16.11.2004 (contaminación acústica causada por el funcionamiento de una actividad comercial–clubes nocturnos).
En relación con la contaminación causada por el tráfico vehicular, véanse *Kapa y otros c. Polonia* de 14.10.2021; *Grimkovskaya c. Ucrania*, de 21.07.2011; *Deés c. Hungría*, de 9.11.2010; y con el tráfico ferroviario, véase *Bor c. Hungría*, de 18.06.2013.
En relación con la contaminación acústica causada por el funcionamiento de actividades industriales, véase *Martínez Martínez y María Pino Mazano c. España* de 3.07.2012 (actividad minera en una cantera); *Leon y Agnieszka Kania c. Polonia* de 21.07.2009 (actividad de una cooperativa artesanal); *Borysiewicz c. Polonia* de 1.07.2008 (actividad de sastrería); *Fägerskiöld c. Suecia* de 26.02.2008 (turbinas eólicas).

8 *Luginbühl c. Suiza* de 17.01.2006 (dec. de inadmisibilidad).

9 *Solyanik c. Rusia* de 10.05.2022; *Dzemyuk c. Ucraina* de 4.09.2014, ambos relativos a la contaminación del suelo y de las aguas subterráneas resultante de los enterramientos en zonas de cementerios.

10 *Locascia et y otros c. Italia* de 19.10.2023, *Kotov y otros c. Rusia* de 11.10.2022; *Di Sarno y otros c. Italia* de 10.01.2012; *Brânduse c. Romania* de 7.04.2009.

11 *Thibaut c. Francia*, de 14.06.2022 (dec. de inadmisibilidad); *Calancea y otros c. República de Moldavia*, de 6.02.2018.

En varios asuntos, el Tribunal Europeo ha sostenido que las formas de contaminación ambiental pueden vulnerar el derecho al respeto de la esfera privada y al disfrute íntimo de la misma. Ya en el asunto *López Ostra c. España* de 1994, relativo a la contaminación acústica y a los humos nocivos provenientes de una estación depuradora de aguas residuales, el Tribunal sostuvo que los "daños graves al medio ambiente" podían "afectar al bienestar de una persona y privarla del disfrute de su domicilio de tal manera que perjudiquen su vida privada y familiar, sin poner por ello en peligro su salud" (párr. 51).

Por lo tanto, el artículo 8 del CEDH se aplica sistemáticamente en los casos relacionados con el medio ambiente, tanto si la contaminación es causada directamente por el Estado (que no ha establecido normas preventivas ni aplicado las normas sancionadoras existentes), como si la responsabilidad de este último se deriva de la ausencia de una regulación adecuada del sector privado.

En este sentido, como bien se argumentó en el citado asunto *Tătar c. Rumanía*, "la obligación positiva de adoptar todas las medidas razonables y apropiadas para proteger los derechos que los demandantes encuentran en el apartado 1 del Art. 8 implica, en primer lugar, para los Estados el deber primordial de establecer un marco legislativo y administrativo para la prevención eficaz de los daños al medio ambiente y a la salud de las personas (...) Cuando un Estado debe tratar cuestiones complejas de política medioambiental y económica, y en particular cuando se trata de actividades peligrosas, también debe concederse un espacio especial a una reglamentación adecuada a las especificidades de la actividad considerada, en particular en lo que se refiere al riesgo que puede derivarse de ella. Tal obligación debe determinar la autorización, el funcionamiento, la explotación, la seguridad y el control de la actividad de que se trate, así como obligar a toda persona implicada en ella a adoptar las medidas prácticas adecuadas para garantizar la protección efectiva de los ciudadanos cuyas vidas puedan estar expuestas a los peligros inherentes a la actividad de que se trate" (párr. 88).

Más recientemente, con el asunto *Cordella c. Italia* de 2019, el Tribunal reiteró cómo "[e]l artículo 8 no se limita a ordenar al Estado que se abstenga de injerencias arbitrarias: a este compromiso negativo pueden añadirse obligaciones positivas inherentes a un respeto efectivo de la vida privada. En cualquier caso, tanto si se aborda la cuestión desde el punto de vista de la obligación positiva del Estado de adoptar medidas razonables y apropiadas para proteger los derechos del individuo, de conformidad con el primer párrafo del artículo 8, como desde el punto de vista de una injerencia de una autoridad pública, que debe justificarse en virtud del segundo párrafo [...] debe tenerse en cuenta el justo equilibrio que debe establecerse entre los intereses contrapuestos del individuo y de la sociedad en su conjunto, y el Estado dispone en cualquier caso de un cierto margen de apreciación" (párr. 58).

En relación con las obligaciones positivas de los Estados cuando se ejerce una actividad peligrosa, el TEDH ve la necesidad de "una legislación adaptada a las especificidades de dicha actividad, en particular al nivel de riesgo que pueda resultar de la misma. Dicha legislación debe regular la autorización, el funcionamiento, la explotación, la seguridad y el control de la actividad de que se trate, y obligar a toda persona afectada por ella a adoptar medidas prácticas capaces de garantizar la protección efectiva de los ciudadanos cuya vida privada corre el riesgo de verse expuesta a los peligros inherentes al sector en cuestión (*Cordella c. Italia*, cit., párr. 159; pero véase también *Brincat y otros c. Malta*, cit., párrs. 101-102; *Oneryildiz c. Turquía*, [GC], cit., párr. 90. En relación con la recogida, el tratamiento y la gestión de las basuras, véase *Di Sarno y otros c. Italia*, 10.01.2012).

Además, no se considera cumplida la citada obligación positiva cuando el Estado, aunque haya aprobado una legislación adecuada, no ha aplicado con celeridad los mecanismos sancionadores previstos (*Bor c. Hungría*, de 10.06.2013, sobre contaminación acústica causada por el tráfico ferroviario; *Mileva y otros c. Bulgaria*, de 25.11.2010, sobre contaminación acústica causada por una actividad comercial).

Cabe señalar, sin embargo, que el Tribunal ha sostenido que una situación de degradación de las condiciones ambientales no da lugar automáticamente a una violación del artículo 8 (por ejemplo, *Powell y Rayner c. el Reino Unido*, antes citada, párrs. 37 y ss.), exigiendo o bien la prueba de una injerencia directa y grave en el disfrute de la vida privada y familiar (*ex multis*, *Martínez Martínez y María Pino Manzano c. España*, 3.07.2012)[12], pudiendo afectar también al derecho a la salud, o bien que los Estados no hayan ponderado los diversos intereses en juego estableciendo medidas para limitar las molestias (por ejemplo, en materia de contaminación acústica, véase *Flamenbaum y otros c. Francia* de 12.12.2012, *Grimkovskaya c. Ucrani*, de 21.07.2011; o en materia de recogida, gestión y tratamiento de residuos, véase *Brânduşe c. Rumanía* de 7.04.2009).

Cuando los demandantes no pueden aportar la prueba de la existencia de un nexo entre las actividades realizadas y los daños efectivamente sufridos, evidenciando los perfiles de la responsabilidad del Estado, el Tribunal se ve obligado a declarar la inadmisibilidad de las cuestiones (*Calancea y otros c. República de Moldavia* de 6.02.2018)[13]. Es necesario, por tanto, que los efectos negativos alcancen un nivel mínimo de gravedad para valorar no a priori y en abstracto, sino a posteriori y en concreto. Como también han reiterado recientemente los

---

12 Véase también *Zammit Maempal y otros c. Malta* de 22.11.2011; *Moreno Gómez c. España* cit.; *Dées c. Ungheria* cit.

13 Véase también *Frankowski y otros c. Polonia* de 20.09.2011; *Chiş c. Romania* de 9.09.2014; *Greenpeace y otros c. Alemania* de 12.05.2009; *Fägerskiöld c. Suecia* de 26.02.2008; *Luginbühl c. Suiza* de 17.01.2006.

jueces de Estrasburgo en el citado caso *Cordella*, "un perjuicio defendible en virtud del artículo 8 puede surgir si un riesgo ecológico alcanza un nivel de gravedad que reduzca significativamente la capacidad del demandante para disfrutar de su vivienda o de su vida privada o familiar. La evaluación de ese nivel mínimo en este tipo de casos es relativa y depende de todos los elementos del caso, en particular de la intensidad y duración de las molestias y de sus consecuencias físicas o psicológicas para la salud o la calidad de vida de la persona afectada" (*Cordella y otros c. Italia*, antes citado, párr. 157) [14].

Al efectuar su análisis, los jueces de Estrasburgo son conscientes de que la "calidad de vida" es un concepto muy subjetivo que no se presta a una definición precisa" y que a menudo es "imposible cuantificar los efectos de una contaminación industrial significativa en cada caso concreto y distinguir la influencia de otros factores como, por ejemplo, la edad y la ocupación. Lo mismo ocurre con el deterioro de la calidad de vida resultante de la contaminación industrial". De ello se deduce que, "a efectos de la comprobación de las circunstancias de hecho de los asuntos que se le someten, el Tribunal no tiene más remedio que basarse principalmente, aunque no exclusivamente, en las comprobaciones de los tribunales y de otras autoridades nacionales competentes" (*Cordella y otros c. Italia*, cit., párr. 160)[15].

También se consideró que las disposiciones del citado artículo 8 responden a la necesidad de garantizar la participación

---

14 Véase también *Dubetska y otros c. Ucraina* cit.; *Grimkovskaya c. Ucraina* cit.; *Borysiewicz c. Polonia* de 1.07.2008; *Fedayeva c. Russia*, cit.; *Kyrtyatos c. Grecia* de 22.05.2003; *Hatton y otros c. Reino Unido* cit., *Lemke c. Turchia* de 5.06.2007; *Dées c. Ungheria*, cit.; *Tătar c. Romania* cit.; *Fägerskiöld c. Suecia* cit.

15 Véase también *Lediaïeva e altri c. Rusia* de 26.10.2006; *Jugheli e al. c. Georgia* de 13.07.2017.

del público en los procesos de toma de decisiones destinados a la adopción de medidas que afecten al medio ambiente y de que los Estados prevean formas adecuadas de consulta e información con las comunidades afectadas por posibles efectos perjudiciales para su entorno derivados de obras o situaciones que afecten a la calidad del medio ambiente y, por tanto, a la calidad de su vida privada (*Hatton c. Reino Unido*, cit., párr. 99)[16].

Por otra parte, si bien el Tribunal no codifica una obligación generalizada para los Estados de sistematizar y difundir todas las informaciones relativas a las cuestiones medioambientales, tal obligación existe en relación con las informaciones de especial relevancia que permiten un conocimiento adecuado de los riesgos medioambientales relacionados con el ejercicio de actividades específicas y que pueden afectar a la calidad de vida y al derecho a la salud (a este respecto, son significativas las razones expuestas en *Brincat y otros c. Malta* cit., párr. 102)[17].

Para excluir la responsabilidad del Estado, es suficiente que se adopten disposiciones o procedimientos de información que permitan a las personas afectadas adquirir la información necesaria, ya que no es esencial que tengan que utilizarla realmente (*McGinley y Egan c. el Reino Unido* de 9.06.1998, par. 98 y ss.).

Por último, cabe señalar que a pesar de la enorme repercusión de la jurisprudencia del TEDH en la previsión de formas cada vez más incisivas de protección del medio ambiente, el Tribunal no puede derivar del artículo 8 un derecho al medio ambiente como derecho a la protección de porciones del patrimonio cultural, ya que no existiría un consenso suficiente

---

16 Véase también *Taskin c. Turquia* cit., párr. 119; *Tătar c. Romania,* cit., párr. 88; *Guerra y otros c. Italia* cit..

17 Véase también: *Vilnes y otros c. Noruega* de 5.12.2013, párr. 235; *Di Sarno y otros c. Italia cit.*, párr. 96; *Roche c. Reino Unido* [GC] de 19.10.2005, párrs. 157-69; *Guerra y otros c. Italia,* cit., párrs. 57-60 60; e *Öneryildiz c. Turchia* cit., párr. 90.

entre los distintos Estados del CEDH en cuanto a los estándares de protección a adoptar (*Ahunbay y otros c. Turquía* de 29.01.2019); tampoco podría incluirse en el ámbito de aplicación del artículo 8 el deterioro del estado de la fauna debido al desarrollo indiscriminado de la urbanización en determinadas zonas (*Kyrtatos c. Grecia* de 22.05.2003).

2.3.5. El medio ambiente en la jurisprudencia sobre los artículos 10 y 11 del CEDH

El artículo 10 del Convenio, que regula la libertad de expresión, ha constituido en ocasiones un punto de apoyo normativo del que derivar una protección indirecta para el medio ambiente. En particular, el Tribunal ha considerado que existe un interés general en permitir que el público contribuya al debate público sobre cuestiones de interés general, incluidas la salud y el medio ambiente. A este respecto, cabe mencionar el asunto *Steel et Morris c. Reino Unido*, de 15 de febrero de 2005, relativo a la distribución de un panfleto en el que se condenaba a las empresas acusadas de ser responsables de deteriorar el medio ambiente.

El razonamiento del Tribunal se centró en los límites del poder de injerencia del Estado, ya que debía alcanzarse un justo equilibrio entre el interés de los individuos y el interés de la comunidad en su conjunto. En consecuencia, en cualquier sociedad democrática, incluso las pequeñas campañas de sensibilización deben estar garantizadas por su contribución al debate público (*Steel et Morris*, cit., párrs. 85-98; pero véanse también *Vides Aizasardzibas Klubs c. Letonia* de 27.05.2004 o *Verein gegen Tierfabriken c. Suiza* [GC] 2009).

Además, debe garantizarse el derecho de los periodistas a recibir y difundir información, por lo que el TEDH condenó recientemente (2021) a Azerbaiyán por no facilitar a un periodista la información de interés público existente y disponible sobre el impacto en el medio ambiente y en la salud pública de una estación de radar de la antigua Unión Soviética (*Rovshan Hajiyev c. Azerbaiyán*, 9.12.2021).

Parece oportuno señalar, sin embargo, que el TEDH no codifica una obligación generalizada para los Estados de sistematizar, garantizar el acceso o difundir toda la información relativa a las cuestiones ambientales, sino sólo aquella que sea de especial relevancia y de interés general (en este sentido, valen las razones expuestas en *Guerra c. Italia*, cit., párrs. 53 y 60; y *Öneryildiz c. Turquía*, cit., párr. 90).

Además, el Tribunal, al rechazar in concreto el recurso interpuesto por algunas asociaciones ecologistas, ha precisado recientemente, por primera vez, que las libertades protegidas por el artículo 10 quedarían vacías de contenido si la información facilitada fuera falsa, inexacta o parcial e insuficiente (*Association Burestop 55 y otros c. France*, de 1.07.2021).

También en el caso del artículo 11 del CEDH son muy raras las decisiones que ofrecen algún tipo de protección para los intereses medioambientales. Puede hacerse referencia al asunto *Costel Popa* c. *Rumanía* de 26.04.2016, que se refería al recurso de una asociación ecologista a la que se había denegado el procedimiento de registro previsto a nivel nacional debido a algunas irregularidades puramente formales.

La violación del artículo 11 también se constata cuando las autoridades nacionales no permiten u obstaculizan la organización de reuniones y la prohibición no parece justificada ni proporcionada, como en la sentencia *Kotov y otros c. Rusia*, de 2022[18].

---

18 Caso relativo a las protestas contra la contaminación de un vertedero. Véase también el asunto *Lashmankin y otros c. Rusia* de 29.05.2017, que incluye 15 recursos. Relevante a nuestros efectos es la *Application* n. 31040/11 *Ponomarev y otro. c. Rusia*, relativa a la negación de autorizar

Un caso en el que el Tribunal protegió recientemente de forma indirecta los intereses de la protección del medio ambiente invocando conjuntamente los artículos 10 y 11 del CEDH es el asunto *Bumbeş c. Rumanía* de 03.05.2022. El Tribunal consideró que el Gobierno rumano había violado la libertad de expresión del demandante al multarle por una breve protesta pacífica frente a un edificio gubernamental. El demandante se había esposado a las barreras que bloqueaban el acceso al aparcamiento del edificio gubernamental para protestar contra un controvertido proyecto de extracción de oro y plata que se consideraba que podía tener un impacto negativo en el medio ambiente local.

Los tribunales nacionales consideraron que sus acciones eran *contra legem* porque constituían una alteración del orden público y porque no había avisado con los tres días de antelación que exige la ley en caso de manifestaciones públicas. El TEDH consideró que la injerencia del Estado, aunque fuera lícita y persiguiera un fin legítimo, no era necesaria en una sociedad democrática, ya que la protesta se había desarrollado pacíficamente, sólo habían participado cuatro personas y había sido disuelta rápidamente.

En consecuencia, el TEDH consideró que las autoridades nacionales no habían mostrado suficiente tolerancia hacia la expresión de la disidencia política y habían hecho un hincapié desproporcionado en la falta de convocatoria de la reunión. Por lo tanto, condenó al Estado por violación del derecho a la libertad de expresión del Sr. Bumbeş en conformidad con el

---

una reunión en un lugar público solicitada por una asociación que deseaba "manifestarse contra las violaciones de los derechos civiles y sociales de los residentes de la región de Moscú y de la ciudad de Moscú, con especial referencia a la planificación urbana, la distribución del suelo, las condiciones medioambientales, los servicios de vivienda y la protección judicial"–par. 39, y también párrs. 406-409).

artículo 10, interpretado a la luz del derecho a la libertad de reunión en conformidad con el artículo 11.

2.3.6. El medio ambiente en la jurisprudencia sobre el derecho de propiedad.

El artículo 1 del Primer Protocolo Adicional al CEDH, relativo a la protección de bienes y propiedades, ha sido utilizado por los jueces de Estrasburgo para definir numerosos casos en los que se ha planteado la necesidad de proteger el medio ambiente.

Por una parte, el TEDH ha reconocido formas de protección del medio ambiente vinculadas al disfrute del derecho de propiedad de los demandantes: se ha sostenido que el derecho a disfrutar de agua pura constituye un elemento del derecho de propiedad y está incluido en el ámbito de aplicación del Convenio (*Zander c. Suecia* cit, párrs. 21 y ss.); así como que las actividades susceptibles de causar daños al medio ambiente pueden tener graves consecuencias sobre el valor de una propiedad hasta el punto de hacerla invendible, representando una forma de expropiación parcial (*Taşkın y otros c. Turquía* cit., párrs. 111 y ss.).

En otro sentido, el TEDH ha interpretado de forma extensiva el segundo párrafo del artículo en comento, que otorga a las autoridades públicas la facultad de regular el uso de la propiedad privada en nombre de la persecución de un interés general superior, logrando tallar una protección cada vez mayor de las necesidades medioambientales con carácter previo (ya en el caso *Fredin c. Suecia* citado anteriormente, párr. 41 y ss.).

La necesidad de proteger el medio ambiente puede dar lugar a obligaciones positivas de los Estados, a los que se puede exigir que adopten las medidas adecuadas para evitar que el disfrute de la propiedad de determinados bienes cause daños medioambientales (*Taşkın y otros c. Turquía*, cit., párrs. 111 y ss.) o que no realicen actividades que interfieran ilícitamente en la salud, el medio ambiente y el disfrute pacífico de los bienes propiedad de las personas privadas (*Dimitar Yordanov c. Bulgaria* de 6.09.2008).

Además, la necesidad de valorizar y proteger el medio ambiente justifica la injerencia nacional tanto sobre los intereses económicos de los particulares (*O'Sullivan McCarthy Mussel Development Ltd c. Irlanda* de 7.06.2018, párrs. 90 y 104 y ss.) como, en general, sobre el ejercicio de los derechos de propiedad (*Turgut y otros c. Turquía* de 8.07.2008)[19], permitiendo, por ejemplo, la confiscación de bienes (*Yaşar c. Rumanía* de 26.02.2020, párrs. 50 y ss.).

Sin embargo, las restricciones impuestas deben ser el resultado de una ponderación proporcionada y razonable entre el derecho de propiedad y los intereses públicos en conflicto (*ex multis*: *Yaşar c. Rumanía* cit., párrs. 60 y ss.) [20] y deben ir acompañadas de una indemnización adecuada (*Beinarovič y otros c. Lituania,* 12.09.2018, párrs. 143 y ss.)[21].

2.3.7. El entorno en la jurisprudencia relativa a los derechos de carácter eminentemente procesal y derivables de los artículos 6 y 13 del CEDH

Los jueces de Estrasburgo han aprovechado otra oportunidad para la protección del medio ambiente recurriendo a los parámetros interpretativos de los artículos 6 y 13 del CEDH. Se

---

19 Véase también *Pine Valley Developments Ltd y otros c. Irlanda* de 29.11.1991; *Kapsalis e Nima-Kapsali c. Grecia* de 23.09.2004.

20 Véase también *Kristiana Ldt c. Lituania* de 6.02.2018; *Depalle c. Francia* e *Brosset-Triboulet y otros c. Francia* [GC] de 29.03.2010; *Hamer c. Bélgica* de 27.11.2007; *Valico S.R.L. c. Italia* de 21.03.2006.

21 Véase también *N.A. y otros c. Turquía* de 11.10.2005; *Papastavrou y otros c. Grecia* de 10.04.2003.

trata de hipótesis residuales en comparación con las descritas anteriormente y, a menudo, cuando están en juego exigencias de protección del medio ambiente, las disposiciones de los artículos 6 y 13 del CEDH no son el único parámetro de juicio en el que se basa el Tribunal.

Sin embargo, la referencia a estas disposiciones parece muy significativa, ya que es indicativa del proceso de "maduración" de la "conciencia ambiental" del TEDH, que demuestra una especial elasticidad y pragmatismo en la elección de los criterios interpretativos que se consideran más adecuados en cada momento.

El artículo 6 del CEDH, que, como es bien sabido, garantiza a toda persona el derecho a un juicio justo, ha sido utilizado en varias ocasiones por el Tribunal Europeo en litigios relacionados con cuestiones medioambientales. A los efectos que aquí interesan, conviene recordar que el artículo 6 puede invocarse cuando están en juego derechos u obligaciones civiles y, según la jurisprudencia de Estrasburgo, todos los casos relacionados con la contaminación ambiental entran en esta categoría.

Es decir, el TEDH ha reconocido que el derecho a vivir en un medio ambiente sano reconocido por los legisladores nacionales es un "derecho civil" en el sentido del citado artículo 6 (*Okyay c. Turquía*, 12.07.2005, párr. 67-69) en relación con el cual debe garantizarse el derecho de acceso a un juez y a un tribunal (*Athanassoglou y otros c. Suiza* [GC], 6.04.2010–para un comentario véase P. LAMBERT 2000, 553 y ss.)[22].

Sin embargo, cuando los derechos invocados por los demandantes son de carácter puramente procesal-administrativo

---

[22] Véase también *Stichting Landgoed Steenbergen y otros c. Países Bajos* de 16.02.2021; *Karin Andersson y otros c. Suecia* de 25.09.2014; *Howald Moor y otros c. Suiza* de11.03.2014; *L'érabilière asbl c. Bélgica* del 24.02.2009; *Gorraiz Lizarraga y otros c. España* del 27.04.2004.

y no pretenden proteger también una situación sustancial, el TEDH no considera aplicable el artículo 6 (*Unver c. Turquía*, 26.09.2000, párr. 2 dir).

Por otra parte, esta disposición no tiene carácter absoluto, y bien pueden configurarse limitaciones de alcance si se juzgan legítimas y proporcionadas a la finalidad que pretenden. Por el contrario, puede considerarse que las limitaciones jurídicas o fácticas al derecho analizado violan el Convenio si representan un obstáculo indebido al derecho efectivo del demandante a acceder a los tribunales.

Por ejemplo, en el asunto *Kyrtatos c. Grecia* de 2003, el Tribunal concluyó que las autoridades griegas, al no adoptar las medidas necesarias para dar cumplimiento a dos decisiones definitivas por las que se anulaba un permiso de construcción debido a las consecuencias perjudiciales de una obra para el medio ambiente durante un período de siete años, habían vaciado de sentido -de todo efecto útil- el artículo 6 (apartados 51-53).

En general, por lo tanto, se observa que:

(a) el artículo 6 CEDH es invocable si el demandante demuestra que está personalmente expuesto a un perjuicio grave, concreto e inminente (véanse *Howald Moor y otros c. Suiza*, de 11.03.2014; *Karin Andersson y otros c. Suiza*, de 25.09.2014; *L'Erablière asbl c. Bélgica*, de 24. 02.2008), quedando excluidas todas aquellas hipótesis en las que se expone un agravio de carácter meramente genérico (*Baimer -Shafroth c. Suiza* de 26.08.1997, *Athanassoglou y otros c. Suiza* de 6.04.2000, y *Gorraiz Lizarraga y otros c. España* de 27.04.2004);

(b) esta disposición es aplicable en todo caso si el demandante, en virtud de las normas del ordenamiento al que pertenece, puede invocar un derecho a vivir en un medio ambiente sano, y de ahí la obligación de los Estados de garantizar la ejecución oportuna de las decisiones nacionales en materia de medio ambiente (*Bursa Barosu Baskanligi y otros c. Turquía* de

19.06.2018; *Apanasewicz c. Polonia* cit.; *Okyay c. Turquía* cit. y *Giacomelli c. Italia* cit.).

Otra disposición "procesal" utilizada por el Tribunal Europeo para decidir cuestiones medioambientales es el artículo 13 del CEDH. Como es bien sabido, esta disposición establece el derecho a un recurso efectivo garantizando que cualquier persona pueda defenderse ante una supuesta violación de un derecho reconocido por el Convenio. Sin embargo, se deja un amplio margen de apreciación a los Estados a la hora de definir las modalidades de aplicación de esta disposición (*Kolyadenko y otros. c. Russia,* cit.), aunque siempre es necesario que la protección ofrecida sea efectiva.

La aplicación de la norma implica que el demandante considera que no ha podido obtener la protección efectiva de otras normas del Convenio en su propio país. El primer caso en el que el Tribunal consideró que se había producido una violación del artículo 13 en un asunto "medioambiental" parece ser *Dactylidi c. Grecia* de 27 de marzo de 2003 (pero véase también *Kyrtatos c. Grecia* cit.).

Sin embargo, desde el punto de vista de la motivación e incisividad de los argumentos esgrimidos, cabe mencionar el caso *Hatton c. Reino Unido,* de 2003, en el que el Tribunal consideró que se había producido una violación del artículo 13 del CEDH porque los tribunales ingleses no habían podido revisar la irrazonabilidad o el abuso manifiesto de la conducta de las autoridades públicas en relación con las consecuencias perjudiciales para la vida familiar privada y el domicilio del demandante causadas por las emisiones sonoras derivadas del aumento del tráfico aéreo nocturno.

Esta decisión parece significativa, ya que demuestra una vez más el carácter transversal de las cuestiones medioambientales y su potencial para verse implicadas en controversias relativas a la aplicación de normas convencionales que, en una primera y superficial lectura, no sugerirían tal conexión (párrafos 137-

142. Para un comentario sobre la decisión, véase M.F. DELHOSTE, 2006).

3. EL CAMBIO CLIMÁTICO: UN NUEVO DESAFÍO PARA EL TEDH

El progresivo deterioro de las condiciones ambientales y su impacto en múltiples aspectos tanto de la vida cotidiana como en el disfrute de los derechos humanos fundamentales (*ex multis*, P. PUSTORINO, 2021, 596 y ss.; C. CARLANE, 2020, A. PISANÒ, 2022; A. BOYLE, 2015, 2011 y ss.), así como en la resiliencia institucional y económica de muchos países, ha llevado a la doctrina a cuestionar la evolución del constitucionalismo declinando la expresión constitucionalismo climático y poniendo de relieve cómo en muchas ordenamientos se está enucleando, también a nivel constitucional, una esfera jurídica autónoma reservada al derecho climático y distinta de otros perfiles de protección ambiental (P.L. PETRILLO, 2023; M. CARDUCCI, 2020, 1345 ss.[23]).

Además, desde hace más de un lustro, los tribunales nacionales e internacionales, así como los organismos de la ONU, se han hecho cargo del "control" del "cambio climático"[24]. El TEDH no es una excepción y, aunque todavía no ha decidido ningún caso sobre el tema, pronto tendrá que definir algunos de ellos en su composición más solemne (*Verein KlimaSeniorinnen Schweitz y otros c. Switzerland*, appl. no. 53600/20; *Carême c.*

---

23 Véase también *ex multis*, M. CARDUCCI, 2021; S. BAGNI 2021, G.F. CARTEI 2013.

24 La expresión «the courts are starting to take control of climate change» se debe a C. Browner, Directora del White House Office of Energy and Climate Change, in D. MARKWELL AND J.B. RUHL, 2010. En relación con el TEDH, véase, más recientemente, T. KARLSSON NISKA,2020, 331 ss.

Francia, appl. no. 7189/2021, y *Duarte Agostinho y otros c. Portugal y otros*, appl. no. 39371/20) y entre septiembre de 2022 y febrero de 2023 también se celebraron varias reuniones relativas a solicitudes sobre cambio climático distintas de las que están siendo examinadas por la Gran Sala: el examen de seis de ellas se aplazó hasta después de la próxima decisión del CG[25], y dos ya han sido declaradas inadmisibles (*Humane Being y otros c. Reino Unido*, appl. no. 36959/22; *Plan B. Earth y otros c. Reino Unido*, no. 35057/22.

Las cuestiones sometidas al TEDH parecen unificadas por el intento de empujar a los tribunales a identificar la existencia de obligaciones positivas de los Estados en relación con las medidas de lucha contra el cambio climático.

La materia es extremadamente resbaladiza, tanto por la dificultad de identificar la condición de "víctima" de una violación de derechos convencionales de los demandantes, requisito necesario para la interposición de un recurso (y su examen en cuanto al fondo) (art. 34 CEDH); como por el impacto concreto (también político) de las decisiones y de las obligaciones que pueden exigirse a los Estados. Como es bien sabido, de hecho, los efectos del cambio climático son el resultado de una multiplicidad de factores y es difícil que la acción de un solo Estado, o de un pequeño grupo de Estados, tenga una influencia significativa a nivel mundial.

El 29 de marzo, el Tribunal ha celebrado audiencias públicas en los asuntos *Verein KlimaSeniorinnen Schweitz y otros c. Suiza*

---

25 Nos referimos a los casos *Uricchiov c. Italia y otros* (appl. n. 14615/21) e *De Conto c. Italia y otros* (n. 14620/21); *Müllner c. Austria* (appl. n. 18859/21); *Greenpeace Nordic y otros c. Noruega* (n. 34068/21); *The Noewegian Granparents' Climate Campaingy otros c. Noruega* (n. 19026/21); *Soubeste y otros c. Austria y otros* (nn. 31925/22, 31932/22, 31938/22, 31943/22, 31947/22); *Engels c. Alemania* (n. 46906/22).

y *Carême c. Francia* y el Tribunal tendrá la nada fácil misión de sopesar todos los intereses en juego.

El asunto *Verein KlimaSeniorinnen Schweitz y otros c. Suiza* tiene su origen en el recurso interpuesto por una asociación suiza y sus miembros, un grupo de jubilados, preocupados por las consecuencias del calentamiento global y su impacto en sus condiciones de vida y su salud. Los demandantes denuncian una serie de deficiencias de las autoridades suizas en relación con la adopción de medidas para una protección eficaz del clima.

En particular, denuncian que el Estado ha incumplido las obligaciones positivas que le incumben en virtud del artículo 2 del CEDH (concretamente, la obligación de proteger eficazmente la vida) y de respetar su derecho a la vida privada y familiar en virtud del artículo 8 del CEDH. Además, los demandantes se quejan de que se les deniega el derecho de acceso a un juez en virtud del artículo 6 del CEDH y de que no disponen de un recurso efectivo (artículo 13 del CEDH) en su propio país para invocar los artículos 2 y 6 del CEDH.

Consideraciones similares se exponen en *Carême c. Francia,* en el que el demandante es un residente y anterior alcalde de una ciudad francesa, que acusa a Francia de no adoptar medidas adecuadas para prevenir el cambio climático y alega que estas omisiones constituyen una violación de los artículos 2 y 8 del CEDH.

Más recientemente, el 27 de septiembre de 2023, se celebró una audiencia pública en el asunto *Duarte,* que presenta algunas especificidades en comparación con los asuntos *Verein KlimaSeniorinnen Schweitz* y *Carême.*

Treinta y tres Estados firmantes de los Acuerdos de París sobre la reducción de los gases de efecto invernadero son considerados responsables de haber contribuido al fenómeno del calentamiento global y de las olas de calor que supuestamente han afectado a la salud y a las condiciones de vida de los demandantes y, por lo tanto, de haber violado sus obligaciones positivas en virtud de los artículos 2 y 8 del CEDH, leídos en relación con sus obligaciones derivadas de los citados Acuerdos.

Los demandantes denuncian que una serie de incendios ocurridos en Portugal en 2017 fueron consecuencia del calentamiento global y que les provocaron importantes problemas de salud que se tradujeron en alergias, problemas respiratorios, ansiedad por las perspectivas de futuro e insomnio nocturno. Uno de los demandantes también alegó que los fenómenos meteorológicos extremos, como las mareas de tempestad, pusieron en peligro sus vidas y sus viviendas.

Los demandantes, a diferencia de las hipótesis anteriores, son en su mayoría menores de edad (11 y 24 años) y, por tanto, se verán ciertamente afectados, más que los mayores, por la evolución futura del clima. Por este motivo, también alegaron una violación del artículo 14 del CEDH, que debe leerse conjuntamente con los artículos 2 y 8.

En los tres casos mencionados, el TEDH tendrá que enfrentarse a problemas no sólo de fondo, sino también de procedimiento, ya que deberá interrogarse sobre una posible ampliación de la legitimación y sobre la actualidad y concretes de las lesiones denunciadas.

4. REFLEXIONES FINALES

A partir del breve marco descrito, pueden hacerse algunas observaciones finales sobre la evolución de la jurisprudencia medioambiental en el sistema del TEDH.

En primer lugar, se observa una tendencia a la falta de uniformidad en esta materia, que se deriva en parte de la complejidad y variedad de las situaciones a proteger, en parte de la evolución de la sensibilidad social, antes que normativa, en este ámbito, y en parte de la falta de referencias directas en el Derecho positivo en las que anclar el proceso hermenéutico.

Las decisiones adoptadas en la materia se dictan a menudo recurriendo a varios métodos de interpretación y anclando el juicio a varias disposiciones del Convenio, combinando de diversas formas la referencia tanto a disposiciones de carácter sustantivo como procesal.

En concreto, aunque sin asumir una importancia autónoma, la protección del medio ambiente se ha afirmado como un nuevo valor capaz de contribuir a un equilibrio más justo entre el ejercicio de los derechos expresamente reconocidos por el Convenio y el principio general de respeto de la persona al que se consagra todo el sistema de garantías del CEDH.

Sin embargo, no cabe duda de que la protección "indirecta" y meramente jurisprudencial del medio ambiente es insuficiente, sobre todo si se compara el sistema del CEDH con el de la Unión Europea donde, en cambio, el medio ambiente es objeto de una protección específica tanto en los Tratados, como en la Carta de los Derechos Fundamentales, como en el Derecho derivado y es objeto de una jurisprudencia muy rica del Tribunal de Justicia (*ex multis*, A. SIKORA, 2020).

Siendo notorio el carácter fundamental del medio ambiente y del derecho a vivir en un medio ambiente sano, es deseable, por tanto, que se actúe en respuesta a las frecuentes peticiones de la Asamblea Parlamentaria y que se elaboren soluciones normativas que tengan en cuenta también la dimensión intrínsecamente colectiva y no meramente individual del medio ambiente (y que sean capaces de permitir una protección más uniforme del mismo, consagrándolo definitivamente como un verdadero derecho, dotado de una particular dimensión axiológica que, en ocasiones, lo convierte en una verdadera precondición para la protección y efectividad de otros derechos.

Por lo que se refiere al cambio climático, un enfoque jurídico requiere responder a cuatro cuestiones preliminares extremadamente complejas, que sólo pueden mencionarse aquí. En primer lugar, hay que preguntarse cuál es la "definición jurídica del cambio climático; a continuación, si el clima es una fuente de derecho; después, si existe una relación entre el cambio climático y los derechos fundamentales; y, por último, si existe una esfera jurídica autónoma cuando se trata del clima frente al medio ambiente y, por tanto, si el derecho climático y el derecho medioambiental son distintos" (P.L. Petrillo 2023; D. Bodansky, J. Nrunnée, L. Rajamani, 2017).

En relación con las *climate change litigations* que han llegado al TEDH en su composición más solemne, no se puede dejar de insistir en lo resbaladizo de la materia por las diversas razones antes mencionadas, y no se sabe si el Tribunal decidirá cambiar su jurisprudencia en el sentido de ampliar la noción de "víctima" para incluir a los demandantes con el fin de decidir los casos sobre el fondo.

Ciertamente, a juicio de quien escribe, esas propuestas aparecen como "cuestiones políticas" que llevan a preguntarse si los tribunales son realmente los sujetos más idóneos para tratarlas (aspecto, éste, que evoca el sentido prudencial de la *political question doctrine,* tal y como se elabora en los Estados Unidos de América–C. Drigo, 2016) o si no se ven arrastrados a la arena política, obligados a decidir por el completo incumplimiento de la política, en primer lugar, internacional.

BIBLIOGRÁFIAS

AA.VV., 2022. "Manual on human rights and the Environment", COE, 2022, in https://rm.coe.int/manual-environment-3rd-edition/1680a56197

Antonucci R., "Protezione ambientale e rispetto dei diritti umani nell'era della globalizzazione", in Cataldi G., Papa A., *Ambiente, Diritti e Identità culturale,* ESI, Napoli, 2007, 51 ss.

BAGNI S., "La costruzione di un nuovo «eco-sistema giuridico» attraverso i formanti giudiziale e forense", in *Dpce on line* 2021, 1027 ss.

BILLET P., "Le «juste équilibre » des droits au service de la protection de l'environnement", in *Environnement* n°6, 2010.

BODANSKY D., NRUNNÉE J., RAJAMANI L., "International climate change law", Oxford University Press, 2017

BOYLE A., "Human rights and the Environment. Where next?" in B. Boer, *Environnemental law dimensions of human rights,* Oxford University Press, 2015, 201 ss.

CARDUCCI M., "Cambiamento climatico (diritto costituzionale)", in *Digesto delle discipline pubblicistiche,* Utet 2021, 51 ss.

CARDUCCI M., "La ricerca dei caratteri differenziali della «giustizia climatica» ", in *Dpce on line* 2/2020, 1345 ss.

CARLARNE C., "Climate change, human rights and the rule of law", in *UCLA Journal of International law and Foreign Affairs,* 25, 2020, 11 ss.

CARTEI G.F., "Cambiamento climatico e sviluppo sostenibile", Giappicheli, 2013

CLIZA M.C., SPATARU NEGURA L.C., "Environmental protection derived from the European Convention for Human rights and from the European Social Charter", in *Lex et Scientia,* 2/ 2020, 122 ss.

CORDINI G., FOIS P., MARCHISIO S., "Diritto Ambientale – profili internazionali europei e comparati ", Giappichelli, 2008

DEJANT-PONS M., *"L'insertion du droit de l'homme à l'environnement dans les systémes règionaux de protection des droits de l'homme"*, in *Revue universelle des droits de l'homme,* 3/1991, 461 ss.;

DEJANT-PONS M., *"Les droits de l'homme à l'environnement dans le cadre du Conseil de l'Europe"*, in *Revue universelle des droits de l'homme,* 60/2004, 861 ss.

DELHOSTE M.F., "Vols de nuit et vie privée: l'article 8 de la Convention sacrifié", in Revue mensuelle de l'environnement, 2006, 13 ss.

DRIGO C., "Il diritto all'ambiente. I multiformi percorsi di tutela dell'ambiente nel contesto internazionale e regionale europeo", in L. Mezzetti, C. Drigo, *Diritti Umani. Protezione internazionale e ordinamenti nazionali,* Pacini, 2021, 635 ss.

DRIGO C., "Le Corti costituzionali fra politica e giurisdizione", Bononia University Press, 2016

FODELLA A., PINESCHI L. (a cura di), "La protezione dell'ambiente nel diritto internazionale", Giappichelli, 2009

García Roca J., Santolaya P. (eds.), "Europe of rights: a compendium on the European Convention of Human rights", Nijhoff, 2012

Krämer L., "The Environment before the European Court of Justice", in *International Judicial Practice on the Environment,* 2019, 25 ss.

Kravchenko S., Bonine J.E., "Interpretation of human rights for the protection of the environment in the European Court of Human Rights", in *Pacific McGeorge global business & development law journal,* 25/2012, 245 ss.

Lambert P., "Le droit de l'homme à un environnement sain", in *Revue Trimestrelle des droits de l'Homme,* 43/2000, pag 553 ss.

Markwell D., Ruhl J.B., "An Empirical Survey if Climate Change Litigation in the United States", 40 *Environmental Law Reporter* 2010, 10644 ss.

Mullerova H., "Environment Playing Short-handed: Margin of Appreciation in Environmental Jurisprudence of the European Court of Human Rights", in *Review of European Community & international environmental law,* 24/2015, 83 ss.

Petrillo P.L., "Il costituzionalismo climatico. Note introduttive", in *DPCEonline,* 2/2023, 233 ss.

Pisanò' A., "Il diritto al clima. Il ruolo dei diritti nei conteziosi climatici europei", ESI 2022,

Pozzo B., "Tutela dell'ambiente (diritto internazionale)", in *Enc. del Diritto,* Annali III, Giuffré, Milano, 2010

Pustorino P., "Cambiamento climatico e diritti umani: sviluppi nella giurisprudenza nazionale", in *Ordine internazionale e diritti umani,* 3, 2021, pp. 596 ss.

Renucci J.F. "Convention europeénne des droits de l'homme et environnement", in *Environnement er Développement durable,* 2007

San Josè D.G., "Environmental protection and the european convention on Human Rights", Ed consiglio d'Europa, Strasburgo 2005

Shelton D., "Human rights, environmental rights and the right to environment", in *Stanford Journal of international law,* 1991, 103 ss.

Sikora A., "Constitutionalisation of environmental protection in EU law, Europa Law Publishing, 2020

Trilsch M., "European Committee of Social Rights: The right to a healthy environment", in *International journal of constitutional law,* 3/2009, 529 ss.

TRINIDADE C., “Environment and development: Formulation and implementation of the right to development as human right”, in *Asian Yearbook of International law,* 1993, pag. 15 ss.

VOIGT C., “International judicial practice on the environment: questions of legitimacy”, Cambridge University Press, 2019

ZAGREBELSKY V., CHENAL R., TOMASI L., “Manuale dei diritti fondamentali in europa”, il Mulino, 2022.

Capítulo 6.

Los daños en materia ambiental. En particular los daños morales por vulneración de derechos fundamentales.

JOSÉ MANUEL RUIZ-RICO RUIZ

1.- INTRODUCCIÓN. PRIMERAS VENTAJAS PROCESALES Y SUSTANTIVAS DERIVADAS DE LA LESIÓN DE UN DERECHO FUNDAMENTAL.

La práctica judicial de los últimos años demuestra la cada vez más frecuente reclamación de daños, sobre todo daños morales, por los sujetos perjudicados por los actos o conductas contaminantes. Ello es así por las importantes derivaciones que esos actos contaminantes tienen para la vida y la integridad de los particulares, así como -en principio- para el adecuado desarrollo de sus derechos fundamentales (en adelante, DF), tales como la privacidad o vida privada familiar, intimidad, inviolabilidad del domicilio, etc..

El modelo de referencia utilizado en la práctica por los distintos Tribunales europeos y nacionales ha sido básicamente el de la responsabilidad por contaminación acústica (daños por ruido no tolerable), cuyo tratamiento jurisprudencial arrancó hace ya más de 25 años con diversas sentencias del Tribunal Europeo de Derechos Humanos (en adelante, TEDH) a las que luego nos referimos en parte, y que ha encontrado un cierto aunque no completo eco en la doctrina emanada del Tribunal Constitucional, y también en la jurisprudencia tanto del Tribunal Supremo como de Tribunales inferiores, incluyendo la jurisdicción civil, penal y contencioso-administrativa.

¿Cuáles son las ventajas de orden sustantivo y procesal que puede proporcionar en abstracto el paraguas del derecho fundamental, o en general las particularidades de ello derivadas, en comparación con las consecuencias derivadas de la simple lesión de un interés legítimamente protegido que no tenga la consideración de derecho fundamental vulnerado?

Las primeras y más evidentes ventajas que puede obtener un derecho fundamental en caso de vulneración se concretan, básicamente, en que su titular dispondría de los instrumentos procesales y sustantivos propios de tales derechos, tales como el recurso de amparo ante el TC, y la tutela procesal especial ante los tribunales ordinarios: respecto de estos últimos, antes era la vía de la protección jurisdiccional de los DF de la Ley de 26 de diciembre de 1978, y hoy se traduce, en el ámbito civil, en el cauce procesal del juicio ordinario civil por lesión de estos derechos, con independencia de su posible cuantía, del art. 249.1.2º LEC.

Por su parte, YZQUIERDO TOLSADA nos expone algunas otras particularidades o ventajas, en parte derivadas lo anterior. El autor, tras reconocer la necesidad de hallar fórmulas de solución para la adopción de medidas y el resarcimiento de las inmisiones, en concreto las acústicas[1], acaba destacando

---

1 YZQUIERDO TOLSADA, M., "Daños a los derechos de la personalidad (honor, intimidad y propia imagen)", *Tratado de Responsabilidad Civil (Coord. F. Reglero campos), Tomo III. Parte Especial segunda.* Thomson Aranzadi, Cizur Menor, 2008, pag. 322-323. El autor citado opina sin embargo que es poco serio lo hecho por el TEDH y los tribunales españoles de "enganchar" –en palabras del autor- el supuesto en el

una serie de consecuencias que ello acarrea, y que serían las siguientes:

- La remisión siempre al cauce del juicio ordinario civil para dirimir la disputa, al margen de la cuantía que se hubiera reclamado.
- El acceso directo a la casación por esa misma causa, al no jugar los límites de cuantía exigida para los recursos de casación (600.000 euros). No obstante, debe aclararse que el muy reciente Real Decreto-Ley 5/2023, de 28 de junio, ha modificado sustancialmente la regulación de la LEC referida a los recursos de casación, abandonando ya la exigencia de cuantía superior a 600.000 euros, como criterio básico, y se pone ahora el foco en el "interés casacional" como eje central de estos recursos de casación. A pesar de ello, se sigue manteniendo el trato especial a la materia de derechos fundamentales en la LEC, ya que las nuevas exigencias de concurrencia de un interés casacional impuestas en el art. 477 LEC, derivadas del referido Real Decreto-Ley 5/2023, de 28 de junio, no juegan cuando se trata de litigios sobre derechos fundamentales. Así lo dice literalmente el vigente art. 477.2.II de LEC: "No obstante, podrá interponerse en todo caso recurso de casación contra sentencias dictadas para la tutela judicial civil de derechos fundamentales susceptibles de recurso de amparo, aun cuando no concurra interés casacional".
- La presencia en esos procedimientos del Ministerio fiscal, y
- La aplicabilidad de un plazo de prescripción de 4 años, distinto del general de un año del art. 1968 CC.

---

seno de los derechos fundamentales, los cuales, a su juicio, en pura técnica constitucional, están para otra cosa.

A estas particularidades o ventajas quizás cabría **añadir**, a nuestro juicio, **algunas otras, más específicas, derivadas de la asimilación de la lesión medioambiental a la vulneración de un determinado DF, como la intimidad**. En este ámbito, como sabemos, existe una regulación legal que dispone especialidades tales como ***la presunción de daño*** del art. 9.3 de la Ley Orgánica de mayo de 1982 (y por tanto la no necesidad, en principio, de prueba de ese daño por parte del actor), bastando con la solo demostración de la vulneración del derecho, es decir, bastando con que el juzgador califique los hechos como una "intromisión ilegítima" conforme a los supuestos recogidos en el art. 7 de la citada Ley Orgánica.

Junto a lo anterior, tratándose de vulneración o lesión de derechos fundamentales, quizás deban añadirse **otras repercusiones**, tales como:

- Un tratamiento más especial relativo a ***las concretas medidas que se pueden solicitar judicialmente en caso de vulneración de ese hipotético DF***, que son menos probables en otro tipo de lesiones a derechos o intereses legítimos que no tengan la consideración de DF. En este sentido, teniendo en cuenta la antigua y ya derogada regulación de la protección jurisdiccional de derechos fundamentales de la Ley de 26 de diciembre de 1978, y su aplicación práctica, así como el propio artículo 9.2 de la Ley Orgánica de 1982, parece mucho más viable en este tipo de derechos la procedencia de *solicitar medidas de cese para el futuro de la actividad lesiva, o de corrección de la actividad contaminante, cuando el DF de un sujeto ha sido vulnerado*[2], en compara-

---

[2] El citado art. 9.2 de la LO de 1982 puede ser muy relevante en cuanto a la determinación de las posibles medidas, ya que incluye las siguientes (reproducimos el apartado 2):

ción con el daño que se haya producido a otro tipo de interés o derecho protegible[3].

- Hay que pensar también que, estando implicado un DF concreto de un sujeto individualizado, también es más probable ***la no necesidad de un daño actual***, sino que podría ser suficiente con la concurrencia (suficientemente probada) de ***un peligro o riesgo probable de lesión futura o inminente en el DF concreto aducido***. De todos modos, sobre esto trataremos más abajo y se harán en su caso las matizaciones correspondientes.
- Otra consecuencia relevante la pone de manifiesto la **Sentencia del Tribunal Supremo (Sala de lo Civil) de 2 de junio de 2009** (Sentencia núm. 394/2009 de 2 junio), según la cual en caso de recurso de Casación por lesión de derechos fundamentales, se da la particularidad de

---

"Dos. La tutela judicial comprenderá la adopción de todas las medidas necesarias para poner fin a la intromisión ilegítima de que se trate y, en particular, las necesarias para:

a) ***El restablecimiento del perjudicado en el pleno disfrute de sus derechos****, con la declaración de la intromisión sufrida,* ***el cese inmediato de la misma y la reposición del estado anterior****. En caso de intromisión en el derecho al honor, el restablecimiento del derecho violado incluirá, sin perjuicio del derecho de réplica por el procedimiento legalmente previsto, la publicación total o parcial de la sentencia condenatoria a costa del condenado con al menos la misma difusión pública que tuvo la intromisión sufrida.*

b) ***Prevenir intromisiones inminentes o ulteriores****.*

c) La indemnización de los daños y perjuicios causados.

d) La apropiación por el perjudicado del lucro obtenido con la intromisión ilegítima en sus derechos".

3 Es más, incluso respecto de lesiones a los DF, la *posibilidad de acordar medidas cautelares* en procesos civiles (o contencioso administrativos) aduciendo la posible lesión de un DF, con el fin de evitar la continuidad en la conducta lesiva, debería ser bastante más viable que si se tratase de cualquier otra pretensión de reparación o de ejercicio de una acción negatoria.

que ***la propia Sala del TS puede entrar a valorar los hechos del caso,*** en todos aquellos extremos relevantes para apreciar la posible infracción de aquellos derechos, lo cual *es una particularidad importante en relación al resto de recursos de Casación, donde como sabemos no cabe por parte de la Sala alterar o valorar los hechos del caso, de forma distinta a como lo hizo la Audiencia Provincial,* salvo error patente cometido por esta última[4].

Junto a todas las anteriores, **quizás la particularidad más relevante sea la del valor jurídico del DF cuando se produce un conflicto de ese derecho con otros derechos o intereses jurídicamente protegidos o protegibles.**

Así, no se puede perder de vista que la tutela del medio ambiente choca de forma habitual con otros derechos subjetivos, constitucionales o no, como el derecho de propiedad o el derecho de desarrollar actividades empresariales de forma libre de parte de quien es demandado en un proceso medioambiental (empresario o sociedad mercantil). En cambio, **en la medida en que la disputa medioambiental se juegue en el campo de (la posible vulneración de) los derechos fundamentales, sobre todo si hablamos de DF de primer orden** (los proclamados en los arts. 14 a 29 CE), es muy probable que el juzgador ordinario (así como el Tribunal Constitucional, si llega el caso, o incluso el Tribunal Europeo de DH) se vea obligado a **anteponer y priorizar la tutela de ese concreto DF frente a ese otro derecho subjetivo de segundo orden, incluso aunque este último**

---

4 Esta doctrina entendemos que subsiste a pesar de lo dispuesto en el nuevo apartado 5 del art. 477 LEC tras el Real Decreto-Ley 5/2023 antes citado, que establece de modo genérico, sin aludir a derechos fundamentales, que “La valoración de la prueba y la fijación de hechos no podrán ser objeto de recurso de casación, salvo error de hecho, patente e inmediatamente verificable a partir de las propias actuaciones”.

tuviera trascendencia constitucional, como sería el derecho de propiedad o la libertad de empresa. Sólo cuando el conflicto se plantee entre dos sujetos titulares de DF del mismo nivel, se podría debatir y habría que recurrir a juicios de ponderación o proporcionalidad como los que se plantean habitualmente a nivel constitucional (baste recordar, v.gr., por su habitualidad, el típico conflicto entre derecho a la intimidad y libertad de información). De todos modos, sobre ello también volveremos más adelante.

Por el contrario, esto último que decimos no será igual si la disputa se presenta entre un hipotético derecho (subjetivo) constitucional al medio ambiente, sin remisión o conexión con el pertinente derecho fundamental de primer orden (intimidad, inviolabilidad del domicilio, integridad), y estos otros derechos fundamentales con los que usualmente se contrapone (propiedad privada, libertad de empresa)[5].

---

5 Pero incluso en estos casos, como ha dicho PEREZ SOLA, N., "El derecho-deber de protección del medio ambiente", *UNED Revista de Derecho Político,* N.º 100, septiembre-diciembre 2017, pág. 954: "*...La proclamación constitucional del derecho al disfrute del medio ambiente puede entrar en conflicto con otros derechos constitucionalizados y reconocidos a los ciudadanos (propiedad privada, libertad de empresa), que* ***conllevarán en ocasiones concretas limitaciones al ejercicio de los mismos,*** *a través de mecanismos como la declaración de utilidad pública o de interés social de bienes y derechos que puedan resultar afectados por la tutela ambiental*". Es decir, incluso desde la perspectiva del derecho (colectivo) al medio ambiente, los derechos subjetivos de propiedad y libre empresa pueden verse limitados, por permitirlo así el propio precepto constitucional, en aras a la defensa de intereses generales o colectivos de orden superior.
No obstante, en estas últimas situaciones, como reconoce el propio autor citado (pag. 954-955), "*El reconocimiento constitucional de la protección del medio ambiente* ***no permite ... afirmar con carácter absoluto su prioridad en detrimento de otros principios e intereses generales*** *a los que además se ha de añadir una elevada dosis de incerteza respecto de las repercusiones de las decisiones y acciones sobre el medio ambiente*".

En conclusión, para finalizar esta introducción, puede destacarse la gran relevancia teórica y sobre todo práctica, sustantiva y procesal, de la vía consistente en dirigir (o según otros, reconducir) las lesiones medioambientales, cuando son sufridas de forma actual o inminente por un particular o particulares, hacia la tutela de uno o varios de los derechos fundamentales con los que entroncaría.

Debemos igualmente aclarar que esta idea de "reconducción" u orientación hacia la tutela de un DF concreto no tiene por qué tratarse necesariamente de una fórmula artificialmente creada. Más bien se trata de una necesidad que deriva de la exigencia imperiosa de delimitar adecuadamente el alcance y facultades (y sus posibles límites) de determinados derechos fundamentales, en una perspectiva más completa y más actualizada a la realidad y las necesidades sociales del momento, sin que ello conlleve una fórmula digamos "creativa", y por tanto al margen de lo que se deduce de los textos constitucionales. No obstante, eso es justamente lo que vamos a intentar esclarecer en las páginas siguientes.

Lo que nos planteamos es, de forma precisa, si se puede ejercitar un derecho fundamental, por los cauces procesales típicos de la tutela de este tipo de derechos, reclamando en exclusiva un daño moral por lesión del DF, sin que a la vez se produzca una reclamación de otro tipo de daños o lesiones de tipo corporal, o lesiones patrimoniales de otro tipo[6].

---

[6] A esta última cuestión se ha referido ALVAREZ LATA, N., "Responsabilidad civil por daños al medio ambiente", en *Tratado de Responsabilidad civil (Coord. F. Reglero Campos), Tomo III. Parte especial segunda.* Ed. Thomson Aranzadi, Cizur menor, 2008, pag. 87 ss., quien se ocupa de estudiar los daños morales derivados de daños corporales o de otro tipo.

2.- SOBRE LOS DERECHOS FUNDAMENTALES HIPOTÉTICAMENTE AFECTADOS EN CASO DE INMISIONES (ACÚSTICAS Y DE OTRO TIPO):

Ha habido una importante discusión doctrinal, sobre todo al hilo de la contaminación acústica (ruidos), pero no sólo de ella, acerca de la identificación del concreto derecho fundamental que se puede considerar vulnerado y que podría dar lugar a la intervención judicial por solicitud del sujeto perjudicado o en general afectado.

La doctrina constitucionalista y civilista, así como la jurisprudencia del Tribunal Constitucional, tanto en sus resoluciones mayoritarias como en sus votos particulares, dan muestra de las distintas posiciones seguidas, y las matizaciones a las mismas.

Con carácter previo, es conveniente hacer una breve referencia a la doctrina del Tribunal Europeo de Derechos Humanos (en adelante, TEDH) en la materia (sobre todo la de inmisiones acústicas), al haber servido de base incuestionable a la discusión en nuestro país, para conocer con el debido detalle todo su alcance.

2.1.- Análisis detenido de la jurisprudencia del Tribunal Europeo de Derechos Humanos: el derecho concretamente vulnerado (derecho al respeto de la vida privada y familiar: art. 8 de la CEDH), y los presupuestos para la adopción de medidas:

Como ha sido dicho[7], pese a las diferencias presentes entre el sistema convencional y nuestra justicia constitucional, debemos resaltar la novedosa jurisprudencia que construye el TEDH sobre el artículo 8 del Convenio Europeo de Derechos Humanos (en adelante, CEDH), ya que por dicho Tribunal se

---

7 PEREZ SOLA, "El derecho-deber..." *cit.*, pag. 964-965.

ha considerado, desde hace ya más de 25 años, que "la vulneración del derecho al respeto del domicilio no se circunscribe a las vulneraciones concretas o físicas, como la irrupción no autorizada de otra persona en su domicilio, sino que *también incluye agresiones inmateriales o incorpóreas, como ruidos, emisiones, olores y otras injerencias*", de modo que, si las agresiones son graves, pueden constituir violaciones del derecho de la persona al respeto de su domicilio porque le impiden disfrutar de sus comodidades. Con estos antecedentes, la sentencia del Tribunal Europeo en el Caso López Ostra –sigue el autor- vino a abrir una línea argumental del mayor interés para dotar de fundamentación la discutida efectividad del mandato constitucional del artículo 45 CE.

Se ha dicho también por ORDÁS ALONSO[8] que, como se deduce de la doctrina del TEDH, para plantear una cuestión conforme al art. 8 CEDH, la injerencia debe afectar directamente al domicilio del demandante, a su familia o a su vida privada, y los efectos adversos del peligro medioambiental deben alcanzar un mínimo nivel de gravedad. La valoración de este mínimo es relativa y depende de las circunstancias del caso, tales como la intensidad y duración del ruido, así como sus efectos físicos o psicológicos.

Al margen de lo anterior, nos centramos en lo que verdaderamente podemos decir que aporta la doctrina del TEDH al debate aquí planteado.

Como dice PEREZ SOLA[9], la conexión realizada por el TEDH entre la violación del derecho a la intimidad en el domicilio y el deterioro del medio ambiente en el marco del CEDH

---

8 ORDÁS ALONSO, M., "Ruidos, salud, medio ambiente, intimidad e inviolabilidad del domicilio", en *Revista Derecho Privado y Constitución*, nº 31, 2017, pag. 69.

9 PEREZ SOLA, ob.cit., pag. 965.

constituye, sin duda, un tratamiento novedoso respecto al derecho a la inviolabilidad del domicilio recogido en el artículo 18.2 CE, siendo éste un debate que *deja la puerta abierta a otras posibles conexiones entre otros derechos fundamentales y el derecho de todos a disfrutar de un medio ambiente adecuado.*

Parece por tanto sostener el autor que no es sólo el derecho constitucional del art. 18 CE a la inviolabilidad del domicilio lo único que subyace a esta doctrina del TEDH, sino que es un simple punto de partida. A partir de ahí, puede extenderse a otros derechos fundamentales de primer orden de nuestra Constitución. Ya veremos de qué modo y con qué condiciones, para lo cual la jurisprudencia del TC es un punto de referencia muy importante (aunque quizás no el único, a la vista de los votos particulares emitidos a las Sentencias del TC sobre la materia).

En esta dirección, el Tribunal Europeo de Derechos Humanos mantiene una doctrina, que se recoge especialmente en sus sentencias de 9 de diciembre de 1994 , caso López Ostra contra Reino de España , y de 19 de febrero de 1998, caso Guerra y otros contra Italia, donde advierte que, en determinados casos *de especial gravedad,* ciertos daños ambientales, *aun cuando no pongan en peligro la salud de las personas,* pueden privarle del disfrute de su domicilio y, en consecuencia, atentar contra su derecho al respeto de su vida privada y familiar en los términos del art. 8.1 del Convenio de Roma.

Esto último significa un dato muy relevante, ya que *se ha venido a admitir por parte del TEDH la estimación de la acción judicial ejercitada incluso en casos en que el actor o actores* ***no han sufrido aún daños,*** *sino* ***sólo el riesgo que amenaza sus derechos a la vida, al respeto a la vida privada y familiar, o el derecho a la salud.***

Esto sin duda constituye un cambio en el tratamiento tradicional de la legitimación activa en materia medioambiental, así como de los presupuestos para el ejercicio de acciones y la adopción de medidas que no sean sólo de compensación por la producción de daños individuales de los legitimados activos, en comparación con la situación de hace unos años.

En este sentido es muy clara la **Sentencia de 10 de noviembre de 2004 Caso Taskin contra Turquía**, sobre Concesión de licencia para explotación de mina de oro, en Turquía, en la cual se afirma con rotundidad lo siguiente sobre la posible vulneración del art. 8 de la CEDH sobre derecho a la vida privada y familiar:

> *"...El Gobierno discute ante todo la aplicabilidad del artículo 8 en el caso que nos ocupa. En su opinión,* ***el riesgo al que los demandantes hacen referencia es hipotético, ya que no puede producirse sino en un período de veinte a cincuenta años. No se trata de un riesgo inminente y serio.*** *Además, los demandantes no pueden citar ningún hecho concreto relativo a un incidente directamente causado por la mina de oro en cuestión.*
>
> *...El Tribunal recuerda que el artículo 8 se aplica a los delitos graves contra el medio ambiente* ***que puedan afectar*** *al bienestar de una persona y privarla del disfrute de su domicilio de forma que se perjudica su vida privada y familiar,* ***sin por ello poner en peligro la salud de la interesada*** *(Sentencia López Ostra contra España de 9 diciembre 1994, serie A núm. 303-C, ap. 51).*
>
> ***Sucede lo mismo cuando se determinan en el marco de un procedimiento de evaluación del impacto medioambiental los efectos peligrosos de una actividad, a la que los individuos afectados corren el riesgo de ser expuestos****, de forma que se establece un vínculo suficientemente estrecho con la vida privada y familiar, en el sentido del artículo 8 del Convenio.* ***Si no fuese así, la obligación positiva del Estado*** *–adoptar las medidas razonables y adecuadas para proteger los derechos de los individuos, en virtud del apartado 1 del artículo 8–* ***se reduciría a la nada****.*
>
> *A la vista de la constatación hecha por el Consejo de Estado en la Sentencia de 13 mayo 1997,* ***el Tribunal concluye que el artículo 8 se aplica".***

También resulta interesante a este respecto la reciente **Sentencia de 10 de mayo de 2022 Caso Solyanik contra Rusia**: En el caso, *no se trataba de contaminación acústica, sino de la ampliación de cementerio cerca del domicilio familiar* que podía vulnerar el derecho al respeto de la vida privada y familiar del art. 8 de la Convención. El TEDH estima la demanda de un ciudadano ruso contra la Federación rusa, debido a la negativa de las autoridades a ejecutar la sentencia en virtud de la cual se prohibía su uso y obligaba al saneamiento del terreno en las inmediaciones de su casa. Señala al respecto:

> *"...En el presente caso no hay pruebas directas de que se haya causado daño real a la salud de la demandante. Sin embargo, la Corte reitera que la contaminación ambiental severa puede afectar el bienestar de las personas e impedirles disfrutar de sus hogares de tal manera que afecte negativamente su vida privada y familiar, sin, sin embargo, poner en grave peligro su salud (ver López Ostra c. España, sentencia de 9 de diciembre de 1994 (TEDH 1994, 3), Serie A n° 303-C, p.54, § 51).* ***Por lo tanto, el Tribunal debe establecer si los riesgos potenciales para el solicitante causados por el uso del cementerio en las proximidades de su casa establecieron un vínculo suficientemente estrecho con la vida privada y el hogar del solicitante como para afectar su "calidad de vida" y desencadenar la solicitud. de los requisitos del artículo 8 del Convenio*** *(ver Dzemyuk c. Ucrania, no. 42488/02, § 82, 4 de septiembre de 2014).*
>
> *... El Tribunal observa que los informes periciales presentados por la demandante* ***confirman la existencia de riesgos ambientales peligrosos para la propiedad de la demandante.***
>
> *...Considerando que el borde del cementerio se ha desplazado gradualmente cerca de la propiedad del solicitante en violación de las normas nacionales y que las autoridades nacionales y* ***los expertos forenses determinaron que el suelo del terreno del solicitante estaba contaminado en un "grado extremadamente peligroso"*** *(ver párrafos 11, 14, 42 y 43 anteriores) y teniendo en cuenta otros factores señalados anteriormente (ver párrafo 44 anterior),* ***el Tribunal considera que el uso prolongado del cementerio de Lesnoye por parte del servicio fune-***

> ***rario municipal en clara violación de la seguridad ambiental*** *aplicable normativa tan cercana a la vivienda del demandante y su consecuente impacto en la "calidad de vida" del* ***demandante alcanzó el nivel mínimo exigido por el artículo 8. El Tribunal considera que ha habido una injerencia en el derecho del demandante al respeto a su domicilio y a su vida privada y familiar. vida y que esa injerencia alcanzó un grado de gravedad suficiente*** *para desencadenar la aplicación del artículo 8 del Convenio (RCL 1999, 1190, 1572) (ver Dzemyuk (TEDH 2014, 56), citado anteriormente, §§ 83-84)..."*

Las consecuencias que se extraen de esta doctrina del TEDH, que quizás no han sido suficientemente resaltadas por los estudiosos de la materia, son las siguientes:

1.- Se concede un tratamiento similar a los daños, sobre todo morales, sufridos por personas afectadas por episodios de contaminación de distinto signo, ***no sólo contaminación acústica***, como pudiera pensarse, sino también, como se ha visto, ***otras formas de contaminación derivadas de emisión al suelo o al aire de sustancias peligrosas*** para la salud o la calidad de vida de los sujetos colindantes. ***Esto supone crear un cuerpo de doctrina que es generalizable a prácticamente todos los fenómenos contaminantes***, donde *jugarían las mismas o similares pautas.*

2.- Esas pautas son que ***las conductas contaminantes afectan o pueden afectar a la vez a uno o varios derechos fundamentales o valores constitucionales o convencionales***, y en esos casos, según el TEDH, dichos derechos o valores, a los efectos de reparar el posible daño moral sufrido (junto con el daño a la salud, si también se ha visto afectado este derecho), ***se anteponen a la alegación por el sujeto contaminante de estar ejercitando un propio derecho, aunque sea uno de cierto rango constitucional como sería el de propiedad o libertad de empresa.***

3.- Junto a lo anterior, ***la doctrina del TEDH viene a otorgar protección a los ciudadanos, por posibles daños morales*** (en una cuantía que puede ser mayor o menor, según el nivel de afectación o gravedad), ***sin necesidad de demostrar un daño actual, siendo suficiente***, precisamente por tratarse los afectados de derechos fundamentales o valores constitucionales, ***con que exista un riego más o menos inminente y previsible de producción de daños futuros*** (cuando se trata de la salud de las personas o su intimidad domiciliaria).

2.2.- *Las particularidades de la doctrina del Tribunal Constitucional español en la materia, y las críticas doctrinales a la misma. El derecho o derechos fundamentales afectados hipotéticamente por inmisiones medioambientales en Derecho español:*

Tras la doctrina creada por el TEDH sobre la lesión del derecho a la vida privada y familiar del art. 8 del Convenio Europeo, el Tribunal Constitucional español procedió a su recepción, a través de distintas sentencias, siendo la primera la STC 24 de mayo de 2001, donde sin duda mostró más entusiasmo en ello que lo hecho en sentencias posteriores del mismo Tribunal. En ella, como ha sido dicho[10], se ha abierto paso en la jurisprudencia la tesis de que la contaminación puede constituir una forma de intromisión ilegítima del art. 7 de la Ley Orgánica de protección del derecho al honor, intimidad y propia imagen, por mor de la fuerza expansiva de los DF, que atiende más a la realidad de su vulneración que a los medios con que se realice, conforme a una interpretación de la propia norma teniendo en cuenta la realidad social del tiempo en que ha de ser aplicada.

---

10 PALAZÓN GARRIDO, M.L., "Daños causados por el ruido, responsabilidad civil y derechos fundamentales", en *Tratado de Responsabilidad civil (Coord. F. Reglero Campos), Tomo III. Parte especial segunda.* Ed. Thomson Aranzadi, Cizur Menor, 2008, pag. 941.

Como complemento de lo anterior, PEREZ SOLA ha dicho[11] que esa doctrina emanada del TEDH, referida a la conexión entre la violación del derecho a la intimidad en el propio domicilio y el deterioro del medio ambiente en el marco del CEDH, *acabó dejando la puerta abierta a otras posibles conexiones entre otros derechos fundamentales y el derecho de todos a disfrutar de un medio ambiente adecuado.* Al efecto, por lo pronto, el TC español estableció ***una primera conexión con el derecho fundamental a la integridad física y moral del art. 15 CE***, al considerar *que «en determinados casos de especial gravedad, ciertos daños ambientales aun cuando no pongan en peligro la salud de las personas, pueden atentar contra su derecho al respeto de la vida privada y familiar, privándola del disfrute de su domicilio»*. Si bien matiza nuestro Alto Tribunal que «no todo supuesto de riesgo o daño para la salud» implicaría su conculcación.

Junto a ello, *se intentó también por parte del TC trazar* ***una línea de contacto entre lesiones medioambientales y vulneración del derecho a la intimidad en su vertiente domiciliaria***. Así, se hizo hincapié en que puede suceder que no se ponga en peligro la salud de las personas, pero *sí se pueden dar lugar a privaciones «del disfrute de su domicilio»* y como consecuencia de ello, "atentar contra su derecho al respeto de su vida privada y familiar". Es a partir de aquí que tanto ruidos, como emisiones, olores, etc., pueden atentar contra el derecho al respeto del domicilio y, *si dicha vulneración es grave,* incluso podría suponer la privación o afectación de este derecho en la medida en que se impida su disfrute al titular del mismo[12].

Sin embargo, ***a partir de aquí, el TC, ha impuesto un criterio propio*** frente a los precedentes jurisprudenciales antes apuntados, singularmente los que contienen condena al Estado español, afirmando que la jurisprudencia del TEDH *«no supone*

---

[11] PEREZ SOLA, *ob.cit.,* pag. 965.

[12] PEREZ SOLA, *ob.cit,* pag. 969.

una traslación mimética del referido pronunciamiento que ignore las diferencias normativas existentes entre nuestra Norma Fundamental y el CEDH, ni la (...) necesidad de *acotar el ámbito del recurso de amparo a sus estrictos términos* en garantía de la operatividad y eficacia de este medio excepcional de protección de los derechos fundamentales». *Como consecuencia de ello, se han establecido por parte del TC importantes exigencias probatorias para considerar vulnerado el derecho a la intimidad domiciliaria,* y hacer factible el recurso de amparo contra la resolución judicial denegatoria de la tutela del DF.

Esas exigencias son resumidas y esquematizadas de forma acertada por ORDÁS ALONSO[13], quien señala que para que el ruido vulnere el derecho a la integridad física y psíquica, según el TC, es preciso que tenga lugar: 1) una exposición continuada a un ruido intenso, 2) que ponga en peligro grave e inmediato la salud de las personas y 3) que tenga como origen una acción u omisión de los poderes públicos. En cambio, el atentado contra el art. 18 CE, por su parte, solo tendrá lugar según el propio TC, si se produce: 1) una exposición prolongada a un ruido evitable e insoportable, 2) que impida o dificulte gravemente el libre desarrollo de la personalidad y 3) que la lesión o menoscabo provenga de la acción u omisión de los entes públicos.

Además, como ha sido dicho por PEREZ SOLA, el TC español analiza exclusivamente «aquellas omisiones que se traduzcan en la lesión de un derecho fundamental de los invocados», *sin tomar en consideración las relativas a la calidad de vida existente que se estima dentro de la esfera del artículo 45 CE, ni tampoco a las afectantes al mero principio genérico del libre desarrollo de la personalidad del art. 10.2 CE,* de modo que el TC se hace eco sólo de la repercusión de la contaminación acústica en el legítimo ejer-

---

13 ORDÁS ALONSO, *ob.cit.*, pag. 86-87.

cicio del derecho fundamental y *de modo complementario asume la percepción del impacto que puede tener para la intimidad personal y familiar así como para la inviolabilidad del domicilio.* Esa percepción ha permitido determinar a nuestro Alto Tribunal cómo únicamente *una exposición prolongada* a unos determinados niveles de ruido, que puedan objetivamente calificarse *como evitables e insoportables,* ha de merecer la protección dispensada al derecho fundamental a la intimidad personal y familiar, en el ámbito domiciliario, *siempre que incidan en modo considerable en el libre desarrollo de la personalidad* y "la lesión o menoscabo *provenga de actos u omisiones de entes públicos* a los que sea imputable la lesión producida" (STC 16/2004)[14].

Todas estas concretas exigencias impuestas por el TC al margen de la doctrina proveniente del TEDH, han sido duramente criticadas por la doctrina estudiosa del asunto.

Así, ORDÁS[15] resume adecuadamente esas críticas, citando a diversos autores, cuando afirma que *el TC relativiza valores y principios constitucionales tan importantes como la calidad de vida, la dignidad de la persona y el libre desarrollo de la personalidad* y señala que *la vulneración del libre desarrollo de la personalidad por particulares no puede ser excluida del ámbito de los derechos fundamentales sin cuestionarse su constitucionalidad.*

Del mismo modo, la citada autora, de nuevo en referencia al ruido e inmisiones acústicas, *viene a criticar el hecho antes señalado de que el TC establezca determinadas restricciones* a la hora de estimar las características que ha de revestir el ruido para tener relevancia constitucional y ser susceptible de vulnerar los artículos 15 y 18 CE, *diferentes en función de que se alegue la vulneración de uno u otro precepto.* La crítica viene justamente de ese *establecimiento de condiciones diferentes* para referirse a derechos

---

14 PEREZ SOLA, *ob.cit,,* pag. 969.

15 ORDÁS ALONSO, *ob.cit.,* pag. 86-87.

fundamentales del mismo nivel, *cuando lo lógico es que esas condiciones sean iguales o muy similares, y no dispares.* Además, como crítica adicional, se trata de una serie de condiciones para hacer efectiva la tutela de alguno de estos derechos fundamentales *que no encuentran apoyo alguno en los textos constitucionales*, y *ni siquiera tampoco en los escasos textos legales desarrolladores de los mismos.*

Al margen de lo anterior, la doctrina ha destacado también como muy relevantes los dos votos particulares de la citada STC 119/2001. En concreto, el Voto particular que formuló el Magistrado Jiménez de Parga, quien apunta algo muy interesante y resaltado por la doctrina posterior, como es «la conveniencia de hablar de ***un triple escalón de protección constitucional*** que, en sentido descendente, iría desde el derecho a la integridad física y moral (art. 15) hasta el derecho al medio ambiente adecuado para el desarrollo de la persona (art. 45.1 CE), pasando por el derecho a la intimidad domiciliaria (art. 18 CE)». Con esta triple dimensión instrumental, considera el Magistrado que se persigue «reivindicar *este contenido o componente subjetivo» del derecho a un medio ambiente adecuado* para el desarrollo de la persona.

La apreciación resulta gráfica, en cuanto a clarificar las diferentes fuentes u orígenes de la posible tutela frente a las inmisiones medioambientales. Sin embargo, *no creemos que existan realmente esos tres niveles, unos situados por encima de otros, sino más bien tres posibles derechos vulnerados.* Si acaso, el referido específicamente al derecho al medio ambiente adecuado del art. 45 CE, ciertamente no puede ser parangonado formalmente por nivel de relevancia y eficacia ante los tribunales, a los derivados de la lesión del artículo 15, o del art. 18 CE en sus dos vertientes (derecho a la intimidad y derecho a la inviolabilidad del domicilio): *respecto de estos dos últimos, no son dos escalones, uno por encima del otro, sino el mismo escalón, al estar al mismo nivel.* Lo único que variaría sería la forma en que se ha producido la lesión del concreto derecho (y su alcance, y las consecuencias económicas de ello).

Entrando en **la cuestión de qué derecho fundamental concreto se puede considerar vulnerado cuando se producen inmisiones medioambientales de cierta entidad**, lo primero que hemos de nacer es traer a colación la discrepancia expuesta por parte del Magistrado Aragón Reyes, en su Voto particular a la Sentencia del TC de 2001, quien pone en tela de juicio la fundamentación de la originaria STC 119/2001, al no compartir la asunción «acrítica» por parte del TC español de la resolución del Tribunal de Estrasburgo en el Caso Moreno Gómez en la citada sentencia. Para el Magistrado discrepante "resulta cuanto menos discutible que un bien jurídico como **la salud**, configurado como un principio rector por el artículo 43.1 CE, pueda alcanzar protección mediante recurso de amparo ante el TC, a través de una muy difícil extensión del contenido o alcance del **derecho fundamental a la integridad física y moral**". A su juicio, la discrepancia con la doctrina del TEDH se extiende a las consecuencias que se extraen de la dicha jurisprudencia, de modo que *considerar que a través del ruido ambiental «se pueda lesionar los derechos a la intimidad personal y familiar y la inviolabilidad de domicilio, incurre en un grave error conceptual,* pues implica una *incorporación encubierta de nuevos derechos*» (derecho frente al ruido o derecho al silencio) o cuando menos una radical alteración del contenido de los derechos fundamentales reconocidos en el artículo 18.1 y 2 CE.

Esta tesis ha encontrado cierto reflejo en un sector de la doctrina civilista estudiosa del tema, como por ejemplo YZQUIERDO TOLSADA[16], "quien ya vimos que era poco serio conectar (o "enganchar", en terminología del autor) las inmisiones acústicas con los distintos derechos fundamentales.

---

[16] YZQUIERDO TOLSADA, "Daños a derechos de la personalidad..." *cit.*, pag. 322-323.

Sin embargo, otro sector de dicha doctrina civilista, como ORDAS ALONSO[17], con mejor criterio a nuestro juicio, y con el que estamos de acuerdo en lo fundamental, se muestra favorable a la tutela constitucional del medio ambiente a través de los derechos fundamentales.

En primer lugar, no tiene sentido, ni respaldo constitucional ni legal alguno, como hace el TC en sus ulteriores sentencias, establecer determinadas restricciones a la hora de estimar las características que ha de revestir el ruido para tener relevancia constitucional y ser susceptible de vulnerar los arts. 15 y 18 CE, diferentes en función de que se alegue la vulneración de uno u otro precepto. Es incoherente e incorrecto establecer distintos presupuestos cuando no existe ninguna base constitucional para ello, y el incomprensible mayor nivel de exigencia en los casos de lesión del DF a la intimidad del art. 18 CE frente a los supuestos de lesión del derecho a la integridad física y moral del art. 15.

Más en concreto –señala ORDÁS- y por lo que al derecho del artículo 15 CE se refiere, hubiera sido deseable estimar vulnerado este derecho ***cuando se produjera cualquier efecto nocivo para la salud como consecuencia de los ruidos, sin exigir que esta se ponga en serio peligro.*** Al respecto añade también la citada autora (pág. 88), con buen criterio, que *el daño a la salud puede no materializarse de modo inmediato, como exige el TC, pero sí predisponer a quien sufre la contaminación acústica a padecer determinadas enfermedades en el futuro o experimentar una agravación de las que ya sufre*, y llega a sostener, citando a ARZOZ SANTISTEBAN, que ***puede presumirse*** que *cuando se superen los niveles máximos legales la contaminación se convierte en potencialmente lesiva para la salud y el bienestar de las personas expuestas*; e incluso, *aunque la superación de dichos niveles máximos no cause una lesión cuantificable a*

---

17 ORDÁS ALONSO, *ob.cit.*, pag. 86-87.

la salud, inevitablemente incrementa la vulnerabilidad a padecer determinadas enfermedades, por ello -dice- ***no debería ser necesario probar un detrimento de la propia salud para poder invocar la protección del art. 8 CEDH***, o incluso también el art. 15 CE[18].

Como conclusión, se afirma por la autora que *el TC adopta una postura demasiado rígida al exigir que los ruidos sean prolongados e insoportables*, cuando ***debería bastar la constatación de cualquier efecto nocivo para la salud** o **que una contaminación acústica, tanto dentro como fuera del domicilio, pueda alterar en última instancia el libre desarrollo de la personalidad***.

A nuestro juicio, aun cuando nos parecen acertadas las objeciones y críticas de ORDÁS, entendemos que el inconveniente de esta postura es que no explica de forma precisa el fundamento de la misma, ni cuáles serían a su juicio las condiciones para que se pudiera alegar lesión del correspondiente DF (por ejemplo, sin haber prueba del daño a la salud, y sí solo en su caso del peligro). *Según sus explicaciones, habría a la postre una generalización de la lesión al derecho fundamental,* y una suerte de *presunción iuris et de iure* de que, *siempre que se aduzca tal lesión del DF, el juez o Tribunal debería adoptar las pertinentes medidas,*

---

18 Por otro lado, ORDÁS (pág. 89) pone en cuestión otra de las exigencias establecidas por la doctrina última del TC al respecto, y centrando la atención en los requisitos exigidos para que el ruido tenga relevancia constitucional a la luz del art. 18 CE, critica el que exija el TC que dicho ruido impida o dificulte ***gravemente*** el libre desarrollo de la personalidad. En este sentido, se pregunta: ***¿por qué solo se afecta a la intimidad domiciliaria cuando el ruido impida o dificulte «gravemente» el libre desarrollo de la personalidad y no simplemente cuando lo impida o dificulte «no gravemente»?*** *¿Cuándo se entiende que se dificulta gravemente el libre desarrollo de la personalidad? ¿Qué tipo de ruidos pueden producir tal resultado, los muy altos o los extraños al entorno social?* La autora acaba defendiendo que solo caso por caso sería posible esa indagación de modo concluyente.

como la indemnización del daño moral, o la fijación de medidas de cesación de las inmisiones generadas. Sin embargo, esto no parece fácilmente asumible, y requiere en todo caso una reflexión mayor.

Junto a ello, a pesar de su acierto general, puede ser criticable la postura de ORDAS (pág. 95-96), en cuanto que, a la postre, acaba defendiendo que lo que se vulnera es *el derecho fundamental a la inviolabilidad del domicilio,* y no propiamente la intimidad.

A nuestro juicio, por el contrario, *todos los derechos fundamentales analizados (derecho a la integridad física y moral, derecho a la intimidad general o derecho a la inviolabilidad del domicilio) tienen entre sus posibles manifestaciones algunas relacionadas con la tutela medioambiental,* en la medida en que las posibles inmisiones causadas por terceros (sean particulares o Administraciones públicas) *pueden afectar de forma directa, y sin necesidad de una expansión o ampliación artificial de su objeto y contenido esencial, a cada uno de estos derechos fundamentales,* sólo que lo será en función de la naturaleza de cada derecho, al no existir equiparación entre unos y otros, *aunque sí en el modo de su tutela,* como ahora se explica[19].

---

19 En una línea similar, ALVAREZ LATA, *ob. cit.,* pag. 90-92, quien sostiene que las inmisiones (en concreto las acústicas) pueden lesionar el derecho a la intimidad personal y familiar y el derecho a la inviolabilidad del domicilio, sobre la base del reconocimiento a todo individuo de un *"ámbito inmune"* frente a agresiones perturbadoras, considerando que *puede haber ahí una "intromisión ilegítima" conforme al art.* 7 de la Ley orgánica de 1982, aunque a la postre no explica cuándo y con qué condiciones se puede obtener esa reparación del daño moral. Parece que asume acríticamente sin más el criterio del TS de que sea una intromisión "evitable e insoportable", lo que nos remite a un criterio de gravedad que seguramente deba ser criticado.

Así, en ocasiones, el titular lesionado puede estar en condiciones de acreditar la *lesión física o psíquica sufrida,* e incluso su relativa gravedad, por lo que con ese solo hecho debería bastar para conseguir la tutela judicial del derecho a la integridad del reclamante, mediante la correspondiente indemnización, y la adopción de otras medidas complementarias para evitar lesiones futuras.

En otros casos, una inmisión que ya se esté produciendo, y a pesar de no estar en condiciones de demostrarse un daño físico o psíquico actual, puede permitir al titular del DF correspondiente *aducir sólo el grave e inminente peligro de lesión futura,* cuando pueda recurrir a datos y pruebas de diferente signo, tales como *estudios científicos o estadísticos, que demuestren que esas inmisiones (sonoras, humos, polvos, vibraciones, etc.) suelen ocasionar de forma general, si persisten, daños irreversibles en la salud y la integridad, pero que de momento afectan sólo a la intimidad y la tranquilidad familiar o domiciliaria.* En tales casos, también debería obtenerse la tutela judicial por afectación o vulneración de un derecho de este tipo garantizado por el art. 18 CE (intimidad, inviolabilidad domiciliaria).

Por último, también debe ser factible recurrir a la lesión de alguno de estos derechos, *incluso aunque no se afecte al propio domicilio y el desenvolvimiento personal dentro de él,* cuando se pueda constatar que una inmisión ya actual procedente de tercero *ha iniciado un proceso que puede terminar en daño físico o psíquico, pero que de momento sólo ocasiona un daño moral en cuanto afectante a la vida y el libre desarrollo de la personalidad del sujeto.* En estos

---

También en la misma dirección, MARÍN CASTAN, F., "Problemas generales y aspectos constitucionales de la tutela judicial frente al ruido", en *La tutela judicial frente al ruido (Dir. F. Marín Castán),* Cuadernos de Derecho Judicial, Consejo General del Poder Judicial, Madrid, 2003, pag. 122-125

supuestos, estaremos ante una pura lesión del derecho fundamental *a la intimidad*, desconectada del vínculo domiciliario, y relacionado con el principio general del libre desarrollo de la personalidad, en el cual la tutela judicial se podrá orientar adicionalmente, y de manera casi inexorable, a la solitud de medidas que eviten el futuro nacimiento de esos daños personales, pero que *por ahora sólo son generadores de molestias que pueden dar pie a una reparación (seguramente, escasa o exigua) por daño moral*[20].

Finalmente, *también debería poder obtenerse una indemnización por daño moral mediante la prueba de que las inmisiones causadas van a afectar en general al "libre desarrollo de la personalidad" entendido genéricamente* y en su traslación al caso concreto, a pesar de no tratarse de un DF reconocido como tal, pero sí de un principio básico que orienta e informa a los demás, y que se halla en la base del reconocimiento constitucional de cada uno de los derechos.

En conclusión, no sólo existe a nuestro juicio una indudable conexión -seguramente indisoluble- entre derechos fundamentales e inmisiones medioambientales, sino que no es uno solo el derecho fundamental afectado, pudiendo verse lesionados un elenco relativamente variado de derechos de este tipo, según las circunstancias del caso.

---

20 Incluso alguna autora como NIETO ALONSO, A., "La reparación de los daños causados por el ruido en la jurisprudencia del Tribunal Europeo de Derechos Humanos", en *Tratado de Responsabilidad civil (Coord. F. Reglero Campos), Tomo III. Parte especial segunda.* Ed. Thomson Aranzadi, Cizur Menor, 2008, pag.709, añade la posibilidad de conectar las inmisiones medioambientales con la reprobación constitucional de los "tratos inhumanos o degradantes" del art. 15 CE.

3.- NUESTRA POSICIÓN AL RESPECTO. LOS PRESUPUESTOS Y LA OPERATIVIDAD DE LA TUTELA DE DERECHOS FUNDAMENTALES EN MATERIA MEDIOAMBIENTAL:

Una vez concluido el debate sobre el concreto derecho fundamental que pudiera verse afectado por inmisiones acústicas y de otro tipo causadas por terceros, y llegada a la conclusión de que cualquiera de esos derechos puede ser utilizado, cuando se produzca la intromisión no querida, para obtener la tutela judicial correspondiente, entendemos que el debate debe ir más allá.

Al efecto, debemos hacer las siguientes consideraciones y puntualizaciones:

1.- En primer lugar, entendemos que *no debemos centrarnos exclusivamente en la disputa doctrinal y jurisprudencial* de si la tutela del sujeto frente a daños medioambientales *puede dar lugar o no a un recurso de amparo ante el TC,* por haberse vulnerado alguno o algunos de los DF antes referidos, sino que debemos examinar el asunto desde una perspectiva más amplia.

La cuestión más relevante a nuestro juicio es *otra bien distinta: la de si, ante los distintos Tribunales ordinarios, se puede solicitar y conseguir* con cierta facilidad *una condena por daños (morales, sobre todo), o bien la adopción de medidas de cese o control de la actividad contaminante, alegando al efecto que se ha lesionado un DF del demandante, y que por tal motivo debe proporcionarse judicialmente la máxima protección legal y judicial posible.*

Esto lleva a la cuestión de fondo de si hay motivos para propugnar *un tratamiento legal y judicial diferente de los DF* en comparación con los demás derechos e intereses legítimos.

La respuesta a esta cuestión debe ser necesariamente ***afirmativa***. Por lo pronto, ya se vio en buena medida en el apartado inicial de este trabajo la existencia de una serie de muy relevantes particularidades de los DF en relación a los demás derechos o intereses tutelados jurídicamente, en cuanto a su posible tutela judicial.

Pero al margen de lo anterior, parece incuestionable que el propio legislador constituyente tuvo en cuenta la importancia de estos derechos en relación a los restantes derechos subjetivos e intereses legítimos, a la hora de proporcionarles *una tutela reforzada* cuando se produzca su lesión o vulneración, fuese quien fuese el autor de la misma.

No parece de recibo que estos derechos estén *tutelados específicamente frente a los poderes públicos,* que han de respetarlos, y que por tanto deben reparar cualquier tipo de daño moral cuando se produzca una actuación lesiva, *y que no suceda lo mismo cuando son particulares quienes los lesionan.*

De hecho, el propio artículo 53.2 CE, al recoger explícitamente la facultad de todo titular de un DF de recurrir a un procedimiento ante los Tribunales ordinarios basado en principios de preferencia y sumariedad, con independencia del confuso desarrollo que se haya seguido legislativamente para su aplicación, está marcando una línea de defensa de estos derechos no sólo ante la jurisdicción contencioso administrativa o penal, sino específicamente *ante la jurisdicción civil.*

En este último ámbito no cabe duda de que los litigios estarán *fundamentalmente destinados a resolver una reclamación de daños de todo tipo, pero singularmente de daños morales, causados por un particular frente a otro particular titular del derecho fundamental,* lo que podría ir complementado con una pretensión adicional de adopción de medidas de cese o suspensión de la actividad para el futuro, u otras similares.

Por lo tanto, se trata de delimitar, en relación a los derechos examinados (derecho a la integridad, derecho a la intimidad, derecho a la inviolabilidad del domicilio), si es posible considerar la existencia de *un deber genérico de respeto cuya lesión o vulne-*

ración debería permitir a su titular, sin demasiados inconvenientes formales, obtener *una reparación, sobre todo y como mínimo "moral"*, así como otro tipo de medidas de garantía de protección futura del derecho lesionado. Parece bastante obvio que esto debe ser perfectamente posible, so pena de hacer irrelevante el derecho fundamental afectado[21].

2.- Las anteriores consideraciones conducen a poner el foco justamente en un tema no especialmente tratado a nivel doctrinal, como es el de la ***Drittwirkung*** o eficacia de los derechos fundamentales en las relaciones entre particulares.

Esto es, lo que subyace a la cuestión que aquí se está analizando no es otra cosa que **un tema estricto de *Drittwirkung*,** pero en concreto ***en su vertiente de protección de los DF en las relaciones particulares, en aquellas situaciones en las que se pretende esgrimir una pretensión de reparación de un daño moral sufrido y de adopción de medidas de cese o control***, por haberse producido la lesión del concreto DF por parte de otro particular distinto del titular del derecho; y *no tanto en su vertiente -la más estudiada doctrinalmente-* de la posible *eficacia o ineficacia de un acto de autonomía privada* otorgado con otro particular cuando se ven afectados (normalmente, mediante una renuncia convencional) este tipo de derechos.

Es verdad que esta concreta manifestación de la *Drittwirkung* podría ponerse en duda como tal, esto es, dudarse si se trata de una manifestación propiamente tal de *Drittwirkung*. A nuestro juicio, sin embargo, *lo es*, es decir, se trata de una manifestación más de la misma, y más bien se trataría de ***aquella manifestación consistente en actos extracontractuales realizados activa o pasiva-***

---

21 Es más, para nosotros, esa prevalencia se debería manifestar además en la posibilidad de poder replantear de nuevo la cuestión si se sigue persistiendo (quizás mediante una nueva ejecución con base en la sentencia firme dictada), *sin que se pueda alegar una cuestión de eficacia de cosa juzgada de la primera resolución judicial dictada.*

mente por parte de un tercero, generadores de daños al titular del DF.

Lo que se plantea es, por tanto, el alcance que tienen los concretos DF, aquí sobre todo el de intimidad, cuando se produce una lesión del mismo por parte de un tercero particular (también podrían ser los entes públicos, las propias Administraciones públicas).

En todas estas situaciones, nos hallamos ante *un conflicto jurídico entre dos posiciones o intereses contrapuestos,* que obligan a un Tribunal, ante el ejercicio de una pretensión de lesión o daño hipotéticamente sufrido por el titular de un DF, a resolver sobre la procedencia o no de una condena a una reparación (moral, sobre todo), o si el demandado debe ser exonerado de responsabilidad, por ejercer otro derecho o interés legítimo que debe anteponerse al del reclamante.

Este tipo de conflictos son sin ninguna duda parte integrante de la *Drittwirkung*, en la medida en que obligan al aplicador del derecho a *decidir acerca del valor que tiene el reconocimiento constitucional de un determinado DF en unas concretas relaciones entre particulares, esto es, las relaciones no contractuales*, es decir, las típicamente *extracontractuales de daños* causados por terceros con los que el titular no tiene una relación jurídica previa.

La doctrina estudiosa de la *Drittwirkung* no se ha ocupado demasiado de este asunto; no obstante, los autores que lo han hecho, reconocen esta vertiente y le conceden eficacia jurídica. Así lo reconoce, por ejemplo, NARANJO DE LA CRUZ[22], quien entre otras cosas critica la tesis de la *Drittwirkung* indirecta justamente por no dar respuesta a las disputas relativas al

---

22 NARANJO DE LA CRUZ, R., *Los límites a los derechos fundamentales en las relaciones entre particulares, la buena fe,* Centro de Estudios Constitucionales, Madrid, 2000, pag. 225.

llamado Derecho privado extracontractual, y centrarse sólo en el ámbito contractual[23].

La cuestión entonces es cómo y con qué criterios resolver este tipo de disputas o conflictos extracontractuales donde el actor esgrime la lesión de su derecho fundamental, y reclama daños morales por ello, y el demandado se defiende aduciendo que dispone de un propio derecho (fundamental o no fundamental), o un interés legítimo, que justificaría la inmisión medioambiental realizada, y alegando igualmente la falta de concurrencia de los presupuestos generales de la responsabilidad civil extracontractual.

Para resolver esta cuestión, debemos ir dando determinados pasos.

Al respecto, la doctrina apenas se ha pronunciado sobre si son iguales, o son distintas que las del resto de derechos subjetivos (o intereses legítimos), las pautas para resolver los conflictos extracontractuales entre dos o más sujetos.

Debemos pues centrarnos en resolver *si es posible, y en su caso en qué medida y con qué condiciones, que el titular del DF lesionado pueda dirigirse judicialmente frente al causante* (otro particular o una Administración pública) *para obtener reparación, o para lograr judicialmente otro tipo de medidas de protección futura del derecho:*

1.- Una primera consideración sería manifestar como evidente que *no pueden tener cabida aquí el recurso a los criterios típicamente civiles tradicionales sobre la normal tolerabilidad o no de la conducta contaminante,* propias de las inmisiones y de lo que la

---

23 Sobre la vertiente examinada de la *Drittwirkung,* y sus consecuencias sustantivas y procesales, puede citarse también a ALFARO AGUILA-REAL, J., "Autonomía privada y derechos fundamentales", *Anuario de Derecho Civil,* 1993-I, pags. 57 ss; o CATALINA BENAVENTE, M.A., *El Tribunal Supremo y la tutela de los derechos fundamentales,* Tirant Monografías 649, Valencia, 2010, pag. 54 ss.

doctrina viene denominando acción negatoria (en su aspecto de pretensiones de un titular dominical o de un derecho real de excluir cualquier carga consistente en inmisiones de índole medioambiental). A esas condiciones se ha referido, por ejemplo, PALAZÓN GARRIDO[24], para quien es preciso, para que proceda la tutela civil por inmisiones (en concreto, las acústicas), que el ruido (o el resto de sustancias o actuaciones, añadiríamos nosotros) procedan de la actividad humana, que los daños provengan de una fuente sonora suficientemente determinada, que concurra la persistencia o continuidad de la inmisión y que la misma exceda de los límites de la tolerancia debida por razones de vecindad.

Estas concretas pautas no pueden, a nuestro juicio, jugar igual respecto de los derechos fundamentales.

No tiene buen sentido que, recurriendo a los preceptos constitucionales (y en su caso a las normas legales de desarrollo), se puedan imponer todas estas exigencias para conseguir una condena por daño moral por vulneración de los mismos. Ello por cuanto *ni se hallan como tales recogidas, ni siquiera de forma presunta o implícita, en el texto constitucional* para el respectivo derecho, *ni es lógico que se impongan,* ya que a la postre acabarían desvirtuando la eficacia del correspondiente DF a nivel procesal y sustantivo. No se olvide que, históricamente, el campo de la responsabilidad civil ha sido el que más tradicionalmente ha demandado la tutela judicial de estos derechos, antes incluso de su reconocimiento constitucional, tal como sucedió con el derecho al honor o la intimidad en las sentencias del Tribunal Supremo dictadas a partir de la primera y más clásica de 6 de diciembre del año 1912.

---

24 PALAZÓN GARRIDO,M.L., "Daños causados por el ruido, responsabilidad civil y derechos fundamentales", en *Tratado de Responsabilidad civil (Coord. F. Reglero Campos), Tomo III. Parte especial segunda.* Ed. Thomson Aranzadi, Cizur Menor, 2008, pag. 920 ss.

2.- Del mismo modo, ***tampoco nos parecen de recibo los criterios*** *usados por el propio Tribunal Constitucional, más arriba recogidos,* ***de atender a la idea de "gravedad"***, de modo que sólo serían tutelables judicialmente, para su reparación, los daños al DF concreto que supusieran un cierto nivel de gravedad[25].

Eso es en realidad una forma de recurrir a las pautas típicamente civiles, ya periclitadas, que *no sirven para los DF,* donde a nuestro juicio *no juegan las cláusulas generales ni las exigencias típicas de la responsabilidad civil extracontractual,* sino que rigen *otras pautas, que deben estar directamente relacionadas con la estricta regulación constitucional de esos derechos.*

Además, *una exigencia de "gravedad" como presupuesto básico* para la tutela judicial, aparte de no tener ningún tipo de reflejo en los artículos de la Constitución reguladores de estos derechos, *supondría de nuevo dejar fuera de la tutela judicial muchas conductas lesivas de DF, en uno de sus ámbitos de operatividad más típicos.*

La exigencia de "gravedad" puede a lo sumo tener alguna relevancia *para recurrir o no en amparo (y ni siquiera),* pero desde luego no para resolver sobre la condena judicial ante un Tribunal ordinario de una reclamación por daños planteada por el titular del DF.

También la "gravedad" puede ser útil para deslindar los casos de responsabilidad civil de los de *responsabilidad penal,* pero

---

25 Autoras como la citada PALAZON GARRIDO, "Daños causados ..." *cit.* , pag. 939, recurren a la idea de que el elemento crucial a la hora de determinar si se han violados los derechos recogidos en el art. 8 del CEDH es la existencia de un "efecto perjudicial sobre la esfera privada o familiar de una persona". No se explica qué significa ello, ni cuándo ni en qué condiciones o circunstancias habrá tal efecto perjudicial, y en qué otras no lo habrá. A la postre recurre a continuación a la concurrencia de un "mínimo nivel de gravedad".

no para delimitar la condena o no por responsabilidad civil frente al titular del DF.

En este último sentido, ha de tenerse en cuenta que el requisito de la "gravedad" ha tenido y tiene mucha relevancia en el ámbito penal, en cuanto *constituye uno de los presupuestos típicos para imponer sanciones penales por lesiones medioambientales*: al respecto, los preceptos legales sobre este tipo de delitos suelen imponer como exigencia para la condena penal, entre otras, la exigencia de la gravedad de la lesión de la normativa medioambiental[26]. Pero entendemos que *no debe constituir un límite para establecer una condena civil por lesión a un concreto DF*, dado que a la postre llevaría a vaciar en buena parte de contenido ("civil") a ese concreto DF[27].

---

26 Vid. sobre el tema RUIZ-RICO RUIZ, Gerardo, "La protección constitucional del medio Ambiente desde la perspectiva del Derecho Penal", en *Protección jurídica al ambiente. Tópicos del Derecho Comparado (Coord. S. Cifuentes, G. Ruiz-Rico y M.A. Besares)*, ed. Porrúa, México, 2002, pag. 225 ss..

27 ORDAS, *ob.cit.*, pag. 80-81, parece insinuar esta misma idea, aunque no lo dice propiamente, cuando afirma respecto del ruido y nivel que daría lugar a una indemnización, lo siguiente: "...*En otras palabras, en materia de ruido dos más dos no son cuatro. Lo que nos conduce a la noción de normalidad del uso o de tolerabilidad acogida por la jurisdicción civil, que no se considera vinculada por las normas administrativas, siendo perfectamente posible que un ruido situado dentro de los límites marcados por la ordenanza municipal sin embargo no resulte tolerable. Una solución que estimo trasladable a la defensa de los derechos fundamentales.... Hay que tener en cuenta que los requisitos exigidos por el TC (intenso, grave, prolongado, insoportable...) son conceptos indeterminados que no cabe identificar necesariamente con la superación de los niveles reglamentariamente fijados; de lo contrario, forzado sería concluir que, en la medida que las diversas ordenanzas municipales pueden fijar niveles distintos entre sí, dicha vulneración dependería de la mayor o menor sensibilidad de los municipios hacia el ruido... Volviendo al tema de la prueba, este enlaza directamente con la especial cualificación que el TC exige tenga el ruido para estimar que atenta contra los arts. 15 y 18 CE, objeto de análisis en el subepígrafe siguiente, en la medida en que exigir*

La remisión a la Ley Orgánica de 1982 permite deducir también esta conclusión, al no exigir dicha ley el presupuesto de la "gravedad" para una condena judicial por daños morales. De hecho, la mayor o menor gravedad se tiene en cuenta en dicha ley *sólo para determinar el montante de la indemnización* (v.gr., la difusión o audiencia del medio utilizado), pero *no para decidir si se otorga o no la tutela judicial* al derecho vulnerado[28].

Ello lleva a pensar en la existencia de *una suerte de cuantía mínima* del daño (moral), que se derivaría de cualquier intromisión ilegítima, sea cual sea su gravedad, dejando para la fase probatoria la cuantificación precisa del daño sufrido, tanto si es daño patrimonial, sobre todo, pero también incluso si fue daño moral o corporal[29]. Sobre ello se vuelve más abajo.

Hay, por tanto, que recurrir a otras pautas, y debemos examinar si los daños a derechos fundamentales presentan unas pautas o criterios distintos de los demás derechos o intereses legítimos.

Nuestra tesis es que sí. Sobre todo, a partir del dato de que, teniendo los DF su esfera de aplicación también en las relacio-

---

que el ruido sea continuado, evitable, insoportable, dificulte gravemente el libre desarrollo de la personalidad, etc., ***sin que se haya planteado a nivel jurisprudencial una presunción de que la extralimitación del ruido por sobrepasar los niveles legales resulta insoportable para el titular del derecho fundamental implica un subdesarrollo jurídico de la tutela constitucional frente al ruido…***"..

28 En esta dirección, MINGORANCE GOSÁLVEZ, C., "Consideraciones sobre la reparación del daño moral", en *Cuestione clásicas y actuales del Derecho de daños. Estudios en Homenaje al profesor Dr. Roca Guillamón (Coord. J.Ataz y J.A. Cobacho). Tomo III,* Thomson Reuters Aranzadi, Cizur Menor, 2021, pag. 400-401.

29 Vid. al respecto la STS de 25 de febrero de 2009, que incide en este asunto, y presume el daño moral *iuris et de iure,* y remite a la prueba para el caso de que se pretenda reclamar daños mayores de tipo material, en función de las circunstancias y la gravedad del caso.

nes privadas, y no sólo frente a los poderes públicos, la determinación de la conducta imputable no puede guiarse por las pautas generales, sino que *deben guiarse por los límites impuestos en la propia Constitución, tanto para los poderes públicos como para los particulares.*

Sostener lo contrario supondría actuar de forma contraria a los mandatos constitucionales, que también tienen aplicación en las relaciones privadas mientras otra cosa no se demuestre.

Téngase en cuenta lo siguiente: a la hora de la protección jurisdiccional de los DF, cuando el titular afectado esgrime un daño moral derivado de la lesión en su derecho fundamental, *puede accionar judicialmente tanto contra otro particular, como contra alguna Administración o ente público (incluso contra ambos a la vez).*

Por lo tanto, en este campo de las acciones extracontractuales, a diferencia de lo que ocurre cuando hablamos de posibles actos de autonomía privada (donde sí puede ser diferente el trato cuando dicho acto afecta a dos o más particulares), *no hay diferencias jurídicas entre posibles sujetos demandados*. Así pues, debe sostenerse la *necesidad de un tratamiento unitario*, conforme al cual el titular del DF lesionado va a esgrimir las pretensiones derivadas de ese derecho *exactamente igual que si lo hiciera contra la Administración (los "poderes públicos").*

3.- A este respecto, como primera particularidad cuando se trata de daños morales por lesiones a un derecho fundamental, es evidente que la Constitución tan sólo prevé como límite a la hora de resolver la aplicabilidad o no de un DF, *la necesidad de coordinación o ponderación del derecho, y sólo cuando concurren otros DF de la misma entidad*, con los que se pueda producir un conflicto o choque[30].

---

[30] A esta idea seguramente se refiere ORDAS, pág. 102 cuando afirma que "....Desde mi punto de vista, *en una sociedad avanzada y preocupada por el medio ambiente y la protección de los derechos fundamentales no es posible*

No siendo así, esto es, no existiendo un conflicto entre dos derechos fundamentales en liza, sino de *otros posibles derechos o interese legítimos, la mera alegación de defensa por parte del titular del DF debería funcionar como punto de partida para la adopción de medidas judiciales de tutela preeminente del derecho fundamental lesionado.*

A este respecto, el tratamiento procesal dado a la tutela de los DF ante los Tribunales ordinarios permite llegar a esta conclusión: en los casos examinados judicialmente, el juez o Tribunal debería adoptar la medida de declarar la vulneración cuando así se le solicita; y si hay medidas de cese o control, el Tribunal las deberá acordar casi automáticamente. Precisamente por tratarse de la tutela de los DF, la cual debe seguir unos cauces muy diferentes a los demás derechos.

4.- Pero debemos ir un poco más allá. Así, parece conveniente *discernir en función del derecho fundamental concreto que se considera lesionado.*

Tratándose, en primer lugar, del *derecho a la integridad física y moral,* por su propia idiosincrasia, *la lesión del mismo exige en buena medida un resultado constatable,* lo que se puede hacer mediante la aportación de las pruebas médicas que correspondan.

Esto no juega cuando se aduzca la posible lesión del derecho a la intimidad como consecuencia de inmisiones medioambientales. Aquí la prueba de la lesión *no exige una constatación empírica, sino que debe hacerse recurriendo a otros parámetros, e incluso a presunciones,* derivables del examen de la conducta realizada por el demandado y la probable repercusión en el ámbito íntimo del sujeto. *La condena económica por daño moral no estará en función de la afectación a la salud del sujeto, sino de la afectación a su situación personal de convivencia o desarrollo personal.*

---

que estos sean sacrificados en beneficio de intereses meramente económicos, máxime cuando normalmente existen vías de solución alternativas que suponen una menor injerencia en dichos derechos".

Lo anterior no impide, como se ha dicho más arriba, que se pueda también esgrimir uno y otro derecho *frente a lesiones no actuales sino futuras o inminentes, en cuanto altamente previsibles.* Tanto si se pretende la adopción de medidas para evitar lesiones corporales o psíquicas futuras, como si se pretende una cesación de inmisiones afectantes a la intimidad, será posible el recurso a la vía judicial mediante la solicitud, complementaria del posible daño moral, de este tipo de medidas, que están además explícitamente recogidas en la normativa sobre derecho al honor, intimidad y propia imagen de 1982 (art. 9.2 LO).

5.- Por otro lado, cuando el tercero demandado esgrime un derecho subjetivo (sea o no fundamental) o interés legítimo, que no tenga el mismo rango que el derecho fundamental del reclamante, ¿debemos aplicar un criterio especial de presunción del daño, y de no exigencia de prueba por parte de este último, o se deben aplicar en estos otros casos las reglas generales de la responsabilidad civil extracontractual del art. 1902 ss. CC, o existen especialidades?

A nuestro juicio, centrándonos ahora en la exigencia de daños morales por responsabilidad extracontractual en materia medioambiental, *es muy posible que tampoco puedan ser trasladados sin más los presupuestos legales y jurisprudenciales del art. 1902 CC y su desarrollo jurisprudencial, al ámbito de los DF,* y en concreto del derecho a la intimidad o del respeto a la vida personal y familiar (o general, del libre desarrollo de la personalidad).

Por ejemplo, *puede ser muy dudoso que,* para obtener una condena por daños morales en la lesión del concreto DF, *se actúe obligando a la prueba de la culpa o negligencia del demandado, como exige de forma general el art. 1902 CC.* Seguramente será un presupuesto demasiado exigente en muchos de los casos analizados.

De hecho, *el examen de la regulación específica de los derechos fundamentales al honor, intimidad y propia imagen lleva a desterrar,* a la hora de condenar por daños morales, *cualquier presupuesto que contenga la idea de culpa o dolo,* o que permita la exoneración mediante la prueba de la falta de culpa. En ellos, como es sabido, el daño moral se presume siempre (una vez constatada la intromisión ilegítima), tratándose de una *presunción iuris et de iure* en relación justamente a este tipo de daños[31] [32].

Ciertamente, esto es todavía un argumento indirecto que no permite resolver de manera definitiva la cuestión. No obstante, conviene preguntarse cómo es posible que la única normativa específicamente reguladora de la posible responsabilidad extracontractual por lesión de derechos fundamentales como esta Ley de 1982, *haya introducido la importante novedad de discernir entre daños a DF, por un lado, y daños a otros derechos e intereses legítimos, por otro, a la hora de fijar sus presupuestos.* Y sobre todo, conviene preguntarse por *las razones que llevaron al legislador a establecer esta distinción.* Pero sigamos avanzando.

6.- Precisamente por lo anterior, disponemos legalmente de una única referencia clara, que es la que nos proporciona el art. 2 de la LO de 1982, que presume el daño en cuanto haya una *"intromisión ilegítima"*.

Aun cuando es usual que los autores estudiosos de la tutela de los derechos al honor, intimidad e imagen vengan sosteniendo la existencia de una presunción de daño, sin embargo, a nuestro juicio, esta normativa de la Ley Orgánica de 1982 *exi-*

---

31 Así, MINGORANCE, "Consideraciones ..." *cit.*, pag. 400.

32 A ello quizás se podría *añadir la cuestión del nexo causal, y la necesidad de facilitar su prueba,* dado que, con mucha frecuencia, en los litigios medioambientales, va a erigirse en el gran obstáculo -como lo demuestra la jurisprudencia de los Tribunales- para obtener la reparación. *Con esto lo que defendemos es sobre todo que el daño moral, no ya el resto de daños, tenga un tratamiento judicial mucho más benévolo,* en tanto se aduzca la producción de una intromisión ilegítima en el correspondiente derecho fundamental lesionado.

ge siempre una actividad probatoria, aunque dirigida específicamente a demostrar la existencia de una "intromisión ilegítima", como paso previo a la condena por daños morales.

Ello obliga a desglosar de forma separada los dos términos: "intromisión" e "ilegítima", y adaptarlos a los casos aquí examinados.

El primer problema, por tanto, es lo que se pueda considerar como ***"intromisión"***, esto es: ¿cuándo un sujeto se "entromete" en el disfrute por su titular de su derecho a la intimidad, o de su derecho al domicilio (inviolable)?

Es en este punto donde se puede decir que la realidad social ha superado a la Ley de 1982, y donde *puede ser razonable ampliar el elenco posible de conductas que supongan intromisión, superando el listado del art. 7 de la Ley de 1982* (que por lo demás recoge supuestos, no de intromisiones a secas, sino de intromisiones calificables de ilegítimas)[33].

Así pues, son o pueden ser consideradas como "intromisiones" generadoras de una condena por daño moral, *cualesquiera actos, sea cual sea su entidad o gravedad, que sean susceptibles de lesionar ese concreto derecho fundamental alegado, de forma actual o de forma futura,* siguiendo una previsibilidad normal.

La exigencia de mayor o menor gravedad, impuesta por alguna sentencia del TC (para acoger o no el recurso de amparo, no para la condena por daños), no debe tener cabida en este

---

33 No parece sin embargo adecuado el recurso a la analogía con los casos del art. 7 LO de 1982, al ser evidente que el legislador de dicha ley no pensó nunca en las inmisiones medioambientales que afectaran al derecho a la intimidad o al domicilio, cuando recogió el elenco de supuestos de intromisiones ilegítimas.

ámbito, puesto que ni siquiera la Ley de 1982 hace distinciones en función de la gravedad o entidad de la lesión.

Esta "intromisión" hay deber indudable de acreditarla en el proceso judicial por parte del sujeto titular del derecho fundamental.

Ciertamente, *no será precisa una prueba minuciosa y totalmente concluyente, puesto que entonces desbordaríamos los límites constitucionales del derecho fundamental,* y nos llevaría a desvirtuar su eficacia de forma cuasi general, en el ámbito de la responsabilidad civil extracontractual. Como ya se dijo más arriba, pueden ser demandados por tal responsabilidad los propios poderes públicos, vinculados directamente con el mandato de la norma constitucional, quedando los particulares demandados a su mismo nivel de vinculación.

Este es por tanto un campo donde la regulación constitucional del DF debe funcionar plenamente y a sus anchas, sin más restricciones que las propias señaladas en el precepto constitucional concreto, y en todo caso limitada sólo por otros DF del mismo rango del sujeto demandado, si los tuviera, al objeto de efectuar la correspondiente ponderación de derechos.

7.- A continuación, debemos examinar el segundo término de la expresión: ***"ilegítima"***, esto es, la intromisión producida mediante inmisiones medioambientales debe ser en todo caso ilegítima. ¿Cuándo será legítima, y cuándo ilegítima? ¿Cómo probar o dejar constancia judicial de la "ilegitimidad"?

A nuestro juicio, de acuerdo con la Ley Orgánica de 1982, *la legitimidad o ilegitimidad estará directamente relacionada en primer lugar con la concurrencia del consentimiento expreso o tácito, o no, por parte del titular del DF.*

Al respecto, hay que recordar que, según los arts. 2.2 y 8 de la LO de 1982, los casos de intromisiones ***legítimas*** de terceros, que, por tanto, *no dan lugar al deber de indemnización* por daños morales, son básicamente los siguientes:

a) **Consentimiento o autorización del titular:**

Esto significaría que sólo cuando la inmisión haya sido expresa o implícitamente aceptada por el sujeto, de forma expresa o también de forma tácita, se podrá excluir ese deber de reparación del daño moral causado.

Es patente, por tanto, que, desde el punto de vista probatorio, *la concurrencia de ese consentimiento o autorización* que excluya la "ilegitimidad" de la intromisión, *debe ser probada por el sujeto demandado.* No es, por tanto, al titular del derecho que reclama daños morales a quien le deba corresponder una prueba de una "falta de consentimiento", dado que sería siempre una prueba negativa, y además muchas veces imposible y por tanto "diabólica".

A este respecto, a lo sumo, un supuesto de aceptación tácita podría darse quizás, como ha tratado alguna jurisprudencia, cuando la empresa o sujeto contaminante ya estuviera desplegando su actividad en la zona, y en un momento posterior a ello se produjera la adquisición del inmueble por el titular del DF, o se iniciara o desplegara la vida personal dentro del domicilio, o cuando se instalase el actor en un centro de trabajo o profesional habiendo previamente la actividad del sujeto demandado. En esta coyuntura, en la medida en que el sujeto fuera consciente de esa situación, podría quedar excluida la condena por daño moral, si no totalmente, sí quizás de forma parcial, según los tiempos y las circunstancias concurrentes.

b) Junto al supuesto de consentimiento o autorización del titular, el art. 8 de la Ley de 1982 prevé **otros casos adicionales**, que vienen dados por la concurrencia de intereses preponderantes como son los de que la intromisión sea *acordada por la autoridad competente, o exista un interés histórico, científico o cultural relevante para ello.*

Sin embargo, parece evidente que estos supuestos *difícilmente jugarían en casos analizados de inmisiones medioambientales en la intimidad, el domicilio o la integridad del titular reclamante*: la razón es que entonces estaremos en este ámbito dando preponderancia a unos intereses o derechos que son siempre de rango inferior al derecho fundamental vulnerado.

8.- Por otro lado, precisamente por estar en presencia de DF alegados como vulnerados, *la prueba relativa a la "intromisión ilegítima" excluirá la aplicación del resto de presupuestos de la responsabilidad extracontractual*.

En este sentido, *debería considerarse irrelevante*, una vez probada la intromisión, la demostración por el demandado de cualquier tipo de *conducta diligente* por su parte, o incluso la concurrencia de *una hipotética causa de fuerza mayor*. En la medida en que se haya lesionado el DF, y nazca de una intromisión ilegítima proveniente del demandado, debe inevitablemente condenarse, como mínimo por el daño moral, y excluirse la posible exoneración del demandado generador de las inmisiones, por estos motivos.

Tan sólo la prueba de la culpa exclusiva del sujeto lesionado en su DF podría dar lugar a esa exoneración. Si se piensa bien, en este ámbito, esa "culpa exclusiva" debe *conectarse con el consentimiento del titular*, de modo que la responsabilidad del demandado quedará excluida cuando haya intervenido la voluntad o consentimiento expreso o tácito del titular del derecho, en los términos del art. 2.2 de la Ley orgánica de 1982.

En este sentido, *no creemos que deba regir aquí un hipotético principio de inversión de la carga de la prueba*, permitiendo que el demandado o demandados puedan probar su conducta diligente, o la concurrencia de causa de fuerza mayor (insistimos, nos referimos a la reclamación del daño moral derivado de la lesión del derecho fundamental).

En esta línea, no tiene sentido la inversión de la carga de la prueba que se esgrime por algún autor, en este campo de las inmisiones, recurriendo a la fórmula de las llamadas acciones negatorias, y utilizando como base de ellas *el principio de presunción de libertad de cargas del dominio,* como modo de forzar al demandado a probar la procedencia de la "carga" en que consiste la inmisión medioambiental producida.

Esta ha sido la tesis de EGEA FERNANDEZ[34], quien ha sostenido, frente a la complejidad de las acciones derivadas de un derecho fundamental hipotéticamente vulnerado, la fórmula más simple de la acción negatoria y la presunción de libertad de cargas del dominio que preside este tipo de acciones.

A nuestro juicio, esta idea de presunción de libertad del dominio como modo de facilitar la prueba *en los supuestos de inmisiones de tipo medioambiental, casa bastante mal con estas últimas,* y tiene su sentido cuando tratamos de verdaderas cargas reales o servidumbres prediales, pero no cuando se plantea si una actividad contaminante debe ser o no soportada por el titular propietario.

Además, parece poco factible esta vía en aquellos casos (frecuentes) en que el perjudicado *no puede esgrimir un derecho de propiedad sobre una finca o inmueble* al que poder aplicar la citada presunción de libertad, sino que tiene *un derecho real o personal distinto de la propiedad, o una mera situación posesoria,* o bien simplemente se trata de un sujeto que ha visto *afectado a nivel personal por la inmisión, sin tener conexión alguna con un inmueble o espacio domiciliario,* como ya hemos visto que puede suceder.

---

[34] EGEA FERNANDEZ, J., "Relevancia constitucional de las inmisiones por ruido ambiental procedente de una zona de ocio nocturno. Recepción de la jurisprudencia del Tribunal Europeo de Derechos Humanos (Comentario a la STC 119/2001, de 24 de mayo)", Revista Derecho Privado y Constitución, nº 15, Enero-diciembre 2001, pag. 69 ss.

En todo caso, *esta opción podría ser viable, tratándose de daños de orden patrimonial*, recurriéndose así a una inversión de la carga de la prueba como la propuesta. Aun así, tenemos también muchas dudas de su aplicabilidad a estos otros daños.

Desde nuestra perspectiva, y *tratándose de daños morales* derivados de la afectación de un DF por un acto contaminante, se deberían aplicar los parámetros propios antes expuestos, siendo suficiente con la prueba de la intromisión no autorizada, y no siendo posible exonerarse mediante prueba en contrario de una hipotética diligencia. El hecho de que estemos ante DF, y de que los preceptos constitucionales no pongan límites a la exigibilidad de reparación de los daños (morales) por su correspondiente lesión, debe llevar inevitablemente a esta conclusión.

A lo sumo, aparte de la señalada más arriba del consentimiento expreso o tácito del titular a la intromisión, la única prueba en contrario que podría admitirse debería estar referida a *que el demandado disponga de algún derecho basado en una norma de alto rango jerárquico*, que pudiera fundamentar un límite concreto al DF en su beneficio o en su interés. Lo cual nos lleva automáticamente a la idea de que *sólo un DF de primer orden, susceptible de contraponerse al derecho fundamental esgrimido por el actor*, puede permitir al demandado en estos procedimientos una delimitación del derecho fundamental del actor, y un planteamiento de un conflicto de derechos (en la línea típica del conflicto entre derecho a la intimidad y libertad de información) del que pueda nacer una exoneración del demandado a pesar de haberse producido la lesión del DF del actor, con base en la presencia de otro derecho fundamental de igual rango en manos del primero.

Cuestión distinta sería ya la cuantía de la indemnización reclamada, que no debe presumirse, y que debería ponderarse en función de las circunstancias: gravedad, intensidad, duración temporal, previsión de persistencia en el futuro, etc…, previa demostración del posible perjuicio, o del riesgo inminente de su producción. En todo caso, a falta de prueba del mayor daño, debería recurrirse a la condena (por presunción de daño) al pago de *una indemnización de mínimos*, en la línea de lo que dispone de forma habitual el TEDH a la hora de indemnizar por las inmisiones medioambientales lesivas del art. 8 del CEDH.

9.- Lo que en todo caso resulta palmario es que, *aduciendo el actor*, en un procedimiento civil ordinario de tutela de derechos fundamentales (art. 249 LEC), *que se le ha vulnerado su derecho (a la intimidad, la inviolabilidad domiciliaria, a la integridad), o que existe un riesgo considerable de futura e inminente lesión*, la sola demostración de esto último *debería bastar para que el Juzgado o Tribunal pueda adoptar las correspondientes medidas de cese o paralización* de la actividad contaminante, si así se le solicitan por el titular del derecho.

En este campo, el recurso a las distintas medidas previstas en el ya citado art. 9 de la Ley Orgánica de 1982, tales como las correspondientes medidas de restablecimiento del pleno ejercicio del derecho y de prevención de intromisiones futuras, entendidas en sentido muy amplio, debe ser una vía abierta de forma permanente para los sujetos que, con base en la lesión actual *o futura* del DF, pretendan la adopción judicial de algunas de esas medidas, o cualesquiera otras similares, en función del tipo de inmisión. Ello con independencia de que el Tribunal califique o no favorablemente la existencia de una intromisión ilegítima, es decir, con independencia de que haya condena al pago de una indemnización por daño moral.

Como colofón, en última instancia, todas las reflexiones anteriores, nos deben llevar a plantearnos también, yendo un poco más allá, si, como consecuencia de la jurisprudencia del TEDH, y de su recepción parcial pero sustancial por parte del Tribunal Constitucional y del Tribunal Supremo, no deberían extenderse todas o buena parte de las anteriores reflexiones y conclusiones a aquellos otros supuestos en los que se hayan producido inmisiones o actos contaminantes que hayan afectado, sin mayores precisiones, al ***"libre desarrollo de la personalidad"*** del sujeto reclamante, previsto en el art. 10.2 CE, y entendido de modo genérico.

Ya vimos cómo algún autor planteaba a la postre que toda la doctrina sobre lesión de DF por actos contaminantes y su conexión con determinados derechos de la personalidad conducía inevitablemente hacia el principio de "libre desarrollo", como fundamento último de la tutela de los derechos fundamentales concretos. Pues bien, se trata ahora de concluir *si existe o no una fuerza expansiva de dicho principio que permita, no tanto un recurso de amparo* ante el TC en los casos en que se produzcan actos de particulares o de las Administraciones públicas que lesionen o afecten en general a ese libre desarrollo, haya o no un derecho fundamental concreto que lo respalde, cuanto *el posible ejercicio de acciones de responsabilidad civil por daños morales, así como el ejercicio de pretensiones de cese o paralización de actividades contaminantes.*

La respuesta, a pesar de las dificultades, creemos que *debe ser afirmativa.* Siendo prácticamente todos los DF expresiones o manifestaciones concretas o parciales del "libre desarrollo de la personalidad" de los ciudadanos, y de la exigencia constitucional de tutelar cualquier forma de hacerlo, entonces no debe haber la menor duda de que, *habiendo inmisiones medioambientales que repercutan de forma real y constatable en ese principio,* el sujeto afectado *debe disponer de los correspondientes mecanismos de tutela.*

En la perspectiva procesal civil, se trataría de la facultad de iniciar un proceso civil ordinario de tutela de los derechos fundamentales (art. 249.1.2º LEC), sólo que en estos casos ahora señalados, el actor debería alegar, formalmente al menos, la lesión de uno o de varios de esos posibles derechos, junto con la afectación de su "libre desarrollo", al objeto de gozar de los beneficios procesales y sustantivos propios de esta clase de derechos, y que más arriba se han expuesto.

BIBLIOGRAFÍA

ALFARO AGUILA-REAL, J., "Autonomía privada y derechos fundamentales", *Anuario de Derecho Civil*, 1993-I, pags. 57 ss.

ALVAREZ LATA, N., "Responsabilidad civil por daños al medio ambiente", en *Tratado de Responsabilidad civil (Coord. F. Reglero Campos), Tomo III. Parte especial segunda.* Ed. Thomson Aranzadi, Cizur menor, 2008, pag. 87 ss.

CATALINA BENAVENTE, M.A., *El Tribunal Supremo y la tutela de los derechos fundamentales*, Tirant Monografías 649, Valencia, 2010

EGEA FERNANDEZ, J., "Relevancia constitucional de las inmisiones por ruido ambiental procedente de una zona de ocio nocturno. Recepción de la jurisprudencia del Tribunal Europeo de Derechos Humanos (Comentario a la STC 119/2001, de 24 de mayo)", Revista Derecho Privado y Constitución, nº 15, Enero-diciembre 2001, pag. 69 ss.

MINGORANCE GOSÁLVEZ, C., "Consideraciones sobre la reparación del daño moral", en *Cuestione clásicas y actuales del Derecho de daños. Estudios en Homenaje al profesor Dr. Roca Guillamón (Coord. J.Ataz y J.A. Cobacho). Tomo III,* Thomson Reuters Aranzadi, Cizur Menor, 2021

NARANJO DE LA CRUZ, R., *Los límites a los derechos fundamentales en las relaciones entre particulares, la buena fe*, Centro de Estudios Constitucionales, Madrid, 2000

ORDÁS ALONSO, M., "Ruidos, salud, medio ambiente, intimidad e inviolabilidad del domicilio", en *Revista Derecho Privado y Constitución*, nº 31, 2017.

PALAZÓN GARRIDO, M.L., "Daños causados por el ruido, responsabilidad civil y derechos fundamentales", en *Tratado de Responsabilidad civil (Coord. F. Reglero Campos), Tomo III. Parte especial segunda.* Ed. Thomson Aranzadi, Cizur Menor, 2008.

PEREZ SOLA, N., "El derecho-deber de protección del medio ambiente", *UNED Revista de Derecho Político*, N.º 100, septiembre-diciembre 2017

RUIZ-RICO RUIZ, Gerardo, "La protección constitucional del medio Ambiente desde la perspectiva del Derecho Penal", en *Protección jurídica al ambiente. Tópicos del Derecho Comparado (Coord. S. Cifuentes, G. Ruiz-Rico y M.A. Besares),* ed. Porrúa, México, 2002, pag. 225 ss..

YZQUIERDO TOLSADA, M., "Daños a los derechos de la personalidad (honor, intimidad y propia imagen)", *Tratado de Responsabilidad Civil (Coord. F. Reglero campos), Tomo III. Parte Especial segunda.* Thomson Aranzadi, Cizur Menor, 2008

Capítulo 7.

La responsabilidad civil en la Ley 26/2007, de 23 de octubre, de responsabilidad medioambiental. Problemas para su aplicación práctica

BELÉN CASADO CASADO

1. PLANTEAMIENTO INICIAL

La Ley 26/2007, de 23 de octubre de Responsabilidad Medioambiental (en adelante LRCMA) establece un sistema de responsabilidad medioambiental con la finalidad de prevenir eficazmente los daños ambientales y, si estos llegaran a producirse, capaz de establecer su rápida y adecuada reparación. Esta es la pretensión de la legislación de referencia[1] que obedece a la necesidad de trasposición de la Directiva 2004/35/CE del Parlamento Europeo, creada también con esta finalidad de prevención y reparación del daño ambiental. Para ello instituye un conjunto de potestades administrativas que garantizan el cumplimiento de la ley, para que sea la Administración pública la que exija el régimen de responsabilidad objetivo por ella establecido, trasladando a los operadores económicos beneficiarios de la explotación de los recursos naturales el coste derivado de la reparación, para que éstos no sean asumidos por la sociedad. Sin embargo, ha querido dejar fuera los conflictos

---

[1] Así dispuesto en su Preámbulo.

entre el causante del daño y el particular afectado, conflictos que seguirán la vía civil clásica de exigencia responsabilidad en sede judicial. Por tanto, esta normativa específica, que existe tanto en España como algunos otros países europeos, concierne a lo que llamaremos responsabilidad civil por daños medioambientales generales, esto es, cuando los bienes o derechos afectados no sean de titularidad privada, sino bienes públicos o comunes, sin perjuicio de que la actividad causante de los mismos pudiera ocasionar a la vez daños concretos a particulares, teniendo éstos a su alcance las normas generales de la responsabilidad civil extracontractual o contractual contenidas en el Código Civil y en las leyes civiles especiales.

En este trabajo queremos plantear a modo introductorio referencias concretas sobre lo que nosotros consideramos que son puntos nucleares de este texto legal referidos a la imputación de responsabilidad, aspectos centrales que tienen que ver con el tipo de régimen de responsabilidad que la misma establece, para después presentar un debate sobre cuestiones dudosas que afectan a su práctica jurídica.

Pretendemos estudiar la aplicación práctica de la Ley desde su aprobación para comprobar si la legislación soluciona problemas determinados o más bien presenta otros que dificultan u obstaculizan su utilidad real. Después de estos casi 16 años desde su entrada en vigor es momento más que oportuno para valorar algunos de sus resultados.

Por otro lado, también resulta paradójico que este régimen de responsabilidad específico para daños ambientales pueda abstraerse del todo de perjuicios individualizados que, siendo también daños ambientales, no encajan en su ámbito de aplicación y deberán ser resueltos desde el Código civil, pues de entrada valoramos no estaría estableciendo un régimen de responsabilidad general sino concreto y limitado, y si esto es así, no sabemos si a través de las normas generales del Código civil se establece una adecuada protección legal para estos daños.

2.-ÁMBITO DE APLICACIÓN. DAÑOS INDEMNIZABLES. TIPO DE RESPONSABILIDAD

2.1 Daño medioambiental

El objeto de la ley es prevenir, evitar y reparar los daños ambientales de conformidad con el art. 45 CE "Todos tienen derecho a disfrutar de un medio ambiente adecuado para el desarrollo de la persona, así como el deber de conservarlo". Su artículo 2 está destinado a realizar definiciones de conceptos que aparecen en la ley, entre ellos el concepto de "daño ambiental". En su apartado 1 define el daño ambiental como el daño a las especies silvestres y a los hábitats, el daño a las aguas, a la ribera del mar y a las rías y al suelo. Estos daños deben ser "significativos", daños que produzcan "efectos adversos significativos", sin embargo, en el caso del suelo menciona que "suponga un riesgo significativo de que se produzcan efectos adversos para la salud humana o para el medio ambiente debido al depósito, vertido, o introducción directos o indirectos de sustancias, preparados, organismos o microorganismos". Define el daño en general como efecto adverso mensurable de un recurso natural o el perjuicio de recursos naturales, tanto si se produce directa como indirectamente. Con posterioridad precisa el concepto de riesgo, especies silvestres, hábitat, estado de conservación, aguas, ribera del mar y rías, suelo, operador, actividad económica o profesional, emisión, amenaza inminente de daños, medida preventiva o de prevención, medida de evitación, medida reparadora, recurso natural, servicios de recursos naturales, estado básico, recuperación, costes, autoridad competente y público.

2.2 Ámbito de aplicación

Es el art. 3 el que determina su ámbito de aplicación a los daños ambientales y a la amenaza inminente de que tales daños ocurran, cuando estén ocasionador por las actividades recogidas en el Anexo III, aunque no exista dolo y culpa. Se presumirá, salvo prueba en contrario, que una actividad de las enumeradas en el Anexo III ha causado el daño o la amenaza inminente de que tales daños se produzcan. Estamos ante una presunción de casualidad que lleva a un sistema de responsabilidad objetiva[2].

Posteriormente establece otro sistema de responsabilidad subjetiva para actividades distintas de las recogidas en el Anexo III, que atiende más bien a la función preventiva dispuesta en el Preámbulo de la Ley, que justifica la universalización de las obligaciones en materia de prevención y evitación, haciéndola extensiva a todo tipo de actividades y frente a todo tipo de comportamientos, tanto dolosos, negligentes, como meramente accidentales o imprevisible[3].

En el apartado 3.3 restringe la aplicación de la Ley a la contaminación de carácter difuso, sólo en el caso de que pueda establecerse un vínculo causal entre los daños y las actividades de los operadores concretos, y los apartados 3.4 y 3.5 recogen exclusiones de responsabilidad derivadas de situaciones excepcionales como las producidas por conflictos armados, guerra civil, fenómenos naturales de carácter excepcional inevitable e imprevisibles, o situaciones consentidas respecto de uso de materiales cuya utilización derive del Tratado Constitutivo de la Comunidad Europea de la Energía Atómica o aquellas cuyo

---

2 CABANILLAS SÁNCHEZ, A. "Los criterios de imputación de la responsabilidad ambiental", en *Estudios Jurídicos Liber Amicorum en honor a Jorge Caffarena*, dir. por Embid Irujo y Miquel González y Morales Moreno, Centro de Estudios, Colegio de Registradores de la Propiedad, Madrid, 2017, págs. 181-203.

3 CABANILLAS SÁNCHEZ, A. "Los criterios de imputación…", ob. cit. pág. 190.

régimen de responsabilidad esté establecido en convenios internacionales enumerados en el anexo V.

2.3 Daños a particulares

Esta responsabilidad excluye de su aplicación expresamente los daños a particulares en su art. 5. Con este precepto la ley ha querido dejar fuera de su ámbito de aplicación los daños a particulares ocasionados por daño ambiental, en cuanto que estos daños han podido afectar ahora o de futuro a las propiedades y bienes. Imaginemos el menor valor de un inmueble por contaminación del suelo, de las aguas o de las especies o los hábitats, que deja el paisaje sensiblemente deteriorado; o el daño moral de tener que vivir en un entorno menos agradable o incluso poco saludable producido por un daño ambiental a recursos naturales.

Los operadores deben realizar actuaciones de prevención, evitación y reparación del daño, así como sufragar los costes, cualquiera que sea la cuantía, cuando resulten responsables de los mismos (art. 9) pero, pese a la posible concurrencia de costes y su compensación (art. 5.2) la Administración no tiene potestad para exigir responsabilidad en estos casos (daños a particulares), dejando la vía abierta a la reclamación privada.

En cualquier caso, tal y como define la ley la medida de reparación (art. 2.16 de la Ley) estas actuaciones no suponen reparación de daños a particulares, más allá de aquellos que tienen que ver con restaurar el propio recurso natural (especies silvestres, hábitats, agua, ribera del mar, ría y suelo). Por ello este precepto entiende que se trata de reparar, restaurar o reemplazar los recursos naturales y servicios de recursos naturales dañados o facilitar una alternativa equivalente a ellos según lo previsto en el Anexo II. No contempla otros daños por lo que no establece un régimen de responsabilidad general para esta clase de daños.

2.4-Responsabilidad de los operadores. Exclusiones y exoneraciones de responsabilidad. Acciones frente a terceros

El régimen de responsabilidad objetiva de la LRCMA determina su ámbito de aplicación a los daños ambientales y a la amenaza inminente de que tales daños ocurran, cuando estén ocasionados por las actividades recogidas en el Anexo III, aunque no exista dolo y culpa. Se presumirá, salvo prueba en contrario, que una actividad de las enumeradas en el Anexo III ha causado el daño o la amenaza inminente de que tales daños se produzcan. Estamos ante una presunción de casualidad y un sistema de responsabilidad objetiva.

La responsabilidad objetiva atiende a la peligrosidad de la actividad empresarial o profesional que se practica, pero no basta con que sea objetivamente peligrosa, sino que debe estar recogida en el Anexo III. El ejercicio de una actividad prevista en el Anexo III que cause un daño ambiental o la amenaza inminente de que éste se produzca constituye el criterio de imputación objetiva de responsabilidad del operador, se considera por tanto que la actividad económica ha causado el daño o la amenaza de que pueda producirse el daño.

Esta presunción se refuerza con otra presunción, que es la contenida en el art. 9, que pasamos a exponer. El art. 9 de la Ley define mejor la responsabilidad objetiva especial del operador cuando entiende que el cumplimiento de los requisitos, de las precauciones y de las condiciones establecidas por las normas legales y reglamentarias no exonerará a los operadores incluidos en el Anexo III de responsabilidad ambiental, sin perjuicio de los dispuesto en el art. 14.

Por otro lado, el art. 14 recibe las causas de exoneración de responsabilidad por actuaciones de terceros ajenos al ámbito de la organización de la actividad de que se trate e independiente a ella, o la exoneración también porque el daño se produce del cumplimiento de órdenes expresas obligatorias por autoridad pública competente.

El operador no está obligado a sufragar el coste de las medidas reparadoras cuando demuestre que no ha incurrido en dolo o negligencia y además se den algunas de las siguientes circunstancias: art. 14.2 a) que la emisión o el hecho que sea causa directa del daño medioambiental constituya el objeto expreso y específico de una autorización administrativa otorgada de conformidad con la normativa aplicable a las actividades enumeradas en el Anexo III[4], art. 14.2 b) que pruebe que el daño medio ambiental fue causado por una actividad, una emisión, o la utilización de un producto que, en el momento de realizarse o utilizarse no eran considerados como potencialmente perjudiciales para el medio ambiente con arreglo al estado de los conocimientos científicos y técnicos existentes en aquel momento. En cualquier caso, estará obligado a sufragar los costes de prevención, evitación y reparación, sin perjuicio de la recuperación de algunos de ellos conforme al art. 15, esto es, mediante acciones de repetición frente a terceros o reclamando la responsabilidad patrimonial de las Administraciones públicas a cuyo servicio se encuentre la autoridad pública que impartió la orden o instrucción. Esta actuación de recupera-

---

4 CABANILLAS SÁNCHEZ, A. "Los criterios de imputación ..." ob. cit. pág. 196 "Se trata de una de las normas más peligrosas de la LRMA, porque las actividades económicas o profesionales enumeradas en el Anexo III, que determinan la responsabilidad del operador, aunque no exista dolo o culpa, pueden requerir, para poder ser llevadas a cabo, la obtención de una autorización administrativa previa. Por ello, esta norma ha de interpretarse restrictivamente. Así, la autorización administrativa debe referirse específicamente a la emisión o el hecho de que sea causa directa del daño medioambiental. De este modo, el objeto de la autorización debe ser la emisión o el hecho productor de daños medioambientales en concreto y no el desarrollo de la actividad", citando a ÁLVAREZ, LATA, LOZANO CUTANDA Y GOMIS CATALÁ.

ción de costes frente a terceros también podrá ser exigida por la autoridad competente. Expresamente, la exoneración del art. 14.2 supone acción de recuperación del operador de los gastos de reparación, manteniendo la obligación de sufragar los costes de prevención y evitación, siendo éstos, gastos sobre los que no procede la recuperación de costes.

La responsabilidad será también objetiva pero más sectorial para amenazas de daños ambientales ocasionados por cualquier tipo de actividad económica o profesional, esté o no en el Anexo III, aunque este régimen se sostiene sobre un menor contenido obligacional, pues sólo requiere la adopción de medidas de prevención y evitación de nuevos daños medioambientales, al que no resulta aplicable la presunción de culpabilidad. Por ello habrá que probar el nexo causal entre la actividad llevada a cabo por el operador y el daño o la amenaza de que éste se produzca. Por ello también las medidas de prevención y evitación tendrán una alcance objetivo e ilimitado independientemente de qué actividad sea. Si el operador actuó con dolo o culpa también estará obligado a las medidas de reparación. Cuando medie dolo o culpa serán exigibles las mismas medidas de reparación que cuando estemos hablando de actividades económicas recogidas en el Anexo III. Las consecuencias son las mismas, pero no así los presupuestos de la responsabilidad, al no ser iguales los criterios de imputación en uno u otro caso[5].

El art. 16, al tratar las acciones frente a terceros entiende que la acción contra el tercero procede con independencia de si este tercero incurre o no en culpa, siempre que sean causantes del daño medioambiental o la amenaza de daño medioambiental, así como la posible exigencia de responsabilidad del operador frente al fabricante, al importador o al suministrador

---

5 CABANILLAS SÁNCHEZ, A. "Los criterios de imputación...", ob. cit. pág. 192.

del producto cuando este daño o amenaza sea causado por el uso de un producto y el operador se haya ajustado a su uso conforme a la normativa vigente al momento de producirse la emisión o el hecho causante del daño ambiental.

3.-ANÁLISIS PRÁCTICO. ALGUNAS SENTENCIAS SOBRE LA MATERIA

Antes de nada, queremos advertir la escasa aplicación práctica de esta ley, pues resulta difícil encontrar sentencias donde se aplique. No obstante, hemos pasamos a exponer las siguientes:

SAN núm. 507/2016, de 19 de julio (RJCA 2017/272):

Los hechos que dieron lugar al procedimiento judicial fueron los siguientes:

El Ayuntamiento de Cabrera presentó varios escritos interesando en incoar un expediente por responsabilidad medioambiental al amparo de la Ley 26/2007, ante la Administración General del Estado (Ministerio correspondiente), la Generalitat de Catalunya y el Consorcio Puerto de Mataró, por la erosión y desaparición progresiva de la playa de Cabrera de Mar. Interesa el establecimiento de medidas de prevención, evitación y reparación, proponiendo medidas de reposición de arena acompañadas de otras medidas complementarios como la construcción de diques. Entienden que conforme al art. 2.1 de la Ley 26/2007, es responsable el gestor del puerto, en este caso el Consorcio del Puerto de Mataró, porque este precepto también hace responsables a los gestores públicos. Plantean que conforme al art. 7 de la LRCMA tiene competencia para exigir esta responsabilidad tanto la Generaltitat de Catalunya como el Ministerio de Medio Ambiente como titular del bien jurídico afectado, pudiendo el Ministerio o la Generalitat ejecutar directamente las medias para después repetir contra el directamente responsable que sería el Consorcio del Puerto de Matró.

La sentencia menciona en relación a la Ley 26/2007 que esta norma supone el establecimiento de ***"un sistema o régimen administrativo de responsabilidad medioambiental con el que se pretende completar, que no sustituir ni modificar, a los tradicionales ya existentes, como el de responsabilidad extracontractual en el ámbito civil, responsabilidad patrimonial en el ámbito administrativo, además de la obligación de reparación del daño causado que se pueda exigir en el seno de un procedimiento penal o administrativo sancionador".***

La LRCMA protege intereses generales y no particulares, de ahí la excepción que la misma recoge en su art. 5 referida a los daños a particulares. Se trata de una responsabilidad intervencionista a nivel administrativo que garantiza, previene, repara, y por tanto actúa contra el operador responsable. Si bien habilita al particular para que sea él quien actúe si la Administración no lo hace, para que el particular interesado inste la actuación administrativa cuando ella no lo hace de acuerdo con las prescripciones legales. Es un procedimiento administrativo de exigencia de responsabilidad medioambiental que puede iniciarse de oficio, a instancia del operador o a instancia del particular interesado (art. 41 LRCMA).

Se plantea en esta sentencia una cuestión nuclear relacionada con la relación causal y los criterios de imputación de resposnabilidad, pues el Ayuntamiento implicado entiende que el daño es la desaparición de la playa de Cabrera y esta erosión, pérdida constante y desaparición progresiva de los elementos que la forman, causa una degradación o daño al medioambiente de la costa. No se establecieron medidas de restauración en playas adyacentes para evitar el daño medioambiental, y se ha impedido el transporte natural de sedimentos a la costa mediterránea de norte a sur, todo ello debido a la existencia y actividad del puerto. **Las partes demandadas entienden que no**

hay relación de causalidad porque ese daño que se alega no obedece a la actividad del puerto sino a múltiples causas y que la LRCMA no debe aplicarse también por cuestiones temporales referidas a su entrada en vigor, puesto que los daños son anteriores.

Para resolver el supuesto debemos valorar pimero si estamos ante un daño medioambiental ocasionado por una actividad profesional o económica llevada a cabo por los operadores, tal y como recoge la Ley 26/2007.

La sentencia termina resolviendo que el daño no deviene de la actividad del puerto, puesto que lo que el puerto realiza es la prestación de servicios portuarios, sino que, tal y como se invoca por la parte actora, deviene de la propia existencia del Puerto y desestima la acción por responsaiblidad medioambiental.

Otro supuesto interesante el el recogido en la sentencia del **Tribunal Superior de Justicia de Cataluña, (Sala de los Contencioso Amdinistrativo, Sección 3ª), sentencia núm. 139/2018 de 22 de febrero (JUR 2018/245045).** El fallo determina la desestimación de la pretensión en base a que no se acredita que fueran causantes de la contaminación.

Ante la declaración de suelo contaminado de la finca catastral de Terrasa número 7812601DG1971B001FE, se presentaron recursos de alzada, que fueron estimados en parte por el Sr. Conseller de Territori i Sostenibilitat de la Generalitat de Catalunya y Presidente de la Agencia de residuos de Catalunya, interesándose en la vía contenciosa la anulación de esta segunda resolución.

Conforme a la LRCMA si los daños medioambientales o la amenaza de daño inminente se produce por actividades económicas o profesionales de las que no están enumeradas en el Anexo III, la relación de causalidad no se presume y la responsabilidad alcanza al establecimiento de medidas de prevención y evitación. Sólo si existe dolo, culpa o negligencia estarán obligados a la reparación. La Disposición Transitoria única de esta norma fija expresamente que no será aplicable la Ley a daños causados, un suceso o un incidente producido antes del día 30 de abril de 2007. Todo ello sin perjuicio de que pueda exigirse responsabilidad en virtud de otras normas que resulten de aplicación, o que se impongan medidas de prevención o de evitación de nuevos daños o que se obligue a la reparación respecto a la parte de daños que no quedan excluidos conforme a su apartado primero.

Esta Disposición Transitoria lleva a desestimar la pretensión porque la actividad cesó sobre los terrenos a principios de los años 40 y la parcela fue enajenada en el año 1965, no resultando aplicable la norma, ni la Directiva, ni la normativa sectorial histórica referenciada en la sentencia.

Otra sentencia de referencia es la **STS núm. 349/2012 de 11 de junio, Sala de lo Civil (RJ 2012/6709)**. En esta ocasión se acciona por responsabilidad extracontractual en vía civil por los gastos de descontaminación de terrenos sobre los que antiguamente hubo una fábrica de productos químicos, vendidos a bajo precio por ser conocida su alta contaminación, aportados por una entidad pública a una sociedad anónima, computándose en su valoración el coste de la descontaminación y dedicados finalmente a zona portuaria y residencial en forma de marina adjudicándose su explotación a la sociedad mercantil demandante.

Se trató de decidir si una sociedad mercantil constituida por entes públicos para la regeneración y consiguiente explotación de un puerto deportivo-pesquero y su zona residencial contigua puede repercutir retrospectivamente los costes de la descontaminación a la sociedad mercantil que en tiempos contaminó la zona, y ello pese a haber tenido que cesar ésta en su actividad industrial y haber vendido en su día los terrenos a bajo precio debido precisamente a su contaminación, conocida por todas las entidades que sucesivamente fueron adquiriendo derechos sobre dichos terrenos. Y esta decisión se somete por la actora-recurrente a la jurisdicción civil con base en el Código Civil pero invocando el principio "quien contamina paga", presente en diversas normas administrativas de protección medioambiental que se consideran aplicables al caso.

La sociedad mercantil pretendía repercutir los costes de descontaminación invocando subrogación, repetición, reembolso y enriquecimiento injusto en base a una sentencia de la Sala de lo Contencioso-Administrativo del Tribunal Superior de Justicia de Cataluña de 28 de abril de 2004 donde se había impuesto la obligación de descontaminación a la sociedad demandada. En primera instancia se acepta este resultado de condena. Pero resulta interesante el pronunciamiento de la Audiencia Provincial cuando desestimando la pretensión de condena y revocando la sentencia de primera instancia establece lo siguiente, entre otros:

"(...)15) ***la Ley 26/2007 (RCL 2007, 1925) , de Responsabilidad Medioambiental, aun no siendo aplicable, sí pone en evidencia, sobre todo en su art. 5 , "la improcedencia de la hipertrofia e hiperobjetivación que se pretende del art. 1902 del Código Civil que, no solo violenta cualquier interpretación razonable del mismo, sino que llegaría a hacer innecesarias Directivas o Leyes nacionales sobre cualquier materia concreta***[6]***,*** *incluida toda la normativa contractual del propio código"*

El pronunciamiento del Tribunal Supremo cuando intenta dar una respuesta a la falta del requisito de la alteridad o su consideración de daño particular y la aplicación del principio "quien contamina paga" desde el punto de vista del ámbito de la responsabilidad civil, así como su conjunción con la normativa sectorial de referencia (Ley 26/2007), atiende a interpretaciones como éstas: **Entiende que este principio de "quien**

---

6 La negrita es nuestra

contamina paga" no deja de ser una manifestación concreta en materia medioambiental del principio de que cada uno debe responder de sus propios actos, y debe conciliarse esto con los sucesivos contratos privados que deben ser cumplidos conforme al art. 1258 CC.

"Las normas administrativas que prohíben la realización de actividades de vertido gravemente perjudiciales para la comunidad imponen a las Administraciones públicas la obligación de impedir y de sancionar esas conductas, en el caso de que se produzcan, y de exigir las consiguientes responsabilidades por los daños causados a los intereses públicos, generales o colectivos; pero el instituto de la responsabilidad civil extracontractual no puede ser utilizado para transformar la obligación de indemnizar a la comunidad por daños originados en general a los bienes colectivos en una obligación de reparación concebida particularmente en beneficio del comprador de un inmueble que pudo haber tenido en cuenta, al pactar las condiciones de la compraventa, el deficiente estado del solar y en ese caso resultaría después beneficiado de manera injusta por la reparación de unos daños cuyo sujeto pasivo es la comunidad.

La nueva Ley 26/2007, de 23 de octubre, de Responsabilidad Medioambiental, en el art. 5.1 , acepta estos principios para la delimitación entre los daños medioambientales y los daños de naturaleza civil producidos por los mismos hechos que causan aquellos, estableciendo que «[e]sta Ley no ampara el ejercicio de acciones por lesiones causadas a las personas, a los daños causados a la propiedad privada, a ningún tipo de pérdida económica ni afecta a ningún derecho relativo a este tipo de daños o cualesquiera otros daños patrimoniales que no tengan la condición de daños medioambientales, aunque sean consecuencia de los mismos hechos que dan origen a responsabilidad medioambiental. Tales acciones se regirán por la normativa que en cada caso resulte de aplicación.»

La trascendencia del daño desde el punto de vista de los intereses de la comunidad sólo puede, en suma, ser tenida en cuenta desde el punto de vista del deber de los poderes públicos de evitarlo y exigir su repara-

ción, más allá del alcance de los derechos que permiten al afectado el uso o disfrute del inmueble concreto, los cuales solamente pueden ser ejercitados en el marco de la responsabilidad contractual.

(...) ***La repercusión a la demandada de los costes de descontaminar aquellos mismos terrenos para adecuarlos a un uso portuario y residencial solo podía intentarse ante la jurisdicción civil con fundamento en los propios contratos privados determinantes de las sucesivas transmisiones o aportaciones sociales, no con base en el art. 1902 CC ni con base en el cumplimiento por la hoy recurrente de una obligación que las leyes administrativas medioambientales pudieran imponer a Ercros[7]".***

4.-CUESTIONES PRÁCTICAS CONTROVERTIDAS

Hay que advertir que esa normativa específica sobre daños medioambientales generales presenta, al menos en el Derecho español, **algunos importantes inconvenientes**:

1.- El primero de ellos reside en **el alcance de la propia normativa** de la Ley 26/2007 de 23 de octubre, y es que, pese a su denominación, no ha establecido un régimen universal de responsabilidad aplicable a todo daño producido con ocasión de un ilícito medioambiental[8].

Quedan fuera los daños a particulares ocasionados por una determinada actividad contaminante, que deben ser reclamados en vía civil.

---

7 La negrita es nuestra.

8 CORDERO LOBATO, E., "Daños particulares y medio ambiente", en *Tratado de Derecho Ambiental*, dir. por Ortega Álvarez y Alonso García, Tirant lo Blanch, Valencia, 2013, págs. 321-347.

Ahora bien, a pesar de lo sostenido por algunos autores[9] creemos que es perfectamente posible que, con ocasión de una actividad contaminante de alcance general, se puedan, a la vez, producir daños estrictamente particulares, que pueden ser reclamados en vía civil. Es decir, no son hechos o actos distintos, sino el mismo, que tiene derivaciones generales (en cuyo caso se aplicará la ley de 2007) y derivaciones particulares (en cuyo caso se aplican los arts. 1902 ss. y 590 ss. CC).

En este sentido, no se pueden perder de vista las importantes derivaciones que los actos contaminantes tienen para la vida y la calidad de vida de los particulares, y el adecuado desarrollo de sus derechos fundamentales (privacidad o vida privada familiar, intimidad, integridad física y mental, libertad, respeto o preservación del domicilio.). Lo que lleva a una mezcla entre intereses públicos y privados, que hace muy complicado discernir unos y otros, y por tanto las consecuencias del acto contaminante en los intereses generales y lo particulares.

Esto guarda relación también con la cuestión de si el paisaje tiene hoy la consideración de "derecho subjetivo" cuya vulneración acarrea (o no) un deber de indemnización a los particulares afectados[10]. Parece que a día de hoy el TS no lo ha estimado así (STS 31 mayo 2007). La cuestión es bastante dudosa, sobre todo cuando se contempla el estado en que han quedado zonas con paisajes magníficos como consecuencia de los incendios forestales. En la medida en que se produzca la pérdida del paisaje por actos contaminantes de otros particulares o de las Administraciones públicas, habría que revisar la necesidad de valorar, seguramente como daño moral, las repercusiones en la vida cotidiana de las personas que viven en esa zona, aun

---

9 CORDERO LOBATO, E., "Daños particulares y medio ambiente", en *Tratado de Derecho Ambiental*, ob. cit. págs. 321-347.

10 CORDERO LOBATO, E., "Daños particulares y medio ambiente", en *Tratado de Derecho Ambiental*, ob. cit. págs. 321-347.

cuando sus propiedades o sus negocios no se hayan visto afectados de forma directa (que seguramente también lo habrán sido) por dichos actos. Hay que pensar en la calidad de vida de los habitantes de las localidades afectadas, que es un valor intangible, pero que sin duda tiene repercusiones concretas en cuanto puede afectar a la salud mental y el estado de ánimo de esos ciudadanos durante años (mientras vivan en la zona, si es que pueden), y a sus expectativas vitales, hasta el punto de obligarles incluso a emigrar y cambiar de residencia.

2.- El segundo de ellos es el de **identificación del daño tutelado**. Constituye un problema estructural de este tipo de responsabilidad, y se puede comprobar con la transcripción del art. 2.1 de la LRCMA, en cuanto que se plantea la duda de qué debe ser incluido y qué debe ser excluido, siendo criticables algunas exclusiones[11].

3.- Un tercer problema tiene que ver con **la valoración de los bienes y derechos lesionados.** Aun cuando pudieran ser identificados los daños, se presenta el grave problema de su valoración, dado que tratamos de bienes generales que no están en el mercado, por lo que no es nada fácil atribuirles un precio de mercado, en caso de lesión, a efectos de fijar la indemnización que ha satisfacerse por el causante del daño medioambiental. Por eso, la tendencia legal es la de recurrir sobre todo a la valoración de los costes de reparación (también los de prevención), que sí son más fácilmente evaluables económicamente, al menos en una primera aproximación (sin perjuicio de nuevos gastos adicionales).

(La remisión a los costes de reparación de prevención puede ser discutible, ya que hay costes de reparación que son muy elevados, y seguramente superen con creces el valor teórico del bien dañado: pensar en el coste de reponer tierras arrastradas

---

11 Art. 2.1° de la LRCMA

por una avenida de agua, causada por falta de mantenimiento de cauces, o por actuaciones indebidas en ellos).

4.- Otro gran problema es el de **la identificación del concreto causante del daño**. Aunque se trata de una de las clásicas dificultades de la responsabilidad civil medioambiental, sea de carácter general o a nivel de lesiones individuales, la prueba del origen del daño es aquí bastante más difícil, y aun siendo posible, resultará muy costosa.

Para facilitar esa prueba, la LRCMA establece **una serie de actividades catalogadas como potencialmente dañosas**, de tal modo que, habiéndose producido los daños, se pone a cargo de estas entidades o empresas los costes de reparación y/o de prevención, salvo que prueben que los daños no procedían de su órbita de control. Esta idea, habitual en este tipo de normativa, no deja de ser problemática por varios motivos: entre ellos citaremos dos, el primero, el de la *posición de debilidad de estas empresas a la hora de exonerarse de responsabilidad*; el segundo, el de la necesidad de que el legislador tenga *muy bien actualizada la lista de empresas presuntamente "contaminantes"*, para tenerlas adaptadas al estado actual de los conocimientos científicos, lo cual no siempre sucede.

5.- Otro de los caballos de batalla de esta regulación y por tanto uno de sus inconvenientes principales, es el de **la legitimación activa para reclamar RCMA**.

Esa legitimación se concede fundamentalmente al Estado o a los Entes públicos; y excepcionalmente, a las organizaciones ecologistas con competencias en la zona y con unos antecedentes de actividad real.

Esta restricción en la legitimación resulta injustificada, por cuanto con frecuencia los propios entes públicos son directa o indirectamente responsables de la contaminación, por lo que no se sentirán proclives muchas veces a demandar, a menos que haya una fuerte presión social para ello. Debería haberse previsto una suerte de acción popular, a favor de ciudadanos particulares o grupos de ellos, en defensa de los intereses generales; si se quiere de forma subsidiaria, para el caso de que las Administraciones públicas legitimadas no ejercitaran dichas acciones de RCMA.

ALVAREZ LATA[12] sostiene que convertir, como hace la LRCMA, a la Administración en juez y parte en la resarcibilidad del daño ecológico puede no ser un buen cauce en el tratamiento del problema.

6.- Finalmente, los expedientes de RCMA se orientan hacia **una tramitación administrativa previa**, lo que supone una segura ralentización de un proceso que debería ser ágil y rápido, so pena de deteriorar definitivamente el Medio Ambiente.

7.- Por último, como última crítica de carácter general, quedan fuera de la LRCMA (y casi, de hecho, sin tratamiento efectivo) **las vulneraciones medioambientales que sean generales, y no singulares, pero que tengan la consideración de *"no significativas"***, las cuales tampoco podrían ir por la vía judicial civil. Se trata éste de las vulneraciones no significativas de un concepto bastante difícil de delimitar en la práctica, y parece remitir a una exigencia de *gravedad* en las emisiones, que es dudoso que sea oportuno en esta materia, donde hay que velar por solucionar los problemas medioambientales, sea cual sea su entidad.

Por supuesto, todas estas posibles objeciones o críticas a la LRCMA no impiden nuestra consideración absolutamente positiva acerca de la existencia y vigencia de una legislación específica sobre daños medioambientales generales, imprescindible en cualquier Ordenamiento jurídico, aunque completada con una buena regulación y tratamiento jurisprudencial de la res-

---

12 ÁLVAREZ LATA, N., "Responsabilidad civil por daños al medio ambiente", en *Tratado de Responsabilidad Civil*, Reglero Campos (coord.) vol. III, Thomson-Aranzadi, Navarra, 2008, pág. 40.

ponsabilidad civil general de los Códigos Civiles, y de una buena normativa penal sobre delitos contra el Medio Ambiente.

Entraremos ahora a estudiar o intentar dar respuesta a algunos de estos interrogantes. Hemos querido enfocar el estudio en alguno de ellos por lo ambicioso que sería dar una respuesta a todos los problemas planteados.

4.1-Una responsabilidad medioambiental limitada

La LRCMA limita el alcance del régimen general de responsabilidad civil por ella establecido, puesto que encomienda a la Administración las funciones de prevención, evitación y exigencia de reparación, incorporando un procedimiento administrativo capaz de velar por la responsabilidad al medio ambiente derivada de actos lesivos contra el mismo frente a los operadores económicos que lo producen, esto es, una responsabilidad en atención a la actividad profesional, a cualquier actividad con ocasión de una actividad económica, un negocio o una empresa con independencia de su carácter público o privado.

A pesar de basar esta protección en el art. 45 CE da la impresión que el texto legal centra sus esfuerzos en las medidas preventivas y de evitación, pero se queda corto a la hora de establecer mecanismos resarcitorios. Y esta afirmación la hacemos en base a argumentos que tienen que ver con el análisis literal y sistemático de la Ley, muy partidario de recoger conceptos muy generales, algunos demasiado concretos, definiciones indeterminadas o muy poco precisas, muchas exclusiones..., redacción poco clara y confusa, que llevan a la inseguridad en su aplicación y a su poca operatividad en la práctica tal y como hemos planteado en el análisis jurisprudencial realizado anteriormente.

Nos resultó cuando menos llamativa la cantidad de definiciones expuestas en su artículo 2, empezando por la definición de "daño ambiental", como aquel que tiene carácter significativo y que resulta producido en las especies silvestres y los hábitats, las aguas, la ribera del mar y las rías, el suelo, éste último también siempre que suponga "un riesgo significativo de que se produzcan efectos adversos para la salud humana o para el medio ambiente debidos al depósito, vertido, introducción directos o indirectos de sustancias, preparados, organismos o microorganismos en el suelo o en el subsuelo". Es en este recurso natural, el suelo, donde habla específicamente da "daños a la salud humana", donde reconoce expresamente los daños a la salud de las personas derivados de la contaminación del suelo. Conforme al art. 3, la responsabilidad nacida de esta ley se aplica sólo a lo que la misma Ley considera como **"daño ambiental"**.

Pero sería usar un criterio muy simplista, excesivamente restrictivo, pensar que estos daños a los recursos naturales no producen otros daños particulares, esto es, parte la LRCMA de un concepto de daño ambiental excesivamente restringido, por no hablar de las muchas exoneraciones, exenciones de responsabilidad y la exclusión expresa al daño al particular en el art. 5.

Podríamos cuestionar el carácter objetivo de esta responsabilidad cuando excluye su aplicación objetiva para operadores económicos distintos a los del Anexo III, cuando permite exoneraciones basadas en autorizaciones administrativas de la autoridad competente, cuando arbitra un sistema de recuperación de costes *a posteriori*...

Pensamos que esta responsabilidad objetiva se hace muy difusa y difícil de aplicar desde la propia norma, como si el legislador hubiese querido más bien asustar que reparar, crear un panorama legal a título exclusivamente preventivo, por la enorme complejidad que el mismo presenta sobre todo en relación a los mecanismos resarcitorios.

Y es que debemos además cuestionar *a priori* el propio **concepto de daño ambiental** que la norma establece. ¿No se trata de un daño ambiental aquel que sufren los particulares que ven su paisaje empobrecido, su salud deteriorada, la posibilidad de disfrutar de recursos naturales de forma limitada, las expectativas de venta frustradas, las vistas o el paisaje desolado…?, esto es, sólo entiende el daño ambiental como el daño exclusivo al propio recurso natural obviando todas las demás consecuencias lesivas.

Hay un concepto directamente relacionado con el daño ambiental, el del daño material como menoscabo económico que sufre la víctima por las expectativas frustradas, falta de beneficios obtenidos, menores ingresos, o costes requeridos, el daño moral como aquel producido en los sentimientos, creencias, dignidad y derechos de la personalidad. Y es que el daño ambiental tiene difícil encaje en estos conceptos, difícil ajuste en las definiciones tradicionales del daño. Es por ello que aclaramos, pudiera ocurrir también que sin que se haya materializado en un daño a los recursos ambientales se puede estar produciendo un daño a la salud o la vida de las personas de forma conexa o coligada, alterando el derecho al trabajo, a la calidad de vida de los ciudadanos, al derecho a tener una vida digna…

Nuestra ley (LRCMA) sólo recoge un perjuicio significativo a nuestros recursos ambientales o la amenaza inminente de que el daño se produzca (daño futuro) sin regular nada relacionado con otros potenciales daños. Nos quedamos con la definición de daño ambiental como toda lesión o menoscabo del derecho que tienen los seres humanos, considerados individual como colectivamente, a que no se alteren de modo perjudicial las condiciones naturales de vida[13].

---

13 ROMÁN, A., "El daño ambiental", *Iuris dictio*, vol. 4, núm. 7, 2003, disponible en https://revistas.usfq.edu.ec/index.php/iurisdictio/

El concepto de daño ambiental debe ser entendido como toda lesión a la calidad de vida o salud, daños que pueden afectar al desarrollo de una comunidad, comprometiendo sus intereses económicos, presentes y futuros. Habría que determinar cada caso y su antijuridicidad, examinando las generalidades y peculiaridades, su forma de producción y sus causas, para valorar un esquema general de daños al ambiente[14].

Y es aquí donde vemos la necesidad de diferenciar entre lo que la doctrina ha llamado "daño puramente ecológico" y el "daño ambiental tradicional". Es el daño puramente ecológico, entendido como aquel que trasciende los intereses o derechos privados, afectando a intereses difusos o derechos colectivos, a bienes de dominio público, el auténtico protagonista en la LRCMA, ya que el daño ambiental tradicional resulta expresamente excluido en su artículo 5[15].

Pero no por ello, no sin reconocer esta dualidad, nos pasa desapercibido que el propio concepto de daño ambiental causa cierta distorsión jurídica al conjugar tanto intereses públicos como intereses privados o particulares. Es por este motivo que ÁLVAREZ LATA menciona que "*La función de la responsabilidad civil como medio de defensa de los intereses particulares, como medio de reparación de los daños particulares o privados, ya personales o morales ya patrimoniales, que sufra una persona, distorsiona en cierta medida el entendimiento de la reparación del daño ambiental como daño que, en principio se proyecta sobre un interés colectivo cual es el*

---

article/view/602 (recuperado en fecha 3 de julio de 2023), citando a Guillermo Peyrano, citado por Tomás Hutchinson, pág. 107.

14 ROMÁN, A., "El daño ambiental", *Iuris dictio*, vol. 4, núm. 7, 2003, disponible en https://revistas.usfq.edu.ec/index.php/iurisdictio/article/view/602 (recuperado en fecha 3 de julio de 2023), citando a Guillermo Peyrano, citado por Tomás Hutchinson, pág. 108.

15 ÁLVAREZ LATA, N., "Responsabilidad civil por daños al medio ambiente", ob. cit. pág. 1896.

medio ambiente. Por tanto, bajo la expresión "daño ambiental" se esconde cierta ambigüedad; se trata de una expresión demasiado amplia que necesita de precisión, ya que, en sentido estricto, y desde una óptica privatística, sólo se va a responder por los daños que, degradando el medio ambiente, afecten y perjudiquen a un interés privado; en definitiva, cuando ese daño ecológico sea constitutivo, además y sobre todo, de un daño particular, -personal, patrimonial o moral- entendido en el sentido tradicional. Y ello al margen de que concurran, además, los demás requisitos del daño resarcible[16]".

El daño puramente ecológico, como daño ambiental en sentido estricto, afirma este autor, sólo resulta relevante desde la perspectiva pública. El daño particular o personal como daño ambiental se produce cuando la lesión o menoscabo al medio afecta a los derechos o intereses jurídicamente protegidos o cualesquiera otro interés o atributo de un sujeto o de la Administración. El deterioro o degradación ambiental actúa como elemento transmisor del propio perjuicio que acaba proyectándose en la esfera personal o patrimonial de un sujeto. Se habla entonces de daño ambiental tradicional[17].

Este tipo de daño tiene un problema de causalidad, y de imputación objetiva, porque se trata de prolongar la cadena causal para englobar daños indirectos o mediatos, también presenta un problema de certeza, pues resultará complejo demostrar el daño, así como ver hasta dónde llega la esfera del lucro cesante. También puede incluir daños corporales, cuando afecte a la vida o a la integridad, por enfermedades profesionales por trabajar con productos contaminantes, dolencias o agravaciones de otras por contaminación acústica, etc. Podríamos también ver el daño moral, derivado de daños corporales

---

16 ÁLVAREZ LATA, N., "Responsabilidad civil por daños al medio ambiente", ob. cit. pág. 1899.

17 ÁLVAREZ LATA, N., "Responsabilidad civil por daños al medio ambiente", ob. cit. pág. 1900.

o físicos por la propia pérdida de agrado y perjuicio estético o por las incomodidades o molestias medio ambientales.

El daño moral ambiental ha sido recogido por algunas sentencias mostrando una línea aperturista, a través del art. 1902 CC. Así la STS de 16 de enero de 1989 (RJ 1989, 101) expone, "ÁLVAREZ LATA[18] *...dándose por probado la existencia de una contaminación ambiental masiva e intensa que afectó gravemente a las fincas y viviendas de los actores y produjo gravísimas afecciones gástricas y respiratorias al ganado vacuno, sienta con ello una situación de peligro latente para las vidas humanas por el peligro notorio de producir graves dolencias a las personas y ello integra un perjuicio, al menos de orden moral, que debió ser considerado y valorado*". Interesante resulta también la STS de 2 de febrero de 2001 que recoge esta autora cuando se busca proteger a través del concepto de daño ambiental tradicional el daño moral acercándolo a la esfera más espiritual de la persona, recogiendo la sentencia la siguiente literalidad: *"Al lado de los derechos públicos, subjetivos, civiles, políticos, sociales y económicos, se puede afirmar la existencia de los derechos vinculados a la calidad de vida y al pleno desarrollo de la personalidad, cuya expresión más sobresaliente es el derecho a la calidad ambiental. En la medida en que determinadas actividades dañen al ambiente, destruyendo o deteriorando recursos naturales, degradando los componentes biológicos de determinados ecosistemas o alterando las condiciones de vida social, es lógico, dentro de los principios generales del Derecho, que ello traiga como consecuencia la aplicación de postulados de la responsabilidad jurídica, sea civil administrativa o penal para el autor o autores del daño".*

Existe en España mucha Jurisprudencia sobre el daño ambiental como daño ambiental en sentido tradicional, daños a intereses particulares o privados causados por conductas antijurídicas que afectan al medio ambiente y a los recursos naturales. El planteamiento ahora es que la LRCMA hace referencia

---

18 ÁLVAREZ LATA, N., "Responsabilidad civil por daños al medio ambiente", ob. cit. pág. 1904.

al daño puramente ecológico y a acciones públicas administrativas para exigir responsabilidad en línea con la Directiva 2004/35/CE, de 21 de abril, de la que trae causa. Una acción de responsabilidad por tanto de carácter público, apartándose de los senderos de la responsabilidad civil. El particular puede solicitar iniciar el procedimiento como persona interesada, ello supone una posibilidad de interferencia en el proceso, pero no tiene legitimación para la acción particular a través de la vía del régimen de responsabilidad de la LRCMA. Vid, arts. 41 y 42 LRCMA. La Directiva, siguiendo la estela del Libro Blanco y del PD 2002 no vio necesario incorporar los daños ambientales tradicionales porque no resulta imprescindible para alcanzar los objetivos comunitarios; entiende, pues, que a diferencia de lo que ocurre para el daño ambiental en sentido estricto, los sistemas nacionales están bastante desarrollados en materia de daños tradicionales derivados de incidentes ambientales, que se canalizan a través de la acción de responsabilidad civil[19].

Nos resulta llamativa esta afirmación, pues debemos entender que la responsabilidad civil por daño ambiental tradicional no requiere de un régimen especial de responsabilidad y que puede resolverse por la vía del art. 1902 CC sin matices, también en virtud del art. 1908.2 y 1908.4 CC y toda la doctrina y jurisprudencia al respecto, como aquella que podría hacer referencia a la responsabilidad civil por actividades potencialmente peligrosas, la doctrina del riesgo, objetivando la responsabilidad o estableciendo un régimen de imputación objetiva, presumiendo la culpa del agente y, en ocasiones, también la relación de causalidad.

Si acudimos a la Jurisprudencia reciente sobre el tema daño ambiental, podemos ver sentencias como las que pasamos a exponer a continuación:

---

19 ÁLVAREZ LATA, N., "Responsabilidad civil por daños al medio ambiente", ob. cit. pág. 1947.

Antes de nada, señalamos, es sugerente la expresión recogida en la última sentencia analizada anteriormente, STS núm. 349/2012 de 11 de junio (RJ 2012/6709), al estudiar la aplicación de la LRCMA. Hemos querido traer a colación este párrafo. Nos referimos a la siguiente fundamentación: ***"La Ley 26/2007, de Responsabilidad Medioambiental, aun no siendo aplicable, sí pone en evidencia, sobre todo en su art. 5 , "la improcedencia de la hipertrofia e hiper-objetivación que se pretende del art. 1902 del Código Civil que, no solo violenta cualquier interpretación razonable del mismo, sino que llegaría a hacer innecesarias Directivas o Leyes nacionales sobre cualquier materia concreta***[20]*, incluida toda la normativa contractual del propio código".*

El Tribunal Supremo está poniendo en evidencia que no puede aplicarse una objetivación del art. 1902 CC para estos casos, o por lo menos no de manera generalizada. Sin embargo, el sistema general derivado de la aplicación de la LRCMA sí es objetivo respecto de las actividades incluidas en el Anexo III. ¿No se daría, por tanto, esta objetivación de responsabilidad para estas mismas actividades cuando producen un daño ambiental tradicional? ¿No se daría esta objetivación de responsabilidad si estamos tratando actividades distintas a las recogidas en el Anexo III? ¿Cuándo y cómo funciona el régimen de responsabilidad por daños ambientales tradicionales conforme al Código civil?

La sentencia comentada se basaba en la contaminación producida por una actividad de las incluidas en el Anexo III, pues se trataba de una actividad de fabricación de productos químicos. No podía aplicarse la LRCMA por la fecha de la contaminación, anterior a la entrada en vigor de la LRCMA, por la prescripción de la acción y porque se habían adquirido los terrenos a bajo coste por este motivo. Es por ello que se nie-

---

20 La negrita es nuestra

ga la exigencia de responsabilidad extracontractual en virtud del art. 1902 CC. En este contexto se rechaza la objetivación o excesiva objetivación del art. 1902 CC. Lo aquí comentado, sin embargo, sí entendemos que pone en evidencia la necesidad de perfilar unas LÍNEAS BÁSICAS del régimen general de responsabilidad extracontractual para el supuesto de daños ambientales de carácter tradicional.

La STS núm. 141/2021, de 15 de marzo (RJ 2021/1641) en el caso de enfermedades relacionadas con la inhalación de amianto. Se trata de actividad industrial consistente en la fabricación de elementos para la construcción mediante el uso de amianto. La sentencia menciona el criterio de la diligencia debida, "diligencia exquisita que le era exigible", de "los evidentes riesgos que genera la actividad", no se trata de daños "objetivamente imprevisibles", de "falta de actividad de prevención" que la referida vestimenta llegase impregnada de tales sustancias a los domicilios de sus dependientes, donde eran lavadas y que, por lo tanto, constituyesen un foco de contaminación para sus familiares convivientes, pues el lavado correspondía no a dichos familiares (dañados pasivos ambientales), sino a la empresa, dado que se trataba de material de titularidad de ésta, que debía facilitar a sus trabajadores. Por otro lado, se habla del daño corporal sufrido por el dañado antes del fallecimiento como daño trasladable a sus familiares herederos por la pérdida, y de daño moral, ya que las placas pleurales suponen una manifestación radiológica a la exposición del amianto, que implica un factor de riesgo; los demandantes viven en una población con un elevado porcentaje de enfermedades de tal clase y natural repercusión en los habitantes de la misma. Se ejercitó acción de responsabilidad civil en base al art. 1902 y 1908.2 y 4 CC, se alegó la doctrina del riesgo y la relación causal entre la actividad y el daño pues era de sobra conocida la incidencia del amianto en la salud de las personas.

Se habla de la conexión causal, puesto que, *de no constar al respecto una lógica, racional, y no arbitraria, conexión causal, carece de sentido entrar en el análisis de si procede realizar a la mercantil interpelada el necesario juicio de reprochabilidad, derivado de haber omitido la diligencia debida a los efectos de evitar un daño previsible, o mediante la aplicación de la denominada doctrina del riesgo, dentro de los condicionantes que se indicarán fruto de una consolidada jurisprudencia.*

La relación causal está probada y justificada en artículos científicos, informes y dictámenes periciales.

Esta sentencia recoge conclusiones como las siguientes:

"En primer lugar, que ***el riesgo, por sí solo, no es título de imputación jurídica en el ámbito de nuestro derecho, sino que corresponde al legislador la atribución del régimen jurídico de la responsabilidad objetiva a una concreta y específica actividad. No existe en el marco de nuestro ordenamiento jurídico una cláusula general de responsabilidad objetiva para casos como el que conforma el objeto del presente proceso***[21] *".*

Se facilita la posición jurídica de la víctima, mediante una suerte de inversión de la carga de la prueba atribuida a quien gestiona o controla la actividad peligrosa, que responde además a una dinámica y coherente manifestación del principio de facilidad probatoria, toda vez que es la entidad demandada la que cuenta con los conocimientos y medios necesarios para demostrar los esfuerzos llevados a efecto para prevenir el daño representable, o justificar su condición de inevitable o de residual sin culpa.

Del análisis de esta sentencia podemos ver que para nada se puede hablar de responsabilidad objetiva en actividades del Anexo III, ni en otras actividades económicas, cuando se trata de daños ambientales a particulares. Debemos atender al criterio de la culpa, y sólo aparece la inversión de la carga de

---

[21] La negrita es nuestra

la prueba o la elevación del nivel de diligencia exigible ante actividades de mayor riesgo.

SAP Alicante núm. 485/2011 de 27 de octubre (AC 2011/2268) recoge un supuesto de daños derivados de inmisiones ilícitas, inmisiones sonoras derivadas de la actividad industrial, contaminación por ruido. Esta sentencia recoge en su Fundamento de Derecho Segundo la STEDH de 9 de diciembre de 1994 (nº 1994/496 , caso López Ostra contra el reino de España), sentencia que acordó una indemnización de 4.000.000 de ptas. a favor de la demandante por el daño moral "innegable" que había sufrido al soportar tanto "las molestias provocadas por las emanaciones de gas, los ruidos y los olores procedente de la depuradora" como "la angustia y la ansiedad propias de ver cómo la situación se prolongaba en el tiempo y la salud de su hija se resentía" (parágrafo 65). Declara el Tribunal de que *los atentados graves contra el medio ambiente pueden afectar al bienestar de una persona y privarla del disfrute de su domicilio de un modo que llegue a perjudicar su vida privada y familiar, sin necesidad de que también haya de poner en grave peligro la salud de la interesada"; la que considera preciso "atender al justo equilibrio entre los intereses concurrentes del individuo y de la sociedad en su conjunto*"

Después recoge la sentencia de 28 de enero de 2004 (RJ 2004, 153) (recurso nº 882/98), mediante una interpretación del artículo 1908 del Código Civil de acuerdo con el artículo 45.1 de la Constitución, extendería la formulación de aquel precepto "a las inmisiones intolerables y al medio ambiente"; consideraría que no era misión del Derecho civil la protección del medio ambiente en abstracto pero sí la "protección específica a derechos subjetivos patrimoniales" frente a agresiones de carácter medioambiental; y en fin, reiteraría una vez más tanto la doctrina de que "el cumplimiento de normativa reglamentaria no impide la apreciación de responsabilidad cuando concurre la realidad del daño causado por la persona física o jurídica" como la relativa al carácter objetivo de la responsabilidad contemplada en el artículo 1908 del Código Civil, todo ello en relación con un caso de daños a los propietarios de fincas y de cabezas de ganado por una intensa contaminación por fluorosis.

4.2.-La responsabilidad por daño ambiental tradicional. ¿Delimitación de un régimen de responsabilidad especial?

La responsabilidad por daño ambiental tradicional no puede ser exigida a través de la LRCMA sino a través del Código civil, pero se trata de una responsabilidad que deriva del daño ambiental o de la amenaza inminente de daño ambiental. Incluso algunas veces puede materializarse en un daño particular sin que se haya visto afectado el recurso natural, entendiendo que la actividad económica ha producido un daño lesivo a particulares.

Que se deje la puerta abierta a la vía civil, al procedimiento civil donde el particular acciona por los daños producidos no es un inconveniente, esto es, entendemos que pueda obviarse una tutela pública para estos daños, pero el particular debe probar el requisito de la culpa, la aplicación de los criterios de imputación, hay que atender al caso concreto, y debe quedar probada la relación causal y la falta de diligencia necesaria, así lo hemos visto en algunas de las sentencias comentadas.

Evidentemente podemos decir que la responsabilidad objetiva no ha llegado a la reparación de los daños ambientales a particulares y que ni siquiera la doctrina del riesgo sirve para aliviar en algunos casos el componente subjetivo. Pues ya hemos visto reflejada la opinión del Tribunal Supremo en relación a que el riesgo, por sí solo, no es título de imputación jurídica en el ámbito de nuestro derecho, sino que corresponde al legislador la atribución del régimen jurídico de la responsabilidad objetiva a una concreta y específica actividad. No existe en el marco de nuestro ordenamiento jurídico una cláusula general de responsabilidad objetiva. También hemos visto que sí ha ocurrido en otras que se ha marcado un nivel mayor de diligencia exigible para actividades especiales o anormalmente peligrosas y que se ha utilizado la inversión de la carga de la prueba por una cuestión de otorgar facilidad probatoria a la parte que está en mejores condiciones de aportarla.

La pregunta que ahora nos hacemos es si sería necesaria una cláusula general de responsabilidad objetiva para este tipo de daños, comprobando como hemos advertido que ésta no existe.

Se alude a la amplitud de daños y a la imposibilidad de llegar a todos si extendiéramos el régimen de responsabilidad. De esta manera ya ALVAREZ LATA planteaba la dificultad de recoger un lucro cesante, pues estos daños conllevan un problema de causalidad y de certeza del daño en sí y económicamente es un problema de excesiva cuantía, esto referido al daño patrimonial y al daño puramente económico. Apunta que sería un problema económico o de política económica, puesto que las indemnizaciones se harían imposibles, se fomentarían las reclamaciones y se llegaría a un efecto de sobreprotección. De ahí que el reconocimiento del lucro cesante sea restrictivo[22]. Sin embargo, se aceptan indemnizaciones por daño moral o por daño a la esfera más espiritual de la persona, el derecho a la calidad ambiental, la protección de los derechos públicos subjetivos, civiles, políticos, sociales y económicos[23].

Resulta paradójico que para daños a particulares se mantenga una responsabilidad subjetiva o no puramente objetiva, pero que **los arts. 1908. 2 y 4 CC** también utilizados para exigir

---

22 ÁLVAREZ LATA, N., "Responsabilidad civil por daños al medio ambiente", ob. cit. pág. 1903.

23 Vid. sentencias antes citadas, STS de 16 de enero de 1989 y STS de 2 de febrero de 2001.

responsabilidad por daños ambientales atiendan a un criterio de imputación objetiva.

De esta manera, **la STS núm. 589/2007 de 31 de mayo (RJ 2007/3431)**, en relación a un supuesto de daños derivados de inmisiones ilícitas, en este caso, daños por inmisiones acústicas procedentes de la circulación de trenes por una línea ferroviaria construida entre dos factorías de la empresa siderúrgica demandada, aplica este precepto, art. 1908 CC conjuntamente con el art. 1902 CC y entiende que la autorización administrativa de la actividad no impone a los perjudicados el deber jurídico de soportarlas porque hay posibilidad técnica y económicamente razonable de disminuir considerablemente los ruidos emitidos, entendiendo que estamos ante un caso de responsabilidad objetiva, prescindiendo de toda idea de culpa. En ella se hace referencia a la doctrina del TEDH, TS y TSJ sobre inmisiones por ruidos y condena por el daño emergente por la depreciación del valor de las propiedades, pero no por el lucro cesante. La condena también alcanza al daño moral.

Argumentando que para este caso se puede aplicar los arts. 1902 y 1908 CC, se afirma expresamente en base a otras sentencias referenciadas, que el art. 1908 CC tiene un claro matiz objetivo y que este precepto, art. 1908 CC junto con el art. 45 CE extendería la formulación de aquel precepto "a las inmisiones intolerables y al medio ambiente"; consideraría que no era misión del Derecho civil la protección del medio ambiente en abstracto, pero sí la "protección específica a derechos subjetivos patrimoniales" frente a agresiones de carácter medioambiental.

La STS 196/2005 de 14 de marzo (RJ 2005/22336), determina en su Fundamento de Derecho Primero la aplicación del art. 1908.2 y 4 CC junto con el art. 45 CE. Estas arcaicas normas sobre humos y emanaciones se extienden a inmisiones intolerables y a agresiones al medio ambiente. Dispone que el caso que plantea se incardina en el art. 1908 CC, precepto que configura un supuesto de responsabilidad objetiva. Entiende la sentencia que no se aplican los arts. 1902 y 1903 CC sino sólo el art. 1908 CC que se impone al propietario, o más bien al empresario, titular de la empresa causante de los humos o emanaciones, es decir, de la agresión al medio ambiente. Por otra parte, en la responsabilidad civil, el cumplimiento de las disposiciones reglamentarias no la excluye si se ha producido, como en el presente caso, el daño. Se trata de un supuesto de daños por inmisiones industriales; daños y perjuicios ocasionados y/o ganancias que han dejado de obtener (daño emergente y lucro cesante), con motivo de la contaminación producida por el anormal funcionamiento de unas fábricas aluminio.

STS 31/2004 de 28 de enero (RJ 2004/153). Estamos ante un caso de inmisiones ilícitas que han causado daños por intensa contaminación -fluorosis- en cabezas de ganado

El Fundamento de Derecho Segundo de la sentencia establece que *"la protección del medio ambiente está proclamada en el artículo 45.1 de la Constitución Española, regulada en numerosas normas administrativas y la responsabilidad civil se desprende de las arcaicas previsiones de los números 2º y 4º del artículo 1908 del Código Civil que hablan de humos y emanaciones, pero cuya formulación se extiende a las inmisiones intolerables y a las agresiones al medio ambiente".*

Citando varias sentencias y en relación al art. 1908 CC por supuestos de responsabilidad civil por daños causados en fincas colindantes por emanaciones tóxicas de una fábrica afirma: *"El número segundo del artículo 1908 del Código Civil , que es donde el presente caso litigioso encuentra una subsunción o incardinación específica, configura un supuesto de responsabilidad, de claro matiz objetivo, por razón del riesgo creado, al establecer que los propietarios responden de los daños causados "por los humos excesivos, que sean nocivos a las personas o a las propiedades", que es lo ocurrido en el presente caso, pues aunque cuantitativamente los humos y gases expelidos por la fábrica de la entidad recurrente hayan podido respetar los nive-*

les de contaminación reglamentariamente establecidos, lo cierto es que cualitativamente fueron nocivos y causaron daños a terceras personas totalmente ajenas a la referida explotación industrial, lo que evidencia que tales medidas fueron insuficientes para evitar los daños a terceros».

La aparición de estos daños hace que se pueda exigir responsabilidad por la vía civil de forma objetiva, mientras que la utilización para los demás daños ambientales de la vía civil en virtud del art. 1902 CC exige derivaciones concretas del criterio de imputación subjetiva. No se tiene en cuenta que la aparición de los daños hace nacer la obligación de indemnizar sin más, porque los mismos daños ponen de manifiesto que hay que responder y que los propietarios son responsables.

Sin embargo, comprobamos que para la realización de actividades potenciales peligrosas y actividades económicas que pueden producir daño ambiental, la responsabilidad subjetiva será corregida con una inversión de la carga de la prueba donde se estudia la diligencia exigible por tanto para ese caso concreto y puede suponer la imposición de un mayor nivel de diligencia necesaria.

Si estamos hablando del concepto de daño ambiental, tanto de daño ambiental tradicional como de daño ambiental público puramente ecológico, (entendemos que debemos partir de un concepto global de daño ambiental a nivel normativo con carácter resarcitorio, no meramente preventivo), no entendemos que puedan establecerse más restricciones que aquellas que tienen que ver con la prueba y alcance de los daños producidos, debiendo aplicarse una responsabilidad objetiva en la misma línea que la formula la LRCMA. En todo caso, sólo debería excluirse de esta responsabilidad objetiva aquellas actividades no enumeradas en el Anexo III.

Debemos adoptar un criterio objetivo de imputación que tenga que ver con la responsabilidad económica por actividad industrial, capaz de hacer recaer la indemnización por daños ambientales también cuando se trata de daños ambientales a particulares, pues no tiene sentido que no sea así cuando responden a la misma finalidad y además de la lesión a intereses generales se vulneran intereses propios, físicos, a la salud, puramente patrimoniales o morales. La distinción debiera venir más bien por la delimitación del tipo de daños a resarcir y no por la aplicación de criterios de imputación de responsabilidad más restrictivos.

No atender normativamente la responsabilidad civil ambiental cuando los daños son a particulares, o dejarla para que sea el Código civil quien la resuelva en base a la doctrina tradicional civil, es no atender al derecho individual a la calidad ambiental, al derecho a un medio ambiente adecuado y, por consiguiente, al derecho ambiental como principio rector de la política económica.

Si la responsabilidad pública medioambiental resulta escasamente aplicada según ya hemos expuesto[24]y la responsabilidad civil medioambiental se aplica con criterio restrictivo, la responsabilidad civil medioambiental tendrá una clara función preventiva, pero una muy limitada función reparadora, pues podría caer en zona muerta obstaculizando la acción judicial.

Se haría necesario un desarrollo normativo que entrara en las acciones y responsabilidad por daño ambiental tradicional, por ser muy habitual en la práctica y por ser manifestación de la misma finalidad y preocupación medioambiental, pues actualmente se presenta de manera muy difusa y prácticamente diríamos es inexistente; defender por tanto un régimen específico de responsabilidad ambiental para este tipo de daños.

No estamos de acuerdo con las afirmaciones vertidas en la STS 349/2012 de 11 de junio en el sentido de que "***la Ley 26/2007, de Responsabilidad Medioambiental, aun no siendo aplicable, sí pone en evidencia, sobre todo en su art. 5 , "la improceden-***

---

[24] Vid. anterior apartado "2. Análisis práctico. Algunas sentencias sobre la materia".

cia de la hipertrofia e hiper-objetivación que se pretende del art. 1902 del Código Civil que, no solo violenta cualquier interpretación razonable del mismo, sino que llegaría a hacer innecesarias Directivas o Leyes nacionales sobre cualquier materia concreta, pues pensamos que la Ley 26/2007 de RCMA pone de manifiesto que es necesario pronunciarse sobre este tipo de responsabilidad en el procedimiento civil, para que esta responsabilidad sea coherente con la argumentación jurídica de protección al medio ambiente, pues sólo es coherente cuando también está referida a la protección de intereses particulares enmarcados en el art. 45 CE.

5. CONCLUSIONES

Nuestra valoración de la LRCMA es positiva pero no podemos dejar de ver los problemas que la misma plantea. Estos problemas tienen que ver con su escasa aplicación práctica, y esto demuestra a nuestro modo de ver una deficiente parte procedimental relacionada con la potestad administrativa, la legitimación activa y la mezcla de intereses públicos y privados. También presenta problemas relacionados con su confusa redacción y limitado ámbito de aplicación.

Debiera revisarse el concepto de daño ambiental y las medidas de protección al medio ambiente desde una adecuada delimitación y desde un concepto más amplio, como daño ambiental con mejor encaje jurídico en el art. 45 CE.

La LRCMA debiera pensar en establecer mejores mecanismos de reparación, pues pensamos que está pensando más en la prevención y evitación y cuando atiende a las medidas de reparación no resulta precisa o representativa, apareciendo conceptos o criterios de imputación muy difusos.

El legislador debiera haber fijado un régimen de responsabilidad civil universal por daño ambiental y no es esto lo que ha hecho cuando lo ha limitado muy mucho en muchos aspectos y ha dejado fuera los daños ambientales a particulares. Se hace necesario que la regulación de referencia, regulación civil, atienda a esta necesidad, no bastando las alusiones generales a doctrina y jurisprudencia de refuerzo en virtud de los arts. 1902 y 1908 CC. Creemos que debe fijarse un régimen de responsabilidad objetiva a nivel civil mucho más claro y específico que no tenga que ver con recortes y construcciones tradicionales referidas al régimen de responsabilidad civil extracontractual general, donde también sería muy importante entrar a valorar los posibles daños resarcibles y sus límites.

BIBLIOGRAFÍA

DE ÁNGEL YAGUEZ, R., *Tratado de responsabilidad civil*, Civitas, 1993.

ÁLVAREZ LATA, N., "Responsabilidad civil por daños al medio ambiente", en *Tratado de Responsabilidad Civil*, Reglero Campos (coord.) vol. III, Thomson-Aranzadi, Navarra, 2008, págs. 35-141.

CABANILLAS SÁNCHEZ, A.,

-"Los criterios de imputación de la responsabilidad ambiental", en *Estudios Jurídicos Liber Amicorum en honor a Jorge Caffarena*, dir. por Embid Irujo y Miguel González y Morales Moreno, Centro de Estudios, Colegio de Registradores de la Propiedad, Madrid, 2017, págs. 181-203.

-*La reparación de los daños al medio ambiente*, Aranzadi, Pamplona, 1996, págs. 29-38.

CORDERO LOBATO, E., "Daños particulares y medio ambiente", en *Tratado de Derecho Ambiental*, dir. por Ortega Álvarez y Alonso García, Tirant lo Blanch, Valencia, 2013, págs. 321-347.

DÍEZ-PICAZO, L., *Fundamento del Derecho Civil Patrimonial*, t. V, Thomson-Civitas, Navarra, 2011.

GARCÍA AMEZ, J., *La responsabilidad por daños al medio ambiente*, Aranzadi, 2015.

GOMIS CATALÁ, L.,

-"La Ley de Responsabilidad Medioambiental en el marco del Derecho de la Unión Europea", en LOZANO CUTANDO (coord.) *Comentarios a la Ley de Responsabilidad Medioambiental*, Thomson-Civitas, Navarra, 2008.

-*Responsabilidad por daños al medio ambiente,* Aranzadi, Pamplona, 1998.

JORDANO FRAGA, J.,

-"Responsabilidad civil por daños causados al medio ambiente en Derecho Público: última jurisprudencia y algunas reflexiones de lege lata y contra lege ferenda", *REDA*, nº7, 2000.

-*La protección del derecho a un medio ambiente adecuado,* Bosch, Barcelona, 1995.

LOZANO CUTANDA, B., (coord.) *Comentarios a la Ley de Responsabilidad Medioambiental,* Thomson-Civitas, Navarra, 2008.

LOZANO CUTANDA, B.,

-"Del daño tradicional al daño ambiental", Sevilla/Aracena, 17 de octubre de 2011, págs. 1-27, formación-juevesPonenciasSLC.pdf

-*Derecho Ambiental administrativo,* La Ley, Madrid, 2010.

PARRA LUCÁN, M.A., *La protección al medio ambiente. Orientaciones de la jurisprudencia civil,* Madrid, 1992.

ROMÁN, A., "El daño ambiental", *Iuris dictio,* vol. 4, núm. 7, 2003, disponible en https://revistas.usfq.edu.ec/index.php/iurisdictio/article/view/602 (recuperado en fecha 3 de julio de 2023).

RUDA GONZÁLEZ, A.,

-"En tierra de nadie: problemas de delimitación del nuevo daño medioambiental" en *RDP,* 2009, págs.. 21-58.

-*El daño ecológico puro. La responsabilidad por deterioro del medio ambiente, con especial atención a la Ley 26/2007 de 23 de octubre de responsabilidad Medioambiental,* Thomson-Aranzadi, Navarra, 2008, págs. 38 y ss.

SANTOS MORÓN, M.J.,

-"En torno a la reparación de los daños ambientales en el derecho español", *Revista Crítica de Derecho Privado,* 10, 2013, págs. 830-849, La Ley Uruguay, versión digital del documento disponible en http://hdl.handle.net/10016/21684

-"Notas a la Propuesta de Directiva sobre Responsabilidad Ambiental en relación con al prevención y reparación de los daños ambientales", *Revista Interdisciplinar de Gestión Ambiental,* Nª 47, 2002.

-"Acerca de la tutela civil del medio ambiente: algunas reflexiones críticas", en *Estudios jurídicos en Homenaje al profesor Luis Díez Picazo,* t. II, Civitas, Madrid, 2003.

SERRANO GÓMEZ, A., "La protección medioambiental: especial consideración de la responsabilidad civil por daños al medio ambiente", *Actualidad Civil,* 2001, págs. 273 y ss.

Capítulo 8.

La prevención de daños ambientales y la resarcibilidad de daños futuros en materia medioambiental

ANTONIO JOSÉ QUESADA SÁNCHEZ

1. INTRODUCCIÓN

Es tradicional, cuando uno razona en el ámbito de la responsabilidad, sea civil o del tipo que esa, conducirse en términos reparatorios antes que preventivos, que en principio pueden parecer ajenos a la lógica íntima de este conjunto de normas. Sin embargo, comprobaremos que esto tampoco es del todo exacto[1] y, afortunadamente, en el ámbito medioambiental ello

---

1 Existen sugerentes reflexiones en este sentido, y quisiéramos destacar muy especialmente las de REGLERO CAMPOS, L. FERNANDO, "Conceptos generales y elementos de delimitación", en REGLERO CAMPOS, L. FERNANDO (Coordinador), *Tratado de Responsabilidad Civil, Thomson Aranzadi*, 2008, pp. 64-94; DÍEZ-PICAZO, LUIS, *Derecho de daños*, Civitas, 2000, pp. 41-63 (sobre todo pp. 43-48, en la que diferencia la prevención como un impulso psicológico de la prevención como actividad racional del *homo economicus*); ÁLVAREZ OLALLA, PILAR, *Manual de Derecho de daños*, Thomson Reuters Aranzadi, 2021, pp. 47-49 y las de ROCA TRÍAS, ENCARNA y NAVARRO MICHEL, MÓNICA, *Derecho de daños. Textos y materiales*, 8ª edición, Tirant lo Blanch, 2020, pp. 22-25 (incluye la función disuasoria o preventiva entre las funciones de la responsabilidad civil con ilustrados y completos argumentos). Vid. además, por todas, BERNAD MAINAR, RAFAEL, "Sobre la función preventiva de la responsabilidad civil", *Revista General*

no solamente no es así, sino que la intención y finalidad preventivas, en diversas direcciones, están plenamente aceptadas e, incluso, reguladas. MACÍAS CASTILLO llega a apuntar que el moderno Derecho de daños "debe bifurcarse -que no escindirse- de forma definitiva y rotunda en dos manifestaciones o tutelas diferenciadas: la inhibitoria, preventiva del daño amenazante, y la resarcitoria, reparadora de un daño ya causado"[2].

La mención, por ejemplo, a daños no producidos en el ámbito de la responsabilidad ambiental es, para GUERRERO ZAPLANA, "una peculiaridad del sistema de la responsabilidad medioambiental"[3]. Se ha indicado que la **Ley 26/2007** (Ley de Responsabilidad Medioambiental, LRM en adelante) "se aleja ostensiblemente de los patrones no sólo de la responsabilidad civil, sino también de las más abstractas generalizaciones que

---

de Legislación y Jurisprudencia, núm. 1, 2010, pp. 65-97 y SELVAROLO ALCURI, GUIDO M., "La función preventiva en la responsabilidad civil y el rol de los daños punitivos", *Revista de Responsabilidad Civil y Seguros: publicación mensual de doctrina, jurisprudencia y legislación*, Año 17, núm. 8, 2015, pp. 18-22. Por su parte, SALVADOR CODERCH presentará la función de prevención "como efecto secundario" (pero existente) de la responsabilidad civil (SALVADOR CODERCH, PABLO, "Comentario a la Sentencia del Tribunal Supremo de 26 de julio de 1985", en *Cuadernos Civitas de Jurisprudencia Civil*, 9, 1985, ref. 231, p. 2907). La eficacia preventiva, continúa, "es sólo secundaria y además eventual" (SALVADOR CODERCH, PABLO, "Comentario a la Sentencia del Tribunal Supremo de 26 de julio de 1985", cit., p. 2908). Es cierto que donde más se ha aludido a esta función preventiva es en trabajos conectados con el análisis económico del Derecho, pero no necesariamente debe ser solamente en ellos.

2 Se basa, como bien cita, en las sugerentes ideas de LLAMAS POMBO al respecto (MACÍAS CASTILLO, AGUSTÍN, *El daño causado por el ruido y otras inmisiones*, La Ley, 2004, p. 305).

3 GUERRERO ZAPLANA, JOSÉ, *La responsabilidad medioambiental en España*, La Ley, Wolters Kluwer, 2010, p. 45. El sistema, por tanto, "va más allá", como apunta ESTEVE PARDO (ESTEVE PARDO, JOSÉ, *Derecho del medio ambiente*, Marcial Pons, 2017, p. 108).

pudieran predicarse de la institución de la responsabilidad y de los pocos e imprescindibles rasgos que le confieren su identidad característica"[4], pues la finalidad principal de la acción de responsabilidad civil (en el ámbito medioambiental y, sin duda, en general) es la de la reparación del daño[5]. La Ley, por tanto, va más allá de lo exclusivamente reparatorio, y "uno de los elementos más llamativos y novedosos" de la misma es esa tipificación de la finalidad preventiva[6], pues se supera, por tanto, "el tradicional régimen de la responsabilidad extracontractual, cuestionado por la especificidad del daño ambiental, para englobar en el mismo los mecanismos de prevención y reparación del daño"[7].

Como apunta LOZANO CUTANDA, "en materia de daños al medio ambiente, la prevención resulta más importante que la reparación, por la dificultad o imposibilidad que esta últi-

---

4 ESTEVE PARDO, JOSÉ, *Ley de Responsabilidad Medioambiental. Comentario sistemático,* Marcial Pons, 2008, p. 10.

5 En este sentido, por todos, vid. AVIÑÓ BELENGUER, DAVID, "Responsabilidad civil por daños al medio ambiente", en CLEMENTE MEORO, MARIO E. y COBAS COBIELLA, M ELENA (Directores), *Derecho de daños,* Tomo II, Tirant lo Blanch, 2021, p. 1547.

6 En este sentido, ESTEVE PARDO, JOSÉ, *Ley de Responsabilidad Medioambiental...*, cit., pp. 36-37. Algo que ya apuntaba LOZANO CUTANDA respecto de la Directiva, al indicar que "no responde a la concepción tradicional de la responsabilidad", y "excede de la institución de la responsabilidad extracontractual tal y como ésta se configura tradicionalmente en nuestro ordenamiento" (LOZANO CUTANDA, BLANCA, "La responsabilidad por daños ambientales: la situación actual y el nuevo sistema de "responsabilidad de Derecho público" que introduce la Directiva 2004/35/CE", *Justicia Administrativa. Revista de Derecho Administrativo,* núm. 26, enero 2005, pp. 28-29).

7 GOMIS CATALÁ, LUCÍA, "La Ley de Responsabilidad medioambiental en el marco de la Unión Europea", en LOZANO CUTANDA, BLANCA (Coordinadora), *Comentarios a la Ley de Responsabilidad Medioambiental (Ley 26/2007, de 23 de octubre),* Thomson Civitas, 2008, p. 105.

ma reviste con frecuencia. Por ello, como ya hemos defendido en otro lugar, en vez de hablar de responsabilidad medioambiental sería más propio utilizar la expresión más amplia de "Derecho de daños al medio ambiente" para englobar todos los mecanismos dirigidos a la prevención de daños inminentes y los distintos sistemas de reparación o compensación que introduce la LRM"[8]. Desde el punto de vista del peso conceptual hay investigaciones muy sugerentes en este sentido, como las de SALVADOR CODERCH-CASTIÑEIRA PALOU[9], de las que se puede deducir que **el elemento preventivo tampoco es ajeno al derecho de daños**, pese a las inercias conceptuales que arrastramos: también en este ámbito "es mejor prevenir que remediar y, sobre todo, para poder compensar correctamente, antes hay que prevenir"[10] (incluso se defiende que el Derecho civil pueda prevenir sin castigar)[11].

---

8 LOZANO CUTANDA, BLANCA, "Infracciones y sanciones (Arts. 35 a 40)", en LOZANO CUTANDA, BLANCA (Coordinadora), *Comentarios a la Ley de Responsabilidad Medioambiental (Ley 26/2007, de 23 de octubre)*, cit., p. 401. Ese otro lugar al que alude es LOZANO CUTANDA, BLANCA, "La responsabilidad por daños ambientales...", cit., pp. 28-29.

9 SALVADOR CODERCH, PABLO y CASTIÑEIRA PALOU, MARÍA TERESA, *Prevenir y castigar. Libertad de información y expresión, tutela del honor y funciones del derecho de daños*, Marcial Pons, 1997.

10 SALVADOR CODERCH, PABLO y CASTIÑEIRA PALOU, MARÍA TERESA, *Prevenir y castigar...*, cit., p. 11 (vid., también, pp. 67-70 y, sobre las funciones del derecho de daños, pp. 101-111). Valoremos muy especialmente el siguiente texto: "la tarea propuesta no es hablar de la prevención como de una función más del Derecho de daños, sino integrarla en el sistema teórico del Derecho de la responsabilidad civil y las tesis son claras: *no se compensa correctamente si, al hacerlo, no se previene*" (*ob. cit.*, p. 110).

11 SALVADOR CODERCH, PABLO y CASTIÑEIRA PALOU, MARÍA TERESA, *Prevenir y castigar...*, cit., p. 12 (sobre la función preventiva del Derecho de daños, vid. pp. 117-124).

Sin necesidad de aceptar necesariamente conceptos tan aparentemente ajenos a nuestra tradición jurídica como el de **daños punitivos**[12], la posible existencia de finalidad preventiva tampoco es tan novedosa en el ámbito de la regulación sobre reparación de daños (sobre todo en el ámbito medioambiental), como observamos[13]: así, un precedente en esta finalidad y tutela preventivas puede ser la regulación de las inmisiones, "mecanismo de gran virtualidad para la defensa preventiva del

---

12 Concepto, además, que no es único, inflexible e invariable, y que no ha sido especialmente atendido por las Sentencias de los tribunales españoles (vid., en este sentido, las ilustradas reflexiones de DE ÁNGEL YAGÜEZ, RICARDO, *Daños punitivos*, Civitas Thomson Reuters, 2012, especialmente pp. 21-40 y 151-159). Lo consideran útil, para el caso de los daños ambientales, en Argentina, CORNET, MANUEL y RUBIO, GABRIEL ALEJANDRO, "Daños punitivos", *Anuario de Derecho Civil del Instituto de Derecho Privado de la Facultad de Derecho y Ciencias Sociales de la Universidad Católica de Córdoba, 1997-3, p. 45.*, y no parece convencer a DÍEZ-PICAZO, pese a que posiblemente estemos ante uno de esos casos en los que, a lo mejor, podrían ser tenidos en cuenta, como son los casos en los que "el autor del ilícito ha actuado evaluando que la utilidad derivada de la conducta dañosa será mucho mayor que la indemnización debida al damnificado" (DÍEZ-PICAZO, LUIS, *Derecho de daños*, cit., pp. 44-47). Vid. también ÁLVAREZ LATA, NATALIA, "El daño ambiental. Presente y futuro de su reparación (I)", *Revista de Derecho Privado*, núm. 11, noviembre 2002, pp. 823-826, REGLERO CAMPOS, L. FERNANDO, "Conceptos generales y elementos de delimitación", cit., pp. 73-92 y, aplicado el ámbito medioambiental (en Costa Rica), PEÑA CHACÓN, MARIO, "Daño social, daño moral colectivo y daños punitivos. Delimitaciones y alcances en materia medioambiental", *Revista de Derecho de la Hacienda Pública*, núm. 10, 2018, pp. 27-40, así como el ilustrado rechazo de la función punitiva en el sistema de responsabilidad civil de ROCA TRÍAS, ENCARNA y NAVARRO MICHEL, MÓNICA, *Derecho de daños...*, cit., pp. 24-25.

13 Aunque en puridad la cuestión de las funciones de la responsabilidad civil "no estuviera presente en la doctrina española hasta la década de los ochenta del siglo pasado" (DE ÁNGEL YAGÜEZ, RICARDO, *Daños punitivos*, p. 55).

daño ambiental"[14]. Además, en las condenas de responsabilidad civil es doctrina consolidada, en la jurisprudencia del Tribunal Supremo, la consistente en ordenar, al tiempo que la reparación del daño, la cesación de la actividad lesiva, "mediante el uso de remedios que detengan el desarrollo del daño y como medida de prevención de otros daños"[15].

Por ello, celebramos la tendencia de la LRM y vemos que la inspiración sigue en su desarrollo legislativo, como no podía ser de otro modo: por ello, el Real Decreto 2090/2008, de 22 de diciembre, por el que se aprueba el Reglamento de desarrollo parcial de la Ley 26/2007, de 23 de octubre, de Responsabilidad Medioambiental, pese a centrarse en la reparación, crea la Comisión técnica de *prevención* y reparación de daños medioambientales (artículo 3), y alude a la prevención en algún otro momento (especialmente, artículo 6.2). No es la única normativa medioambiental en la que el elemento preventivo es esencial: pensemos, por ejemplo, en la **Ley 7/2022, de 8 de abril, de residuos y suelos contaminados para una economía circular**, donde no es escasa la atención al factor preventivo (pensemos en las medidas de prevención definidas en el artículo 2.z, en los Programas de Prevención que se diseñan, como "instrumentos de la política de residuos" en el artículo 14, o en las medidas de prevención diseñadas en los artículos 17 a 19 (objetivos de la prevención de residuos, medidas de prevención y reducción de residuos alimentarios).

En la presente investigación nos centraremos en el ámbito preventivo y conectaremos con la cuestión de los posibles daños futuros que pudiesen existir (el daño futuro goza de cierta

---

14 ÁLVAREZ LATA, NATALIA, "El daño ambiental. Presente y futuro de su reparación (II)", *Revista de Derecho Privado*, núm. 12, diciembre 2002, p. 865.

15 ÁLVAREZ LATA, NATALIA, "El daño ambiental. Presente y futuro de su reparación (I)", *cit*., pp. 822-823.

consideración "en supuestos en los que existe una gran probabilidad o certeza en la producción de ese daño"[16]). En todo caso, nos parece imprescindible atender a la "**doble perspectiva**" de valoración que requiere este tratamiento que vamos a llevar a cabo[17]: en primer lugar, existen los daños medioambientales en sentido estricto, conforme a la LRM y, en segundo lugar, los daños conectados con el medio ambiente sufridos por una persona particular, que no se rigen ni reparan por la LRM, algo que deja bastante claro la propia norma en su artículo 5 (artículo que tiene su base en el artículo 3.3 de la Directiva 2004/35/CE, de 21 de abril, sobre Responsabilidad Ambiental en relación con la prevención y reparación de los daños ambientales)[18]. Realiza esta diferenciación, de modo

---

16 ÁLVAREZ LATA, NATALIA, "El daño ambiental. Presente y futuro de su reparación (I)", cit., p. 792.

17 En este sentido, ESTEVE PARDO, JOSÉ, *Derecho del medio ambiente*, cit., pp. 109-111.

18 Conforme a este precepto, en su apartado primero, "Esta Ley no ampara el ejercicio de acciones por lesiones causadas a las personas, a los daños causados a la propiedad privada, a ningún tipo de pérdida económica ni afecta a ningún derecho relativo a este tipo de daños o cualesquiera otros daños patrimoniales que no tengan la condición de daños medioambientales, aunque sean consecuencia de los mismos hechos que dan origen a responsabilidad medioambiental. Tales acciones se regirán por la normativa que en cada caso resulte de aplicación". El apartado segundo añade que "Los particulares perjudicados a que se refiere el apartado anterior no podrán exigir reparación ni indemnización por los daños medioambientales que se les hayan irrogado, en la medida en la que tales daños queden reparados por la aplicación de esta ley. El responsable que hubiera hecho frente a esa doble reparación podrá reclamar del perjudicado la devolución o la compensación que proceda", y el apartado tercero cierra la regulación estableciendo que "En ningún caso las reclamaciones de los particulares perjudicados en cualesquiera procesos o procedimientos exonerarán al operador responsable de la adopción plena y efectiva de las medidas de prevención, de evitación o de reparación que

expreso, además de la doctrina científica[19], nuestro Tribunal Supremo en las SSTS 22-12-2008[20] y 11-6-2012[21] (y en otras anteriores[22]), por lo que parece correcto distinguir, en nuestra exposición, los daños medioambientales en sentido estricto de los daños sufridos por particulares, de naturaleza civil, a la hora de valorar la posible prevención que se pueda diseñar en cada uno de dichos ámbitos.

2. LA PREVENCIÓN EN MATERIA DE DAÑOS MEDIOAMBIENTALES

A la hora de reflexionar sobre la responsabilidad medioambiental, en España, es inevitable acudir, desde 2007, a la LRM[23].

---

resulten de la aplicación de esta ley ni impedirán las actuaciones administrativas encaminadas a ello".

19 Vid., por todos, la ilustrada reflexión, con argumentos doctrinales y jurisprudenciales, de JORDANO FRAGA, J.: "Administración y responsabilidad por daños al medio ambiente: la construcción del régimen jurídico de los daños ambientales"; en RUIZ-RICO RUIZ, G. (Director): "La protección jurisdiccional del medio ambiente". Cuadernos de Derecho Judicial XII-2001, CGPJ, 2001, pp. 287-294.

20 RJ/2009/162. Fundamento de Derecho Cuarto. Sigue su influencia, de modo evidente la SAP Salamanca (Sección 1ª) núm. 167/2014, de 24 de junio (AC/2014/1443).

21 RJ/2012/6709. Fundamento de Derecho Cuarto.

22 Vid., por ejemplo, STS 16/1/1989 (RJ/1989/101).

23 Sobre los antecedentes y la tramitación parlamentaria de esta Ley vid. la ilustrativa reflexión de ESTEVE PARDO, JOSÉ, *Ley de Responsabilidad Medioambiental...*, cit., pp. 15-23. Vid. también ALONSO GARCÍA, ENRIQUE, "La Ley de Responsabilidad Medioambiental a vista de pájaro, desde el prisma de la comparación del sistema europeo con el norteamericano", en LOZANO CUTANDA, BLANCA (Coordinadora), *Comentarios a la Ley de Responsabilidad Medioambiental (Ley 26/2007, de 23 de octubre)*, cit., pp. 13-82; GOMIS CATALÁ, LUCÍA, "La Ley de Responsabilidad medioambiental en el marco de la Unión Europea",

Un texto que presenta influencia comunitaria europea, como veremos, fruto de la necesaria transposición de una Directiva, pero que en parte es también pura decisión española, en el marco de la regulación que permite la normativa europea[24]. En todo caso, es importante ubicar la legislación española en el seno de la regulación comunitaria vigente. Comenzaremos este apartado con dicha ubicación para, a continuación, detenernos en la regulación española vigente.

2.1. La Directiva 2004/35/CE

A la hora de ocuparnos de la prevención en este ámbito, ya la Directiva 2004/35/CE, de 21 de abril, sobre Responsabilidad Ambiental en relación con la prevención y reparación de los daños ambientales[25], llevaba en su propio título la palabra "prevención"[26], concepto que se repite con asiduidad en la misma[27]. En palabras de ALENZA GARCÍA, "es un régimen de

---

en LOZANO CUTANDA, BLANCA (Coordinadora), *Comentarios a la Ley de Responsabilidad Medioambiental (Ley 26/2007, de 23 de octubre)*, cit., pp. 83-146.

24 ALONSO GARCÍA, ENRIQUE, "La Ley de Responsabilidad Medioambiental...", cit., p. 21. Sobre la normativa europea, vid. PLAZA MARTÍN, CARMEN, "Medio ambiente en la Unión Europea", en ORTEGA ÁLVAREZ, LUIS y ALONSO GARCÍA, CONSUELO (Directores), *Tratado de Derecho ambiental*, Tirant lo Blanch, 2013, pp. 79-143.

25 DOCE L 143, de 30 de abril de 2004, pp. 56-75.

26 A "lo esclarecedor de su título" aludía GOMIS CATALÁ, LUCÍA, "La Ley de Responsabilidad medioambiental en el marco de la Unión Europea", cit., p. 105.

27 En este sentido, la referencia a la prevención se puede encontrar en los Considerandos 1, 2, 3, 15 y 29, así como en los artículos 1, 8 (esencial, sobre costes), 16 y Anexo III.1. Además, no faltan tampoco las menciones a "medidas preventivas" (Considerandos 18, 20, 21, 23 y 28, más artículos 2.10, 8,11, 15 y, ante todo, el esencial artículo 5). Interesante trabajo de conjunto sobre la misma en JORDANO FRAGA,

naturaleza esencialmente *preventiva*. Y ello no sólo porque este régimen de responsabilidad incluye la posibilidad de imponer medidas preventivas, sino también porque pretende garantizar el principio de quien contamine paga y, consecuentemente, que el responsable de los daños ambientales no pueda eludir el coste de las medidas preventivas o reparadoras por las dificultades que entraña este tipo de daños para la clásica responsabilidad civil"[28]. Esto implica que es un régimen que se entiende "en un sentido más amplio del tradicional, al incluir, además de las medidas de reparación de los daños, actuaciones preventivas"[29].

El **Considerando 2** de la Directiva establece que "La prevención y reparación de los daños medioambientales debe llevarse a cabo mediante el fomento del principio con arreglo al cual "*quien contamina paga*", tal como se establece en el Tratado y coherentemente con el principio de desarrollo sostenible. El principio fundamental de la presente Directiva debe, por tanto, consistir en que un operador cuya actividad haya causado daños al medio ambiente *o haya supuesto una amenaza inminente*

JESÚS, VALENCIA MARTÍN, GERMÁN, MÁRQUEZ MOLERO, RAFAEL, ORTEU BERROCAL, EDUARDO, ALENZA GARCÍA, JOSÉ FRANCISCO y RUIZ DE APODACA ESPINOSA, ÁNGEL, *Estudios sobre la Directiva 2004/35/CE de Responsabilidad por Daños Ambientales y su Incidencia en el Ordenamiento Español*, Monografía Asociada a Revista Aranzadi de Derecho Ambiental, número 7, Aranzadi, 2005.

28 ALENZA GARCÍA, JOSÉ FRANCISCO, "El régimen público de responsabilidad por daños ambientales en la legislación española y en la Directiva de Responsabilidad Medioambiental", en JORDANO FRAGA, JESÚS, VALENCIA MARTÍN, GERMÁN, MÁRQUEZ MOLERO, RAFAEL, ORTEU BERROCAL, EDUARDO, ALENZA GARCÍA, JOSÉ FRANCISCO y RUIZ DE APODACA ESPINOSA, ÁNGEL, *Estudios sobre la Directiva 2004/35/CE de Responsabilidad por Daños Ambientales y su Incidencia en el Ordenamiento Español*, cit., p. 71.

29 ALENZA GARCÍA, JOSÉ FRANCISCO, "El régimen público de responsabilidad por daños ambientales en la legislación española y en la Directiva de Responsabilidad Medioambiental", cit., p. 75.

de tales daños sea declarado responsable desde el punto de vista financiero a fin de inducir a los operadores a adoptar medidas y desarrollar prácticas dirigidas a *minimizar los riesgos* de que se produzcan daños medioambientales, de forma que se reduzca su exposición a responsabilidades financieras". Se excede, por tanto, de la estricta reparación para valorar adecuadamente la propia prevención[30], en regulación que conecta perfectamente con la misión de vigilancia y control encomendada a los poderes públicos en el artículo 45.2 de la Constitución española, a la hora de velar por la restauración del medio ambiente[31].

---

30 Algo que tampoco es novedoso en este ámbito. Vid., en este sentido, JIMÉNEZ DE PARGA Y MASEDA, PATRICIA, *El principio de prevención en el derecho internacional del medio ambiente*, La Ley, 2001 y JIMÉNEZ DE PARGA Y MASEDA, PATRICIA, "Análisis del principio de precaución en Derecho internacional público: perspectiva universal y perspectiva regional europea", *Política y Sociedad*, 2003, vol. 40, núm. 3, pp. 7-22.

31 Interesantes, en este sentido, tanto PAREJO ALFONSO, L..: "El derecho al medio ambiente y la actuación de la Administración pública"; en RUIZ-RICO RUIZ, G. (Director): "La protección jurisdiccional del medio ambiente", cit., pp. 371-401 y MARTÍN FERNÁNDEZ, JACOBO, "Prevención, evitación y reparación de daños ambientales (arts. 17 a 23)", en LOZANO CUTANDA, BLANCA (Coordinadora), *Comentarios a la Ley de Responsabilidad Medioambiental (Ley 26/2007, de 23 de octubre)*, cit., p. 293 como LOZANO CUTANDA, BLANCA, "Infracciones y sanciones (Arts. 35 a 40)", cit., p. 395 y AVIÑÓ BELENGUER, DAVID, *Prevención y reparación de los daños civiles por contaminación industrial*, Thomson Reuters Aranzadi, 2015, pp. 35-37. Sobre el Derecho de medio ambiente en el Derecho español y su organización administrativa, de modo general y por todos, vid. ORTEGA ÁLVAREZ, LUIS, "Concepto de medio ambiente", en ORTEGA ÁLVAREZ, LUIS y ALONSO GARCÍA, CONSUELO (Directores), *Tratado de Derecho ambiental*, cit., pp. 42-52 y ORTEGA ÁLVAREZ, LUIS, "La organización administrativa del medio ambiente", en ORTEGA ÁLVAREZ, LUIS y ALONSO GARCÍA, CONSUELO (Directores), *Tratado de Derecho ambiental*, cit., pp. 55-77, así como MORENO TRUJILLO, EULALIA: *La protección jurídico-privada del medio ambiente y la responsabilidad civil por su deterioro*, Bosch, 1991, pp. 73-181.

El **artículo 5** de la Directiva se refiere expresamente a la "acción preventiva", y señala lo siguiente: "1. *Cuando aún no se hayan producido los daños medioambientales pero exista una amenaza inminente* de que se produzcan, el operador adoptará, *sin demora,* las medidas preventivas necesarias". Por "amenaza inminente de daños" debe entenderse una "probabilidad suficiente de que se produzcan daños medioambientales en un futuro próximo" (apartado 9 del artículo 2: concepto jurídico indeterminado que trata de precisarse con otros conceptos jurídicos indeterminados como "probabilidad suficiente" o "futuro próximo"[32]) y por "medida preventiva", "toda medida adoptada en respuesta a un suceso, acto u omisión que haya supuesto una amenaza inminente de daño medioambiental, con objeto de impedir o reducir al máximo dicho daño" (apartado 10 del artículo 2). Dos conceptos que deben ser muy tenidos en cuenta, y recordemos que en sentido estricto todavía no existe daño ni necesidad de reparación alguna, aunque debe destacarse cómo el contenido de las mismas "no recibe una ulterior concreción en la propia Directiva (art. 5), quedando, pues, remitido a la "discreción" de la utilidad competente"[33]. Destaquemos, además, cómo en ese apartado primero se carga la decisión del deber de actuar sobre el operador, sin que parezca necesaria intimación externa alguna, sin perjuicio de

---

32 En este sentido, ALENZA GARCÍA, JOSÉ FRANCISCO, "El régimen público de responsabilidad por daños ambientales en la legislación española y en la Directiva de Responsabilidad Medioambiental", cit., p. 92.

33 VALENCIA MARTÍN, GERMÁN, "El impacto (favorable) de la Directiva 2004/35/CE en el "sistema" español actual responsabilidad por daños ambientales", en JORDANO FRAGA, JESÚS, VALENCIA MARTÍN, GERMÁN, MÁRQUEZ MOLERO, RAFAEL, ORTEU BERROCAL, EDUARDO, ALENZA GARCÍA, JOSÉ FRANCISCO y RUIZ DE APODACA ESPINOSA, ÁNGEL, *Estudios sobre la Directiva 2004/35/CE de Responsabilidad por Daños Ambientales y su Incidencia en el Ordenamiento Español,* cit., p. 160.

que debe adoptar las medidas preventivas oportunas "sin demora". Por tanto, repasemos las diversas cuestiones dignas de tener en cuenta, deducibles de este apartado: en primer lugar, todavía no existe daño, cuando este artículo entra en acción ("Cuando aún no se hayan producido los daños medioambientales") pero, en segundo lugar, ya hay una "amenaza inminente" de ellos ("pero exista una amenaza inminente de que se produzcan"); en tercer lugar, el protagonista será "el operador", el mismo interesado, no ninguna Autoridad competente; en cuarto lugar, será él el que adoptará y "sin demora", en quinto lugar, "las medidas preventivas necesarias" (apréciese el concepto jurídico indeterminado con que se resuelve la regulación). Cada uno de estos presupuestos es digno de ser muy tenido en cuenta en este diseño preventivo que debe llevarse a cabo por las legislaciones nacionales.

El apartado segundo del artículo 5 establece que "Los Estados miembros dispondrán que, cuando resulte oportuno y, en cualquier caso, cuando no desaparezca la amenaza inminente de que se produzca daño medioambiental pese a las medidas preventivas adoptadas por el operador, los operadores comuniquen lo antes posible todos los aspectos pertinentes de la situación a la autoridad competente". Ahora sí que entra en acción la autoridad competente, que no antes, y ha sido contactada por el operador, que debe hacerlo "lo antes posible" (nuevo concepto que implica celeridad, pero también cierta indeterminación). El apartado tercero tipificará, ya, las posibles actuaciones de la autoridad competente, una vez que el operador haya comunicado los aspectos pertinentes de la situación, como hemos visto en el apartado segundo: "La autoridad competente podrá en cualquier momento: / a) exigir al operador que facilite información sobre toda amenaza inminente de daño medioambiental *o cuando sospeche* que va a producirse esa amenaza inminente; / b) exigir al operador que adopte las *medidas preventivas* necesarias; / c) dar al operador instrucciones a las que deberá ajustarse sobre las medidas preventivas necesarias que deberá adoptar; o / d) adoptar por sí misma las medidas preventivas necesarias". La autoridad competente, por tanto, puede actuar ya optando por alguna de las posibilidades establecidas. Por último, el apartado cuarto concluye estableciendo que "La autoridad competente exigirá que el operador adopte las medidas preventivas. Si el operador incumple las obligaciones estipuladas en el apartado 1 o en las letras b) o c) del apartado 3, no puede ser identificado o no está obligado a sufragar los costes en virtud de la presente Directiva, la propia autoridad competente podrá adoptar dichas medidas preventivas".

Interesante regulación preventiva que vamos a valorar de qué modo ha sido insertada en la normativa española, aunque para algún autor se eche en falta la introducción de los daños punitivos en este texto[34].

2.2. La prevención en la Ley 26/2007

Pasamos al estudio del Derecho español vigente. Es imprescindible valorar cómo se ha transpuesto la Directiva en nuestro

---

[34] En este sentido, JORDANO FRAGA, JESÚS, "La responsabilidad por daños ambientales en el Derecho de la Unión Europea: análisis de la Directiva 2004/35/CE, de 21 de abril, sobre Responsabilidad Medioambiental", en JORDANO FRAGA, JESÚS, VALENCIA MARTÍN, GERMÁN, MÁRQUEZ MOLERO, RAFAEL, ORTEU BERROCAL, EDUARDO, ALENZA GARCÍA, JOSÉ FRANCISCO y RUIZ DE APODACA ESPINOSA, ÁNGEL, *Estudios sobre la Directiva 2004/35/CE de Responsabilidad por Daños Ambientales y su Incidencia en el Ordenamiento Español*, cit., pp. 45-46. También sobre la Directiva, vid. MORENO TRUJILLO, EULALIA, "De nuevo sobre la responsabilidad civil por daños al medio ambiente (pros y contras de la unificación europea del régimen jurídico de la responsabilidad civil por daños al medio ambiente", en LLAMAS POMBO, EUGENIO (Coordinador), *Estudios de derecho de obligaciones. Homenaje al profesor Mariano Alonso Pérez*, Tomo II, La Ley 2006, pp. 463-487.

país, así como la regulación que se ha considerado oportuna en las diversas cuestiones de interés.

El **artículo 9.1** de la Ley 26/2007 establece que "Los operadores de las actividades económicas o profesionales incluidas en esta Ley están obligados a adoptar y a ejecutar las medidas de *prevención*, de *evitación* y de reparación de daños medioambientales y a sufragar sus costes, cualquiera que sea su cuantía, cuando resulten responsables de los mismos". Por tanto, las medidas de prevención están incluidas, como no podía ser de otro modo, con el evidente "carácter desincentivador de acciones que puedan causar daños"[35], así como las medidas de evitación. Dos frentes en los que es necesario batallar, a la hora de intentar que no haya daño (o que el daño no sea mayor de lo que ya es).

A la hora de ocuparnos de esta cuestión parece oportuno tener presentes **tres conceptos** definidos en el artículo 2 LRM, como son el de "amenaza inminente de daños" ("una probabilidad suficiente de que se produzcan daños medioambientales en un futuro próximo", apartado 13)[36], que se encuadra "en el supraconcepto de riesgo" (conforme al apartado 2.3 LRM, "función de la probabilidad de ocurrencia de un suceso y de la cuantía del daño que puede provocar")[37], el de "medida pre-

---

35 En este sentido, PEDRAZA LAYNEZ, JULIA, *La responsabilidad por daños medioambientales*, Thomson Reuters Aranzadi, 2016, pp. 188-189.

36 Sobre dicha amenaza, vid. ORTEU BERROCAL, EDUARDO, "Ámbito de aplicación de la Ley (Artículos 3 a 6 y definiciones relacionadas)", en LOZANO CUTANDA, BLANCA (Coordinadora), *Comentarios a la Ley de Responsabilidad Medioambiental (Ley 26/2007, de 23 de octubre)*, cit., pp. 177-179.

37 En este sentido, ESTEVE PARDO, JOSÉ, *Ley de Responsabilidad Medioambiental...*, cit., p. 37. En sentido contrario, conectando el riesgo con las garantías financieras, ORTEU BERROCAL, EDUARDO, "Ámbito de aplicación de la Ley (Artículos 3 a 6 y definiciones relacionadas)", en LOZANO CUTANDA, BLANCA (Coordinadora), *Comentarios a la*

ventiva" o "medida de prevención" ("aquélla adoptada como respuesta a un suceso, a un acto o a una omisión que haya supuesto una amenaza inminente de daño medioambiental, con objeto de impedir su producción o reducir al máximo dicho daño", apartado 14) y el de "medida de evitación de nuevos daños" ("aquella que, ya producido un daño medioambiental, tenga por finalidad limitar o impedir mayores daños medioambientales, controlando, conteniendo o eliminando los factores que han originado el daño, o haciendo frente a ellos de cualquier otra manera", apartado 15).

Incluso hay voces que propugnan superar esa "amenaza inminente" para que se adopte la medida preventiva[38], algo que valoraremos en su momento. De la definición de la norma española (y de la Directiva) se derivan dos presupuestos, para que exista esa "amenaza inminente de daño": en primer lugar, la suficiencia de la probabilidad y, en segundo lugar, la proximidad del futuro[39]: por tanto, "una probabilidad remota en un futuro próximo no se considera amenaza inminente y una probabilidad suficiente en un futuro remoto tampoco se considera amenaza inminente a los efectos de identificación de la amenaza inminente como daño que pueda poner en marcha la maquinaria prevista en la Ley de Responsabilidad medioambiental"[40]. A riesgo "de entidad y verosímil" alude ESTEVE PARDO[41] y, es evidente que estamos ante un **concepto**

Ley de Responsabilidad Medioambiental (Ley 26/2007, de 23 de octubre), cit., pp. 178-179.

38 Vid. PEDRAZA LAYNEZ, JULIA, *La responsabilidad por daños medioambientales*, cit., p. 191.

39 En este sentido, PEDRAZA LAYNEZ, JULIA, *La responsabilidad por daños medioambientales*, cit., p. 81.

40 GUERRERO ZAPLANA, JOSÉ, *La responsabilidad medioambiental en España*, cit., p. 53.

41 ESTEVE PARDO, JOSÉ, *Ley de Responsabilidad Medioambiental...*, cit., p. 37.

jurídico indeterminado que debe ser concretado en cada caso concreto, con la inseguridad que ello puede generar[42] y que abre margen de discrecionalidad a la hora de decidir cuándo estamos en presencia de una auténtica amenaza inminente de daño, tanto para el operador como para la Administración[43].

En todo caso, será el artículo 17 el que, bajo el rótulo "Prevención y evitación de los daños medioambientales", regule los **deberes concretos del operador** (además, el artículo 22 establece las consecuencias que implicaría el incumplimiento de dichas medidas)[44], y es al que debemos acudir, de entrada. Este artículo, bajo el rótulo exacto de "Obligaciones del operador en materia de prevención y de evitación de nuevos daños", establece en su apartado primero que "Ante una *amenaza inminente* de daños medioambientales originada por cualquier actividad económica o profesional, el operador de dicha actividad tiene el *deber de adoptar sin demora y sin necesidad de advertencia, de requerimiento o de acto administrativo previo* las medidas preventivas apropiadas", en precepto inevitablemente conectado con el artículo 20.1.

42 "Durante la tramitación del Proyecto de Ley se barajaron diversas definiciones más desarrolladas con el propósito de acotar el alcance de la expresión, Sin embargo, ninguna prosperó por la complejidad que traían consigo" (ORTEU BERROCAL, EDUARDO, "Ámbito de aplicación de la Ley (Artículos 3 a 6 y definiciones relacionadas)", en LOZANO CUTANDA, BLANCA (Coordinadora), *Comentarios a la Ley de Responsabilidad Medioambiental (Ley 26/2007, de 23 de octubre)*, cit., p. 177).

43 ORTEU BERROCAL, EDUARDO, "Ámbito de aplicación de la Ley (Artículos 3 a 6 y definiciones relacionadas)", en LOZANO CUTANDA, BLANCA (Coordinadora), *Comentarios a la Ley de Responsabilidad Medioambiental (Ley 26/2007, de 23 de octubre)*, cit., p. 177.

44 Sobre ello, vid. PEDRAZA LAYNEZ, JULIA, *La responsabilidad por daños medioambientales*, cit., pp. 212-218.

Por tanto, debemos destacar cómo, en primer lugar, debe existir una "*amenaza inminente* de daños medioambientales" (ya sabemos qué es, conforme a la definición legal existente), que sea originada por cualquier actividad económica o profesional, y en tal situación el operador de dicha actividad tiene el "*deber de adoptar sin demora y sin necesidad de advertencia, de requerimiento o de acto administrativo previo* las medidas preventivas apropiadas". Es evidente la celeridad que se pretende, al exigir esa actuación "sin demora y sin necesidad de advertencia, requerimiento o acto administrativo previo". Y, no lo olvidemos, antes de que exista daño.

No solamente se queda ahí la regulación preventiva, sino que la mentalidad preventiva también puede ser útil a la hora de intentar prevenir daños mayores una vez que ya existen daños. Es un nuevo paso respecto del anterior supuesto indicado. Así, el apartado segundo del artículo 17 añade que "Asimismo, cuando se hayan producido daños medioambientales causados por cualquier actividad económica o profesional, el operador de tal actividad tiene el deber de adoptar en los mismos términos las medidas apropiadas de *evitación de nuevos daños*, con independencia de que esté o no sujeto a la obligación de adoptar medidas de reparación por aplicación de lo dispuesto en esta Ley". Nuevamente comprobamos la intención legal, esa celeridad que se sigue pretendiendo, al exigir, también aquí, esa actuación "sin demora y sin necesidad de advertencia, requerimiento o acto administrativo previo". Pero comprobamos cómo también en este caso se pueden adoptar medidas, pese a que exista, ya, daño (aunque dichas medidas serán diversas, en ambos casos[45]). Prevención y evitación, por tanto, son dos for-

---

45 Las diferencia, con acierto, MARTÍN FERNÁNDEZ, JACOBO, "Prevención, evitación y reparación de daños ambientales (arts. 17 a 23)", cit., p. 297.

mas que adoptan la misma intención, en diversos momentos y circunstancias.

Una cuestión interesante será la *determinación efectiva de las medidas de prevención y de evitación de nuevos daños*, en los diversos casos estudiados. Para ello, conforme al apartado tercero del artículo 17, "se atenderá, en la medida de lo posible, a los criterios establecidos en el punto 1.3 del anexo II, sin perjuicio de los criterios adicionales que con el mismo objetivo establezcan las Comunidades Autónomas". Este Anexo se ocupa de la reparación del daño, y en su apartado 3 se refiere a la elección de las medidas reparadoras. El apartado primero señala que las medidas reparadoras razonables deberían valorarse utilizando las mejores tecnologías disponibles, atendiendo a todos los criterios siguientes: "El efecto de cada medida en la salud y la seguridad públicas. / La probabilidad de éxito de cada medida. / El grado en que cada medida servirá para prevenir futuros daños y evitar daños colaterales como consecuencia de su aplicación. / El grado en que cada medida beneficiará a cada componente del recurso natural o servicio medioambiental. / El grado en que cada medida tendrá en cuenta los correspondientes intereses sociales, económicos y culturales y otros factores pertinentes específicos de la localidad. / El período de tiempo necesario para que sea efectiva la reparación del daño medioambiental. / El grado en que cada una de las medidas logra reparar el lugar que ha sufrido el daño medioambiental. / La vinculación geográfica con el lugar dañado. / El coste que supone aplicar la medida". El apartado segundo matiza que "al evaluar las distintas medidas reparadoras identificadas, podrán elegirse medidas reparadoras primarias que no restituyan por completo a su estado básico las aguas o las especies silvestres y los hábitat que hayan sufrido el daño, o que lo hagan más lentamente. Se podrá adoptar esta decisión únicamente si los recursos naturales o los servicios medioambientales dañados se compensan mediante un incremento de las acciones complementarias o compensatorias que proporcione un nivel similar de recursos o servicios. Esas medidas reparadoras adicionales se determinarán de conformidad con las normas establecidas en el punto 1.2.2". El apartado tercero, por último, establece que no obstante, las normas establecidas en el punto 1.3.2, y de conformidad con el artículo 21, la autoridad competente podrá decidir que no han de adoptarse más medidas reparadoras si: / 1° Las medidas reparadoras ya adoptadas garantizan que ya ha dejado de existir una amenaza significativa de que se produzcan efectos desfavorables para la salud humana, el agua o las especies silvestres y los hábitat; y / 2° el coste de las medidas reparadoras que deberían adoptarse para alcanzar el estado básico o un nivel similar es desproporcionado en comparación con los beneficios medioambientales que se vayan a obtener, en cuyo caso será necesario ampararse en una memoria económica justificativa que tendrá el carácter público"[46].

Además, es necesario que esté al tanto la **autoridad competente**. En este sentido, el apartado 4 del artículo 17 establece que "Los operadores pondrán en conocimiento inmediato de la autoridad competente todos los aspectos relativos a los daños medioambientales o a la amenaza de tales daños, según lo dispuesto en el artículo 9.2, así como las medidas de prevención y evitación adoptadas. / De no desaparecer la amenaza de daño a pesar de haberse adoptado las medidas de prevención o de evitación de nuevos daños, el operador lo pondrá en conocimiento inmediato de la autoridad competente".

Por tanto, no debemos desdeñar el papel de las autoridades públicas competentes en esta situación: el artículo 18 LRM, bajo el rótulo "**Potestades administrativas en materia de prevención o de evitación de nuevos daños**", establece que "La autoridad competente, cuando considere que existe amenaza

---

[46] Interesante no olvidar, en la cuestión de los costes, el artículo 33 del Real Decreto 2090/2008, relativo a garantía financiera obligatoria y comunicación a la autoridad competente.

de daños o de producción de nuevos daños, podrá adoptar *en cualquier momento y mediante resolución motivada* dictada de conformidad con lo establecido en el capítulo VI, cualquiera de las siguientes decisiones". Son las que siguen: "a) Exigir al operador que facilite información sobre toda amenaza inminente de producción de daño medioambiental cuando existan indicios de que va a producirse. / b) Exigir al operador que adopte inmediatamente las medidas encaminadas a prevenir y a evitar tales daños y requerir su cumplimiento. / c) Dar al operador instrucciones de obligado cumplimiento sobre las medidas de prevención o de evitación de nuevos daños que deba adoptar o, en su caso, dejar sin efecto. / d) Ejecutar a costa del sujeto responsable las medidas de prevención o de evitación cuando concurran las circunstancias previstas en los artículos 23 y 47". Debemos destacar el carácter facultativo de estas potestades ("La autoridad competente, *cuando considere que existe amenaza de daños o de producción de nuevos daños, podrá adoptar* en cualquier momento y mediante resolución motivada dictada de conformidad con lo establecido en el capítulo VI, cualquiera de las siguientes decisiones")[47], aunque limitado de modo triple: en primer lugar, porque cualquier interesado puede provocar la iniciación del procedimiento (artículos 41.2 y 42.1 LRM); en segundo lugar, porque si el operador continúa incumpliendo lo dispuesto puede ejercer la ejecución forzosa de las medidas de prevención, evitación y previo apercibimiento y, en tercer lugar, por el objetivo que fija el artículo 45 CE, a los poderes públicos, de "defender y restaurar el medio ambiente"[48]. No olvidemos los términos citados: la Autoridad

---

47 En este sentido, PEDRAZA LAYNEZ, JULIA, *La responsabilidad por daños medioambientales*, cit., p. 195.

48 Vid. PEDRAZA LAYNEZ, JULIA, *La responsabilidad por daños medioambientales*, cit., p. 195 y MARTÍN FERNÁNDEZ, JACOBO, "Prevención, evitación y reparación de daños ambientales (arts. 17 a 23)", cit., pp. 299-300. También interesante FERNÁNDEZ DE GATTA

competente puede actuar en cualquier momento y, en segundo lugar, siempre mediante resolución motivada.

La Ley 11/2014, de 3 de julio, modificó la LRM e introdujo, entre otros, el **artículo 17 bis**, que se ocupa del "Fomento de las medidas de *prevención y evitación* de daños medioambientales", y establece que "Las autoridades competentes adoptarán *medidas para impulsar la realización voluntaria de análisis de riesgos medioambientales* entre los operadores de cualquier actividad susceptible de ocasionar daños medioambientales, con la finalidad de lograr una adecuada gestión del riesgo medioambiental de la actividad". En el Apartado IV del Preámbulo de la Ley de reforma se explica la intención de esta inclusión, dirigida a impulsar que el análisis del riesgo se realice de manera voluntaria por los operadores: "La experiencia adquirida durante los años de aplicación de la Ley 26/2007, de 23 de octubre, de Responsabilidad Medioambiental, ha puesto de manifiesto la *necesidad de reforzar sus aspectos preventivos*, para lo cual, se considera oportuno impulsar el uso de los análisis de riesgos medioambientales como herramienta de gestión del riesgo medioambiental. / Con este objetivo, se introduce un nuevo artículo 17 bis, mediante el que se señala que las autoridades competentes adoptarán medidas para impulsar la realización voluntaria de análisis de riesgos medioambientales, entre los operadores de actividades susceptibles de ocasionar daños medioambientales, como medida de minimización y gestión del riesgo medioambiental". Como en tantas otras cuestiones en la vida, el aspecto educacional puede ser muy influyente a la hora de tomar conciencia de las cuestiones que deben ser afrontadas por una sociedad, y actuar de modo socialmente responsable. Por lo que es digno de celebrar este precepto y su intención pedagógica entre los operadores del sector, por

---

SÁNCHEZ, DIONISIO, *Sistema jurídico-administrativo de protección del medio ambiente,* Ratio Legis, 2019, pp. 134-143.

lo que puede implicar a la hora de generar una cultura de la prevención medioambiental muy saludable.

No menos interesante será el **artículo 23**, que legitima a la Administración para la "intervención directa" en los casos que diseña, pero queremos destacar este artículo 17 bis por la defensa de la prevención que implica y de la defensa de la toma de conciencia de los operadores sobre los riesgos medioambientales.

Por tanto, **en conclusión**, es evidente la intención preventiva, la finalidad preventiva claramente existente y que se plasma en la regulación ya estudiada. Se excede de la simple reparación para intentar prevenir los daños, en pretensión que nos resulta muy saludable y positiva.

3. LA PREVENCIÓN EN MATERIA DE DAÑOS A PARTICULARES

Como ya hemos apuntado, no todos los daños ambientales se canalizan por la vía de la LRM. Pueden existir daños ambientales sufridos por particulares, y también estos casos merecen respuesta y que atendamos a la posibilidad de prevención, en su caso[49], sabedores de que estas lesiones no se rigen ni reparan por la LRM, como se deduce de su mencionado artículo 5, ya citado (tributario del artículo 3.3 de la Directiva 2004/35/CE, que ya se expresaba en estos términos).

Como hemos indicado, además de la responsabilidad civil extracontractual general, siempre útil y aplicable ante la exis-

---

49 Interesante análisis de la cuestión en CORDERO LOBATO, ENCARNA, "Daños a particulares y medio ambiente", en ORTEGA ÁLVAREZ, LUIS, "Concepto de medio ambiente", en ORTEGA ÁLVAREZ, LUIS y ALONSO GARCÍA, CONSUELO (Directores), *Tratado de Derecho ambiental*, cit., pp. 321-345.

tencia de un daño sufrido como consecuencia de la acción dañosa de otra persona, debemos tener presentes, ya en el ámbito más cercano a lo medioambiental, tanto la regulación de las **inmisiones** como la posible operatividad de la acción negatoria o de cesación. En este sentido, en el CC español debemos destacar el artículo 590 CC (conectado con el artículo 1908 CC), y cómo no necesita de la existencia de un daño presente y efectivo para resultar operativo[50]. En concreto, conforme al mismo, "nadie podrá construir cerca de una pared ajena o medianera pozos, cloacas, acueductos, hornos, fraguas, chimeneas, establos, depósitos de materias corrosivas, artefactos que se muevan por el vapor, o fábricas que por sí mismas o por sus productos sean peligrosas o nocivas, sin guardar las distancias prescritas por los reglamentos y usos del lugar, y sin ejecutar las obras de resguardo necesarias, con sujeción, en el modo, a las condiciones que los mismos reglamentos prescriban. / A falta de reglamento se tomarán las precauciones que se juzguen necesarias, previo dictamen pericial, *a fin de evitar todo daño a las heredades o edificios vecinos*". Es evidente la intención preventiva en este párrafo final del precepto, en texto que hemos destacado en letra cursiva.

---

50 Sobre inmisiones, vid. los ilustrados recorridos de DÍAZ ROMERO, MARÍA DEL ROSARIO, *La protección jurídico-civil de la propiedad frente a las inmisiones. Especial referencia a la acción negatoria,* Civitas, 2003 (completo análisis histórico y conceptual en pp. 19-42, y especial referencia a la relación con la defensa del medio ambiente en pp. 159-164); MACÍAS CASTILLO, AGUSTÍN, *El daño causado por el ruido y otras inmisiones,* cit., pp. 25-232 (interesante conexión con el medio ambiente en pp. 162-232, muy especialmente 171-185) y HUALDE MANSO, TERESA, *Las inmisiones en el Derecho civil navarro,* Universidad Pública de Navarra, 2004, pp. 21-112. También, en investigación más actual, las ilustradas reflexiones de AVIÑÓ BELENGUER, DAVID, *Prevención y reparación de los daños civiles por contaminación industrial,* cit., pp. 81-177.

Las técnicas civiles de protección de intereses privados frente a agresiones medioambientales son, según CORDERO LOBATO, la acción negatoria, la acción de responsabilidad extracontractual general y la indemnización de daños y perjuicios[51]. Teniendo en cuenta la intención preventiva que nos ocupa y preocupa, nos detendremos en la **acción negatoria**, dirigida a exigir que se ponga fin a inmisiones y perturbaciones o molestias, y a que no se produzcan en el futuro. Para que resulte plenamente operativa requiere que las inmisiones no estén legitimadas por ley ni por pacto alguno[52], y los tribunales civiles se consideran competentes para ordenar la paralización o la introducción de medidas correctoras de actividades contaminantes dañosas para un particular[53].

La acción negatoria como tal no está regulada de modo explícito en Derecho común español (sí, por cierto, en los artículos 544-4 a 544-7 del Código civil catalán[54]), pero tiene un amplio recorrido histórico y no se duda de su operatividad y

---

[51] CORDERO LOBATO, ENCARNA, "Daños a particulares y medio ambiente", en ORTEGA ÁLVAREZ, LUIS, "Concepto de medio ambiente", en ORTEGA ÁLVAREZ, LUIS y ALONSO GARCÍA, CONSUELO (Directores), *Tratado de Derecho ambiental*, cit., p. 323.

[52] CORDERO LOBATO, ENCARNA, "Daños a particulares y medio ambiente", en ORTEGA ÁLVAREZ, LUIS, "Concepto de medio ambiente", en ORTEGA ÁLVAREZ, LUIS y ALONSO GARCÍA, CONSUELO (Directores), *Tratado de Derecho ambiental*, cit., p. 325.

[53] CORDERO LOBATO, ENCARNA, "Daños a particulares y medio ambiente", en ORTEGA ÁLVAREZ, LUIS, "Concepto de medio ambiente", en ORTEGA ÁLVAREZ, LUIS y ALONSO GARCÍA, CONSUELO (Directores), *Tratado de Derecho ambiental*, cit., pp. 326-327.

[54] Ley 5/2006, de 10 de mayo, del Libro Quinto del Código Civil de Cataluña, relativo a los derechos reales.

utilidad[55] (conectada con el ya citado artículo 590 CC[56], cuya intención preventiva es evidente[57]). Como apunta EVANGELIO LLORCA, "puede ser un instrumento eficaz de inhibición y prevención del fenómeno inmisivo"[58] ya que, además, no tiene carácter sancionatorio[59] (o, al menos no necesariamente lo tiene, añadimos nosotros).

Por tanto, es evidente que ya en 1889 se atisbaba la necesidad de prevenir posibles daños, de actuar antes de que estos existiesen de modo efectivo. Plasmaba así una finalidad claramente preventiva inserta en el ámbito de la reparación de daños en este ámbito concreto que entronca con la sensibilidad medioambiental, aunque enfocado hacia los derechos de

---

55 Interesante recorrido histórico en LÁZARO GUILLAMÓN, CARMEN, *La acción negatoria. Cómo impedir que un inmueble aproveche indebidamente a otro,* Tirant lo Blanch, 2007. Completo análisis sobre la misma, también, en MARTÍN-BALLESTERO HERNÁNDEZ, LUIS, *La acción negatoria,* Tecnos, 1993 (especialmente sugerente el recorrido jurisprudencial en pp. 110-119) y en EVANGELIO LLORCA, RAQUEL, *La acción negatoria de inmisiones en el ámbito de las relaciones de vecindad,* Comares, 2000, pp. 120-154. Vid. también AVIÑÓ BELENGUER, DAVID, *Prevención y reparación de los daños civiles por contaminación industrial,* cit., pp. 179-213

56 LÁZARO GUILLAMÓN, CARMEN, *La acción negatoria...*, cit., pp. 168-169.

57 Sobre ello, con detalle, vid. EVANGELIO LLORCA, RAQUEL, *La acción negatoria de inmisiones en el ámbito de las relaciones de vecindad,* cit. También analiza esa evidente intención, no menos presente en la regulación foral navarra, HUALDE MANSO, TERESA, *Las inmisiones en el Derecho civil navarro,* cit., pp. 173-175.

58 EVANGELIO LLORCA, RAQUEL, *La acción negatoria de inmisiones en el ámbito de las relaciones de vecindad,* cit., p. 5 (también interesantes pp. 104, 107-109, 163-166 y 282).

59 EVANGELIO LLORCA, RAQUEL, *La acción negatoria de inmisiones en el ámbito de las relaciones de vecindad,* cit., p. 291.

personas concretas y determinadas. Nos parece muy positivo que ello ya sucediera entonces, pues nos parece que debemos releer, en general, la responsabilidad civil, también en clave preventiva (y el ámbito medioambiental es especialmente interesante, a la vista de la entidad de los daños que pueden existir, de todo tipo), y es esencial que existan mecanismos legales que lo permitan.

Por tanto, también en el ámbito de la reparación de posibles daños medioambientales sufridos por particulares cabe insertar esa intención preventiva que se plasma en la regulación citada, inserta en el CC (y en nuestro imaginario jurídico) desde hace más de cien años.

4. LA IMPORTANCIA DE LA PREVENCIÓN. LOS DAÑOS FUTUROS

Una vez llegados a este punto ha quedado claro que la prevención del daño no es una finalidad ajena al sistema de responsabilidad civil, o no debería serlo, aunque no se vertebre este sistema sobre la misma de modo fundamental. En todo caso, no resulta extraña al sistema, tanto en el caso del daño medioambiental en sentido estricto como en el caso de personas particulares perjudicadas, y conviene, desde el punto de vista de la política legislativa, que así sea. Debemos sensibilizarnos con ello, y con la idea de aquel viejo adagio que aseguraba que "más vale prevenir que curar", también en el ámbito del Derecho de daños (y, dentro de este, en la órbita medioambiental). MACÍAS CASTILLO lo expone con sugerentes palabras, ya citadas al comienzo de este trabajo: "El moderno Derecho de daños debe bifurcarse -que no escindirse- de forma definitiva y rotunda en dos manifestaciones o tutelas diferenciadas: la inhibitoria, preventiva del daño amenazante, y la resarcitoria, reparadora de un daño ya causado”[60]. Es el momento de analizar cómo puede ello influir en la producción del daño, en daños que puedan producirse más adelante y en su efectiva prevención o reparación.

A la hora de prevenir daños **podemos aludir a dos posibilidades a las que hay que ofrecer solución**: en primer lugar, la de prevenir daños en el sentido más canónico de la expresión (es decir, pretendemos evitar que se produzca un daño todavía no producido) y, en segundo lugar, la de lograr que, una vez producido el daño, éste no sea mayor y se evite su aumento. Y esto tanto en el ámbito del daño medioambiental canónico, regulado en la LRM, como en el caso del daño a un particular que pueda sufrir alguna lesión ambiental[61].

En el ámbito del **daño ambiental canónico**, como se puede deducir de las reflexiones de ÁLVAREZ LATA[62], debe atenderse a la reparación de daños todavía no producidos, incluso, siempre que exista gran probabilidad o certeza en la producción de ese daño. Y la LRM es bastante explícita a estos efectos, como hemos comprobado. Muy gráfica resulta, en este sentido, la STS 26-11-2010[63], cuando en el último párrafo del Fundamento de Derecho Cuarto se expresa en estos términos: “Pues bien, hay que tener en cuenta la propia naturaleza del daño que se reclama, ya que la finalidad buscada con el art. 219 LEC no permite

---

60 MACÍAS CASTILLO, AGUSTÍN, *El daño causado por el ruido y otras inmisiones*, cit., p. 305.

61 La adopción de medidas correctoras dirigidas a evitar daños futuros está más que aceptada en nuestra tradición jurisprudencial, como se puede comprobar con Sentencias tan clásicas como las SSTS 23-12-1952, 5-4-1960, 12-12-1980, 17-3-1981, 23-91988, 16-1-1989 (vid. MORENO TRUJILLO, EULALIA: *La protección jurídico-privada del medio ambiente…*, cit., pp. 268-275).

62 ÁLVAREZ LATA, NATALIA, “El daño ambiental. Presente y futuro de su reparación (I)”, cit., pp. 792-794.

63 RJ/2011/1317.

su *aplicación automática en todos los casos*, porque ello equivaldría a privar de las correspondientes indemnizaciones al acreedor que tiene derecho a obtenerlas y ello es obvio cuando se reclaman daños futuros. Así una aplicación *indiscriminada* impediría en muchos casos la efectividad de las condenas de futuro, previstas en la propia ley. Por esta razón, en los casos en que se condena a abonar **daños futuros**, *hay que* ***determinar las bases de acuerdo*** *con las que deberán calcularse dichos daños* y ello es lo que realiza la sentencia recurrida cuando señala que "es incontrovertible que mientras no se apliquen las medidas correctoras pertinentes los daños y perjuicios ocasionados hasta la interposición de la demanda continuarán produciéndose, por lo que es perfectamente viable [...] el reclamar daños futuros".".

En el caso de los **daños ambientales sufridos por particulares**, el artículo 590 CC permite establecer medidas que impidan la producción o reproducción de nuevos daños, aunque el actor no sufra un daño actual[64]. Es algo que está asimilado desde hace mucho tiempo, afortunadamente. Desde antiguo se defiende que el **daño futuro** es indemnizable si concurren dos presupuestos: "que se pruebe cumplidamente que su realización es desde ahora cierta y que sea susceptible de evaluación al tiempo que se reclama su reparación, como ocurre cuando el daño aparece como una prolongación cierta y directa de un estado de cosas actual, siendo susceptible de estimación inmediata"[65]. Los propios Tribunales asumen una tarea activa, a la hora de intentar que no se produzcan estos daños futuros, salvo que resulten inevitables[66], y especialmente interesante re-

---

64 Sobre ello, específicamente, vid. MACÍAS CASTILLO, AGUSTÍN, *El daño causado por el ruido y otras inmisiones*, cit., pp. 306-326.

65 En este sentido, CERDÁ OLMEDO, MIGUEL, "Responsabilidad civil por daños futuros", *Anuario de Derecho Civil*, 1985, vol. 38, número 3, p. 624.

66 En este sentido, MACÍAS CASTILLO, AGUSTÍN, *El daño causado por el ruido y otras inmisiones*, cit., p. 298.

sulta, sobre la posibilidad de admitir los daños futuros, la STS 22-10-2008[67]. Ello es aplicable a los dos supuestos ya citados.

En el ámbito de los daños ambientales sufridos por particulares tampoco es novedoso tener en cuenta estas ideas preventivas, pues basta repasar el Fundamento de Derecho Tercero de la STS 5-4-1988[68] para percibirlo:

"El decaimiento del motivo segundo comporta necesariamente el del primero que, al amparo ya del ordinal 5.º del art. 1692 de la Ley de Enjuiciamiento Civil alega aplicación indebida del art. 1902 del Código Civil y que debe decaer en atención a las siguientes razones: Primera: Junto a los llamados **daños instantáneos o de tracto unitario**, en los que la acción u omisión del sujeto a quien después se responsabiliza de su indemnización va seguido, en un corto espacio temporal, de un mal realizado en la persona o bienes de un tercero, mal este que puede ser reversible o irreversible, y del que, si se acredita su cualidad de previsible, así como su causación por los actos negligentes del responsable y la existencia de un nexo causal que una acción y daño, dará lugar a que entre en juego el mecanismo reparador contenido en el art. 1902 del Código Civil, obligando al autor del acto a indemnizar el daño causado, **existen otra clase de daños, que la doctrina denomina *continuados o de tracto sucesivos* en los que, sin perjuicio de que en un primer momento cercano al acto causal, se manifieste ya la existencia de un perjuicio, el mero transcurso del tiempo y sin precisión alguna de una nueva conducta activa del autor del daño, hace aparecer unos perjuicios nuevos distintos de los anteriores, que en razón de ser debidos únicamente al acto inicial, a los que ata una estricta relación de causalidad, son lógicamente imputables a quien con su conducta los desencadenó**. Ahora

---

67 RJ/2008/5787. Antes se admitía, por ejemplo, en la STS 16/1/1989 (RJ/1989/101).

68 RJ/1988/2652.

bien, la cualidad de previsibles que, para que proceda su reparabilidad, deben ostentar unos y otros daños produce, sin embargo, importantes diferencias en orden a la designación de los obligados al pago, pues si bien en los instantáneos ésta debe recaer, en principio, tan sólo sobre el autor o quien tenga la obligación de responder por él, en cambio, cuando, como sucede en el supuesto de autos, la causación de los daños sucesivos se produce a lo largo de un dilatado período de tiempo, durante el cual resulta evidente su **evitabilidad** mediante la aplicación de medidas de seguridad que impidan la causación de nuevos ataques a la propiedad de un tercero, es obvio que, junto a la responsabilidad que pudiera incumbir al autor de acto inicial, así como la que correspondería a los autores de actos posteriores que coadyuven a producir nuevos daños, deben también imputarse éstos a cuantos por su relación de dominio o gestión con la cosa o actividad productora del año, se hallaban obligados a adoptar las medidas necesarias para impedir que se produjeran nuevos daños, cuya previsibilidad venía ya reforzada por la ocurrencia de otros anteriores; Segundo: Que, entrando ya a conocer del supuesto de autos, resulta evidente que, por aplicación de la anterior doctrina, concurren en él los requisitos que el art. 1902 del Código Civil exige para el desencadenamiento de la responsabilidad extracontractual, pues sin perjuicio de que los actos de explotación que, a partir de 1975, haya podido realizar en su finca la demanda recurrente, y que haya ocasionado o coadyuvado a ocasionar de manera decisiva la producción de nuevos desplomes de terreno, competía a la entidad "Forjados Menéndez, S. A." la adopción de las medidas oportunas para impedir estos daños sucesivos, y, al no haberse procedido por la recurrente de la manera que una diligente conducta de explotador y propietario de la excavación le imponía, procede decretar su responsabilidad extracontractual, por lo que no se hizo indebida aplicación del precepto mencionado en este primer motivo, que debe, así, ser desestimado".

GÁLVEZ CRIADO ha puesto en duda la categoría de los daños futuros con sugerentes opiniones en las prefiere hablar de "**daño sobrevenido**", pues defiende que "el dato decisivo no es si el daño se ha manifestado (o se está manifestando) en un determinado momento o si lo hará en un tiempo posterior, sino si jurídicamente concurren ya los presupuestos necesarios para su reclamación, porque el dañado puede ya probar razonablemente su existencia y cuantía, que son algunos de los presupuestos de los que depende la prosperabilidad de su reclamación, sea judicial o extrajudicial"[69]. Los presupuestos de la responsabilidad civil en este caso son los mismos que en el daño actual o presente, apunta, valorando tanto el sistema de "cláusula abierta" que inspira nuestro derecho de daños e, incluso, en el ámbito de la responsabilidad contractual, como la posible discriminación que puede conllevar para el dañado entenderlo de otro modo con respecto a los daños ya presentes[70].

En todo caso, consideramos oportuno mirar hacia adelante, para afrontar la posible evitación y/o reparación de daños que todavía ni existen materialmente, y dado que los anteriores casos parecen aceptados doctrinal y jurisprudencialmente, parece razonable sostener la necesidad de prevenir (en sentido puro o con la intención de evitar que el daño producido sea mayor) e, incluso, meditar la posibilidad de adopción de medidas en caso de riesgo inminente de daño, como sucede con los daños medioambientales canónicos, también en el ámbito de los daños sufridos por particulares[71], pues la inspiración de que siempre será mejor prevenir que curar debe orientarnos en este ámbito medioambiental, en el que seguramente su apli-

---

69 GÁLVEZ CRIADO, ANTONIO, "El daño sobrevenido", *InDret. Revista para el Análisis del Derecho,* 4/2015, p. 4.

70 GÁLVEZ CRIADO, ANTONIO, "El daño sobrevenido", cit., pp. 9-11.

71 Interesante sugerencia del profesor JOSÉ MANUEL RUIZ-RICO RUIZ al autor, en conversación privada.

cación será todavía más positiva que en los casos generales en que se pueda aplicar, a la vista de la entidad de los daños que se pueden producir en este sector.

BIBLIOGRAFÍA

ALENZA GARCÍA, JOSÉ FRANCISCO, "El régimen público de responsabilidad por daños ambientales en la legislación española y en la Directiva de Responsabilidad Medioambiental", en JORDANO FRAGA, JESÚS, VALENCIA MARTÍN, GERMÁN, MÁRQUEZ MOLERO, RAFAEL, ORTEU BERROCAL, EDUARDO, ALENZA GARCÍA, JOSÉ FRANCISCO y RUIZ DE APODACA ESPINOSA, ÁNGEL, *Estudios sobre la Directiva 2004/35/CE de Responsabilidad por Daños Ambientales y su Incidencia en el Ordenamiento Español*, Monografía Asociada a Revista Aranzadi de Derecho Ambiental, número 7, Aranzadi, 2005, pp. 67-107.

ALONSO GARCÍA, ENRIQUE, "La Ley de Responsabilidad Medioambiental a vista de pájaro, desde el prisma de la comparación del sistema europeo con el norteamericano", en LOZANO CUTANDA, BLANCA (Coordinadora), *Comentarios a la Ley de Responsabilidad Medioambiental (Ley 26/2007, de 23 de octubre)*, Thomson Civitas, 2008, pp. 13-82.

ÁLVAREZ LATA, NATALIA, "El daño ambiental. Presente y futuro de su reparación (I)", *Revista de Derecho Privado*, núm. 11, noviembre 2002, pp. 773-840.

ÁLVAREZ LATA, NATALIA, "El daño ambiental. Presente y futuro de su reparación (II)", *Revista de Derecho Privado*, núm. 12, diciembre 2002, pp. 865-888.

ÁLVAREZ OLALLA, PILAR, *Manual de Derecho de daños*, Thomson Reuters Aranzadi, 2021.

AVIÑÓ BELENGUER, DAVID, *Prevención y reparación de los daños civiles por contaminación industrial*, Thomson Reuters Aranzadi, 2015.

AVIÑÓ BELENGUER, DAVID, "Responsabilidad civil por daños al medio ambiente", en CLEMENTE MEORO, MARIO E. y COBAS COBIELLA, M ELENA (Directores), *Derecho de daños*, Tomo II, Tirant lo Blanch, 2021, pp. 1539-1569.

BERNAD MAINAR, RAFAEL, "Sobre la función preventiva de la responsabilidad civil", *Revista General de Legislación y Jurisprudencia*, núm. 1, 2010, pp. 65-97.

CERDÁ OLMEDO, MIGUEL, "Responsabilidad civil por daños futuros", *Anuario de Derecho Civil,* 1985, vol. 38, número 3, pp. 623-648 (https://dialnet.unirioja.es/servlet/articulo?codigo=46643).

CORDERO LOBATO, ENCARNA, "Daños a particulares y medio ambiente", ne ORTEGA ÁLVAREZ, LUIS y ALONSO GARCÍA, CONSUELO (Directores), *Tratado de Derecho ambiental,* Tirant lo Blanch, 2013, pp. 321-345.

CORNET, MANUEL y RUBIO, GABRIEL ALEJANDRO, "Daños punitivos", *Anuario de Derecho Civil del Instituto de Derecho Privado de la Facultad de Derecho y Ciencias Sociales de la Universidad Católica de Córdoba, 1997-3, pp. 31-45 (https://revistas.bibdigital.uccor.edu.ar/index.php/ADC/article/view/894/976).*

DE ÁNGEL YAGÜEZ, RICARDO, *Daños punitivos,* Civitas Thomson Reuters, 2012.

DÍAZ ROMERO, MARÍA DEL ROSARIO, *La protección jurídico-civil de la propiedad frente a las inmisiones. Especial referencia a la acción negatoria,* Civitas, 2003.

DÍEZ-PICAZO, LUIS, *Derecho de daños,* Civitas, 2000.

ESTEVE PARDO, JOSÉ, *Ley de Responsabilidad Medioambiental. Comentario sistemático,* Marcial Pons, 2008.

ESTEVE PARDO, JOSÉ, *Derecho del medio ambiente,* Marcial Pons, 2017.

EVANGELIO LLORCA, RAQUEL, *La acción negatoria de inmisiones en el ámbito de las relaciones de vecindad,* Comares, 2000.

FERNÁNDEZ DE GATTA SÁNCHEZ, DIONISIO, *Sistema jurídico-administrativo de protección del medio ambiente,* Ratio Legis, 2019.

GÁLVEZ CRIADO, ANTONIO, "El daño sobrevenido", *InDret. Revista para el Análisis del Derecho,* 4/2015, pp. 1-38 (https://www.raco.cat/index.php/InDret/article/view/304364/394042).

GOMIS CATALÁ, LUCÍA, "La Ley de Responsabilidad medioambiental en el marco de la Unión Europea", en LOZANO CUTANDA, BLANCA (Coordinadora), *Comentarios a la Ley de Responsabilidad Medioambiental (Ley 26/2007, de 23 de octubre),* Thomson Civitas, 2008, pp. 83-146.

GUERRERO ZAPLANA, JOSÉ, *La responsabilidad medioambiental en España,* La Ley, Wolters Kluwer, 2010.

HUALDE MANSO, TERESA, *Las inmisiones en el Derecho civil navarro,* Universidad Pública de Navarra, 2004.

JIMÉNEZ DE PARGA Y MASEDA, PATRICIA, *El principio de prevención en el derecho internacional del medio ambiente,* La Ley, 2001.

JIMÉNEZ DE PARGA Y MASEDA, PATRICIA, "Análisis del principio de precaución en Derecho internacional público: perspectiva universal y perspectiva regional europea", *Política y Sociedad,* 2003, vol. 40, núm. 3, pp. 7-22 (https://revistas.ucm.es/index.php/POSO/article/view/POSO0303330007A/23415).

JORDANO FRAGA, J.: "Administración y responsabilidad por daños al medio ambiente: la construcción del régimen jurídico de los daños ambientales"; en RUIZ-RICO RUIZ, G. (Director): "La protección jurisdiccional del medio ambiente". Cuadernos de Derecho Judicial XII-2001, CGPJ, 2001, pp. 275-332.

JORDANO FRAGA, JESÚS, VALENCIA MARTÍN, GERMÁN, MÁRQUEZ MOLERO, RAFAEL, ORTEU BERROCAL, EDUARDO, ALENZA GARCÍA, JOSÉ FRANCISCO y RUIZ DE APODACA ESPINOSA, ÁNGEL, *Estudios sobre la Directiva 2004/35/CE de Responsabilidad por Daños Ambientales y su Incidencia en el Ordenamiento Español,* Monografía Asociada a Revista Aranzadi de Derecho Ambiental, número 7, Aranzadi, 2005.

JORDANO FRAGA, JESÚS, "La responsabilidad por daños ambientales en el Derecho de la Unión Europea: análisis de la Directiva 2004/35/CE, de 21 de abril, sobre Responsabilidad Medioambiental", en JORDANO FRAGA, JESÚS, VALENCIA MARTÍN, GERMÁN, MÁRQUEZ MOLERO, RAFAEL, ORTEU BERROCAL, EDUARDO, ALENZA GARCÍA, JOSÉ FRANCISCO y RUIZ DE APODACA ESPINOSA, ÁNGEL, *Estudios sobre la Directiva 2004/35/CE de Responsabilidad por Daños Ambientales y su Incidencia en el Ordenamiento Español,* Monografía Asociada a Revista Aranzadi de Derecho Ambiental, número 7, Aranzadi, 2005, pp. 13-49.

LÁZARO GUILLAMÓN, CARMEN, *La acción negatoria. Cómo impedir que un inmueble aproveche indebidamente a otro,* Tirant lo Blanch, 2007.

LOZANO CUTANDA, BLANCA, "La responsabilidad por daños ambientales: la situación actual y el nuevo sistema de "responsabilidad de Derecho público" que introduce la Directiva 2004/35/CE", *Justicia Administrativa. Revista de Derecho Administrativo,* núm. 26, enero 2005, pp. 5-33.

LOZANO CUTANDA, BLANCA, "Infracciones y sanciones (Arts. 35 a 40)", en LOZANO CUTANDA, BLANCA (Coordinadora), *Comentarios a la Ley de Responsabilidad Medioambiental (Ley 26/2007, de 23 de octubre),* Thomson Civitas, 2008, pp. 395-422.

MACÍAS CASTILLO, AGUSTÍN, *El daño causado por el ruido y otras inmisiones,* La Ley, 2004.

MARTÍN FERNÁNDEZ, JACOBO, "Prevención, evitación y reparación de daños ambientales (Arts. 17 a 23)", en LOZANO CUTANDA, BLANCA (Coordinadora), *Comentarios a la Ley de Responsabilidad Medioambiental (Ley 26/2007, de 23 de octubre),* Thomson Civitas, 2008, pp. 293-314.

MARTÍN-BALLESTERO HERNÁNDEZ, LUIS, *La acción negatoria,* Tecnos, 1993.

MORENO TRUJILLO, EULALIA: *La protección jurídico-privada del medio ambiente y la responsabilidad civil por su deterioro,* Bosch, 1991.

MORENO TRUJILLO, EULALIA, "De nuevo sobre la responsabilidad civil por daños al medio ambiente (pros y contras de la unificación europea del régimen jurídico de la responsabilidad civil por daños al medio ambiente", en LLAMAS POMBO, EUGENIO (Coordinador), *Estudios de derecho de obligaciones. Homenaje al profesor Mariano Alonso Pérez,* Tomo II, La Ley 2006, pp. 463-487.

ORTEGA ÁLVAREZ, LUIS, "Concepto de medio ambiente", en ORTEGA ÁLVAREZ, LUIS y ALONSO GARCÍA, CONSUELO (Directores), *Tratado de Derecho ambiental,* Tirant lo Blanch, 2013, pp. 31-54.

ORTEGA ÁLVAREZ, LUIS, "La organización administrativa del medio ambiente", en ORTEGA ÁLVAREZ, LUIS y ALONSO GARCÍA, CONSUELO (Directores), *Tratado de Derecho ambiental,* Tirant lo Blanch, 2013, pp. 55-77.

ORTEU BERROCAL, EDUARDO, "Ámbito de aplicación de la Ley (Artículos 3 a 6 y definiciones relacionadas)", en LOZANO CUTANDA, BLANCA (Coordinadora), *Comentarios a la Ley de Responsabilidad Medioambiental (Ley 26/2007, de 23 de octubre),* Thomson Civitas, 2008, pp. 165-201.

PAREJO ALFONSO, L..: "El derecho al medio ambiente y la actuación de la Administración pública"; en RUIZ-RICO RUIZ, G. (Director): "La protección jurisdiccional del medio ambiente". Cuadernos de Derecho Judicial XII-2001, CGPJ, 2001, pp. 371-401.

PEDRAZA LAYNEZ, JULIA, *La responsabilidad por daños medioambientales,* Thomson Reuters Aranzadi, 2016.

PEÑA CHACÓN, MARIO, "Daño social, daño moral colectivo y daños punitivos. Delimitaciones y alcances en materia medioambiental", *Revista de Derecho de la Hacienda Pública,* núm. 10, 2018, pp. 27-40 (https://dialnet.unirioja.es/servlet/articulo?codigo=7410648).

PLAZA MARTÍN, CARMEN, "Medio ambiente en la Unión Europea", en ORTEGA ÁLVAREZ, LUIS y ALONSO GARCÍA, CONSUELO

(Directores), *Tratado de Derecho ambiental*, Tirant lo Blanch, 2013, pp. 79-143.

REGLERO CAMPOS, L. FERNANDO, "Conceptos generales y elementos de delimitación", en REGLERO CAMPOS, L. FERNANDO (Coordinador), *Tratado de Responsabilidad Civil, Thomson Aranzadi*, 2008, pp. 47-246.

ROCA TRÍAS, ENCARNA y NAVARRO MICHEL, MÓNICA, *Derecho de daños. Textos y materiales*, 8ª edición, Tirant lo Blanch, 2020.

SALVADOR CODERCH, PABLO y CASTIÑEIRA PALOU, MARÍA TERESA, *Prevenir y castigar. Libertad de información y expresión, tutela del honor y funciones del derecho de daños*, Marcial Pons, 1997.

SALVADOR CODERCH, PABLO, "Comentario a la Sentencia del Tribunal Supremo de 26 de julio de 1985", en *Cuadernos Civitas de Jurisprudencia Civil*, 9, 1985, ref. 231, pp. 2895-2909.

SELVAROLO ALCURI, GUIDO M., "La función preventiva en la responsabilidad civil y el rol de los daños punitivos", *Revista de Responsabilidad Civil y Seguros: publicación mensual de doctrina, jurisprudencia y legislación*, Año 17, núm. 8, 2015, pp. 18-22.

VALENCIA MARTÍN, GERMÁN, "El impacto (favorable) de la Directiva 2004/35/CE en el "sistema" español actual responsabilidad por daños ambientales", en JORDANO FRAGA, JESÚS, VALENCIA MARTÍN, GERMÁN, MÁRQUEZ MOLERO, RAFAEL, ORTEU BERROCAL, EDUARDO, ALENZA GARCÍA, JOSÉ FRANCISCO y RUIZ DE APODACA ESPINOSA, ÁNGEL, *Estudios sobre la Directiva 2004/35/CE de Responsabilidad por Daños Ambientales y su Incidencia en el Ordenamiento Español*, Monografía Asociada a Revista Aranzadi de Derecho Ambiental, número 7, Aranzadi, 2005, pp. 109-183.

Capítulo 9.

La responsabilidad civil en el caso de preexistencia de la actividad contaminante respecto del derecho del demandante lesionado

DR. JOSÉ MANUEL MARTÍN FUSTER

1. INTRODUCCIÓN

En relación con el medio ambiente y la responsabilidad por daños, una de las cuestiones que plantean conflictividad habitualmente son las inmisiones en las relaciones de vecindad. En el ejercicio de los derechos sobre un inmueble, ya sea el derecho de propiedad u otro, es posible que se provoquen efectos perjudiciales o injerencias sobre los inmuebles vecinos, y ello puede ocurrir aunque este ejercicio se haga sin sobrepasar las fronteras del ejercicio del propio derecho.

Respecto a dichas inmisiones, que se intentan solucionar a través de los mecanismos jurídicos propios del Derecho civil, una cuestión relevante es qué ocurre cuando la actividad contaminante existía previamente al derecho del perjudicado que se coloca posteriormente en su proximidad y quiere reclamar daños por esas inmisiones. Es decir, se discute aquí si se da relevancia o no a la prioridad temporal en la utilización de los inmuebles y la actividad desarrollada en el mismo, cuestión que no está recogida en nuestro ordenamiento, a diferencia de otros casos de derecho comparado, como examinaremos.

Debemos advertir que cuando hablamos de contaminación, no sólo hacemos referencia a humos y sustancias tóxicas, sino que se incluye asimismo el ruido. Y este ámbito de los ruidos es uno de los que más se da en la práctica en el tema que tratamos de las inmisiones. El ruido es un factor contaminante que influye negativamente en la salud y calidad de vida de las personas, a las que afecta física y psicológicamente. Así, en la Ley 37/2003, de 17 de noviembre, del Ruido, define la contaminación acústica en su artículo 3.d de este modo: contaminación acústica es la "presencia en el ambiente de ruidos o vibraciones, cualquiera que sea el emisor acústico que los origine, que impliquen molestia, riesgo o daño para las personas, para el desarrollo de sus actividades o para los bienes de cualquier naturaleza, o que causen efectos significativos sobre el medio ambiente"[1].

El ruido, como señala PALAZÓN GARRIDO, "alcanza transcendencia civil cuando penetra en propiedad ajena incidiendo en la esfera jurídicamente protegida de su propietario o de quienes, por cualquier otro título, se encuentran en su posesión, uso o disfrute, causándole un daño" (Palazón Garrido, 2021). Por ello, cuando procede de la actividad desplegada en otro inmueble vecino, el ruido es susceptible de contemplación en el marco de las relaciones de vecindad como un su-

---

1 Esta normativa está desarrollada por el Real Decreto 1513/2005, de 16 de diciembre, por el que se desarrolla la Ley 37/2003, de 17 de noviembre, del Ruido, en lo referente a la evaluación y gestión del ruido ambiental. Y el Real Decreto 1367/2007, de 19 de octubre, por el que se desarrolla la Ley 37/2003, de 17 de noviembre, del Ruido, en lo referente a zonificación acústica, objetivos de calidad y emisiones acústicas. Todo ello acompañado de normativa autonómica y local. Así se entiende también por la OMS, que destaca entre los efectos perniciosos del ruido la interferencia en la comunicación verbal y la comprensión de las palabras, la perturbación del sueño, las alteraciones en algunas funciones fisiológicas, la hipertensión y el empeoramiento de ciertas enfermedades mentales.

puesto de inmisión. En este caso, debemos acudir a los art. 590 y 1908 CC, que, como señala la STS 431/2003 de 29 de abril, podemos entender que incluyen las inmisiones por ruidos. Así, la citada sentencia señala que la referencia a los "humos excesivos" es transmutable, sin forzar las razones de analogía, a los ruidos excesivos.

Volviendo a las inmisiones y su preexistencia, uno de los aspectos que se suelen discutir es la invocación, por parte de la persona o entidad que realiza las actividades contaminantes, de la doctrina de la "pre-ocupación", en virtud de la cual se niega la indemnización por actividad contaminante para quienes se establecieran en el lugar cercano con posterioridad al inicio de dicha actividad. Pensemos, por ejemplo, en una empresa que emite ruidos molestos a unas viviendas cercanas. En este caso, si se sigue esta doctrina de la pre-ocupación, la empresa podría alegar que los ruidos en la zona eran preexistentes a las viviendas que sufren el daño. Esta cuestión es frecuentemente alegada en las controversias en materia de inmisiones, al estimarse que la víctima ha acudido voluntariamente al lugar donde se desarrolla la actividad contaminante. La cuestión por dilucidar aquí es si estamos ante la aceptación de unos riesgos previsibles por la futura víctima, pues, si hubiera querido, habría podido instalarse en otro lugar.

Debemos destacar que, en este ámbito de las inmisiones, también hay que plantearse la relevancia de la esfera administrativa, ya que existen elementos que pueden influir en la consideración de la licitud de estas, cobrando importancia la actividad de la Administración. Esto ocurre, por ejemplo, cuando en las inmisiones existe una licencia o autorización administrativa por parte de quien desarrolla esa actividad, industrial o no, que emite esas inmisiones, por lo que hay que examinar qué relevancia tiene la posesión de la respectiva licencia para actuar. Y también influirá la calificación urbanística que tenga el suelo donde se plantean los conflictos, ya según sea el suelo, la actividad prevista que debe desarrollarse variará, afectando con ello a la tolerancia debida de la actividad contaminante.

2. REGULACIÓN Y DERECHO COMPARADO

2.1 Regulación

Como señala HUALDE MANSO, el Código civil español carece de una norma que tenga como objeto la regulación de la compatibilidad de los usos inmobiliarios (Hualde Manso, 2011) [2]. Esto se ha intentado solucionar por parte de la jurisprudencia recurriendo a una solución creada para los conflictos vecinales, con el objetivo de comprobar qué inmisiones son ilegítimas. Así, la Sala de lo Civil del TS ha elaborado una doctrina para estos casos, acudiendo a una interpretación de la responsabilidad extracontractual del art. 1902 CC, junto con la exigencia de una correcta vecindad de acuerdo con la buena fe, que se obtienen por generalización analógica de los arts. 590 y 1908 CC.

---

2 Señala la autora que "a diferencia de otros ordenamientos civiles españoles como el navarro (ley 367, a) [RCL 1973, 456-1/L.367] Fuero Nuevo [RCL 1973, 456]) o el catalán (art. 546-13 y 14 Ley 5/2006, de 10 de mayo [LCAT 2006, 418] , del Libro V del CC de Cataluña, relativo a los derechos reales) y a diferencia también de otros Códigos europeos (art. 844 Codice italiano, § 906 BGB alemán), el Código civil español carece de una norma que tenga como objeto la regulación de la compatibilidad de los usos inmobiliarios". Señala asimismo que se carece en nuestro ordenamiento civil de una norma que contemple la influencia que una actividad autorizada por la Administración tiene en la posición jurídica de los vecinos que sufren la perturbación vecinal. Carencia que ha tenido que suplirse por la jurisprudencia.

Así, en el Derecho Común, la tutela civil frente al ruido se canaliza fundamentalmente a través de la responsabilidad civil extracontractual, aunque también podemos mencionar otras vías como el abuso del derecho, la acción negatoria de inmisiones, algunos preceptos específicos de la ley de propiedad horizontal y arrendamientos urbanos, o acudiendo a la vía de tutela de los derechos fundamentales[3]. Por otro lado, otro elemento a destacar es que las inmisiones deben ser excesivas, rebasando los límites de la racionalidad y la común tolerancia por razón de vecindad. En este caso, se suele acudir a los criterios del "uso normal" y "lo normalmente tolerable".

Respecto a la cuestión de la preexistencia de la actividad contaminante, estos artículos y principios del ordenamiento civil se han tenido en cuenta para rechazar, por parte de la jurisprudencia, el criterio de prioridad de uso individual. Este criterio implicaría que el mejor derecho corresponde a aquel que antes se ha instalado en la zona o ha iniciado su actividad, de manera que el perjudicado debe soportar las molestias e inconvenientes que se le irrogan, porque comienza su actividad o se instala en un momento posterior, sin atender a la intensidad de las perturbaciones, ni a los usos habituales de la zona o al grado de tolerancia de los sujetos, sino al aspecto cronológico.

---

[3] En este ámbito, PALAZÓN GARRIDO resalta que las normas y principios constitucionales que mejor se corresponden con la defensa del medio ambiente son: la dignidad de la persona y el libre desarrollo de su personalidad, el derecho a la vida y la integridad física y moral, el derecho a la intimidad personal y familiar y a la inviolabilidad del domicilio, el derecho a la tutela judicial efectiva de los derechos e intereses legítimos, la función social de la propiedad, el derecho a la protección de la salud, y el derecho a disfrutar de un medio ambiente adecuado. Como vemos, la mayoría de tales derechos reconocidos por la Constitución se relacionan con el derecho de la persona al respeto de su vida privada y familiar y de su domicilio, consagrados también en el artículo 8 del Convenio Europeo de Derechos Humanos (Palazón Garrido, 2021).

Como decimos, este criterio se ha rechazado por la jurisprudencia con carácter general, con base a que impondría una permanente limitación en el disfrute de la propiedad, "facultando al vecino más antiguo a apropiarse de la esfera externa del dominio ajeno, e impondría a los demás el sacrificio del disfrute futuro de la cosa propia, sancionando una especie de prescripción de las molestias, servidumbre o expropiación unilateral por causa de utilidad privada y sin indemnización, favoreciendo a los ciudadanos económicamente más fuertes al poder alejarse de los focos de inmisiones pagando un precio más alto, mientras que condenaría de antemano a las clases más pobres pues ningún traslado pueden permitirse" (Aviñó Belenguer, 2015).

Para tratar esta problemática, en concreto la influencia a la hora de determinar la indemnización por daños de la preexistencia de la actividad contaminante, se examinará en el siguiente apartado la jurisprudencia, tanto del Tribunal Supremo y del TEDH, como de Audiencias Provinciales, que arrojan luz a esta cuestión, examinando diversos casos y algunas excepciones a la regla general. Pero antes, procede hacer un breve análisis de la cuestión en el derecho comparado.

2.2. Derecho comparado

Centrándonos en el criterio de la prioridad de uso o preexistencia, nuestro Código Civil, como hemos manifestado, no resuelve acerca de la relevancia que debe otorgarse a la prioridad temporal en el uso de los inmuebles con relación a las inmisiones, esto es, no se pronuncia acerca de si la persona que se instala con posterioridad en las proximidades de una finca en la que ya se desarrollaba una actividad productor de inmisiones está obligada a soportar las molestias, por la razón de que el otro llegó primero (aplicación del principio *prior in tempore, potior in iure* a los conflictos de vecindad).

Este criterio de la prioridad de uso, preexistencia o pre-ocupación sí se recoge en algunos ordenamientos del panorama comparado (Palazón Garrido, 2021):

En el derecho italiano, nos encontramos con el artículo 844.2 del Código Civil italiano, que permite al juez de manera facultativa, no vinculante y como criterio un criterio más para tener en cuenta, tomar en consideración la prioridad de un determinado uso a la hora de resolver si se tiene o no derecho a impedir una indemnización por la inmisión. Como criterio complementario que es, no es suficiente para excluir la ilicitud de la inmisión. Es decir, se puede valorar la preexistente condición del lugar para determinar si tal inmisión debe considerarse normalmente tolerable.

En el derecho francés, la jurisprudencia, para evaluar la tolerancia frente a las inmisiones, además de ponderar los factores de intensidad, duración, momento y hora, ha distinguido, como señala MONESTIER MORALES, entre la *pré-occupation collective*, es decir, el previo estado de ocupación colectiva a la instalación de la víctima por inmisiones, en respuesta a una realidad que nos impone la vida en sociedad, dentro de un entorno cada vez más diversificado con zonas para diferentes usos, lo que afectaría a las calificaciones del suelo y a la tolerancia de las actividades desarrolladas en él; y la *pré-occupation individuelle*, aquella que sólo tiene en consideración la anterioridad de la instalación del autor de las inmisiones. Lo que significaría para el primer ocupante una especie de servidumbre sobre los predios vecinos, aun cuando sus efectos fueran nocivos. En este sentido, la jurisprudencia francesa ha rechazado la teoría de la *pré-occupation individuelle* y el derecho de contaminar para el primer ocupante (Monestier Morales, 2009).

Sin embargo, esta doctrina jurisprudencial se vio afectada por la redacción dada al art. L. 112-16 del *Code de la construction et de la habitation* (CCH), al permitir que las actividades agrícolas, industriales, artesanales, comerciales o aeronáuticas, dispusieran de un *droit d'antériorité* (prioridad de uso) en materia de inmisiones, cuando la instalación y la puesta en servicio de estas explotaciones fueran anteriores a la concesión del permiso para construir el edificio expuesto a las inmisiones, o a la escritura de compraventa o al contrato de arrendamiento, y las actividades inmisivas se llevaran a cabo de conformidad con las leyes y reglamentos vigentes y se hayan continuado en las mismas condiciones. Siguiendo esta regla, y a modo de ejemplo, una serrería existente con anterioridad a la construcción de vivienda próxima, que no haya modificado el volumen de su actividad y que acredite el ejercicio de su actividad de conformidad con la reglamentación, se beneficia de la prioridad de uso prevista en el art. L. 112-16 CCH.

El origen de este cambio legislativo, siguiendo al citado autor, obedece a un descontento mostrado por ciertos agricultores, los cuales se veían desbordados por los recursos planteados por ciudadanos propietarios de segundas residencias en el campo, al quejarse de los ruidos encontrados en la vida rural. De este modo, el texto legal viene a conferir una especie de servidumbre legal de polución, haciendo permanentes las inmisiones perturbadoras y frenando toda innovación en el terreno de la ecología, lo que ha dado lugar a fuertes críticas por parte de la doctrina. Finalmente, debemos decir que este precepto ha sido derogado por la Ordonnance 2020-71 de 29 de enero de 2020, quedando así derogado el derecho de prioridad de uso.

Por otro lado, en el derecho alemán, el BGB no hace ninguna referencia al uso previo y la doctrina lo considera irrelevante.

Por su parte, en el derecho anglosajón ocurre algo similar al derecho francés, distinguiendo dos situaciones. A nivel colectivo, podemos decir, prevalece el criterio de "*first come, first served*" en lo relativo a las inmisiones, así como el criterio de la «*conduct of others*» (conducta de otros), que significa que si el demandante se instala en una zona donde el uso predominante es el industrial (*coming-to-the-nuisance*), tendrá menos derecho para protestar por el ruido y los humos de las industrias que si aquella zona tuviera carácter residencial (Aviñó Belenguer, 2015). Y ello sobre la base de 2 razones: a) los que se trasladan a una zona no residencial deben razonablemente esperar que ello les supondrá molestias; y b) el precio del titular de la finca perjudicada por las emisiones paga por ella ya refleja este tipo de vecindad. Asimismo, se ha sostenido que la regla de la prioridad de uso es coherente con las necesidades de la estabilidad social. No obstante, en la actualidad se sostiene que el criterio no puede ser considerado rígidamente, sino que debe ser objeto de valoración judicial junto con otras pautas a la hora de decidir los límites de los derechos del propietario.

Pero diferente es la solución dada en materia de pre-ocupación individual. En Inglaterra el criterio de la pre-ocupación individual no tiene valor en la adopción de la decisión del tribunal acerca del carácter razonable o no de la *private nuisance*, por cuanto el agresor no puede individualmente dictar lo que sea tolerable en una zona, aunque sea anterior. Como ejemplos, el citado autor señala los siguientes: en el caso Bliss v. Hall (1838) 4 Bing NC 183, el juez argumenta que el demandante que llega a un lugar y ocupa un inmueble lo hace con todos los derechos que la ley le permite, entre los cuales se encuentra el no sufrir inmisiones intolerables. Asimismo, en el asunto Sturges v. Bridgman (1879) 11 ChD 852, el juez afirma que cualquier individuo que llega a un área crea una nueva «*nuisance history*», interrumpiendo e iniciando un nuevo plazo de prescripción. Sin embargo, en el caso Miller v. Jackson [1977] Q.B. 966; [1977] 3 W.L.R. sí se tiene en cuenta la preexistencia de la actividad generadora de la perturbación a la hora de determinar la legitimidad de la inmisión por el mero hecho de la pre-ocupación, aunque se puede considerar este fallo como un supuesto excepcional (Aviñó Belenguer, 2015).

3. EL ESTADO DE LA MATERIA EN LA DOCTRINA Y LA JURISPRUDENCIA

3.1 La doctrina

En los conflictos de vecindad, la teoría de la "prioridad en el uso" o de la "pre-ocupación", que implica el sometimiento a las inmisiones preexistentes de quienes con posterioridad se establecieran en el área afectada por ellas, no sólo carece de apoyo legal, sino que también ha sido rechazado por la jurisprudencia y la doctrina[4]. Y ello con carácter general, ya que podemos encontrar algunas excepciones y casos donde sí se tiene en cuenta, como examinaremos.

En España, el criterio de la prioridad de uso ha sido rechazado tanto por la doctrina como por la jurisprudencia. Así, en la doctrina, ha señalado EGEA FERNÁNDEZ que dar relevancia al uso previo, excluyendo la posibilidad de defenderse frente a injerencias perjudiciales, comportaría que el destino dado a la finca por quien primero se instala en un determinado lugar impone a los predios vecinos una especie de servidumbre de someterse a dicho uso que no tiene amparo legal en nuestro ordenamiento (Egea Fernández, 2006).

Y en el mismo sentido, se sostiene que la sola antigüedad equivaldría a la creación de una servidumbre en beneficio de quien primero se instala, al modo de una expropiación pri-

---

4 Señala NIETO ALONSO que "En efecto, en el rudimentario régimen de las inmisiones que se pueda inferir del artículo 590 CC nada se atisba sobre la prioridad en el uso; tampoco prevé nada el artículo 1908 CC, como no sea el exigir que las perturbaciones no sean excesivas; ni el artículo 7.2 CC que sí requiere la normalidad en el uso… Tampoco dispone nada al respecto la ley 367 del Fuero Nuevo de Navarra, ni los artículos 546-13 y 546-14 del CC de Cataluña, ni los artículos 537 y 538 del Código del Derecho foral de Aragón". (Nieto Alonso, 2017).

vada y sin indemnización. Facultaría al vecino más antiguo a apropiarse de la esfera del dominio ajeno e impondría a los demás el sacrificio del disfrute futuro de la cosa propia. Además, impediría el desarrollo de las áreas o zonas afectadas por las indicaciones de los usos primeramente establecidos, y privaría a los vecinos del derecho a exigir el cese o la corrección de las inmisiones susceptibles de eliminación y reducción por la sola razón de su preexistencia. Todo ello, lógicamente, no parece acorde a nuestro ordenamiento y a los principios que rigen el derecho civil.

Esta doctrina de la pre-ocupación o prioridad en el uso, también conocida como principio de preexistencia, pre-uso o anterioridad en la posesión, como hemos señalado, se basa en el aforismo *prior tempore, potior iure*, trasladado al campo de las relaciones de vecindad e inmisiones. Pero como indica en sentido crítico ALGARRA PRATS, aplicar a las relaciones de vecindad el principio de *prior in tempore, potior in iure* supone trasladarlo a un ámbito que no es el suyo. Y ello porque en las relaciones vecinales no existe un conflicto de intereses sobre un mismo objeto o derecho; en tal caso el ordenamiento jurídico protege a aquel que se ha adelantado en el ejercicio del derecho o a aquel cuya titularidad es anterior; sin embargo, como señala la autora, en las relaciones vecinales el punto de partida es distinto, ya que no existe un conflicto de derechos sobre un mismo objeto, sino un conflicto entre dos derechos diferentes, que deben ser considerados en pie de igualdad en la búsqueda de una solución, atemperando los intereses de ambos sujetos (Algarra Prats, 2001).

3.2 La jurisprudencia

Tradicionalmente, también la jurisprudencia se ha mostrado contraria a la aplicación de la regla de la preexistencia o pre-ocupación.

Como recoge NIETO ALONSO, tradicionalmente la jurisprudencia del Tribunal Supremo rechaza el principio o teoría de la pre-ocupación, en virtud de la cual, como recuerda la STS 31 mayo 2007 (RJ 2007\3431): «se negaba la indemnización por actividad contaminante a quien se estableciera en el lugar después de haberse iniciado tal actividad». Esto podemos observarlo desde sentencias antiguas del Tribunal Supremo, como las STS de 9 abril 1866 (JC 1866, t. XIII, núm. 142), y de 12 mayo 1891(JC 1891, t. 69, núm. 144) (Nieto Alonso, 2017). En este caso, se rechazó la teoría de la pre-ocupación, en relación con contaminaciones acústicas procedentes de la circulación de trenes por una vía ferroviaria construida entre dos factorías de la empresa siderúrgica demandada.

En este sentido, como indica HERRERA DE REY, aunque en el siglo XIX no se hubiera acuñado todavía ese término, la sentencia de 1866 rechazó la aplicabilidad al caso de la Ley 22, título 8, Partida 5, a favor de una compañía minera demandada por humos y vertidos perjudiciales para la finca y ganado del vecino, explotación minera anterior a la adquisición de la finca afectada por los demandantes, razonando que la adquisición de la dehesa por el perjudicado después de haberse iniciado parte de la actividad minera no puede ni debe suponerse que lo verificaba con ánimo de consentir los perjuicios que se le irrogasen, renunciando al derecho a reclamarlos (Herrera de Rey, 2008).

Por su parte, la sentencia de 1891 negó que constituyera enriquecimiento injusto la pretensión indemnizatoria de quien había construido cerca de una escombrera perteneciente a una compañía de ferrocarriles, la cual acabó derrumbándose y causando daños a casa construidas con posterioridad. Destaca aquí el Tribunal Supremo que el demandante tenía perfecto derecho de construir su casa en el solar de su propiedad, y la existencia anterior de las escombreras próximas a ella no puede privarle del derecho que a todo propietario corresponde de que su finca se considere libre de toda servidumbre o gravamen que no se hallen establecidos legalmente.

Por otro lado, en un supuesto de inmisión de ruidos, vibraciones, polvos y humos procedentes de unas plantas industriales dedicadas al transporte, clasificación y trituración de áridos en la finca donde los demandantes trasladaron su vivienda y una explotación agrícola y ganadera, la STS 2 febrero 2001 (RJ 2001\1003) rechaza el criterio de la pre-ocupación o prioridad de uso de las empresas industriales, razonando que el "conjunto de circunstancias concurrentes en el proceso adquisitivo del complejo de los demandantes, no puede inviabilizar, de por vida, cualquier medio de defensa contra esa patología por los damnificados"[5]. Por ello, en el caso de autos se determina la procedencia de la indemnización de daños por responsabilidad extracontractual, causados en propiedad privada por contaminación medioambiental intensa, masiva y continua. Doctrina que es reiterada por el Tribunal Supremo en la Sentencia número 589/2007 de 31 de mayo de 2007 y en la Sentencia número 889/2010 de 12 de enero de 2011, que examinaremos a continuación.

Igualmente, podemos destacar la STSJ Navarra número 12/2004 de 3 mayo de 2004 (RJ 2004\3724), que declara que "la preexistencia de una instalación no define sin embargo a perpetuidad el uso de la zona, ni alcanza a imponer a quienes acceden con posterioridad al lugar o su entorno la tolerancia de las inmisiones que siempre ha generado". En este caso, se trataba la cuestión atinente a la prioridad en el uso y su trascendencia, ante las inmisiones procedentes de una granja por-

---

5 EGEA FERNÁNDEZ, al comentar la sentencia, destaca que considera acertada la decisión del Tribunal Supremo, al resolver que la notoriedad del deterioro ambiental de aquella zona fuera no implicaba la aceptación, por los vecinos, de tales condiciones de vida (Egea Fernández, 2002)

cina en viviendas y centros docentes próximos. De acorde con la doctrina expuesta, se estimó la demanda y se condenó a los demandados a que adopten en la granja porcina las medidas técnicas e higiénico-sanitarias y que eliminen o reduzcan a límites tolerables las inmisiones olorosas que produce la explotación en su entorno, conllevando, en caso contrario, el cese en la actividad industrial. Como vemos, se consideró irrelevante el previo establecimiento de la granja responsable, granja situada originariamente cercana al núcleo urbano con natural expansión de este hacia ella.

Señala NIETO ALONSO que tampoco la jurisprudencia de lo Contencioso-Administrativo del Tribunal Supremo se muestra favorable a aceptar esta doctrina de la pre-ocupación, justificando la debida imposición de medidas correctoras (Nieto Alonso, 2021). Podemos destacar, por ejemplo, la STS de 16 diciembre 1957 (RJ 1957\3611), que rechazó que el vecindario tuviera que soportar por tiempo indefinido los inconvenientes denunciados cuando las industrias estuviesen instaladas y autorizadas con anterioridad. Por otra parte, en el caso enjuiciado por la STS de 29 julio 1986 (RJ 1986\6909), acreditado que la industria cuestionada producía ruidos que excedían del nivel máximo autorizado, concluyó que no podía pretenderse que se le exima de la obligación de adoptar las medidas correctoras de insonorización exigibles "por la única razón de que, preexistiendo el ejercicio de su actividad respecto de la construcción de viviendas limítrofes, deben ser los ocupantes de estas quienes las adopten si es que quieren evitar las consiguientes molestias". Además, la STS de 1 octubre 1990 (RJ 1990\7882), que confirmó la decisión de un ayuntamiento de retirar los perros albergados en una propiedad por las molestias irrogadas a los vecinos, así como la correspondiente limpieza y saneamiento, sin que sea admisible "la alegación exculpatoria de que tal actividad ya se venía ejerciendo con anterioridad a la ocupación de las viviendas próximas al lugar donde se desarrolla y que, por consiguiente, sus propietarios u ocupantes ya conocían las molestias que ello les podía originar".

Por otra parte, podemos destacar la STS 431/2003 de 29 abril (RJ 2003, 3041), relativa a un caso de contaminación acústica. En este caso, se tiene en cuenta la preexistencia de la vivienda, para determinar la responsabilidad por las inmisiones: A la hora de resolver el fondo del asunto, para determinar la responsabilidad de la actividad desarrollada por la empresa demandada y no controlada adecuadamente por el Ayuntamiento, se indica que procede indemnizar los daños derivados de los perjuicios producidos a los actores demandantes. Se concluye que los ruidos tienen la consideración de intolerables a pesar de no haberse practicado la correspondiente prueba por medio del sonómetro, y ello ya que se ha acreditado que: por un lado, la casa existía ya antes de construirse la fábrica y por supuesto antes de otorgarse por el Ayuntamiento demandado la licencia de apertura; por otro, debido a que los ruidos provenientes de la carga y descarga de camiones y de la actividad propia de la fábrica tenían un alcance intolerable, según se deducía de la testifical. Con todo ello, se concluye que la empresa demandada produce unas molestias por su actividad que no debe sufrir la actora y por otro lado el ayuntamiento no ha adoptado las medidas que le exige la reglamentación sobre actividades molestas de 1961, razón por la cual deben indemnizar a los demandantes.

En esta sentencia se trata otra de las cuestiones que se han planteado a la jurisprudencia, como es la influencia de tener o no licencia o autorización administrativa en el ejercicio de la actividad por parte del causante de la inmisión. Pues bien, en este sentido, la jurisprudencia ha declarado reiteradamente que la autorización administrativa de la actividad o su ejercicio con sujeción a licencia o conforme a la reglamentación administrativa no excluye la responsabilidad civil del emisor, ni la posibilidad por parte de los tribunales civiles de imponer medidas correctoras para mitigar o hacer cesar el perjuicio.

En idéntico sentido se pronunciaron las Sentencias del TS de 24 de mayo de 1993 (RJ 1993, 3727), STS 281/1997 7 de abril de 1997 (rec.1184/1993) y STS 1/2002 de 16 de enero de 2002 (rec. 2355/1997). La primera de ellas, sobre un caso de emanaciones tóxicas de una fábrica de aluminio, declaró que no bastaba haber cumplido los reglamentos para exonerarse de responsabilidad civil, añadiéndose a este argumento que el art. 1908 CC configura una responsabilidad de claro matiz objetivo; la segunda, sobre un caso de emanaciones tóxicas de una fábrica de productos químicos, reiteró los dos argumentos de la anterior; y la tercera, sobre un caso de mortandad de truchas en una piscifactoría por elevación de la temperatura del agua a causa de la utilización del caudal del río para la refrigeración de una central nuclear, examinándose al respecto el conflicto entre las concesiones administrativas de las dos empresas litigantes, resolvió que "por el solo hecho de resultar concesionaria preexistente" nada autorizaba a la titular de la central nuclear "a hacer un uso dañoso de la concesión".

En sentido similar encontramos la STS (Civil) de 31 mayo de 2007 (EDJ 2007/68123), donde se valora la preexistencia de la vivienda y la tenencia de licencia: señala el Alto Tribunal que "la autorización administrativa de una industria no es de suyo bastante para entender que fue otorgada ponderando un justo y equitativo equilibrio entre el interés general y los derechos de los afectados"; y en fin, que por "la conocida preexistencia de la vivienda" del actor, "incumbía tanto a la corporación como a la propia empresa la obligación de reducir los ruidos a un nivel soportable o tolerable".

Una vez expuesta la postura general, que como hemos visto, consiste en el rechazo a la aplicación de la teoría de la prioridad del uso o preexistencia, podemos hablar de determinadas excepciones o circunstancias que pueden tenerse en cuenta para adoptar otra decisión. En este sentido, ya hemos indicado que la clasificación urbanística es un elemento que debe tenerse en cuenta a la hora de apreciar la normalidad del uso y la tolerancia de la inmisión. Según la clasificación del suelo, como puede ser el suelo rural o suelo urbano, se modulan las facultades de uso, disfrute y explotación del titular de la finca.

Como señala PALAZÓN GARRIDO, la clasificación urbanística no se limita a trazar fronteras en el terreno otorgando a cada fracción una clasificación u otra, sino que la opción de los usuarios de instalarse en un tipo u otro de suelo acarrea consecuencias. Esto conlleva a que, si una persona instala su residencia en una zona de suelo no urbanizado contigua a una zona industrial, quedará obligado a soportar las molestias derivadas de la actividad de las industrias instaladas antes en dicha zona industrial (Palazón Garrido, 2021). Como vemos, la clasificación urbanística es un elemento que influye en esta materia, matizando el rechazo de la doctrina de la prioridad de uso en nuestro ordenamiento.

Importante aquí es la sentencia del Tribunal Supremo número 889/2010 de 12 de enero de 2011 (RJ 2011, 305). En los hechos la demandante era una asociación de los propietarios de unas viviendas próximas a tres compañías dedicada a la manipulación cortado y preparación del mármol. Dichas viviendas, construidas en zonas no urbanas, experimentaban inmisiones, fundamentalmente ruidos procedentes de las actividades de tales industrias.

Por ello, en la demanda se solicitaba: la indemnización por los daños ocasionados por las inmisiones producidas desde el año 1991, la cesación en las inmisiones en el plazo de tres meses, vencidos los cuales deberían indemnizar a la Asociación durante el tiempo que permanezca la actividad inmisiva hasta su total eliminación y finalmente la condena a la compra de las viviendas de aquellos vecinos que así lo desearan a precio de mercado y con la obligación de no destinar los terrenos comprados a su actividad industrial.

En Primera Instancia, se desestima íntegramente la demanda. Pero, sin embargo, recurrida en Apelación, la AP de Alicante dictó sentencia de 15 de marzo de 2007 (JUR 2007, 214927) estimando parcialmente la demanda y condenó a las empresas a abonar una determinada cantidad por los daños sufridos hasta la fecha y al pago de otra cantidad por la pérdida de valor de las viviendas propiedad de los miembros de la Asociación demandante.

En el recurso de casación, el argumento de las empresas era el siguiente: las tres empresas estaban en zona calificada urbanísticamente como industrial, contaban con las autorizaciones para el desempeño de la actividad y el ejercicio de la industria se inició antes que los miembros actores adquirieran sus propiedades. Tal razonamiento llevaría a que las inmisiones deben ser soportadas y en esa medida no habría daño moral que resarcir.

Pues bien, aquí el Tribunal Supremo sostiene que "una cosa es que la preocupación o preexistencia de la actividad industrial y su autorización administrativa no excluyan la obligación de evitar o reparar el daño que tal actividad cauce y otra muy distinta que ambas circunstancias sean irrelevantes a la hora de decidir si procede la evitación o reparación del perjuicio, pues la decisión que se tome nunca podrá prescindir de principios generales como el de la buena fe en las relaciones de vecindad". Ello determina en la resolución la desestimación de la pretensión indemnizatoria por cuanto respecta a la pérdida de valor de las viviendas afectadas por las inmisiones, pues si todas las viviendas se construyeron años después de que la actividad industrial de las demandadas estuviera en marcha en la zona, ninguna depreciación pudo sufrir por el ejercicio de tal actividad.

Por lo que se refiere a la indemnización fundada en los daños morales, sostiene el Tribunal Supremo que tampoco puede justificarse en el caso, y para ello acude a la localización de cada parte respecto a la clasificación del suelo: las instalaciones industriales de la demandada se encontraban en la zona urbana e industrial del municipio; mientras que los miembros de la asociación demandante en cambio, adquirieron o construyeron sus viviendas en el suelo no urbanizable-común rústico, e incluso uno de ellos en plena zona industrial. Por ello, debían ser conscientes de su proximidad a las instalaciones industriales de las demandadas, y conocían o debían conocer, por tanto, los ruidos, liberaciones u otras molestias que iban a sufrir en virtud de esa situación preexistente.

Y continúa señalando que, aunque exista daño, este daño no debe indemnizarse por no ser antijurídico. De este modo, razona que "aun cuando efectivamente la actividad industrial de las demandadas genere ruido que se transmiten a dichas viviendas, y que desde ese punto de vista cause un daño a quienes la habitan, este daño no sea indemnizable por no ser antijurídico, ya que la decisión libre de vivir en una zona no residencial contiguo a la zona industrial del municipio obliga a quien adopta esa decisión a soportar las molestias derivadas de la actividad legítima y autorizada de las industrias previamente instaladas en dicha zona industrial".

Finalmente, concluye la sentencia que "de no ser así, se daría el contrasentido de poder convertir en fuente de indemnización la propia ilegalidad urbanística de quien decide construirse una vivienda en zona industrial; o también el de que la mera licencia municipal para poder edificar una vivienda en zona rústica se traduzca automáticamente en un coste, carente de apoyo legal para los titulares de industrias legítimamente instaladas en la zona industrial contigua". Por ello, finaliza destacando que, si el problema jurídico de las inmisiones está estrechamente relacionado con la protección ambiental, no se debe prescindir, al tratar estas cuestiones, de la Ordenación del Territorio y el urbanismo.

Como vemos, la jurisprudencia atempera el rechazo a la teoría de la preexistencia, con la aplicación de principios generales, como el de la buena fe, y con la apreciación de diversas circunstancias que puedan concurrir en la resolución de los diferentes casos planteados. Así, aun reafirmándose en su doctrina de que la pre-ocupación no elimina la obligación de indemnizar, reconoce que existen otros factores propiciados por los demandantes perjudicados damnificados que excluyen la reparación, como el situarse posteriormente en suelo de uso no residencial, como acabamos de examinar. Por ello, no sería conforme a la buena fe que sea la propia víctima que se ha instalado donde no debía, la que pretenda hacer valer su derecho y pedir una indemnización.

Por todo ello, se considera que esta STS de 12 enero de 2011 tiene una relevante importancia debido a que matiza la doctrina que sostiene que la teoría de la preexistencia o prioridad de uso de la actividad contaminante es irrelevante. Y ello porque la modula en función de otros elementos del caso, como la culpa exclusiva de las víctimas que se sitúan en suelo clasificado de no residencial, contraviniendo, así, las exigencias de la buena fe[6].

3.2.2 La jurisprudencia del TEHD

Por lo que respecta al Tribunal Europeo de Derechos Humanos en esta materia, podemos destacar dos casos donde se ha discutido el tema de las inmisiones, alegando el artículo 8 del Convenio, y en concreto se ha tratado lo relativo al estable-

---

[6] NIETO ALONSO indica que este criterio se acoge también por el TEDH, como examinaremos a continuación. Además, cita a Hualde Manso, destacando que la calificación y la ubicación de ese terreno marca una utilización determinada: "La zonificación administrativa del terreno marca el "hábito inmisivo" de una parcela geográfica, obviando el momento temporal en que ese hábito y circunstancias se instauraron" (Nieto Alonso, 2017).

cimiento por parte del demandante en suelo no residencial[7]. Veamos estos dos casos al respecto: el Caso Martínez Martínez contra España, STEDH 18 de octubre de 2011 (TEDH 86), y el Caso Martínez Martínez y Pino Manzano contra España. STEDH 3 julio 2012 (TEDH 64)

Respecto al primero, en el Caso Martínez Martínez contra España, STEDH 18 de octubre de 2011, el demandante se quejaba del ruido nocturno provocado por el bar musical e instalado en la terraza de una discoteca situada próxima a su domicilio, en la ciudad de Cartagena. Se alega que el incumplimiento de las exigencias medioambientales por el bar musical provoca daños que atentan al derecho que tiene tanto el demandante como su familia al respeto de su vida privada, y que son el origen del deterioro de la salud física y psíquica de su hija y de su esposa, y para ello, invoca el artículo 8 del Convenio.

En este caso, el Gobierno alegó que el domicilio del demandante fue construido ilegalmente sin licencia sobre un terreno no destinado a uso residencial, lo que le privaría de la protección que sería exigible en un entorno diferente. Sin embargo, el Tribunal rechaza este argumento dado que el Gobierno no aportó ninguna prueba sobre estas afirmaciones. Y, además, esta cuestión no fue examinada por las jurisdicciones internas y, por tanto, no habría de tenerse en cuenta en el examen del caso según el TEDH. Por consiguiente, concluye el tribunal que teniendo en cuenta la intensidad de los ruidos padecidos, que eran nocturnos y superando altamente el nivel permitido, y debido a que estos fueron continuos durante años, considera que el Estado demandado ha incumplido su obligación positiva de garantizar el derecho del demandante al respeto a su domicilio y su vida privada, ignorando el artículo 8 del Convenio.

---

7 La jurisprudencia del TEDH sobre el ruido es analizado detalladamente en la obra de Nieto Alonso, 2021.

En el segundo caso, el Caso Martínez Martínez y Pino Manzano contra España, STEDH 3 julio 2012 (TEDH 64), se pretendía igualmente la violación del artículo 8 del Convenio, por actividades molestas, insalubres, nocivas y peligrosas por contaminación acústica e intromisiones de polvo en el domicilio de los demandantes, procedente de la explotación de una cantera situada a unos 200 metros de su casa, que también era utilizada como taller textil. Sin embargo, en este caso se concluyó con la no violación del citado precepto porque se trataba de una vivienda construida sobre un terreno de uso industrial y no residencial y de una ubicación voluntaria en una situación irregular y que la explotación de la cantera de piedra era reglamentaria. El Tribunal Superior de justicia de Valencia ya señaló que la vivienda de los demandantes había sido construida sin permiso en una zona calificada de suelo urbanizable programado industrial.

En consecuencia, el Tribunal de Estrasburgo estimó que los demandantes se habrían puesto voluntariamente en la situación de tener que soportar las eventuales intromisiones sonoras y de polvos provenientes de la cantera, concluyendo que en la medida en que en este caso el domicilio de los demandantes se encuentra desde el principio en una zona no prevista para vivienda, hay que constatar que se colocaron voluntariamente en una situación de irregularidad. Por ello, les corresponde asumir las consecuencias de esta situación: los demandantes no podrían quejarse de la contaminación que emanaba de una cantera de piedra que estaba legalmente situada sobre un terreno reglamentariamente dedicado a actividades industriales, teniendo en cuenta que una zona programada industrial no puede gozar de la misma protección medioambiental que las zonas residenciales.

3.2.3. La jurisprudencia menor.

Por otro lado, es interesante analizar la jurisprudencia menor sobre la materia:

Sobre el problema de la mayor antigüedad de la actividad generadora de inmisiones respecto del derecho del actor, en la SAP de León (Sección 2ª), sentencia num. 224/2020 de 14 julio de 2020, nos encontramos un caso donde se dilucida la culpa extracontractual y las inmisiones ilícitas, en concreto sobre ruidos. Era un caso de uso de tractores con equipos de fumigación, que desarrollaban los demandados en sus fincas plantadas de frutales, inmediatas a la del demandante. Pues bien, en este caso, dice el tribunal que "la decisión libre de vivir en una zona no residencial contigua a la zona industrial del municipio obliga a quien adopta esa decisión a soportar las molestias derivadas de la actividad legítima y autorizada de las industrias previamente instaladas en dicha zona industrial", además, se manifiesta una falta de acreditación de que los daños cuyo importe se reclaman traigan causa de aplicación de los productos fitosanitarios. Como vemos, aquí se usa la teoría que ya señaló el Tribunal Supremo en 2011: es decir, en caso de trasladarse voluntariamente a una zona no residencial y contigua a zona industrial donde se desarrolla la actividad contaminante, se debe soportar dichas consecuencias molestas.

Otra sentencia interesante es la Sentencia de la Audiencia Provincial de Navarra (Sección 3ª), núm. 547/2021 de 13 mayo (JUR 2021\258719), donde se trata asimismo la cuestión de la preexistencia de la empresa contaminante. En cuanto a los hechos, la entidad demandada era propietaria de una planta industrial situada en las inmediaciones de las viviendas de los demandantes, siendo esta planta industrial el foco emisor del ruido. Los vecinos llevaban varios años denunciando los fuertes ruidos y vibraciones que se producían en las instalaciones de la demandada, los cuales afectaban gravemente, según alegaban, a sus derechos a la salud, intimidad e inviolabilidad de sus domicilios y su propiedad. La sociedad demandada, por su parte, alegó que las actividades que desempeña dicha empresa lo son desde 1972 y consisten en la fabricación y estampación de componentes de automóvil y que para el desarrollo de su actividad cuenta con los títulos y licencias administrativos y municipales que son exigibles; y además alegó que la factoría se encuentra incluida en un área acústica industrial sin que se haya cumplido con el deber de las administraciones de establecer una adecuada transición entre áreas acústicas colindantes de tipología diferente, dado que la planta fabril ya existía cuando las viviendas fueron construidas. Además, señala que las viviendas distan escasos 20 metros del establecimiento fabril y se encuentran situadas en un área acústica residencial, aunque lindan con un área acústica industrial.

Por su parte, el tribunal indica que "es cierto que no existe entre las viviendas y la factoría de la recurrente un área o zona de transición, pero también lo es que, con independencia de otro tipo de consideraciones, en este proceso no se juzga acerca de la responsabilidad de los entes administrativos mencionados sino sobre si la emisión de ruidos excedía o no los límites de tolerancia y uso razonable de su derecho que imponen las relaciones de vecindad y ello en función de las circunstancias concurrentes y al margen de las acciones que, en su caso, DIRECCION004 (la demandada) pueda ejercitar frente a las administraciones correspondientes. Es también cierto que la factoría preexistía a la erección de las viviendas, pero, nuevamente, ello no impide la adecuación de las emisiones sonoras a las circunstancias concurrentes, incluso sobrevenidas".

Y cita el tribunal a la STSJN de 3 de mayo de 2004, que destacaba que la preexistencia de una instalación no define a perpetuidad el uso de la zona, ni alcanza a imponer a quienes accedan con posterioridad al lugar o su entorno la tolerancia de las inmisiones que siempre ha generado. Por ello, rechaza la aplicación de la prioridad en el uso a las relaciones de vecindad y a las inmisiones, ya que esto supondría imponer a los propietarios de las fincas del entorno una permanente limitación en el disfrute de sus propiedades, despojándoles de ciertas facultades sin la debida compensación; además, se impediría el desarrollo urbano de las zonas afectadas por las inmisiones de los usos primeramente establecidos, y además, se les privaría a los vecinos del derecho a exigir el cese o la corrección de inmisiones para su eliminación o reducción por la sola razón de su preexistencia.

Con todo ello, concluye la citada sentencia de la Audiencia Provincial que "desde el punto de vista civil cabría la posibilidad de valorar la falta de zona de transición o incluso la pre-ocupación de la fábrica desde otros puntos de vista, pero, a nuestro juicio, y desde el punto de vista civil tales circunstancias carecen de entidad para la ruptura del posible nexo causal entre la emisión de ruido superior a lo tolerable y el eventual daño moral; porque incluso desde la perspectiva de la buena fe y del uso del derecho acorde con los de los demás y con las circunstancias concurrentes lo lógico, con independencia de otro tipo de consideraciones, hubiese sido adaptar las emisiones de ruido a las nuevas circunstancias y, sobre todo, a los límites de tolerancia que las relaciones de vecindad imponen. En este sentido la ley 367 alude específicamente a que los propietarios o usuarios de inmuebles no pueden causar riesgos a sus vecinos ni más incomodidad que la que pueda resultar del uso razonable de su derecho, en función de las necesidades de cada finca, del uso del lugar y de la equidad. En consecuencia, no pueden atenderse las argumentaciones efectuadas por la parte recurrente en torno a la ruptura del nexo causal por la falta de una zona de transición".

También podemos mencionar la SAP Cádiz Sección 2º, n. 150/2013 de 4 de junio (JUR 2013/296440). En este caso, se reclamaba daño extracontractual por intromisión en la intimidad personal y familiar contra una comunidad de propietarios por razón de las molestias causadas por una pista de tenis convertida en multiusos, que era colindante con la vivienda del demandante. Esta sentencia es interesante en cuanto que usa el criterio de la preexistencia para modular la indemnización. Es decir, no es un criterio determinante de la responsabilidad o su exclusión, pero sí se tiene en cuenta la preexistencia al fijar la cantidad a indemnizar: "ha de entrarse en la indemnización que se solicita por el demandante, 14.000 euros. Toda inmisión afecta al bienestar de la persona que la padece, más a la hora de fijar la indemnización han de tenerse en cuenta las circunstancias concurrentes. Así al adquirir la vivienda ya sabía el actor de la existencia de la pista de tenis adjunta, lo que sin duda le acarrearía tener que soportar al menos en horas diurnas ruidos. Es cierto que el destino de la pista ha variado y que otros deportes, por concurrir más personas, llevan consigo mayor ruido, lo que el Sr. Manuel no pudo prever al adquirir su vivienda. También que la Urbanización se encuadra dentro de una zona veraniega de playa, lo que hace deducir que muchas de las viviendas no estén ocupadas durante todo el año, disminuyendo el número de posibles usuarios de la pista en época no vacacional". Como vemos, acaba teniendo en cuenta las circunstancias concurrentes del caso, en este caso la preexistencia de la pista de tenis, para reducir la indemnización pedida.

4. CONSIDERACIONES FINALES

De todo lo examinado, tanto de la doctrina y de la jurisprudencia al respecto del tema que tratamos, podemos hacer las siguientes consideraciones a título conclusivo:

Como hemos visto, no tenemos regulación expresa sobre la teoría de la prioridad del uso, que implica dar relevancia a la preexistencia de la actividad contaminante que ya existe previamente al derecho del perjudicado, que se coloca posteriormente en su proximidad y quiere reclamar daños por esas inmisiones. Por ello, para comprobar si se da una preferencia o no a la prioridad temporal en la utilización de los inmuebles y la actividad desarrollada en el mismo, debemos acudir a los criterios de la culpa extracontractual y los principios generales que rigen nuestro ordenamiento civil.

Así, como regla general, debemos partir, como hace la jurisprudencia, rechazando la aplicación de la teoría de la prioridad del uso. En principio, la responsabilidad por las injerencias no puede condicionarse al momento en que la empresa o persona causante de la inmisión comenzó sus actividades o entró en la posesión de la finca. Se debe partir del rechazo del principio del *prior in tempore, potior in iure*, ya que, como hemos visto, no es acorde a una adecuada tutela vecinal, que no se debe supeditar al elemento de la antigüedad en el ejercicio de los derechos. Y ello porque, como señala la doctrina, admitirlo supondría dar una prevalencia injustificada a quien primero entró en el ejercicio de su propio derecho, imponiendo una servidumbre sobre los demás.

No parece razonable que un usuario de un inmueble pueda perjudicar con sus actividades al vecino alegando simplemente que el perjudicado, por situarse con posterioridad en el inmueble, está obligado a soportar todas las inmisiones. Del mismo modo y a la inversa, no parece lógico que el usuario del inmueble perjudicado, con el fin de excluir las inmisiones del vecino, alegue que se encontraba usando de su inmueble con anterioridad al inmitente y que por esa sola razón el uso de éste no es razonable.

Como hemos expuesto, y de acorde con la jurisprudencia, siguiendo esta teoría, la sola antigüedad equivaldría a la creación de una servidumbre en beneficio de quien primero se instala, y además sin mediar compensación. Supondría imponer a los propietarios de las fincas del entorno una permanente limitación en el disfrute de sus propiedades; además, se impediría el desarrollo urbano de las zonas afectadas por las inmisiones de los usos primeramente establecidos, y se les privaría a los vecinos del derecho a exigir el cese o la corrección de inmisiones para su eliminación o reducción por la sola razón de su preexistencia.

Por otro lado, hemos comprobado cómo el hecho de poseer licencia no supone que no se produzcan inmisiones ni que la empresa contaminante quede exenta de responsabilidad; habrá actividades que, aun contando con la preceptiva licencia, produzcan inmisiones molestas, perturbaciones o incluso daños materiales. Puede ocurrir, por tanto, que para el Derecho Administrativo una actividad no tenga la consideración de actividad ilícita, por contar con la oportuna autorización y cumplir la normativa propia de la actividad, pero que sin embargo de lugar a la producción de una inmisión que sea considerada no razonable y por tanto ilícita para el Derecho civil.

Por ello, el cumplimiento de una norma administrativa no concede derechos para causar daños a otro ni exime al agente de su reparación. Sólo se evita la imposición por la Administración competente de la sanción administrativa correspondiente, pero no impide que civilmente la actividad pueda ser calificada como molesta. Porque autorizar una actividad no equivale necesariamente a imponer a los vecinos el deber jurídico de soportar todo perjuicio que la actividad produzca.

Por tanto, vemos cómo ni la pre-ocupación o preexistencia elimina por sí sola la obligación de indemnizar, ni la autorización administrativa o licencia impone el deber de soportar el daño.

Pero, a pesar de que idea general imperante es el rechazo a la teoría de la prioridad del uso, es decir, que la preexistencia o pre-ocupación o prioridad en el uso no va a suponer negar la indemnización por actividades contaminantes a quienes se estableciesen en el lugar después de haberse iniciado tal actividad, no quiere esto decir que esta circunstancia carezca de importancia. Y ello, por dos motivos:

Por un lado, hemos visto cómo en la jurisprudencia se tiene en cuenta la preexistencia de la actividad contaminante para atemperar, en ocasiones, la indemnización correspondiente, alegando que el reclamante conocía o debía conocer dicha actividad preexistente. Así, esto puede tener incidencia a la hora de fijar el importe de la indemnización eventualmente debida por la depreciación de las propiedades afectadas por las inmisiones, pues es posible que el perjuicio derivado de la adquisición de una propiedad ya devaluada por las inmisiones preexistentes se hubiera tenido en cuenta en el precio, o, por lo menos, sería una circunstancia que debería ser conocida y tenida en cuenta. Por ello, no será igual la indemnización de quien compra una vivienda próxima a una zona industrial o conocidamente ruidosa, que quien, habiéndola adquirido sin ellas, se vio después perjudicado por las inmisiones y sufre tal devaluación.

Por otro lado, tenemos la aplicación de principios generales como la buena fe, junto con la relevancia de la clasificación del suelo. Esto puede dar lugar a negar la indemnización, por ejemplo, por situarse a sabiendas en suelo no residencial.

Como hemos comprobado, la preexistencia puede adquirir una consideración distinta cuando es puesta en relación con la calificación urbanística de las fincas. La calificación del territorio dada por las leyes urbanísticas y de ordenación puede determinar la adecuación de determinadas actividades a lo que sea tolerable o razonable. La zona urbanística determinará un tipo de injerencias o molestias inherentes a la misma y tales injerencias serán en principio como necesarias o, al menos, como propias de la calificación de la finca. Como se ha visto, quien decide situarse, incluso a veces ilegalmente, en una zona ubicada dentro de un polígono industrial, o en una zona no residencial contigua a una zona industrial, y sufre los inconvenientes de los ruidos u otras contaminaciones de las fábricas allí instaladas, poco o nada podrá alegar, ya que precisamente la calificación y ubicación de ese terreno marca una utilización determinada de las fincas, siempre que se trate de inmisiones cuantitativamente proporcionadas a lo usual en ese ámbito. Por ello, quedará obligado a soportar las molestias derivadas de la actividad de las industrias instaladas antes en dicha zona industrial

En sentido similar a lo mencionado, en relación con los problemas que se dan en la práctica, se plantea la cuestión sobre la fecha de adquisición del inmueble, y si en esa fecha estaba ya en funcionamiento la empresa o establecimiento generador de la contaminación o las inmisiones. Se podría decir, por un lado, que si se adquiere después, el adquirente sabía o debía saber, con un mínimo de diligencia, de la actividad de la empresa colindante, por lo que no cabría exigir responsabilidad. Y que sólo excepcionalmente sería posible si se acredita un aumento de la actividad o una reforma de las instalaciones, posterior a la adquisición, en la medida en que permita acreditar que esa reforma es la que ha causado los daños. También podría ser viable en caso de demostrarse que, sin cambio de las instalaciones, se ha empezado a utilizar una maquinaria diferente que es la generadora de las inmisiones, o de parte de ellas. Pero esto no debe ser la regla general. Pensemos, como ha establecido nuestro Tribunal Supremo, que puede no ser abusivo ni supone enriquecimiento injusto el reclamar tras haber adquirido una finca cuando antes de esa momento ya se desarrollaba actividad contaminante, ya que cabe la posibilidad de que esa reclamación no la hubiera hecho el anterior dueño, lo cual no excluye el derecho de reclamar del nuevo propietario, quien no habría renunciado tácitamente a hacerlo por el hecho de adquirir la finca, sabiendo o debiendo saber que en las cercanías había una empresa contaminante preexistente. Se puede mencionar aquí a la posibilidad de que se esté ejerciendo un uso abusivo del derecho, o contrario a la buena fe, de la empresa precedente en el tiempo, lo que no excluye la indemnización al nuevo perjudicado.

En definitiva, en todos estos casos ha de seguirse el caso concreto, apreciando las diversas circunstancias que puedan concurrir en la resolución de los diferentes casos planteados, y por ello en ocasiones la jurisprudencia atempera el rechazo a la teoría de la preexistencia, con la aplicación de principios generales, como el de la buena fe. Así, aun reafirmándose en su doctrina de que la pre-ocupación no elimina la obligación de indemnizar, reconoce que pueden existir otros factores que excluyen la reparación, como el situarse posteriormente en suelo de uso no residencial, ya que en estos casos conocen o deberían conocer las consecuencias[8]. Por ello, no sería conforme a la buena fe que sea la propia víctima que se ha instalado donde no debía la que pretenda hacer valer su derecho y pedir una indemnización.

Vemos así, en línea con la doctrina y la jurisprudencia, como la preexistencia de la actividad industrial no va a excluir la reparación del daño, pero en ocasiones sí puede tenerse en cuenta para reducir la indemnización o incluso decidir que no procede reparar el perjuicio, pues la decisión que se tome habrá de seguir los principios generales como el de la buena fe y las relaciones de vecindad.

BIBLIOGRAFÍA

ALGARRA PRATS. "Comentario a la STS de 2 febrero 2001", Cuadernos Civitas de Jurisprudencia Civil, nº 57, 2001

ÁLVAREZ LATA, N. "Responsabilidad civil por daños al medio ambiente" En *Nuevos Clásicos. Tratado de Responsabilidad Civil.* BIB 2014\3. Editorial Aranzadi, SA, Enero de 2014.

AVIÑÓ BELENGUER, D. "Prevención y Reparación de los Daños Civiles por Contaminación Industrial", Monografía de Revista de Derecho Patrimonial. BIB 2015\9864, Editorial Aranzadi, S.A.U., Enero de 2015.

---

[8] Puede destacarse aquí, en igual sentido, que los Principios de Derecho Europeo de la Responsabilidad Civil establecen en su artículo 8:101, apartado 1, que puede excluirse o reducirse la responsabilidad en la medida en que se considere justo en atención a la culpa concurrente de la víctima, lo que en estos casos lleva a la exclusión total de la responsabilidad del agente causante del daño.

AVIÑÓ BELENGUER, D., "El daño como presupuesto de la acción de responsabilidad civil por contaminación", Práctica de Derecho de Daños, N.º 126, WOLTERS KLUWER. 2016.

EGEA FERNÁNDEZ, J., "Irrelevancia del uso previo y de la participación de los perjudicados en la actividad inmisiva como criterios reductores de la indemnización. Comentario a la STS. 1.ª, de 2 de febrero de 2001", InDret, Working Paper n.º. 98, Barcelona, julio de 2002.

EGEA FERNÁNDEZ, J., "Relaciones de vecindad, desarrollo industrial y medio ambiente", en José Esteve Pardo (Coord.), *Derecho del medio ambiente y administración local* (2.ª ed.), Fundación Democracia y Gobierno Local, Barcelona. 2006

HERRERA DE REY, J.J., "Art. 1902 del CC y concordantes", en *La defensa jurídica contra la contaminación acústica,* edición nº 1, LA LEY, Madrid, Mayo, 2008.

HUALDE MANSO, T. "La pre-utilización de los inmuebles y las inmisiones". Revista Doctrinal Aranzadi Civil-Mercantil num. 1/2011 parte Jurisprudencia. Comentarios. Editorial Aranzadi, S.A.U., Cizur Menor. 2011.

MONESTIER MORALES, J.L. "La contaminación acústica y visual en la STS de 31 de mayo de 2007". Práctica de Derecho de Daños, Nº 67, Sección Comentario Jurisprudencial, Enero 2009, Editorial Wolters Kluwer. LA LEY 41109/2008. 2009.

NIETO ALONSO, A. "Derecho de vecindad: la tutela del Derecho civil frente a inmisiones «medioambientales» ilícitas". Estudio monográfico, ADC, tomo LXX, 2017.

NIETO ALONSO, A. "La reparación de los daños causados por el ruido en la jurisprudencia del TEDH" en *Cuestiones clásicas y actuales del Derecho de daños* (Dir. Ataz López y Cobacho Gómez), Aranzadi, 2021.

PALAZÓN GARRIDO, M.L., "Daños causados por el ruido, responsabilidad civil y derechos fundamentales", en *Cuestiones clásicas y actuales del Derecho de daños* (Dir. Ataz López y Cobacho Gómez), Aranzadi, 2021.

Capítulo 10.

Las medidas cautelares en los procesos civiles en materia ambiental (procesos civiles sobre inmisiones y sobre responsabilidad por daños ambientales)

MARÍA DOLORES RUIZ-RICO ARIAS

1. INTRODUCCIÓN

La creciente necesidad, en materia medioambiental, de conseguir prevenir al máximo o evitar daños que puedan resultar irreversibles, ya sea a la salud o la intimidad de las personas hipotéticamente afectadas, como a los bienes patrimoniales de titularidad privada o pública, nos lleva a examinar una cuestión no suficientemente tratada doctrinalmente, y hasta la fecha poco utilizada en la práctica, como son las medidas cautelares que prevengan daños que podrían aumentar y dar lugar a situaciones irreparables durante el curso del proceso judicial.

Esta cuestión la vamos a referir básicamente a los procesos civiles, y no ya en los contencioso-administrativos, donde las medidas cautelares contra acciones u omisiones de la Adminsitración en cuestiones medioambientales resultan bastante improbables[1]. Dentro de los procesos civiles, vamos a partir básicamente de aquellos en los que su objeto sea el ejercicio de lo que la doctrina denomina ”acciones negatorias” o de cesación de actividades contaminantes (o de suspensión o adopción en general de medidas que impidan daños o lesiones medioambientales futuras, o agravamiento de las mismas), sin perjuicio de que en su seno se reclamen a su vez daños y perjuicios por responsabilidad civil extracontractual (en adelante. RC).

Nos referimos a continuación a algunas de las cuestiones que se han planteado en la jurisprudencia más reciente relativas a la RC por daños medioambientales, o con incidencia en ese campo concreto. Ello no implica que no haya otras muchas cuestiones, que no ha lugar a analizar en esta breve exposición. Empezamos por la posibilidad de medidas cautelares:

Constituye un tema en buena medida novedoso y hasta la fecha apenas usado en la práctica, el del examen de las posibilidades de solicitar, y en su caso obtener, de un Tribunal civil, una medida cautelar que proteja el resultado futuro del litigio, en caso de ser favorable, cuando el objeto del proceso

---

1 Resultan poco probables esas medidas cautelares dado que la parte demandada por responsabilidad patrimonial será alguna de las Administraciones públicas, de las que se supone que actúan conforme a la legalidad. Será además difícil conseguir de un Tribunal contencioso medidas cautelares habida cuenta que se trataría de imponer a aquéllas unas concretas medidas cuando es usual señalar que, incluso con condenas ya firmes de hacer y de reparar o evitar daños futuros, los tribunales suelen dejar en manos de las condenadas la forma que estimen oportuna de ejecutar la sentencia que las condena.
No obstante, RUIZ PIÑEIRO, F.L., *Las medidas cautelares en la Ley 289/1998, de 13 de julio de la Jurisdicción Contencioso Administrativa*, ed. Aranzadi, Elcano Navarra, 2001, pag. 165-166, se muestra partidario de dar mayor entrada a las medidas cautelares en procedimientos contencioso administrativos, dada la creciente importancia de la protección del medio ambiente.

sea una declaración de que se ha producido una inmisión de orden medioambiental en un ámbito privado, y se pretenda además (o no) una reclamación de daños y perjuicios por los daños patrimoniales y/o personales o morales sufridos como consecuencia de la conducta ilícita o dañosa.

La cuestión reside primordialmente en si sería factible solicitar judicialmente, ante el juez civil, medidas cautelares, tales como acordar la suspensión o paralización provisional de una determinada actividad contaminante o lesiva (v.gr., la orden de suspender conyunturalmente una actividad de emisión de ruidos por encima de lo reglamentariamente autorizado, o de paralizar o restringir, hasta el resultado final del procedimiento, una actividad industrial o empresarial que se considere está causando daños y que puede hacerlo de forma aún más grave si no se adopta la medida), **o acordar judicialmente medidas de control de la actividad**. Ahora se examinan las distintas posibilidades.

Nos hallamos ante un tema en el que **los Tribunales civiles (y de otro orden) apenas si se han pronunciado,** seguramente ante el temor de los abogados de los demandantes de ver rechazada su pretensión de adopción de medida cautelar. Sin embargo, se trata un asunto en el que indudablemente se debería avanzar más de lo que se ha hecho hasta la fecha, ya que **son muchas las ventajas de su acogimiento, dado que con ello se podrían evitar daños que pudieran resultar irreversibles en el futuro, durante la tramitación del procedimiento (en primera instancia, apelación o incluso casación), como ya vemos se están produciendo en muchos ámbitos.**

En los casos en los que hay afectación de derechos fundamentales, los daños producidos a los sujetos podrán **afectar a su integridad, a su intimidad o en general a su calidad de vida**, llegando a impedir su libre desarrollo de la personalidad, lo que tendrá consecuencias en muchos casos, irreversibles. Por ello, en estos casos y mientras se resuerlve el procedimiento principal, se debe facilitar tanto la solicitud como la adopción de medidas cautelares a la parte a la que se le esté vulnerando su derecho fundamental.

En la actualidad, en muchos de los procedimientos judiciales que versan sobre vulneración del derecho al medioambiente no se están solicitando medidas cautelares para paralizar ese daño mientras se resuelve el proceso, por varias razones. En primer lugar, porque los jueces no son hasta ahora muy proclives a admitir dichas medidas, ya que utilizan en estos procesos los mismos parámetros para adoptarlas que en resto de procedimientos sobre RC, lo cual, a nuestro parecer, no es correcto, ya que estamos tratando un tema tan delicado como es la posible vulneración (irreversible) de derechos fundamentales, por lo que se le debería dar, no sólo al procedimiento en sí, sino también al incidente relativo a la posible medida cautelar, **un tratamiento preferente**, tal y como se establece de modo genérico en el artículo 249.1.2º de la LEC. Por lo tanto, si los procedimientos sobre derechos fundamentales tienen un cauce especial y preferente, a las medidas cautelares que versen sobre vulneración de estos derechos, también se les debería otorgar ese mismo tratamiento preferente.

Además, cuando se solicitan estas medidas, la parte demandante de las mismas suele temer tanto a la imposición por el juzgado de una caución que siendo necesaria para que se admitan, resulta de una cuantía elevada e inasumible por el demandante, como también a la posible condena en costas que se le podría imponer, en caso de que el juez deniegue la medida cautelar solicitada. A este respecto, entendemos que, **al tratarse de procedimientos en los que está en juego uno o varios derechos fundamentales** del sujeto demandante, **la caución que se impusiera debería ser simbólica**, en el sentido de que no pueda suponer un freno para la tutela judicial efectiva del solicitante, de modo que el peligro de una fijación económica elevada, conlleve que la representación legal de dicho sujeto acabe por no solicitar la medida, por no poder hacer frente a la necesaria caución que se fije.

Lo mismo debe suceder con los costas judiciales en caso de que se denieguen las medidas cautelares que se solicitan. En el ámbito de los derechos fundamentales, dado que los mismos suelen estar en juego en este tipo de procesos sobre responsabilidad ambiental, **no debería haber imposición en costas por haber solicitado la medida cautelar correspondiente**, ya que si la parte que las solicita se tiene que enfrentar a que le impongan unas costas muy elevadas, evidentemente en muchos supuestos no las solicitará, como antes se dijo. Ello, a la postre, puede acabar causando daños irreparables si tiene que contiuar sufriéndolos hasta que se termine de tramitar y resolver el procedimiento, lo que puede prolongarse durante varios años. A lo sumo, en todo caso, debería haber por los Juzgados y Tribunales una limitación cuantititiva de las costas que se impongan, al estilo de lo que sucede con frecuencia en la jurisdicción Contencioso- Administrativa.

Por todo ello, entendemos que **debe producirse un cambio de mentalidad por parte de los agentes jurídicos.** Por un lado, los jueces y funcionarios judiciales, deberán estar atentos a los casos en los que se vulneren este tipo de derechos e intentar facilitar la adopción de las medidas cautelares que se solicitan, ya que se afecta a un ámbito muy delicado de un sujeto, que necesitará de una protección especial.

Por otro lado, también los abogados de los afectados no deben ser reacios a iniciar una solicitud de medidas cautelares en estos supuestos, por miedo a una caución muy elevada o a la imposición de un elevado importe de las costas por parte del juez en el caso de que las medidas se inadmitan.

Debemos tener en cuenta, como punto de partida, que una medida cautelar, en principio, se solicita con la finalidad de hacer posible la ejecución de la sentencia, en caso de condena definitiva del demandado, no ya a reparar o resarcir los daños causados, sino a hacer cesar para el futuro la actividad causante de las inmisiones. Pero ¿cómo se traslada esta idea al ámbito medioambiental y de las inmisiones? Ahora se intenta explicar.

2. ANÁLISIS DE LOS INCONVENIENTES DE SOLICITAR MEDIDAS CAUTELARES EN MATERIA MEDIOAMBIENTAL, Y MODOS DE SUPERACIÓN DE LOS MISMOS:

Por lo pronto, parece claro que son diversos **los inconvenientes** que existen para acoger medidas cautelares de este signo en los procesos civiles sobre inmisiones o sobre responsabilidad mediomabiental. Veámoslo en concreto:

1.- En primer lugar, **una medida cautelar en estos ámbitos no resulta fácil de acoger por un tribunal, dadas sus posibles consecuencias, a veces drásticas.**

Basta con pensar en los supuestos de partida: si la demanda sobre el fondo pretende, por ejemplo, la reparación de daños causados y el cierre de una industria contaminante, una medida cautelar de suspensión de la actividad **se hace complicada,** por ser seguramente **una solución que pueda ser valorada como demasiado drástica,** ya que **podría abocar al cierre definitivo de una actividad rentable económica y sobre todo socialmente**. Hay que tener en cuenta que la paralización o suspensión podría determinar la pérdida temporal o definitiva de puestos de trabajo.

Como observación general, hemos visto sin embargo durante la pandemia del Covid-19 cómo se han activado con bastante éxito los mecanismos de los ERTE, que permiten una suspensión autorizada de la actividad y de los contratos laborales de los trabajadores, y su restablecimiento posterior, una vez concluida la situación de emergencia.

2.- La prueba, en general, en esta fase previa a la resolución del litigio sobre el fondo, referida a la concurrencia del peligro de hacer inviable la ejecución de la resolución judicial que se pudiera dictar en el futuro, **también puede resultar bastante difícil**.

Podría en este sentido pensarse que es preferible esperar a que se desarrolle el proceso, **con todas las pruebas al alcance del demandante**, y así resolver la cuestión de fondo, antes de hacerlo de antemano, en la fase de adopción de la medida cautelar, con menos medios probatorios.

También hay que señalar la dificultad de acoger por parte de los Tribunales las medidas cautelares que se pueden solicitar **de manera previa a la interposición de la demanda** (art. 730.2 LEC), ya que para admitir las mismas se necesitará una prueba de que se está produciedo una situación perjudicial que requiere una intervención inmediata, pero dicha prueba resulta difícil de valorar, ya que en este momento procesal, se estarán seguramente elaborando los informes periciales que se aportarán junto con la demanda. Por lo tanto, nos encontramos en una situación que requiere una intervención inmediata por haber un peligro de cumplimiento de un futuro fallo de la sentencia en el caso de que sea estimatoria, pero donde será difícil la prueba de dicho peligro, por lo que en muchos casos los Tribunales rechazarán la adpoción de la medida cautelar.

Además, hay que tener en cuentaq que el artículo 728 de la LEC exige solamente que el solicitante de la medida "justifique" la situación que amenaza la efectividad de la sentencia. En ningún caso hace referencia a que "pruebe" dicha amenaza. Es decir, que la justificación entrañará un nivel de certeza inferior a la prueba. Y esto tiene que estar muy presente para los jueces cuando tengan que resolver sobre la admisión de una determinada medida cautelar[2].

Es por ello que entendemos que no se deben aplicar los mismos criterios de valoración de la prueba correspondiente a la medida cautelar solicitada, cuando estamos ante procedimien-

---

2 ORMAZÁBAL SÁNCHEZ, G., Comentarios a la Ley de Enjuiciamiento Civil (Volumen II), Editorial Aranzadi, Navarra, 2001, pg. 697

tos donde se pueden estar vulnerando derechos fundamentales que cuando se trata del resto de procedimientos. Nos hallamos ante un ámbito mucho más delicado, en el cual no deberían exigirse criterios tan exigentes como en el resto de procedimientos para la demostración de que se está produciendo un daño y para que se estime la solicitud de medidas cautelares, precisamente porque están en juego en muchos de los casos cuestiones tan importantes como la vida, la integridad, la intimidad o en general el libre desarrollo de la personalidad. Por lo que se debería adoptar una posición más flexible por parte de los Tribunales de cara a la adopción de estas medidas.

3.- En relación a lo anterior, **la demostración del requisito legal de la apariencia de buen derecho o "fumus boni iuris", por parte del actor solicitante de la medida cautelar, puede complicarse** y verse afectada **por la inexistencia de pruebas definitivas en ese momento procesal**.

Así, sólo cuando se busque la adopción de una medida cautelar muy simple (como sería, por ejemplo, la relativa al cese temporal o provisional de una actividad ruidosa para los vecinos) se podría adoptar la medida, pero no cuando se trate de una medida más compleja y de mayor alcance.

Al respecto, se hace necesario tener en cuenta que en la mayoría de los procedimientos en los que se solicita una medida cautelar, la parte solicitante debe demostrar que se puede producir un resultado favorable a la misma, es decir, que el juzgador pueda formarse un juicio positivo en relación con la pretensión de la parte demandante. Para ello, la misma tendrá que aportar pruebas y materiales para que el juez pueda resolver sobre la medida.

Sin embargo, en el tipo de procedimientos que estamos analizando, la mayoría de las veces será muy complicado demostrar o aportar pruebas al proceso que demuestren que hay un perjuicio para la salud o para la integridad personal o familiar de los solicitantes de las medidas que justifiquen la necesidad de adoptar la medida cautelar, ya que este tipo de pruebas requieren en numerosas ocasiones informes periciales cuya elaboración se suele demorar en el tiempo. Y los daños producidos a veces no son representables ni demostrables a través de documentos concretos.

A lo anterior hay que añadir que la regla 2ª del artículo 728 establece que la prueba en principio tiene que ser documental, y aclara al final que en defecto de dicha prueba documental, el solicitante podrá ofrecerla por otros medios. Es decir, que aunque la prueba documental es la más clara y la que se prefiere, también se podrá aportar otro tipo de prueba. Esto es un avance en relación con la redacción de la anterior LEC, la cual exigía en muchos casos la acreditación documental y supone una mayor flexibilización para poder acreditar el riesgo perjuicio que se esté sufriendo y que justifique la adopción de una medida cautelar.

Por ello, de nuevo, y dado justamente que se trata de situaciones en las que hay riesgo inminente, o directamente violación de derechos fundamentales, los jueces deben ser más flexibles a la hora de admitir las pruebas que demuestren la apariencia de buen derecho, ya que de lo contrario, significaría arriesgarse a que durante la pendencia del proceso principal, se sigan violando derechos fundamentales, sin que éstos obtengan al adecuada tutela judicial.

4.- Por otro lado, **la prueba del "periculum in mora" que exige toda medida cautelar también puede resultar difícil**.

El periculum in mora se define por algunos autores como el "*riesgo de daño para la efectividad de la tutela judicial pretendida en el proceso princial, riesgo que puede surgir con ocasión de la necesaria dilación temporal en alcanzarse, tras la realización del proceso de declaración, la sentencia que conceda aquella tutela*"[3]. Es decir, que tiene

---

3 ORTELLS RAMOS, M., *Las medidas cautelares*, editorial La Ley, Madrid, 2000, pg 150

que existir un riesgo en el sentido de que si no se adoptan las medidas cautelares, se pueden vulnerar una serie de derechos mientras se tramita el proceso principal.

El presupuesto de peligro por la mora procesal descrito en el artículo 728.1 de la LEC debe reunir una serie de requisitos para su apreciación. En primer lugar, es necesario que se justifique el posible peligro para la efectividad de la sentencia. Estas situaciones de peligro no están tipificadas, por lo que el catálogo de las mismas está siempre abierto. Además, debe existir una situación que impida o dificulte la efectividad de la tutela que pudiere otorgarse en la futura sentencia en el caso de que la misma fuera estimatoria con las pretensiones de la parte demandante.

En este punto hay que tener en cuenta que la jurisprudencia establece que ***"El aseguramiento del efecto de la sentencia no puede venir de la anticipación de ese mismo efecto sino de la adopción de una medida cuya dinámica abrace o envuelva indirectamente esa posibilidad****, que* ***no es lo mismo que sus sustitución directa por lo que se pretende como objeto principal*** *porque si se persigue un fin acorde con el beneficio de los actores* ***debe buscarse una medida que lo garantice, la que sea, pero distinta a la que si se adopta equivalga a una anticipación del fallo como sucede ahora, igual de gravosa" (Audiencia Provincial de Madrid, Auto 332/2020 de 20 de octubre)***. Es decir, que la medida cautelar que se solicite, en teoría, **nunca debería poder consistir en lo mismo que se solicite en el procedimiento principal**, en su objeto, ni tampoco podrá ser excesivamente gravosa para la parte demandada.

En el ámbito que estamos analizando, normalmente, **si lo que se busca es el cierre o cese de una actividad contaminante, no se percibe con facilidad, en esa fase procedimental, la existencia de este "riesgo" de que, si no se adopta la medida cautelar, consisitente justamente en la misma medida de fondo solicitada, se puede hacer inviable la ejecución, ya que éste siempre o casi siempre sería posible.**

Debemos, por tanto, pensar en un periculum de otra índole: es **el riesgo de que, de no adoptarse esa medida, resulte irreversible el fin último de la demanda**, que sería el restablecimiento a su estado originario de la zona contaminada o afectada por las inmisiones, que a su vez está produciendo una vulneración de derechos fundamentales, como daños a la integridad, la salud, o la intimidad personal y familiar.

En consecuencia, es hasta cierto punto lógico que, en este tipo de procedimientos, **la medida cautelar deba consistir en encontrar un equilibrio entre la cesación al menos parcial de las inmisiones que están produciendo una vulneración de derechos fundamentales, y a su vez evitar un perjuicio total a la actividad económica de la parte demandada**. Es decir, en cada caso debe existir una adecuación de la medida a la clase de peligro que se está produciendo.

5.- Igualmente, hay que tener en cuenta también el hecho de que, de conformidad con el artículo 728.II LEC **se puede denegar la medida si ha habido una actividad previa de aceptación o conocimiento del hecho lesivo, y no se haya hecho nada (lo que se denomina las "situaciones de hecho consentidas", según dice literalmente el citado art. 728.II LEC).**

Esto último puede resultar ser relativamente habitual en materia medioambiental, donde suele haber estos períodos de tiempo de continuación en la conducta que luego se percibe lesiva. Así, en numerosas sentencias se reconoce que *"los daños en este tipo de procesos, no se suelen producir de forma aislada, sino que es un proceso continuo en el tiempo y cuyos efectos pueden tardar en aparecer"*.

Ello obligaría al solicitante a **aportar una prueba adicional de que no se ha conocido la magnitud del daño hasta pasado un importante período de tiempo** (y siempre que se acredite además que se trata de *daños continuados o daños permanentes*, porque podría haber también una cuestión de posible prescripción de las acciones).

En este punto consideramos relevante que **aunque el agente que está causando las inmsiones o el daño medioambiental tenga en su poder todas las licencias y permisos administrativos** necesarios para desarrollar esa actividad, si la misma es dañosa y está **vulnerando derechos fundamentales**, está claro que se hace necesario una protección especial de la parte que lo sufre hasta que se aclare y se pruebe todo en el proceso principal. Sobre todo debe ser entendido así, si se trata de posible vulneración de derechos fundamentales, donde consideramos que las pruebas para probar la magnitud del daño cuando se solicita una medida cautelar deben ser muy flexibles y proclives a su admisión para la protección de dichos derechos.

6.- Finalmente, existe un problema adicional, como sería **el de la exigencia legal de prestación de caución suficiente,** que **podría imposibilitar en la práctica que muchos particulares, o incluso asociaciones ecologistas o similares, carentes de patrimonio importante, puedan, por su presumible elevada cuantía, hacer frente a estas cauciones.**

Como ya hemos explicado con anterioridad, **la caución en este tipo de procedimientos debería ser simbólica,** ya que no puede suponer un freno para la solicitud de una medida cautelar, sobre todo teniendo en cuenta que en este tipo de procedimientos **el enfrentamiento suele ser entre un particular o una asociación sin ánimo de lucro y un macro sujeto, como una gran empresa mercantil (o varias de ellas), o una Administración pública (o varias)**, por lo que claramente existirá un desequilibrio de posiciones en el plano económico. De esta manera, la falta de presupuesto económico para aportar la caución exigida no debería ser un impedimento a la solicitud de una medida cautelar.

7.- Por último, se puede señalar también un problema derivado **de la falta de tipificación de la concreta medida cautelar que pudiera solicitarse**, dado que LEC española no ha previsto este tipo concreto de medida cautelar como las señaladas de hacer cesar o suspender temporalmente la actividad contaminante.

Es cierto que el art. 727.7° LEC deja la puerta abierta a ese cese de actividad, aunque creemos que la norma citada está pensando sobre todo en actividades constructivas, más que en disputas medioambientales o sobre inmisiones. Se echa de menos una cierta tipificación de medidas cautelares que pueden ser protípicas de este tipo de procedimientos y asuntos.

A pesar de los inconvenientes, creemos que los mismos pueden ser superados, y por tanto los jueces y Tribunales podrán, si adoptan una perspectiva más moderna y actual del tema, acoger, si se les solicita, una medida cautelar de las antes señaladas.

Así, si pensamos, por ejemplo, en una demanda por ruidos, vibraciones o contaminación, **con lesión a la salud física o mental del o de los demandantes**, es muy claro y razonable que **se deberían optar por acordar tales medidas, en tanto se acredite el riesgo de hacer irreversible el problema de salud planteado ya actualmente** en la persona del demandante o demandantes (o el problema inminente que se puede derivar), en caso de continuarse con la actividad denunciada por contaminante.

En este punto, la jurisprudencia del Tribunal Supremo basándose en el Tratado de la Comunidad Europea establece: *"La absoluta prueba de la inocuidad de cualquier producto es, en términos científicos, prácticamente imposible y la valoración que debió realizar el Tribunal exigía analizar cuál es el estado de la ciencia en esta materia, determinar si los conocimientos científicos disponibles permiten identificar la existencia de un riesgo de efectos potencialmente nocivos para la salud humana, y si se da, en definitiva, la incertidumbre científica que está en la base de la* ***regla de cautela o principio de precaución,*** *recogida en el apartado 2 del artículo 174 del Tratado de la Comunidad Europea, en relación con la política relativa al medio ambiente, del que se deriva, conforme a la jurisprudencia del Tribunal de Justicia (SSTJCE de 5 de mayo de 1998 (TJCE 1998, 80) ; 9 de septiembre 2003 (TJCE 2003, 246) , entre otras) que,*

cuando subsisten dudas sobre la existencia o alcance de riesgos para la salud de las personas, pueden adoptarse medidas de protección sin tener que esperar a que se demuestre plenamente la realidad y gravedad de tales."

Del mismo modo, si pensamos **en actividades que afectan presuntamente al suelo o la actividad agrícola,** también se podrían obtener las medidas correspondientes, al **existir (o en la medida en que exista, y así se acredite) un riesgo de "agravamiento" que podría hacer inviable el resultado de impedir de cara al futuro el cese de la actividad lesiva**, determinando que una tierra se haga infértil o ya definitivamente contamindada para las generaciones futuras.

No tiene sentido que, siendo el objetivo básico de toda demanda medioambiental la reparación *in natura* y el restablecimiento a la situación originaria, como regla, no se tienda a la adopción de medidas cautelares que vayan en esa dirección de evitación de daños más graves.

También si pensamos en la afectación de la salud o la intimidad de las personas, debería constituir una prioridad para el juzgador (y para el mismo legislador) anteponer este interés a cualquier otro que pudiera alegarse, por muy relevante económica y socialmente que fuera, si no existe otra manera de impedirlo.

En general, debemos pensar, para dar viabilidad a las medidas cautelares en los procesos civiles de índole medioambiental, en última instancia, **en el grave peligro de irreversibilidad de los daños al medio ambiente, que debe presidir las decisiones judiciales en estas materias.**

3. POSIBLES MEDIDAS CAUTELARES QUE SE PODRÍAN ADOPTAR, Y QUE NO ESTUVIESEN DIRECTAMENTE VINCULADAS CON EL RESULTADO FINAL DEL PLEITO

Para resolver sobre cuáles deberían ser las medidas cautelares acordes con la ley en estos procedimientos de índole medioambiental, habría que partir de lo señalado por cierta jurisprudencia, como la contenida en la **Sentencia de la Audiencia Provincial de Madrid Sección 10ª Auto 332/2020, de 202 de octubre. Recurso de Apelación Nº653/2020,** según la cual a la hora de acordar medidas cautelares consistentes en el cese o suspensión temporal de una actividad, no se la puede hacer coincidir con la medida definitiva solicitada en el Suplico de la demanda principal. En concreto afirma:

> *"El aseguramiento del efecto de la sentencia no puede venir de la anticipación de* ***ese mismo efecto*** *sino de* ***la adopción de una medida cuya dinámica abrace o envuelva indirectamente esa posibilidad,*** *que no es lo mismo que sus sustitución directa por lo que se pretende como objeto principal porque si se persigue un fin acorde con el beneficio de los actores debe buscarse una medida que lo garantice, la que sea, pero distinta a la que si se adopta equivalga a una anticipación del fallo como sucede ahora, igual de gravosa,...".*

Esta sentencia no se refiere propiamente a un supuesto de responsabilidad medioambiental, sino a un ámbito muy diferente, no obstante lo cual puede ser trasladable con matices al campo que aquí se está examinando.

Por su parte, el **Auto Nº 141/2015, de 26 de junio, de la Audiencia Provincial de Madrid, Sección 28**, introduce matices importantes a lo anterior, y recurre a soluciones más flexibles, hasta el punto de hacer posible una cierta coincidencia entre la medida cautelar solicitada (y susceptible de acordarse) y la medida de fondo, consistente en la cesación de la actividad lesiva de cara al futuro, en un caso relativo a propiedad industrial:

> *" No debe perderse de vista la relevancia que han adquirido* ***las medidas cautelares que se han dado en llamar anticipatorias*** *(a las que se refieren el artículo 726.2 de la Ley de Enjuiciamiento Civil y el artículo 727.7º a 9º -y, por remisión a medidas contempladas en leyes especiales, su apartado 11º) en los litigios sobre propiedad industrial o competencia desleal,* ***sobre todo cuando se ejercitan acciones de cesación o prohibición de determinadas conductas****, puesto que con aquéllas se garantiza la efectividad del derecho accionado, no tanto porque faciliten que en su día pueda ejecutarse el fallo de la sentencia que haya de dictarse, sino porque* ***evitan que se prolongue en el tiempo una situación que, "prima facie", se presenta como antijurídica, y que por tanto se agrave el daño que se está causando****, facilitando que la ejecución de la sentencia tenga el efecto de tutela de sus derechos perseguido por el demandante (en este sentido, los autos de esta Sección de 29 de mayo de 2007, de 24 de enero de 2008 y de 31 de octubre de 2008, entre otros).*

Estas afirmaciones, trasladas al campo medioambiental y de inmisiones, resultan por lo pronto difícil de concretar. El artículo 727 de la LEC especifica un catálogo de posibles medidas cautelares que podrán acordarse por los Tribunales, sin embargo, ninguna de ellas hace referencia al ámbito del medioambiente ni de las inmisiones por contaminación o ruido. En todo caso, estas medidas cautelares podrían encuadrarse dentro del apartado 11ª de dicho artículo, en el cual se especifica que *se podrán acordar las medidas cautelares que, para la protección de ciertos derechos, "prevean expresamente las leyes, o que estimen necesarias para asegurar la efectividad de la tutela judicial que pudiere otorgarse en la sentencia estimatoria que recayere en el juicio".*

Centrándonos en el tema que nos ocupa, podemos observar cómo en los últimos años, hay una tendencia por parte de la doctrina de justificar la adopción de medidas cautelares en materia medioambiental o de inmisiones recurriendo a las normas de la L.O. 1/1982, de 5 de mayo, de Protección del

Derecho al Honor, a la Intimidad Familiar y a la Propia Imagen, en concreto a su artículo 9, que regula todo lo que se puede solicitar en una demanda con lesión por ejemplo de la intimidad domiciliaria, por ruidos o inmisiones de otro tipo. Recordemos que este artículo en su apartado segundo establece lo siguiente:

> *"Dos. La tutela judicial comprenderá* ***la adopción de todas las medidas necesarias para poner fin a la intromisión ilegítima*** *de que se trate y, en particular, las necesarias para:*
>
> *a) El restablecimiento del perjudicado en el pleno disfrute de sus derechos, con la declaración de la intromisión sufrida, el cese inmediato de la misma y la reposición del estado anterior. En caso de intromisión en el derecho al honor, el restablecimiento del derecho violado incluirá, sin perjuicio del derecho de réplica por el procedimiento legalmente previsto, la publicación total o parcial de la sentencia condenatoria a costa del condenado con al menos la misma difusión pública que tuvo la intromisión sufrida.*
>
> *b) Prevenir intromisiones inminentes o ulteriores.*
>
> *c) La indemnización de los daños y perjuicios causados.*
>
> *d) La apropiación por el perjudicado del lucro obtenido con la intromisión ilegítima en sus derechos.*
>
> ***Estas medidas se entenderán sin perjuicio de la tutela cautelar necesaria para asegurar su efectividad****."*

Es decir, que en determinados casos de daños al medioambiente o de inmisiones contaminantes o acústicas, lo que realmente ocurrirá es una intromisión en la intimidad familiar de un sujeto, el cual podrá, con base en la norma del art. 9 "in fine de la Ley de 1982, solicitar antes o durante la sustanciación del proceso la adopción de medidas cautelares para el cese de los mismos.

Es llamativo además que, a pesar de lo dicho por alguna de las resoluciones judiciales antes citadas, en este ámbito concreto (que resulta tener una gran relevancia en los actuales litigios civiles medioambientales), no parece exigirse que la medida cautelar se diferencie de la medida definitiva solicitada, sino que incluso pueden resultar ambas coincidentes.

En todo caso, para determinar qué concretas medidas cautelares se podrían solicitar en estos procedimientos, que no fueran del todo idénticas a lo solicitado en el Suplico de la demanda sobre el fondo del asunto, quizás podríamos seguir, como modus operandi, el de examinar distintos casos reales ya resueltos a nivel jurisprudencial, y las posibles medidas cautelares que se habrían podido solicitar y adoptar en ellos, si hubiera habido lugar a solicitarlas. Veamos algunos ejemplos:

1. Un caso típico a nivel jurisprudencial (quizás a día de hoy el más habitual en práctica) puede ser el del sujeto que tiene que soportar en su domicilio diariamente los ruidos derivados de una actividad de hostelería que se lleva a cabo en el local que se encuentra bajo su vivienda, desde las 8 de la mañana hasta las 2 de la madrugada, causándole graves molestias psíquicas, como por ejemplo un cuadro de ansiedad derivado de no poder hacer su vida con normalidad, al haber un ruido constante. En la demanda principal se solicita, aparte de una posible indemnización por daños morales de los moradores del inmueble, la cesación de los ruidos, ya sea cesando la actividad comercial y subsidiariamente procediendo a la insonorización del local.

   En este tipo de casos, como medida cautelar se podría perfectamente solicitar del Juzgado la fijación de un horario concreto más reducido en el que la empresa hostelera llevara a cabo su actividad; por ejemplo, fijar un horario de 9 a 16 y de 18 a 12 horas, ordenando alguna suerte de control o vigilancia por parte de la autoridad municipal. De esta manera, la medida cautelar cumpliría los requisitos exigidos por la LEC, ya que se estaría asegurando la efectividad de la tutela judicial que se pudiera otorgar en una futura sentencia estimatoria, satisfaría plenamente las aspiraciones de tranquilidad del sujeto o sujetos demandantes, y además, la medida no sería especialmente gravosa para el demandado, ya que le permitiría seguir desarrollando su actividad empresarial y no se estaría prejuzgando la sentencia definitiva que se dictase. Tampoco lo sería para los actores, al no tener que satisfacer caución, o hacerlo en cuantía mínima y simbólica.

2. Otro caso extraído de la jurisprudencia sería el de una familia residente en un edificio, que tiene que soportar la instalación y el funcionamiento de un generador eléctrico adosado e integrado en el bajo de su vivienda, produciendo inmisiones medioambientales, en concreto, radiaciones electromagnéticas afectando a los propietarios demandantes produciéndoles cefaleas, insomnio, estrés y nerviosismo. Los propietarios demandantes alegaron en el procedimiento principal que se había producido una intromisión ilegítima en la intimidad personal y familiar, así como la lesión del derecho a la inviolabilidad del domicilio a su integridad física y psíquica; en la demanda principal se solicitaba que se retirase el transformador eléctrico causante de los daños.

   En un caso como éste, mientras se tramita la petición principal, se podrían solicitar unas medidas cautelares consistentes en que se suspenda el funcionamiento del transformador y se proporcione electricidad a la vivienda por parte de la empresa eléctrica, recurriendo a otro transformador , tal y como se venía produciendo antes de la instalación del mismo en el edificio; todo ello mientras durara la tramitación del procedimiento principal y mientras se elaborasen los informes médicos pertinentes, ya que en caso de no adoptarse las mismas, se podrían producir unos daños irreparables en la salud de los demandantes.

De nuevo estaremos ante una medida cautelar totalmente viable, que no coincidiría con la petición de fondo de retirar el transformador de manera definitiva, que no sería apenas costosa ni molesta para la empresa demandada, y que satisfaría las aspiraciones de la parte demandante, con una caución además casi nula, por no preverse daños relevantes para la parte demandada, si finalmente no se estima la demanda principal.

3. Otra hipótesis, también extraída de la jurisprudencia: Los habitantes de un bloque de viviendas presentan una demanda contra tres sociedades mercantiles dedicadas a la industria del mármol y situadas en las proximidades donde llevaban a cabo una actividad de cortado y preparación del mármol durante todo el día. Para llevar a cabo dicha actividad, las empresas empleaban grandes grúas y sierras, y llevaban a cabo la actividad al aire libre, tanto en horario diurno como nocturno, produciendo inmisiones de vibraciones y ruido, vulnerando de esta manera la intimidad personal y familiar de los habitantes del bloque de viviendas vecino. En este supuesto, en la demanda principal se solicitaba el cese de la actividad de las sociedades mercantiles.

   Podemos plantearnos que como medida cautelar se podría solicitar que se acotara el horario de trabajo de las mercantiles, reduciendo de esta manera también las inmisiones de ruido y vibraciones, o bien que se obligara a dichas sociedades a realizar su actividad dentro de un recinto cerrado e insonorizado, mientras se resuelve la cuestión de fondo. Aquí ciertamente la medida cautelar sería más compleja y quizás más costosa para las empresas demandadas. Sin embargo, no podemos perder de vista que están en juego derechos fundamentales de los habitantes de viviendas colindantes, ante los cuales debería ceder cualquier otro derecho en disputa.

4. Un último caso derivado de nuevo de la jurisprudencia. Sería el supuesto en que dos propietarios de unas viviendas y un terreno en las proximidades de un viaducto, que servía para el transporte de materiales por ferrocarril, demandan a la empresa de ferrocarril por ruidos y vibraciones derivados del paso de los trenes por las vías construidas, produciendo molestias que excedían de lo tolerable. En la demanda principal se solicitaba la insonorización y medidas correctoras que evitasen esa situación.

   En una hipótesis como la presente, mientras se resuelva la demanda principal, se podrían acordar medidas cautelares para evitar que se siga produciendo el daño, que podrían consistir en la limitación del horario de paso de trenes, acotando el mismo a una determinada franja horaria; o bien, limitar la velocidad de los mismos, ya que se comprueba que, a menor velocidad, disminuye considerablemente el ruido y las vibraciones emitidas. Este tipo de medida cautelar, no siendo la medida definitiva, puede servir para reducir las inmisiones que afectan a derechos fundamentales de los propietarios demandantes.

De estos ejemplos se puede observar que cuando se produce una vulneración de derechos fundamentales de los individuos derivada de daños al medio **ambiente se hace necesaria una actuación mucho más rápida de la normal por parte de los poderes públicos**, ya que se trata de proteger un tipo de derechos íntimamente ligados a la persona y **cuya vulneración en muchos casos producirá daños con un alto coste personal, llegando en ocasiones a ser irreparables.**

En la actualidad, la tendencia de numerosos autores va en la dirección de la generalización en la adopción de medidas cautelares en estos procedimientos. Este tipo de problemas vinculados a los ruidos y a las inmisiones deben vincularse a un enfoque de gestión social preventiva, e incluso cautelar, del riesgo de ruido ya desde su origen[4].

Es por esto que las medidas cautelares en los procedimientos de vulneración de derechos fundamentales deben tener también un tratamiento preferente y urgente, al igual que el procedimiento principal en el que aparezcan incardinadas.

En ningún caso deben desprotegerse los mismos por razón de tramitación de un procedimiento y hasta que haya una sentencia firme sobre el mismo.

Tanto es así que el Tribunal Europeo de Derechos Humanos ha establecido en numerosas ocasiones en las que se alegaba la vulneración del artículo 8 del Convenio de Roma lo siguiente: "*...Los atentados graves contra el medio ambiente pueden afectar al bienestar de una persona y privarla del disfrute de su domicilio de un modo que llegue a perjudicar su vida privada y familiar, sin necesidad de que también haya de poner en grave peligro la salud de la interesada"*; por lo que considera preciso "*atender al justo equilibrio entre los intereses concurrentes del individuo y de la sociedad en su conjunto*"_(Tribunal Europeo de Derechos Humanos de 9 de diciembre de 1994 (núm. 1994/496 [TEDH 1994, 3] , caso López Ostra contra el reino de España) y además estableció: "*...En un campo tan sensible como el de la protección medioambiental, la mera referencia al bienestar económico del país no es suficiente para imponerse sobre los derechos de los demás"; y segunda, que "debe exigirse a los Estados que minimicen, hasta donde sea posible, la injerencia en estos derechos, intentando encontrar soluciones alternativas y buscando, en general, alcanzar los fines de la forma menos gravosa para los derechos humanos".*

---

4 MARCOS GONZÁLEZ, J.I. Y MOLINA NAVARRETE, C. (Coordinadores). *El derecho a una vida sin ruidos insalubres.* Ed. Tirant Lo Blanch. Valencia, 2010, pág. 19 y 20.

Por lo tanto, las medidas cautelares constituyen un instrumento muy importante para evitar y paralizar los perjuicios que se producen a los derechos fundamentales de un individuo mientras se resuelve un problema de inmisiones acústicas o medioambientales en un procedimiento principal, lo cual puede durar años y producir un grave perjuicio, posiblemente irreparable, a las personas que se están viendo perjudicadas por esas inmisiones. Es por ello, que creemos necesaria, a falta de una futura modificación legal de las medidas cautelares en la que se flexibilicen algunas de las condiciones exigidas legalmente para su adaptación a procedimientos tales como los presentes de reclamación de daños de índole medioambiental, al menos una reinterpretación de la normativa vigente sobre medidas cautelares en esa misma dirección.

BIBLIOGRAFÍA

CORDON MORENO, F., ARMENTA DEU, T., MUERZA ESPARZA, J.J. Y TAPIA FERNANDEZ, I, *Comentarios a la Ley de Enjuiciamiento Civil* (Volumen II), Editorial Aranzadi, Navarra, 2001.

GARBERÍ LLOBREGAT, J., TORRES FERNÁNDEZ DE SEVILLA, J.M., CASERO LINARES, L. "Las medidas cautelares en la Nueva Ley de Enjuiciamiento Civil"., editorial Thomson Aranzadi, Navarra 2007,

MARCOS GONZÁLEZ, JUAN IGNACIO Y MOLINA NAVARRETE, CRISTÓBAL (Coordinadores), *El derecho a una vida sin ruidos insalubres*", Ed. Tirant Lo Blanch. Valencia 2010.

ORTELLS RAMOS, M., *Las medidas cautelares*, editorial La Ley, Madrid, 2000.

RUIZ PIÑEIRO, F.L., Las medidas cautelares en la Ley 29/1998, de 13 de julio, de la Jurisdicción Contencioso-Administrativa, Editorial Aranzadi, Navarra 2001.

Capítulo 11.

El facilitamiento de la prueba en los procesos de responsabilidad civil medioambiental o de inmisiones

JESÚS MARTÍN FUSTER

1. INTRODUCCIÓN

1.1. ¿Qué dificultades existen en materia probatoria en los daños medioambientales o por inmisiones?

En los procesos en donde se pretende reclamar algún tipo de responsabilidad por daños causados a través del medio ambiente o por inmisiones surgen una serie de complicaciones que dificultan su éxito, como se ha puesto de relieve por la doctrina (AVIÑÓ BELENGUER, DAVID. 2021). Así, entre las dificultades que pueden surgir en estos casos, nos encontramos con:

a) Dificultad a la hora de concretar el sujeto o los sujetos a los que exigir responsabilidad, pudiendo existir una multiplicidad de posibles fuentes causantes de la contaminación o inmisión.

b) Dificultad a la hora de concretar y probar los posibles daños que se hayan producido, especialmente cuando se trata de daños morales, como pueden ser las molestias o incomodidades causadas por inmisiones sonoras.

c) Dificultad a la hora de determinar el nexo de causalidad existente entre una determinada actividad y el daño producido, al ser unos daños que pueden tener diversas causas, pudiendo además manifestarse dichos daños de forma tardía.

d) Dificultad a la hora de poder probar que una determinada empresa o un concreto sujeto ha actuado culposamente o no respetando las normativas o reglamentos oportunos, al no tener acceso ni disponer de dicha información.

Como se puede constatar, se complica en estos casos la prueba de los elementos clásicos que suelen ser necesarios para poder exigir responsabilidad civil, como es el sujeto, el daño, la relación de causalidad y la culpa.

Para evitar estas complejidades y dar satisfacción a las pretensiones de las víctimas que sufren algún tipo de daños, la jurisprudencia ha ido flexibilizando la prueba en estos casos de modo que se pueda facilitar el cumplimiento de estos requisitos, como se examinará a lo largo de este trabajo.

1.2.- ¿Qué acciones existen para exigir responsabilidad civil por daños causados a través del medio ambiente o por inmisiones?

Importante es determinar en este ámbito qué tipo de acción y bajo qué justificación jurídica se exige la correspondiente responsabilidad por los daños causados, puesto que, dependiendo del tipo de acción o precepto utilizado, se requerirá por parte del actor la necesidad de probar unas u otras cuestiones.

De este modo, en el ámbito de exigir algún tipo de responsabilidad por algún tipo de daños producidos por el medio ambiente o producto de inmisiones, existen varios mecanismos que nos permitirían tal pretensión:

a) Vía del artículo 1902 del Código Civil: "*El que por acción u omisión causa daño a otro, interviniendo culpa o negligencia, está obligado a reparar el daño causado*".

   Artículo básico y genérico de responsabilidad extracontractual para que se satisfagan todo tipo de daños. Precepto basado en la "culpa o negligencia", debiendo en principio el actor probar la existencia de dicha culpa por parte del sujeto demandado, basándonos en el criterio subjetivista de la responsabilidad, con los matices que se señalarán más adelante.

b) Vía de los artículos 590 y 1908.2 y 4. Preceptos basados en las relaciones de vecindad. A falta de una regulación específica en materia de inmisiones, la jurisprudencia acude a estos preceptos, interpretándolos de un modo extensivo y flexible para dar cabida a todo tipo de inmisión que pueda causar un daño.

c) Vía de los artículos 18 CE y Ley Orgánica 1/1982, de 5 de mayo, de protección civil del derecho al honor, a la intimidad personal y familiar y a la propia imagen. Una vez reconocida por la jurisprudencia del TC, TEDH y del TS la afectación de determinadas inmisiones a los derechos fundamentales, es otra de las posibilidades reconocidas como vía de defensa y de reclamación de perjuicios causados.

d) Vía del art. 35 de la Ley 40/2015, de 1 de octubre, de Régimen Jurídico del Sector Público, cuando se trate de exigir responsabilidad a la Administración. Se establece así que el derecho de los particulares a ser indemnización cuando la lesión sea consecuencia del funcionamiento normal o anormal de los servicios públicos, salvo fuerza mayor o que exista el deber jurídico de soportar ese daño.

Además, no hay que olvidar el uso con carácter general del art.7 Cc, en cuanto a la buena fe y a la prohibición del abuso del derecho.

A pesar de la existencia de estas vías de actuación, nada impide la utilización conjunta de varios de estos preceptos para la defensa de los intereses en juego frente a las inmisiones. Así, ya la Sentencia del TS de 12 diciembre 1980 (RJ 1980\4747) reconoció que "*si bien el C. Civ. no contiene una norma general prohibitoria de toda inmisión perjudicial o nociva, la doctrina de esta Sala y la científica entienden que puede ser inducida de una adecuada interpretación de la responsabilidad extracontractual impuesta por el art. 1902 de dicho Cuerpo legal y en las exigencias de una correcta vecindad y comportamiento según los dictados de la buena fe que se obtienen por generalización analógica de los arts. 590 y 1908, pues regla fundamental es que «la propiedad no puede llegar más allá de lo que el respecto al vecino determina»*".

Asimismo, respecto la compatibilidad del uso de las normas de responsabilidad civil extracontractual y las relativas a la vulneración de derechos fundamentales, reconoce la Sentencia del TS núm. 431/2003 de 29 abril (RJ 2003\3041) que el ejercicio conjunto de dos acciones, la acción de intromisión ilegítima y la acción de responsabilidad extracontractual no implica un defecto de planteamiento, al no ser acciones contradictorias, ni imposibilitan que por el juego del principio «*iura novit curia*» el órgano judicial resuelva la cuestión aplicando una u otra acción.

A estas acciones propias para exigir responsabilidad civil, tenemos que recordar que en materia de inmisiones se suele utilizar también la denominada acción negatoria o tutela inhibitoria, basada asimismo en los artículos mencionados y en el derecho de propiedad. Si bien, no tiene como finalidad la exigencia de responsabilidad, sino que se pretende que se acuerde el cese de una inmisión que se haya producido o se vaya a producir. Requiere que la inmisión no esté legitimada en la ley ni por pacto entre las partes, que sea reiterada, que haya producido o pueda producir un daño grave, y que exista relación de causalidad entre la actividad del inmitente y el daño, relación que queda rota cuando concurre fuerza mayor, culpa de un tercero o exclusiva de la víctima, pero no por caso fortuito (CORDERO LOBATO, ENCARNA. 2013).

Además de todo esto, contra la lucha por estas inmisiones se pueden mencionar también las siguientes vías, como es la realización de una reclamación administrativa ante el Ayuntamiento, la vía del art.7.2 LPH en materia de actividades molestas y la de la acción penal del art.325 CP.

Nos centraremos a continuación en las vías propias para exigir responsabilidad civil, analizando los diferentes elementos que entran en juego y las dificultades que pueden existir en materia probatoria para su determinación.

2. SUJETO

2.1.-¿Contra quién se puede dirigir la reclamación?

Uno de los principales problemas consiste en determinar y probar qué sujeto o sujetos deben ser los declarados responsables por los posibles daños que se hayan producido. Esta dificultad surge especialmente en aquellos casos en donde no se puede determinar con claridad la relación de causalidad directa de una determinada fuente, como puede ser por la coexistencia de diversos agentes contaminantes de modo concurrente. En todo caso, siempre se exige poder identificar al causante o los sujetos causantes para poder exigirles la pertinente responsabilidad[1].

---

1 Hay determinados casos en donde por ser daños difusos no se puede concretar a los posibles responsables (ej. Daño del tráfico en general). Para casos como estos, o cuando el dañante no puede ser identificado por alguna otra causa, se ha propuesto por algún autor la creación de fondos de compensación o fondos de indemnización conjunta que hagan frente a la reparación del daño producido, que se financiarían a

En estos casos, por la vía del artículo 1902 se exige responsabilidad al que por acción u omisión causa daños, atribuyendo así la responsabilidad al causante de dichos daños, añadiendo la responsabilidad del art.1903 que la hace extensible a aquellas personas que tengan una función o cargo de la que dependan los causantes del daño, como es el caso de los dueños o directores de un establecimiento o empresa respecto de los perjuicios causados por sus dependientes en sus funciones o servicios que desempeñen.

En el caso del artículo 1908.2, a pesar de que la dicción literal del precepto establece que responderán "los propietarios", la jurisprudencia y doctrina ha entendido que deben quedar incluido tanto los titulares del terreno o del local donde se desarrolla la actividad dañosa, por consentir la misma; como en general, la persona bajo cuyo control se realiza la actividad generadora de la inmisión, sea propietario o arrendatario de la actividad (AVIÑÓ BELENGUER, DAVID. 2021).

Igualmente, puede ser responsable la Administración, como se verá en distintos supuestos, en aquellos casos en donde por una actitud activa u omisiva, sea también responsable de dichos daños. Suelen darse casos donde el responsable directo de las inmisiones es un particular, ajeno a la Administración, pero a ésta se puede exigir también responsabilidad por no tomar todas las medidas oportunas para evitar esa situación.

2.2.- ¿Qué ocurre si son varios los posibles agentes causantes del daño?

En aquellos casos en donde sean varios los posibles agentes causantes de la contaminación o inmisión, sin que se pue-

través de las tasas o impuestos que pagan las industrias potencialmente contaminantes. Así lo señala Beltrán Castellanos (2018).

da individualizar la participación concreta de cada uno en el daño, la jurisprudencia suele optar por la llamada "solidaridad impropia", en donde todos ellos son conjuntamente responsables solidarios del daño, sin perjuicio de que a efectos internos puedan exigirse entre ellos las responsabilidades oportunas si logran acreditar una menor participación en el efecto dañoso.

En un principio, según la Sentencia del TS de 19 junio 1980 (RJ 1980\2410), parece indicar que el Alto Tribunal se decantaba por una postura distinta. Así, en dicho caso, no se consideró responsable a un petrolero por la contaminación producida, aduciendo que también existieron vertidos de otros numerosos petroleros. No obstante, hay que señalar que en dicho caso también se mencionaba que no constaban los mejillones supuestamente dañados, sin que se probase la relación causal de que el vertido de ese petrolero afectase a los mejillones, teniendo en cuenta que el viento transportó el petróleo de la demandada a una costa lejana de donde estaban los supuestos mejillones afectados.

A pesar de ello, está ya establecido y consolidado la responsabilidad solidaria en estos casos de múltiples agentes intervinientes cuando no se puede individualizar su responsabilidad[2]. En este sentido, la Sentencia TS núm. 223/2003 de 14 marzo (RJ 2003\3645), entre otras, reconoció que "*la doctrina*

---

2 En igual sentido se recoge en la *Ley 7/2022, de 8 de abril, de residuos y suelos contaminados para una economía circular* establece la responsabilidad solidaria, en materia de las infracciones que la propia ley recoge, en su art. 107 "Cuando sean varios los responsables cuya participación ha contribuido de forma necesaria y relevante a la producción de la infracción y no sea posible determinar el grado de participación de cada uno en la realización de la infracción". Aunque dicho precepto no puede ser invocado en vía civil, como recoge la Sentencia del TS núm. 1127/2007 de 2 noviembre (RJ 2008\13), respecto de la anteriormente vigente *Ley 20/1986, de 14 de mayo, Básica de Residuos Tóxicos y Peligrosos.*

ha reconocido junto a la denominada «solidaridad propia», regulada en nuestro Código Civil (artículos 1.137 y siguientes) que viene impuesta, con carácter predeterminado, «ex voluntate» o «ex lege», otra modalidad de la solidaridad, llamada «impropia» u obligaciones «in solidum» que dimanan de la naturaleza del ilícito y de la pluralidad de sujetos que hayan concurrido a su producción, y que surge, cuando no resulta posible individualizar las respectivas responsabilidades".

En relación con ello, la Sentencia de la AP de castellón núm. 284/2003 de 18 octubre (AC 2003\1655), en relación con un supuesto de inmisiones sonoras procedentes de un pub, argumentó que la existencia de una situación de corresponsabilidad entre todos los locales del lugar no les exime a los demandados de la que les es propia, en cuanto favorecedores del enorme perjuicio final producido.

Igualmente, en casos donde por parte del demandante no puede conocer quién es el concreto agente dañoso, ante la dificultad o imposibilidad de probar tal extremo, se admite dicha solidaridad. Así, en la Sentencia del TS núm. 227/1993 de 15 marzo (RJ 1993\2284), por unos daños producidos a unas plantaciones por emanaciones de gas y polvos arcillosos de una fábrica de azulejos, consideró que, al no haber acreditado cuál sea la causa concreta determinante de estas emisiones nocivas, la responsabilidad del empresario dueño de la misma y la del técnico que dirigió su instalación sería de carácter solidario frente al perjudicado. De este modo, dicho perjudicado podía dirigir su acción contra cualquiera de ellos, sin perjuicio de la acción de repetición que puede corresponder entre los responsables.

De manera similar, la Sentencia de la AP de Málaga núm. 92/2008 de 15 febrero (AC 2008\1235) trataba la responsabilidad por los daños de una caravana provocado por un incendio producido en un contenedor de materiales de construcción. Se declara en la sentencia que, al no poderse concretar quién fuera el autor material del incendio, no puede dar lugar sin más a la exoneración de responsabilidad de los demandados.

Por un lado, estaba la figura del arrendatario que se encargaba de explotar la obra, y por otro de la arrendadora, con responsabilidades como observar las medidas de seguridad o retirar la cuba en determinados casos. Confirma el Tribunal que no se puede frustrar la satisfacción de los perjudicados por el simple hecho de la falta de determinación del autor material, lo que da lugar a una responsabilidad colectiva o por grupo, donde cada partícipe responde de forma solidaria, y únicamente podrían librarse el que consiga acreditar que no ha podido ser el causante del daño.

Otro supuesto donde se aplica la solidaridad impropia lo encontramos en la Sentencia de la AP de Madrid núm. 453/2013 de 5 noviembre (JUR 2014\4882), en donde considera responsable a una Comunidad de Propietarios, por unas filtraciones de agua que recibía uno de los propietarios procedentes de las paredes y forjados de la comunidad. Entendía la comunidad que no debían ser responsables, al tener presuntamente su origen en otra comunidad distinta, pero se argumenta en la sentencia que "*Si el origen de las inmisiones está en transferencia de agua emanada desde las conducciones de la comunidad del número NUM001 , para llegar hasta la vivienda del actor el líquido deberá previamente atravesar los elementos comunes correspondientes al número NUM000 , cuyo buen estado y correcto mantenimiento es competencia de la comunidad a la que pertenecen, la cual debe responder, a tenor de lo dispuesto en el artículo 1.907*".

Como se señala en dicha sentencia, lo importante es que el perjudicado ha sufrido unos daños, y si no se consigue acreditar con claridad el origen del agua filtrada, que sólo se conocería una vez empezaran las obras y se abran los tabiques, nada impide declarar la responsabilidad de la comunidad. Y ello según el principio de la solidaridad impropia, ya que por los elementos estructurales de la comunidad a la que pertenece la vivienda del reclamante se filtra el agua a las dependencias privadas. Y ello, se señala "*sin perjuicio de las acciones que pudiesen corresponder a la demandada para reclamar contra la comunidad veci-*

na en caso de tener pruebas suficientes capaces de justificar que todo el daño sufrido en su propia estructura procede de elementos constructivos propiedad de aquélla".

3. RELACIÓN DE CAUSALIDAD

3.1.- ¿Qué se debe probar en relación con el nexo de causalidad?

Es imprescindible en todo caso que se dé una relación de causalidad entre la conducta activa u omisiva del sujeto demandado y el daño producido, algo que siempre será objeto de prueba por el demandante, si bien en algunos casos se permite cierta flexibilización en su prueba.

Como se puede observar en alguna sentencia del TS, como la Sentencia del TS núm. 969/2003 de 24 octubre (RJ 2003\7519), este presupuesto suele aparecer desdoblado en dos aspectos, uno físico o material para ver si la conducta del supuesto responsable es antecedente causal del daño conforme al concepto científico de causalidad, y un aspecto jurídico-valorativo en el que se decide si el antecedente causal debe ser considerado relevante en el marco del derecho de daños, y generar por ello responsabilidad (AVIÑÓ BELENGUER, DAVID. 2015).

Así, el primer elemento es puramente fáctico, que suele determinarse a través de la *conditio sine qua non*, y el segundo es un conjunto de fórmulas jurídicas, como puede ser la causalidad adecuada, cuya finalidad es evitar los excesos que podría darse si se imputan responsabilidad a todos los casos por la mera relación fáctica (PEÑA LÓPEZ, FERNANDO. 2021).

Hay que poner de relieve que, el hecho de que cuando se tratan de actividades peligrosas o con riesgo se hable de "inversión de la carga de la prueba", esta va referida generalmente a la prueba de la culpa o negligencia, debiendo siempre probarse por el actor la relación de causalidad. De no probarse la misma, dicha responsabilidad no puede ser exigible. En este sentido, la Sentencia del TS núm. 1117/2008 de 10 diciembre (RJ 2009\16) argumenta que "*es requisito indispensable la determinación del nexo causal entre la conducta del agente y la producción del daño, el cual ha de basarse en una certeza probatoria, que no puede quedar desvirtuada por una posible aplicación de la teoría del riesgo, la objetivación de la responsabilidad o la inversión de la carga de la prueba*". En el mismo sentido, la Sentencia del TS núm. 272/2010 de 5 mayo (RJ 2010\5022), declara que la teoría del riesgo no permite eximir de la obligación de probar el hecho dañoso, el daño y el nexo de causalidad, suponiendo únicamente una inversión de la carga de la prueba respecto de la culpa, teniendo el demandado que acreditar que su actuación no fue negligente.

La falta de prueba de este nexo causal conllevará la exoneración del supuesto responsable demandado. Así se observa en la Sentencia del TSJ de Navarra núm. 976/2003 de 25 septiembre (JUR 2004\3254), en donde un tipo de ave, alimoche, apareció fallecida en un determinado coto por envenenamiento. En virtud de la normativa foral Ley Foral 2/93, en su art.56, se pretendió exigir responsabilidad al titular de dicho coto, al establecer dicho artículo una responsabilidad objetiva. Pero recuerda el Tribunal que, aun sobre esta base de responsabilidad objetiva, es ineludible una relación de causalidad que no se ha demostrado. Así, considera que en todo caso no existió en dicho supuesto ninguna prueba de que el envenenamiento hubiese tenido lugar en el coto litigioso, señalando además que las aves suelen alejarse de la zona donde se encuentran los cebos. Así, teniendo en cuenta que en el caso sólo se pudo probar la existencia del animal envenenado en el coto, desconociendo cualquier otro vínculo que relacione tal envenenamiento con el referido coto, dándose el hecho de que en otros lugares de Navarra acaecieron sucesos similares, concluyó que no se daba el requerido nexo de causalidad, y no se podía exigir dicha responsabilidad al dueño del coto.

3.2.- ¿Cómo se prueba la relación de causalidad material?

A la hora de probar ese primer elemento del nexo causal, esa vertiente material, suelen ocurrir dificultades probatorias que impiden establecer esa conexión de manera precisa y certera. Debido a ello, los jueces y tribunales suelen flexibilizarlo, adoptando diversas teorías como a través del criterio de la probabilidad cualificada, la prueba de presunciones, así como la facilidad probatoria (art. 217.7 LECiv).

Acerca de la probabilidad cualificada, esta teoría se recoge, entre otras, en la Sentencia del TS núm. 944/2004 de 7 octubre (RJ 2004\6692), donde se admite la relación casual en situaciones en las que "*si bien no hay certeza absoluta, la relación causal aparece como probable en un juicio de probabilidad cualificada, sin que se proporcione una hipótesis alternativa de similar intensidad*".

Es decir, existe dicha probabilidad cuando, según las circunstancias y los informes aportados, la actividad contaminante es apta para producir el daño, presumiéndose que la actividad del demandado es la causa del daño. Además, con base en la peligrosidad que pueda conllevar una actividad, puede dar lugar a la apreciación del nexo entre la actividad y el daño, siendo probada tal posibilidad, sin que existan alternativas acreditadas a tal producción del daño.

Como se puede comprobar, este juicio de probabilidad cualificada está íntimamente relacionado el criterio judicial de la prueba de presunciones. Basándose esta relación causal en términos de probabilidad, se favorece la presunción causal, teniendo en cuenta las circunstancias del caso, como admite el art. 386 LEC (AVIÑÓ BELENGUER, DAVID. 2015).

Todo ello se complementa igualmente con las reglas de la facilidad probatoria. En muchos de estos casos de contaminaciones resulta difícil probar esta relación causal, debido al desconocimiento de las características de la empresa contaminante, o del proceso de producción del daño, hecho que hace flexibilizar la carga para el demandante, y agravarla para el demandado, que tendría que hacer mayor esfuerzo para probar esa inexistencia causal.

Interesante sobre esta flexibilización del nexo causal material resulta la reciente Sentencia del TS núm. 141/2021 de 15 marzo (RJ 2021\1641), en donde se exigía responsabilidad por una actividad industrial desarrollada durante 90 años (entre 1907 y 1997) consistente en la fabricación de elementos para la construcción mediante el uso de amianto. Se acreditó que la inhalación de las fibras de dicho mineral es causante de distintas patologías para la salud, afectando a una serie de sujetos: A los propios trabajadores de la fábrica que manipulan dichas sustancias; los familiares convivientes con estos trabajadores, ya que volvían a casa con las ropas contaminadas (lo que se denominó pasivos domésticos); así como también las personas que vivían en las proximidades de la fábrica de la demandada por las emanaciones y residuos procedentes de la misma (pasivos ambientales).

En este supuesto se exigió responsabilidad civil al amparo de los arts. 1902 y 1908.2 y 4 del Cc. Se discutía la existencia de la relación de causalidad, que el Tribunal trata en profundidad. Para ello, parte de que usa la doctrina de la imputación objetiva, exigiendo la doble causalidad ya mencionada, distinguiendo entre la causalidad física, y la causalidad jurídica.

Tras ello, entra a analizar el recurso por infracción procesal y la causalidad material en dos de los aspectos impugnados:

1º.- La relación causal de los demandantes que no han tenido relación laboral con la empresa, alegando exposición doméstica o ambiental, cuando han podido existir una multitud de situaciones alternativas de exposición al amianto. En este caso el Tribunal no acepta el argumento, ya que en los informes periciales se analiza la situación personal y laboral de cada uno de los afectados, descartando que la enfermedad por amianto fuera consecuencia de su actividad profesional o laboral, entre otros factores de riesgo, sin estimar las genéricas invocaciones que hacían los demandados.

2º.-Se alega que no se conocían los riesgos a la exposición al amianto hasta muchos años después de desarrollarse la actividad en la fábrica, siendo por ello imprevisibles los mismos.

Defiende el TS que una cosa es que dicha relación concurra y otra distinta si el daño es imputable a la demandada, en base a los conocimientos científicos sobre la incidencia de dicha actividad, así como el cumplimiento del deber de diligencia, hecho que como se ha expuesto corresponde al recurso de casación, al no formar parte de esa causalidad material.

Sobre esta relación causal, relacionada realmente con el punto anterior, se justifica porque existía una muy superior incidencia de dichas patologías en la población donde se asienta la fábrica con respecto a otras localidades de la geografía española, así como la ausencia de otros focos alternativos de contaminación conocidos.

Concluye finalmente el Tribunal alegando que la relación de causalidad se fundamenta en una causalidad tóxica general, individual, y alternativa.

1) General, ya que donde la comunidad científica ha considerado que las enfermedades padecidas son prototípicas de la exposición e inhalación del amianto, habiendo incluso alguna de las enfermedades que era casi monocausal de dicha sustancia. Esto se acompañaba además de estudios donde se demostraba que la población cercana a la fábrica mostraba unos índices de enfermedades muy superiores al resto.

2) A nivel individual, se analizaron las llamadas coordenadas espacio-temporales y de contacto con el foco contaminante en cada uno de los demandantes, para determinar individualmente la afectación y su incidencia.

3) Alternativa. Se descartó como se ha dicho fuentes alternativas de contaminación, sin que la demandada aportase alternativas plausibles.

De este modo, se considera probada dicha relación de causalidad, en base al juicio de probabilidad cualificada o suficiente.

3.3.- ¿Cómo se prueba la causalidad jurídica o imputación objetiva?

Sobre el segundo criterio mencionado, la imputabilidad objetiva, existen diversos criterios, como pueden ser el de la causalidad adecuada, el fin de protección de la norma, el incremento del riesgo, la prohibición de regreso, la asunción voluntaria de riesgos, los riesgos generales de la vida, entre otros. Se trata de no responder por cualquier consecuencia remota, improbable o indirecta que pudiera derivarse de su conducta.

El criterio más aceptado y seguido es el de la causalidad adecuada, que exige que el daño sea una consecuencia lógica, natural, y suficiente del acto que se presenta como causa. Se da respuesta así a si determinados hechos son jurídicamente relevantes y permiten la imputación objetiva del hecho a una persona.

No obstante, como ha señalado la doctrina, es cierto que en estos supuestos de imputación objetiva se acuden a criterios difusos como lo que es "razonable", "regular", "cercano", que remite al final a la figura del juez como encargado de determinar si en un caso concreto se está dentro o fuera de estos supuestos[3]. Esto hace que en la práctica sea difícil determinar con claridad y seguridad esta existencia de imputación objetiva, que a su vez suele ser difícil de distinguir de la propia causalidad material antes mencionada, así como del criterio

---

[3] Lo que Peña López, Fernando (2021) denomina "política jurisprudencial".

de la culpa, siendo todos ellos elementos que se entrelazan y coinciden en muchas ocasiones.

Así, en una conducta dañosa provocada por una actividad que conlleva cierto riesgo, se puede determinar que existe causalidad material al existir un daño que es probable que provenga de dicha actividad. Además, si el daño es compatible con el riesgo que dicha actividad genera, se produce la imputación objetiva. Y dicho riesgo, puede provocar asimismo la inversión de la carga de la prueba respecto de la culpa, presumiéndose la misma. Se puede comprobar así como un mismo elemento o criterio como el riesgo sirve para justificar estos distintos elementos.

De hecho, la comentada Sentencia del TS núm. 141/2021 de 15 marzo (RJ 2021\1641), a pesar de comenzar haciendo la distinción entre causalidad material y jurídica como se ha expuesto, parece confundir el criterio de imputación objetiva (perteneciente en principio al nexo de causalidad), con el criterio de la culpa o imputación subjetiva. Así, en el FD 3° p.7, señala que, tras analizar la secuencia material de la causalidad, devendría el juicio de reprochabilidad, a través de la omisión del deber de diligencia o aplicando la teoría del riesgo, que entiende dicho que Tribunal que son cuestiones propias de la "*causalidad jurídica*", perteneciente al recurso de casación, haciendo referencia que la apreciación de culpa es una valoración jurídica.

Más adelante igualmente parece unir de nuevo ambos conceptos, culpa e imputación objetiva, alegando que "*La apreciación de la culpa o negligencia es, pues, una cuestión jurídica que puede revisarse en casación (sentencias 772/2008, de 21 de julio (RJ 2008, 6282); 247/2014, de 19 de mayo; 185/2016, de 18 de marzo o 370/2016, de 3 de junio (RJ 2016, 2316) entre otras muchas). De esta manera, la sentencia 122/2018, de 7 de marzo (RJ 2018, 1063), proclama también, por su parte, que la imputación objetiva «comporta un juicio que más allá de la mera constatación física de la relación de causalidad, obliga a valorar con criterios o pautas extraídas del ordenamiento jurídico la posibilidad de imputar al agente el daño causado*».

En todo caso, nos centraremos aquí en la determinación de la imputación objetiva como parte del nexo causal, dejando para el apartado siguiente lo tratado en dicha sentencia respecto de la culpa.

Para determinar esta imputación objetiva, según los casos se facilita la actuación probatoria para el dañado. Así, en casos de incendio, la Sentencia del TS núm. 425/2009 de 4 junio (RJ 2009\3381), declara que se salvan las dificultades probatorias basando la imputación objetiva en la generación de un peligro jurídicamente desaprobado y en el control que se ejerce sobre las cosas que lo generan. Así, en este caso la demandada negaba la relación de causalidad, pero se acreditó que el incendio se inició en la zona donde la demandada almacenaba los objetos, siendo éstos material fácilmente inflamable, sin que los directivos y encargados de la mercantil adoptaran las medidas oportunas para evitar dicha acumulación. Recuerda el Supremo que en los supuestos de incendio "*al perjudicado le corresponde probar la realidad del mismo y que se produjo en el ámbito de operatividad del demandado, mientras que a quien tuvo la disponibilidad -contacto, control o vigilancia- de la cosa en que se originó el incendio le corresponde acreditar la existencia de la actuación intencionada de terceros o de serios y fundados indicios de que la causa hubiera podido provenir de agentes exteriores*". Concluye así que habiéndose probado que el almacenamiento de los materiales de combustión se realizó sin haberse adoptado las medidas de seguridad adecuadas, siendo materiales de los que la demandada se beneficiaba con su actividad, la misma deviene responsables por el incendio.

Al igual que se trató anteriormente al hablar de los problemas para demandar a un determinado sujeto cuando existían varios posibles agentes dañantes, mismo problema se da en el ámbito de la relación de causalidad, cuando el demandado pretende exonerarse de responsabilidad alegando que no se puede probar que es su propia acción la que ha originado ese resultado dañoso, cuando existen otras posibles causas que hayan acontecido.

Como se comentó con anterioridad, la existencia de diversas causas no evita la responsabilidad en estos casos, cuando se considera acreditada y apta dicha conducta para producir el resultado, según las circunstancias del caso concreto. Así, en la Sentencia del TS núm. 1828/2002 de 25 octubre (RJ 2002\10461), aun tratándose de la vía penal, donde trata la contaminación de unos pozos de piscifactoría por unos residuos vertidos, señala que la posible concurrencia de otras causas a la producción del resultado, como eran en el caso los posibles vertidos de alguna de las empresas menores investigadas por el SEPRONA, no puede excluir la causalidad respecto de la condición adecuada para la producción del resultado puesta en marcha por los demandados.

En estos casos en donde resulta muy difícil establecer con una exacta y certera precisión la relación de causalidad, señala la sentencia que "*debe afirmarse la existencia de una relación de causalidad (denominada causalidad estadística) en el caso de los cursos causales no verificables (aquellos en los que no se dispone de prueba científico-natural) cuando, comprobado un hecho en un número muy considerable de casos similares, sea posible descartar que el suceso haya sido producido por otras causas*".

Además, en el presenta caso, para justificar dicha relación de causalidad, se realizaron determinados experimentos científicos para probar tanto la posible causa de los daños, como para descartar otras posibles hipótesis, reforzando así dicho nexo causal[4].

---

4 "Se señala en la sentencia: "*Se llevó a cabo un experimento que, si bien no ha permitido conocer con precisión cuál fue el mecanismo causal, puso de*

Igualmente en el ámbito penal, la Sentencia de la AP de Barcelona de 4 febrero 2004 (ARP 2004\345), recogiendo lo dictado por el TS desde el llamado «juicio de la colza», argumenta que para la determinación de una Ley causal natural no es necesario que se haya podido conocer el mecanismo preciso de la producción del resultado (que en el caso objeto de debate era la combinación tóxica que produjo la muerte de los peces) sino que basta que se haya comprobado una correlación o asociación de las conductas de los acusados y el resultado producido y sea posible descartar otras causas que hayan podido producir el mismo. Entiende así que "*lo fundamental será realizarse dos tipos de pregunta: si el sujeto ha creado con su conducta un riesgo jurídico-penalmente relevante y si el resultado producido puede considerarse la «realización» de dicho riesgo*".

En el presente caso, consideró existente dicha correlación en el asunto sometido ya que se comprobó que las muertes coincidieron con el vertido realizado y, además, que desde que se interrumpió la realización de los vertidos ha mejorado considerablemente la salud de aquellas aguas y no se han vuelto a producir casos de muerte de peces en dicho lugar.

En el orden contencioso administrativo, cuyos criterios para la apreciación de la prueba siguen en gran medida los del ámbito civil (Arana García, Estanislao. 2005)[5], igualmente se

---

manifiesto que la disolución de TCE en el agua determinaba la muerte de los peces del experimento; y se excluyó, mediante comprobación científica «una infección vírica o bacteriana» (fundamento de Derecho segundo de la sentencia recurrida) concluyéndose por el Tribunal de instancia que «aunque no consta la realización de una necropsia sobre dichos peces, es claro que dicha muerte no se produjo por causas biológicas naturales». En suma, se declara probada de una forma jurídicamente inobjetable la existencia de relación de causalidad entre la contaminación de los pozos por TCE a causa de los vertidos, y la muerte de los peces que estaban siendo criados en la piscifactoría".

5 Arana García, Estanislao (2005): "Viene al caso recordar que las reglas para la apreciación de la prueba en el ámbito civil se extienden

acude al criterio de la causalidad adecuada para establecer dicho nexo causal, como se puede comprobar en la Sentencia del TSJ de Islas baleares núm. 254/2002 de 8 marzo (RJCA 2002\640). En ella se demandaba a un ayuntamiento en el que las filtraciones de agua depurada procedentes de la depuradora municipal habían ocasionado una alta contaminación fecal de los pozos colindantes. Refiere dicho Tribunal que "*Cuando la concurrencia del daño era de esperar en la esfera del curso normal de los acontecimientos, el resultado es adecuado a la actuación que lo originó, de modo que se encuentra en relación causal con ella y sirve como fundamento del deber de indemnizar (...) En consecuencia, la concurrencia de causa adecuada o eficiente, es decir, la causa próxima y verdadera del daño, exige no sólo que se dé un acto o un hecho sin el cual es inconcebible que otro hecho o evento se considere consecuencia o efecto del primero sino que también se requiere la verosimilitud del nexo, es decir, que de las circunstancias del caso resulte que entre dicho acto y el evento dañoso exista una adecuación objetiva*".

Entendiendo dicha sentencia, para concluir, que quedan excluidos no sólo los actos absolutamente extraordinarios o los inadecuados o inidóneos sino también los actos indiferentes.

---

al ámbito administrativo, rigiendo, por tanto, el principio de libre valoración de la prueba sólo limitado por los casos excepcionales en que se impone el sistema de prueba legal o tasada en la valoración de la prueba de interrogatorio de las partes o en la prueba de documentos (arts. 316, 319 y 326 LECiv). En el caso de que se pudiese hablar de alguna diferencia respecto al ámbito civil en cuanto a la valoración de la prueba en los procesos judiciales públicos, especialmente los Contencioso-Administrativos, ésta sería la de una mayor intervención judicial que equilibre los principios de aportación e investigación, dada la mayor presencia de interés público en este tipo de procesos".

3.4.- ¿Hay que probar el nivel de ruido concreto del domicilio en los casos de contaminación acústica?

Importante respecto de la facilidad probatoria en materia de relación causal, han sido diversas Sentencias del TEDH, en donde se pretendía negar la existencia de dicho vínculo al no probarse el nivel de contaminación en el domicilio particular.

Pionera fue la Sentencia del Tribunal Europeo de Derechos Humanos de 16 de noviembre de 2004 (TEDH 2004, 68) (caso Moreno Gómez contra el reino de España), en donde los tribunales nacionales rechazaron la pretensión de ruidos, incluido el TC en su Sentencia 119/2001 de 29 de mayo (RTC 2001, 119), por no haber probado la demandante de amparo el nivel de ruido existente en el interior de su vivienda. Se trataba en dicho caso de una pretensión que exigía responsabilidad a la Administración por su inactividad, al no hacer cesar la vulneración que provocaban terceras personas con sus inmisiones sonoras.

Frente a ello, consideró el TEDH que una vez probado el innegable ruido al que se sometían por las noches durante varios años, consideró que "*la exigencia de dicha prueba es demasiado formalista*" ya que en el presente caso las autoridades municipales habían calificado la zona en la que vivía la demandante de zona acústicamente saturada, siendo así una zona que sufre un impacto sonoro elevado que constituye una fuente de agresión importante para sus habitantes. Concluyendo que "*exigir a alguien que habita en una zona acústicamente saturada, como en la que habita la demandante, la prueba de algo que ya es conocido y oficial para la autoridad municipal no parece necesario*".

Consideró dicho Tribunal que la Administración demandada no cumplió su obligación positiva de garantizar el derecho de la demandante al respeto de su domicilio y de su vida privada, ignorando el artículo 8 del Convenio para la protección de los derechos y de las libertades fundamentales (RCL 1999,

1190, 1572). Y ello porque, aunque dicha Administración había aprobado en el ejercicio de su competencia medidas, en principio adecuadas para garantizar los derechos lesionados, como la ordenanza relativa a ruidos y vibraciones, toleró el incumplimiento reiterado de la regulación que había establecido, que debería de cumplirse de manera constante.

A pesar de dicha Sentencia del TEDH, el Tribunal Constitucional en su Sentencia del TC núm. 150/2011 de 29 septiembre (RTC 2011\150) considera de nuevo que es necesario una mayor prueba respecto de la intensidad del ruido en la vivienda, defendiendo que las afirmaciones de la sentencia del TEDH había que entenderlas debido a las circunstancias particulares del caso, sin que se puede dar una validez general a las mismas. Consideraba el TC que el interesado no hizo nada por acreditar individualizadamente que en su vivienda soportaba un nivel sonoro que le impediría el disfrute de su domicilio, limitándose a referir a la situación general de saturación acústica de la zona.

En esta Sentencia se emitió un Voto Particular, en donde se defendía que en estos supuestos el Tribunal Europeo de Derechos Humanos no exige la prueba del nivel de ruido en el interior de la vivienda y sólo exige la conexión de la vivienda con un entorno de ruido excesivo, así como la prueba del ruido excesivo en el entorno vial, acreditándose que son por encima de los permitidos. Considera de este modo que, si existen pruebas objetivas proporcionadas por las autoridades públicas de la superación legal de los niveles de contaminación acústica en la zona urbana en la que se sitúa el domicilio de la víctima, ésta no está obligada a aportar una prueba individualizada de tal nivel de ruido en el interior de su vivienda.

Sobre este asunto, finalmente el asunto llegó al TEDH, donde en su Sentencia del TEDH de 16 enero 2018 (TEDH 2018\2) (Caso Cuenca Zarzoso contra España) volvió a corregir al TC. Argumenta de nuevo que sería demasiado formalista en el presente caso solicitar al demandante que proporcionara pruebas del ruido en el interior de su domicilio, dado que las autoridades municipales ya habían designado el área como zona acústicamente saturada. Señalando además que el mismo argumento se puede plantear en lo que se refiere al vínculo de causalidad.

En este caso se valora igualmente las medidas del Ayuntamiento para evitar esta situación, ya que se reconoce que el Ayuntamiento adoptó medidas generales como la Ordenanza, la declaración de la zona de los vecinos como zona acústicamente saturada y, con respecto al demandante, la orden dada al pub instalado en los bajos de la vivienda del demandante de instalar un limitador de ruidos, que en principio debería ser suficiente para garantizar el respeto de sus derechos. No obstante, a pesar de ello, dichas medidas fueron insuficientes.

Sí hay que señalar que, igualmente, da la razón al razonamiento del Gobierno español en cuanto que reconoce que la mera declaración del área como zona acústicamente saturada no puede considerarse como una justificación de reconocimiento del daño causado a todos los residentes. Si bien, en este caso concreto, considera que sí está justificada su situación de vulneración de la vida privada.

No obstante lo dictado por estas sentencias, siempre es importante recordar, como es lógico, que es conveniente estar apoyado en pruebas que sustenten las pretensiones que se soliciten. En la Sentencia del TEDH de 1 julio 2008 (JUR 2008\200335) (Caso Borysiewicz contra Polonia) desestimó la pretensión de vulneración en materia de ruido por falta de pruebas. Así, se acredita que la parte demandante criticó la forma en que se llevaron a cabo ciertas mediciones, dándole la razón por parte de la justicia en este punto, pero no presentó en ningún momento ni dichas mediciones ni ninguna otra prueba alternativa que demostrase la superación de los niveles de ruido permitidos. Asimismo, tampoco se presentó ningún documento que justificase la afectación de su salud o de su familia por el ruido.

Y de las más recientes encontramos la Sentencia del TEDH de 1 diciembre 2020 (TEDH 2020\184) (Caso Yevgeniy Dmitriyev contra Rusia), dando una vez más la razón a la demandante, y flexibilizando su actividad probatoria. En ella, se trata de las molestias causadas por las actividades diarias de una comisaría de policía. Se vuelve a dar la circunstancia de que, concretamente respecto al ruido en el piso del demandante, no se presentó ninguna prueba directa que demostrase que se excedían de los niveles aceptables. No obstante, sí que existía un informe de inspección emitido por la agencia estatal de protección al consumidor certificando las denuncias, acreditando que las autoridades estatales incumplieron los reglamentos nacionales sobre el ruido. Además, se reconoció por las propias autoridades estatales que la comisaría de policía estaba situada en un edificio que no estaba designado para albergarla, sin que se adoptaran medidas para remediar la situación, que duró más de diez años, reconociéndose así responsabilidad por tales ruidos.

4. CULPA

4.1.- ¿Qué flexibilización existe en la prueba de la culpa del art. 1902 Cc?

La regla general a la hora de exigir responsabilidad extracontractual según el 1902 del Código Civil es que el demandante tiene que probar la existencia de culpa del demandado. No obstante, debido a las dificultades que esto plantea en muchas ocasiones, y con ocasión de favorecer el resarcimiento de quienes han sufrido estos daños, la jurisprudencia ha optado por flexibilizar este criterio, admitiendo la llamada teoría del riesgo y de la inversión de la carga de la prueba.

Así, la Sentencia del TS de 24 mayo 1993 (RJ 1993\3727), recoge que en sede de la responsabilidad por culpa extracontractual del art. 1902, la Sala se orienta hacia un sistema que, sin hacer abstracción total del factor psicológico o moral y del juicio de valor sobre la conducta del agente, acepta soluciones cuasi objetivas, demandadas por el incremento de las actividades peligrosas consiguientes al desarrollo de la técnica y el principio de ponerse a cargo de quien obtiene el provecho la indemnización del quebranto sufrido por tercero, a modo de contrapartida del lucro obtenido con la actividad peligrosa. De este modo, afirma que se ha ido transformando la apreciación del principio subjetivista, bien por el acogimiento de la llamada teoría del riesgo, bien por el cauce de la inversión de la carga de la prueba, presumiendo culposa toda acción u omisión generadora de un daño indemnizable, sin que sea bastante, para desvirtuarla, el cumplimiento de Reglamentos, pues éstos no alteran la responsabilidad de quienes los cumplan, cuando las medidas de seguridad y garantías se muestran insuficientes en la realidad para evitar eventos lesivos

Un claro ejemplo lo tenemos en la anteriormente mencionada Sentencia del TS núm. 141/2021 de 15 marzo (RJ 2021\1641). Sobre el recurso de casación, y en apreciación de la concurrencia o no de culpa, comienza analizando unas consideraciones sobre la doctrina del riesgo.

Con base en esta teoría, la realización de actividades peligrosas permitidas, por ser socialmente útiles, produce la colisión de los intereses de los terceros de no resultar perjudicados, con el propio y legítimo de los titulares que las gestionan de obtener los mayores rendimientos económicos posibles derivados de su explotación. Así mientras los terceros soportan la amenaza eventual de sufrir daños significativos, el titular de la actividad, por el contrario, se beneficia de las ganancias generadas de su explotación en su particular provecho. Esto puede conllevar cierto atemperamiento en la exigibilidad de prueba de la culpa.

Tras exponer que la culpa es el título ordinario de imputación del daño, conforme al 1902 Cc, argumenta que la actividad peligrosa puede constituir igualmente, bajo determinadas circunstancias, un legítimo título de imputación del daño. Ahora bien, reconoce el Tribunal que, en ausencia de una cláusula general reguladora en la materia, se adapta esta doctrina del riesgo a las limitaciones del sistema subjetivista del Código Civil que exige la culpa, y por tanto excluye al riesgo como título legítimo de imputación del daño. Se recuerda una vez más que la culpa debe existir, sin que se permitan otras excepciones que las que señale la ley.

Así, según la teoría del riesgo, que se circunscribe a aquellas actividades anormalmente peligrosas (no a las ordinarias o usuales), lo que se produce y admite es una inversión de la carga de la prueba, exigiéndose además un mayor grado de diligencia para evitar el daño, nivel de diligencia que aumenta conforme mayor es el nivel de peligro de la actividad, o la gravedad del daño que se haya producido.

Además, esta inversión de la carga de la prueba, como se recoge en la sentencia, responde a la manifestación del principio de facilidad probatoria, toda vez que es la entidad demandada la que cuenta con los conocimientos y medios necesarios para demostrar los esfuerzos llevados a efecto para prevenir el daño representable, o justificar su condición de inevitable o de residual sin culpa.

Y para resolver el caso concreto de los daños por amianto, se considera:

- Estamos ante una actividad que se puede calificar de anormalmente peligrosa, consistente en la fabricación de productos con elevada rentabilidad pero que también causa graves efectos perniciosos para la salud de las personas, incluso la muerte. Además, la entidad demandada era consciente de tales riesgos, existiendo además un conjunto normativo del que se desprendía el efecto negativo de la actividad desarrollada sobre el medio ambiente y su peligro.

- El hecho de contar con autorización administrativa no significa ni implica la ausencia de responsabilidad en su gestión y control, al no cumplir los activos deberes de prevención de riesgos que competían a la demandada. Además, se señala que en los daños ambientales existe el deber de actualizarse continuamente cara a la utilización de las mejores técnicas para evitar los daños, siempre que se pueda acceder a las mismas en condiciones razonables.
- Resultó acreditado, a través de distintos elementos de prueba, que la demandada incrementó el riesgo en la gestión de una actividad ya, por sí sola, anormalmente peligrosa, a través de un deficiente mantenimiento y sin tomar tomas las medidas necesarias como se detallan en dicha sentencia.
- Sobre los pasivos domésticos, igualmente son responsables al no operar con la diligencia debida, siendo conocedores de los riesgos que se podrían producir, permitiendo que las vestimentas contaminadas llegaran a casa de los familiares, correspondiendo a la empresa el lavado de las mismas, no a dichos familiares.

Curiosamente, en dicha sentencia apenas se trata la responsabilidad por el 1908.2, a pesar de las ventajas y particularidades de dicho precepto que analizamos a continuación, del cual se hace en la Sentencia una somera mención, indicando "*Por otra parte, el art. 1908.2 CC, igualmente invocado en la demanda, regula los daños causados por los humos excesivos que sean nocivos como un supuesto de responsabilidad propia y directa del propietario de matiz objetivo*".

4.2.- ¿Se exige la culpa en los casos del artículo 1908.2 Cc?

Hay que tener en cuenta que no es lo mismo fundamentar la acción en el art.1902, que exige en todo caso la exigencia de culpa (aunque se puede invertir la carga de la prueba), que fundamentarla en el artículo 1908.2, el cual no exige en su literalidad la existencia de culpa o negligencia, estableciendo la jurisprudencia del Tribunal Supremo (entre ellas, la acabada de mencionar de 24 de mayo de 1993) que dicho artículo configura un supuesto de responsabilidad "de claro matiz objetivo".

No obstante, cabe preguntarse si este "matiz" objetivo lo convierte en un supuesto de responsabilidad puramente objetiva o no, es decir, si se puede prescindir totalmente del elemento de la culpa.

Consideramos que en no pocas ocasiones tanto los jueces y tribunales como la doctrina, utilizan el término de "responsabilidad objetiva" sin que realmente sea tal supuesto, estrictamente hablando. Cierto es que no son términos normativos cuya definición esté tasada, pero creemos acertada la siguiente distinción a efectos de poder concretar y conocer todos los elementos en juego:

- Responsabilidad subjetiva: Se exige la existencia de culpa, debiendo ser la misma probada por el demandante. Sería el caso del artículo 1902 Cc con carácter general.
- Responsabilidad cuasiobjetiva: Se da en aquellos supuestos en donde si bien sigue exigiéndose la existencia de culpa, la misma se presume existente, debiendo ser el demandado el que pruebe que actuó con la debida diligencia (esto es, que no existió culpa). Es el caso de la responsabilidad por riesgo que ha configurado la jurisprudencia, o supuestos legales como la responsabilidad por los llamados servicios defectuosos del art. 147 TRLGDCU.

- Responsabilidad objetiva: Supuestos en donde el legislador (sin que se permita que sean los propios tribunales los que establezcan estos casos[6]) es el que establece una responsabilidad en todo caso sin exigencia de culpa alguna, donde el demandado no se libera por el hecho de probar que ha sido diligente. Esto se puede encontrar en el art.33 de la Ley 1/1970 de caza, en el art.4 de la Ley 12/2011, de 27 de mayo; en los casos de responsabilidad civil por daños nucleares o producidos por materiales radiactivos; o los art. 135 y 148 del TRLGDCU respecto de los productos defectuosos y los supuestos especiales de servicios defectuosos.

Hay quienes denominan también responsabilidad cuasiobjetiva a supuestos que hemos configurado como responsabilidad objetiva, por el hecho de que existan determinadas causas de exoneración, como si se prueba que acontece la fuerza mayor. No obstante, entendemos más correcta esta configuración planteada, centrándonos en el elemento de la culpa para su clasificación.

---

6 Así lo recoge expresamente el Tribunal Supremo, entre otras, en su sentencia del TS 185/2016, de 18 de marzo (RJ 2016, 983) (subrayado nuestro): «La creación de un riesgo, del que el resultado dañoso sea realización, no es elemento suficiente para imponer responsabilidad (objetiva o por riesgo), ni siquiera cuando la actividad generadora del riesgo sea fuente de lucro o beneficio para quien la desempeña. Se requiere, además, la concurrencia del elemento de la culpa (responsabilidad subjetiva), que sigue siendo básico en nuestro Derecho positivo a tenor de lo preceptuado en el artículo 1902 CC, el cual no admite otras excepciones que aquellas que se hallen previstas en la Ley. El mero hecho de que se haya producido el resultado dañoso, realización del riesgo creado, no puede considerarse prueba de culpa -demostración de que «faltaba algo por prevenir»-, puesto que ello equivaldría a establecer una responsabilidad objetiva o por el resultado, que no tiene encaje en el artículo 1902 CC»".

Partiendo de ello, una vez realizada una lectura de alguna sentencia tenemos que atender si realmente la exigencia de responsabilidad del art.1908.2 está configurado como un supuesto de responsabilidad objetiva en donde no se exige que concurra ninguna culpa o, por el contrario, sí se exige que concurra, pero se flexibiliza su prueba o se invierta la carga de la misma. Parece más acertada la primera opción, considerando que nos encontramos ante una responsabilidad objetiva, donde no se requiere la existencia de culpa (RIBERA BLANES, BEGOÑA. 2023)[7].

Así, al tratar del artículo 1908 Cc, el TS en la Sentencia del TS núm. 31/2004 de 28 enero (RJ 2004\153) examinaba un supuesto de contaminación por fluorosis en cabezas de ganados, en donde se invocaba dicho artículo. En este caso, el TS parte reconociendo que es "innegable" que ha existido culpa, para añadir después que, asimismo, el art. 1908 "*consagra una responsabilidad claramente objetiva*", o la Sentencia del TS núm. 196/2005 de 14 marzo (RJ 2005\2236) establece que el art.1908 "*trata de una responsabilidad de carácter objetivo, que se impone al propietario, o más bien al empresario, titular de la empresa causante de los humos o emanaciones, es decir, de la agresión al medio ambiente*".

No obstante, en estos supuestos del art.1908, parece situarse en un plano distinto al de la responsabilidad civil del 1902, y entrar en lo que se denominan las relaciones de vecindad. Y aunque desaparezca el elemento de "culpa", partiendo del término "excesivos" a que se refiere el 1908.2, en estas relaciones de vecindad van a surgir conceptos tales como la "tolerabilidad", "uso normal o razonable" o "abusividad", que van a im-

---

7 RIBERA BLANES, BEGOÑA (2023): "*La responsabilidad por inmisiones que se deriva del art. 1908.2º CC es una responsabilidad objetiva, pues a diferencia de otros números del propio precepto, en el señalado, el Código no añade ningún requisito en el que se exija la falta de diligencia o culpa por parte del autor de las inmisiones*".

plicar en todo caso cierta conducta reprochable por parte del sujeto responsable, que, sin poder hablar de culpa, sí que hace referencia a una conducta antijurídica o indebida.

4.3.- ¿Cómo se determina la excesividad o intolerancia del art. 1908.2Cc?

Para determinar si es o no excesiva la inmisión, siendo no tolerable, los jueces civiles tendrán en cuenta una serie de cuestiones, entre las que se encuentran la costumbre del lugar, el tiempo y duración de la inmisión y la naturaleza del lugar, las exigencias de la producción y, con mayor precaución, el criterio de la prioridad del uso o preexistencia de la actividad dañosa (Aviñó Belenguer, David. 2021).

Con relación a la persistencia, los jueces y tribunales tienen establecido que no es necesario probar que sea continuada la inmisión para que pueda ser relevante, aunque sí debe ser reiterada y prolongada en el tiempo, sin que basten hechos puntuales. Así, en materia de olores, la Sentencia de la AP de Zaragoza núm. 149/2009 de 12 marzo (JUR 2009\223345) desestimó los pedimentos de la demanda frente a los olores que emitía una granja vecina. En base a los arts. 590, 1908 y 7.2 del Cc, no consideró que la inmisión que se producía fuese relevante, ya que esto no quedaba acreditado de las pruebas presentadas, demostrándose sólo mayor durante unos cinco días al año coincidiendo con el cambio de cama, donde se sustituía el suelo de la granja, hecho puntual que no otorga a la inmisión el calificativo de excesivo.

Todas estas cuestiones permiten al juez cierto margen de discrecionalidad según los casos, debido a la dificultad de establecer una mayor concreción a priori. Lo que parece claro es que no se puede hablar de una responsabilidad en donde, al prescindirse del elemento "culpa", tan sólo haya de probarse una acción, un daño, y un nexo de causalidad. Además, se requiere la existencia de ese otro elemento extra, relacionado con la tolerabilidad o uso racional.

Para analizar el uso tolerable o racional de la actividad, se tiene en consideración también la posibilidad de los sujetos dañantes de evitar o, al menos, reducir la intensidad de las inmisiones en casos donde se demuestren posible. Así, en la Sentencia del TS núm. 589/2007 de 31 mayo (RJ 2007\3431), debido a los ruidos que producía la empresa demandada, consideró que "*se declara probada la posibilidad técnica, y económicamente razonable, de disminuir considerablemente los ruidos mediante una determinada configuración de las pantallas paralelas a la vía y mediante unos límites también razonables a la velocidad de circulación y a la composición de los trenes, por lo que tal concepto ha de mantenerse como indemnizable*". Igual ocurre en otros casos donde es posible la insonorización de locales o de pistas deportivas. En definitiva, se trata de que el agente dañante tenga una especial diligencia para evitar aquellos daños que pueda producir.

Y un claro ejemplo contrario, donde se reconoce la falta de responsabilidad, lo tenemos en la Sentencia de la AP de Granada núm. 492/2009 de 27 noviembre (JUR 2010\128854), en donde la demanda iba dirigida al uso de una chimenea doméstica que emitía humos a viviendas situadas en planos superiores. En este caso, al no acreditarse que utilizasen materiales que provocasen humos nocivos o desagradables, que la chimenea careciera de utilidad, o que se usara con intención de dañar o molestar, no consideró procedente tal reclamación. De este modo, si por las características orográficas de la zona y las construcciones escalonadas hacen inevitable que los humos afecten a los que salen al terrado de las casas que están por encima, no por ello se puede suprimir dicha chimenea ni su uso puede ser considerado abusivo, no vulnerándose así lo dictado por los arts. 7, 590, 1902, y 1908 Cc.

4.4.- ¿Qué consecuencias tiene el incumplimiento de las normas administrativas a la hora de exigir responsabilidad?

Se ha discutido en este ámbito la relación que tienen las normas administrativas y su cumplimiento con respecto a la existencia de responsabilidad civil por contaminación o la existencia de inmisiones. Esto es determinante en el ámbito probatorio, puesto que, de vincularse su incumplimiento a la existencia de responsabilidad, la materia probatoria iría centrada en ello, facilitándose en cierto modo la determinación de dicha responsabilidad, o su exoneración.

Como regla general, el hecho de probar la adecuación o no a los reglamentos administrativos no puede ser determinante para determinar la existencia o no de responsabilidad. Como tiene reiterado ya el TS, siendo doctrina consolidada, recogiéndose, entre otras, en la Sentencia del TS núm. 31/2004 de 28 enero (RJ 2004\153), "*el cumplimiento de normativa reglamentaria no impide la apreciación de responsabilidad cuando concurre la realidad del daño causado por la persona física o jurídica*". Asimismo, recoge la Sentencia del TS núm. 589/2007 de 31 mayo (RJ 2007\3431) que "*la autorización administrativa no exime de la obligación de indemnizar, porque autorizar un actividad no equivale necesariamente a imponer a los vecinos el deber jurídico de soportar todo perjuicio, por grave que sea, que tal actividad produzca*".

Y, en igual sentido se puede predicar del caso contrario. La inexistencia de licencia administrativa no va a suponer que se estimen las pretensiones civiles sobre los posibles ruidos o inmisiones, sino se prueban los requisitos necesarios que estamos estudiando. Así, respecto de una demanda de cesación por ruidos del art.7.2 LPH, la Sentencia de la AP de Castellón núm. 40/2002 de 1 febrero (JUR 2002\124204), considera que es irrelevante el hecho de que se anulara la licencia municipal de actividad concedida en su día por el Ayuntamiento por haberse infringido el procedimiento para ello, como tampoco interesa si en su día se llegó a desarrollar la actividad antes de haberse obtenido la licencia. Lo fundamental es la verificación de si se ha acreditado que la actividad sea molesta y deba ser calificada como tal en el ámbito del artículo 7.2 LPH que regula la acción de cesación aquí ejercitada.

No obstante, en el caso de las inmisiones sonoras, sí que está constituida como práctica judicial la determinación de la intolerabilidad por la superación de los niveles fijados por las normas administrativas, a través de la medición de los decibelios según marquen la referida normativa. Si bien es cierto que no se puede hacer una automaticidad en exigir responsabilidad por la mera superación de estos valores, habiéndose de tener en cuenta además las referencias a la gravedad, reiteración y persistencia en el tiempo.

Como refiera la Sentencia de la AP de Córdoba núm. 1121/2022 de 20 diciembre (JUR 2023\86986) el derecho de propiedad no autoriza sin límites a hacer uso de aquello sobre lo que se ostenta pudiendo desarrollar cualquier actividad que se quiera en la vivienda, sino que se ha de sujetar a un uso razonable, de forma que el propio derecho de uso no podrá ir más allá de donde empieza el del vecino, en este caso el derecho a tener intimidad personal y familiar y disfrutar de su propia vivienda. Y considera que "*tan pronto como se supera el límite de ruido tolerable según la normativa sobre esta materia, se entiende que aquel deviene intolerable*".

De modo similar al indicado anteriormente, debe probarse esta reiteración y persistencia, siendo importante que se realicen varias mediciones en distintos momentos, ya que de lo contrario no se acreditará la intolerancia de la inmisión. Así, en el Auto del TS de 7 junio 2023 (JUR 2023\247158), no considera acreditado la necesaria persistencia y reiteración, ya que la parte demandante sólo aporta una medición aislada, sin que exista acreditación alguna de que esas supuestas inmisiones hubiera sucedido con anterioridad, ni de que se haya repetido con posterioridad a ese momento, mientras que la parte demandada acreditó el cumplimiento de la normativa a través de informes de evaluación acústica.

Esta vinculación a la superación de los límites establecidos reglamentariamente según la regulación administrativa, que como acabamos de ver, es la admitida por nuestros tribunales en materia de ruidos, es la que realiza con carácter general el BGB alemán en § 906 I, donde recoge que:

"El propietario de una parcela no podrá prohibir el suministro de gases, vapores, olores, humo, hollín, calor, ruido, vibraciones e inmisiones similares procedentes de otra parcela en la medida en que la inmisión no perjudique el uso de su parcela o sólo lo haga de forma insignificante. Por regla general, se considerará que existe un perjuicio insignificante si las inmisiones determinadas y evaluadas de conformidad con las presentes disposiciones no superan los valores límite o valores orientativos establecidos en las leyes o instrumentos reglamentarios. Lo mismo se aplicará a los valores de los reglamentos administrativos generales promulgados en virtud del artículo 48 de la Ley Federal de Control de Inmisiones y que reflejen el estado de la técnica"[8].

Y de modo muy similar se recoge en el artículo 546-14 ap.1° del Código civil de Cataluña, denominado "Inmisiones legítimas":

"1. Los propietarios de una finca deben tolerar las inmisiones provenientes de una finca vecina que son inocuas o que causan perjuicios no sustanciales. En general, se consideran perjuicios sustanciales los que superan los valores límite o indicativos establecidos por las leyes o los reglamentos".

Esta regulación ha conllevado la crítica de algunos autores, pues se entiende que priva de la necesaria independencia a los tribunales civiles y puede acabar convirtiendo el juicio de

---

8 Traducción libre del texto original.

esencialidad en un juicio de adecuación a la normativa administrativa (AVIÑÓ BELENGUER, DAVID. 2015). No obstante, entendemos que estas regulaciones pretenden en cierta medida facilitar la prueba de la "excesividad" o "intolerabilidad" de las inmisiones, remitiéndonos a la normativa administrativa por entender que lo que se regula se adaptará al criterio del uso normal o permisible. Pero, igualmente, esta normativa no excluye la posibilidad de declarar la existencia de responsabilidad aun en caso de que no se superen dichos límites, o de no reconocer dicha responsabilidad si se superan, ya que la propia norma trata de cuándo será "en general" intolerable, sin descartar la existencia de otras supuestos.

Sobre la influencia que puedan tener las normas urbanísticas a la hora de determinar la existencia o no de responsabilidad civil, la misma no puede ser determinante porque, como se ha señalado por la doctrina, a veces la Administración incurre en errores de cálculo y se ve desbordada por el desarrollo fáctico y por la necesidad de combinar distintos usos. No obstante, sí que puede ser tenida en consideración para valorar los hechos en su conjunto y la normalidad de actuación de los sujetos intervinientes según la calificación que tenga la zona en que se encuentren.

Así, como ejemplo de lo expuesto, en la Sentencia del TS núm. 889/2010 de 12 enero (RJ 2011\305), a pesar de tenerse por probado que la actividad industrial demandada genera ruidos en niveles superiores a los permitidos por la ordenanza municipal, no concede indemnización alguna al no considerarlo un daño antijurídico. Esto se debe a que las instalaciones industriales de las demandadas se encontraban en la zona urbana industrial del municipio, mientras que los miembros de la asociación demandante, en cambio, adquirieron o construyeron sus viviendas en suelo no urbanizable-común rústico, e incluso uno de ellos en plena zona industrial, siendo conocedor de su proximidad a las instalaciones industriales. Concluye el TS en este caso que "*si en la actualidad el problema jurídico de las inmisiones aparece estrechamente relacionado con la protección medioambiental, no sería lógico prescindir, al tratar de este problema, de la ordenación del territorio y el urbanismo, pues también las normas al respecto guardan con la protección del medio ambiente una relación que se refleja, por ejemplo, en el Título XVI del Libro II del Código Penal".*

4.5.- ¿Qué importancia tienen los informes de los peritos y de la Administración?

Respecto a la prueba en estos ámbitos es vital los informes técnicos de peritos que se puedan aportar que certifiquen estos hechos, como los de la parte contraria que defienda una postura diversa. Así, en la Sentencia de la AP de Córdoba núm. 1121/2022 de 20 diciembre (JUR 2023\86986) antes referida, se trataba de los daños producidos por unos ladridos de perros de unos vecinos. En este caso da relevancia a la prueba pericial presentada por los demandantes, donde constaba que se superaban con creces los niveles tolerables de ruidos tanto en cubierta, terraza y el interior de la vivienda. Y frente a la negativa de la parte demandada que criticaba estas afirmaciones y dichas mediciones, se le reprochaba el no haber aportado otro informe que rebatiera el aportado, debiendo estar el tribunal a los informes técnicos presentados.

Esta pasividad de la parte demandada suele generalmente perjudicarle, especialmente cuando se considera que tiene la facilidad probatoria para acreditar su posición. Así, igualmente se señala en el ámbito contencioso administrativo, en la Sentencia del TSJ de Madrid núm. 704/2018 de 22 noviembre (JUR 2019\14261), donde se reclamaba contra unas festividades que se realizaban por el Ayuntamiento en terrenos cercanos al perjudicado por los ruidos producidos. Aquí, el Tribunal señala que, frente a las pruebas periciales y prolijos detalles de los demandantes, la Administración no aporta prueba alguna, limitándose a realizar una crítica carente de base técnica y que no aparece suficientemente fundada como para enervar el valor probatorio otorgado en la instancia a las periciales.

En todo caso, los jueces y tribunales no están vinculados por dichos informes, si bien serán pieza importante en su decisión. Como recoge la Sentencia de la AP de Madrid núm. 96/2022 de 21 febrero (JUR 2022\152273), el artículo 348 LEC establece que "*el Tribunal valorará los dictámenes periciales según las reglas de la sana crítica*", siendo la prueba de peritos de libre apreciación para jueces y tribunales, ilustran sobre circunstancias del caso y le dan su parecer, pero éstos puede llegar a conclusiones diversas a las que ha obtenido el perito, si bien tendrá que explicar las razones por las que no acepta los argumentos especializados aportados por el perito y por qué incoherente e ilógicas las explicaciones dadas por el perito en su dictamen. Se señala en dicha sentencia que se debe atender a unas pautas, como son los razonamientos que contengan, las conclusiones mayoritarias que resulten, qué operaciones periciales se han llevado a cabo, así como la competencia profesional de los mismos y circunstancias que hagan presumir su objetividad.

Una muestra donde se relativiza las conclusiones del perito sobre las inmisiones ruidosas lo tenemos en la Sentencia de la AP de Alicante núm. 23/2003 de 9 enero (JUR 2003\112135). En ella el perito no pudo asegurar la existencia de inmisiones excesivas derivadas de la actividad hotelera demandada, pero el Tribunal pone de relieve que dichas mediciones no se llevaron a cabo de la forma idónea, ya que los técnicos del hotel se negaron a poner en funcionamiento durante la inspección la totalidad de los equipos de climatización, siendo estas la de mayor tamaño. De este modo, concluye que. tomando en consideración el principio de facilidad probatoria, y la mediatización del informe pericial por causa imputable a la demandada, el citado informe pericial carece de valor absoluto en si mismo, apreciando la existencia de ruidos excesivos valorando el resto de pruebas en su conjunto, y teniendo en cuenta estos hechos.

Gozan de importancia los informes periciales que dicta la Administración, que pueden ser utilizados por los particulares en defensa de sus intereses. Es de destacar lo resuelto por la Sentencia de la AP de Ciudad Real núm. 556/2020 de 21 septiembre (JUR 2020\329040), donde se debatía sobre el exceso del nivel de ruido de los locales demandados. En dicho caso el juzgado de instancia no estimó la demanda ya que no existía ningún informe de parte pericial que demostrase la existencia de ruidos. No obstante, argumenta el Tribunal que no se puede ignorar que tanto en el expediente administrativo seguido por el Ayuntamiento como en otra denuncia formulada por la actora se han practicado sendas actas de medición de ruidos por agentes de la policía local que constatan que en la vivienda ocupada por la actora se superaban el nivel de ruidos permitidos. Sigue argumentando que son mediciones llevadas a cabo por empleados públicos en sus funciones, con un claro carácter objetivo en orden a su valoración, por lo que en nada afecta la ausencia de informe pericial de parte, existiendo actas que confirman estos hechos.

Igualmente pueden ser tenidos en cuenta otros actos de la administración que asevere estos hechos, como puede ser la existencia de un oficio emitido por el Ayuntamiento en el que se informa de la incoación de un expediente de clausura de actividad como consecuencia de los ruidos provenientes del local demandado, como acontece en la Sentencia de la AP de Málaga núm. 786/2006 de 11 diciembre (JUR 2007\180799).

No obstante esta importancia de los informes periciales elaborados por la Administración, hay que recordar, que recoge la Sentencia del JCA nº4 de Valencia, núm. 6/2021 de 13 enero (RJCA 2021\1), que, según la legislación de procedimiento administrativo y de lo declarado por el Tribunal Supremo, sólo goza de presunción de veracidad los informes emitidos en el seno de un expediente administrativo por los funcionarios a los que se reconozca la condición de autoridad y sean formalizados en documentos públicos observando los requisitos legales. Por el contrario, no se puede otorgar presunción de imparcialidad a los informes confeccionados *"ad hoc"* por la Administración con la finalidad de desvirtuar las alegaciones o pretensiones de la parte contraria en un procedimiento.

4.6.- ¿Cómo responde la Administración si se les exige responsabilidad?

Si se trata de exigir responsabilidad a la Administración, según se recoge en el art.32 de la Ley 40/2015, de 1 de octubre, de Régimen Jurídico del Sector Público, la Administración responde del "funcionamiento normal o anormal de los servicios públicos salvo en los casos de fuerza *mayor o de daños que el particular tenga el deber jurídico de soportar de acuerdo con la Ley*". Se entiende en estos casos que existe una responsabilidad "objetiva", al no exigirse la exigencia de culpa de la Administración, por lo que no es necesario probar la existencia de dicha culpa.

De este modo lo tiene asentado la jurisprudencia, por todas, la Sentencia del TS de 20 mayo 1998 (RJ 1998\4967), citada por otras muchas posteriormente, en donde se declara dicha responsabilidad objetiva, argumentando que no es necesario demostrar la culpa o negligencia, y ni siquiera que el servicio se ha desarrollado de manera anómala, ya que los preceptos legales incluyen la responsabilidad por el funcionamiento normal de los servicios públicos. Señala además que "*Debe, pues, concluirse que para que el daño concreto producido por el funcionamiento del servicio a uno o varios particulares sea antijurídico basta con que el riesgo inherente a su utilización haya rebasado los límites impuestos por los estándares de seguridad exigibles conforme a la conciencia social. No existirá entonces deber alguno del perjudicado de soportar el menoscabo y, consiguientemente, la obligación de resarcir el daño o perjuicio causado por la actividad administrativa será a ella imputable*".

Se entiende así que la Administración será responsable de todo daño causado por sus servicios, respondiendo incluso por el funcionamiento normal de los mismos, siempre que los daños provengan del riesgo típico creado por dicho servicio público. Por el contrario, si el daño no constituye la realización de un riesgo típico de dicho servicio, entonces la Administración sólo responde si el servicio ha funcionado anormalmente (CORDERO LOBATO, ENCARNA. 2013).

No obstante, hay que tener en cuenta que las facultades de policía de la Administración, a través de la vigilancia y control del cumplimiento de las normas administrativas por los administrados, no le va a imputar directamente responsabilidad por los daños que los infractores puedan producir, exigiéndose mayor carga probatoria para imputarles responsabilidad. Así, en la Sentencia del TS núm. 1127/2007 de 2 noviembre (RJ 2008\13), se debatían unos daños producidos por el contratista del servicio de tratamiento de aguas residuales, habiéndose provocado daños derivados de la contaminación del agua de riego por vertidos al río. Acerca de la responsabilidad de la Administración, declara el TS que la titularidad de una competencia administrativa de policía no comporta por sí misma la asunción de responsabilidad por parte de la Administración. Así, entendió que en dicho caso "*no puede apreciarse la existencia de dicha responsabilidad partiendo de la simple existencia de un daño y de su conexión objetiva con las competencias administrativas encaminadas a evitarlo, pues esta relación no demuestra la existencia de un nexo de causalidad con la actividad administrativa ni de un título que justifique la imputación del daño producido a la Administración competente*".

Sí que responde la Administración en dichos casos en donde actúa con funciones de policía cuando, a pesar de las denuncias formuladas por los afectados, permanece inactiva, no toma las medidas oportunas para evitar el daño, o no las ejecuta de manera efectiva, como se aprecian en algunas sentencias, como la Sentencia del TSJ Andalucía núm. 2507/2014 de 15 diciembre (JUR 2015\74375), o la referida Sentencia del TEDH de 16 enero 2018 (TEDH 2018\2).

4.7.- ¿Se exige la culpa en los supuestos de responsabilidad por vulneración de derechos fundamentales?

Se puede plantear igualmente si hay que probar el elemento de la culpa cuando se reclama una indemnización basada únicamente en la vulneración de los derechos fundamentales, basado en el art.18 de la CE, así como en la Ley Orgánica 1/1982, de 5 de mayo de Protección Civil del Derecho al Honor, a la Intimidad Personal y a la Propia Imagen.

Este caso se puede ver en la Sentencia de la AP de Cádiz núm. 150/2013 de 4 junio (JUR 2013\296440). En este caso la parte apelante basó su demanda en los derechos de tutela al derecho al honor, a la intimidad y a propia imagen, artículo 18.1 de la CE y artículos 7 y 9 de la Ley Orgánica 1/1982, de 5 de mayo de Protección Civil del Derecho al Honor, a la Intimidad Personal y a la Propia Imagen. La demanda se dirigía frente a una Comunidad de Propietarios por los fuertes ruidos que realizaba una pista de tenis multiusos.

En este caso, el juzgado de primera instancia negó el encaje en la LO 1/1982 y, aplicando el principio *iuri novit curia*, entendió que debía examinar el asunto conforme al art. 1902 Cc sobre la procedencia del daño moral. Desestimó la demanda, entendiendo que la comunidad desde siempre estaba prevista que ofreciese esos servicios lúdicos, que no consideraba que excedieran lo tolerable, habiendo votado el actor a favor de que la pista de tenis fuera multiusos y no alegando ser excesivo los ruidos otros vecinos.

En la AP, se plantea si los problemas derivados de las inmisiones acústicas externas han de abordarse desde el prisma de vulneración de derechos fundamentales como es el de la intimidad o desde la del daño extracontractual o culposo como se hace en la instancia. Así, tras recoger diversas sentencias del Supremo y del TEDH, entre otras, la Sentencia del TS núm. 80/2012 de 5 marzo (RJ 2012\2974), se recoge que la protección frente al ruido se encuadra en el ámbito de la tutela judicial civil de los derechos fundamentales, sin perjuicio de que también quepa dicha protección al amparo de la legislación civil ordinaria. Asimismo, recoge lo dictado por el TC, entre otras en su Sentencia del TC núm. 150/2011 de 29 septiembre (RTC 2011\150) en donde considera que "*una exposición prolongada a unos determinados niveles de ruido, que pueden objetivamente calificarse como evitables e insoportables, ha de merecer la protección dispensada al derecho fundamental a la intimidad personal y familiar*".

De este modo, al haberse probado que los ruidos sobrepasaban los permitido legalmente, produciéndose a diversas horas del día por tiempo prolongado, perturbando la tranquilidad del hogar, se concluye que los hechos probados sí constituyen una intromisión ilegítima en el derecho fundamental de los demandantes a la intimidad personal y familiar en el ámbito domiciliario, según una interpretación del art. 18 de la Constitución ajustada al art. 8 del Convenio de Roma conforme a su interpretación por el Tribunal Europeo de Derechos Humanos.

Igualmente, aunque no se mencione aquí la culpa, tal y como se puede comprobar en la Sentencia referida del TC, así como del TEDH y del TS, en estos casos de vulneración de derechos fundamentales igualmente se requiere que se pruebe ese elemento extra de reprochabilidad, como es que sean ruidos "evitables e insoportables", o excesivos, tomando como referencia igualmente la superación del nivel de ruido permitido por las normas administrativas.

5. DAÑO

5.1.- ¿Qué daños son indemnizables?

Los daños que se producen por contaminación o inmisiones pueden ser de muy diversa índole, según del tipo de contaminación o inmisión que se trate, pudiendo producir daños materiales (como la pérdida del ganado o del cultivo, etc.), daños físicos (daños a la salud, lesiones del aparato auditivo, etc), así como psicológicos (ansiedad, insomnio, etc.)[9].

A la hora de reclamar por los daños producidos en el caso de inmisiones, ya tiene reconocido la jurisprudencia la existencia de estos de un modo flexible, sin necesidad de que se produzca un grave daño a la salud de las personas, especialmente cuando afectan al domicilio. Así, el TS en la Sentencia del TS núm. 589/2007 de 31 mayo (RJ 2007\3431), recogiendo lo dictado por la Sentencia del Tribunal Europeo de Derechos Humanos de 9 de diciembre de 1994 (núm. 1994/496 [TEDH 1994, 3] (Caso López Ostra), refiere que "*los atentados graves contra el medio ambiente pueden afectar al bienestar de una persona y privarla del disfrute de su domicilio de un modo que llegue a perjudicar su vida privada y familiar, sin necesidad de que también haya de poner en grave peligro la salud de la interesada*".

En estos casos, se procederá a indemnizar por daños morales a los sujetos afectados, sin perjuicio de que se pueda individualizar los casos según las circunstancias concretas, de modo

9 Respecto de los daños por ruidos, recoge ALONSO GARCÍA, MARÍA CONSUELO (2013): En la especie humana provoca daños tanto fisiológicos —en el aparato auditivo: enmascaramiento de sonidos, perturbación de la localización espacial, dolores, traumatismos auditivos, pérdidas auditivas, zumbidos, silbidos y mala recuperación, perturbación del equilibrio, vértigos y síncopes; y en otros órganos y funciones del cuerpo humano: sistema nervioso central, funciones respiratoria, cardíaca y circulatoria, las glándulas endocrinas..., produciendo fatiga, debilidad, dolores de cabeza, anemias, pérdida de apetito, modificación de los movimientos peristálticos del aparato digestivo o de la función renal y disminución de la agudeza visual— como psíquicos —producción de sentimientos como miedo, angustia, incomodidad, perturbaciones de la memoria, pérdidas de la concentración, insomnio, alteraciones en la atención y en el rendimiento del trabajo físico e intelectual.

que si se han producido otro tipo de lesiones o secuelas (estrés, depresión, insomnio, etc), puedan ser igualmente valoradas y objeto de indemnización (Magro Servet, Vicente, 2022).

5.2.- ¿Cómo se prueba el carácter dañino del ruido?

Desde el punto de vista del carácter dañino o perjudicial del ruido, que en principio puede ser más complejo de probar, ya ha sido reconocido por la jurisprudencia del TEDH, como recoge en la Sentencia del TEDH de 16 de enero de 2018 (TEDH 2018, 2), Cuenca Zarzoso c. España, en donde se declara que "*el daño por la contaminación acústica siempre se presume cuando el ruido excesivo existe*", argumento que recoge en el ámbito penal la Sentencia de la AP de Madrid núm. 338/2022 de 17 junio (JUR 2022\294551). En dicha sentencia se argumenta la existencia de un ruido gravemente perjudicial para la salud, al comprobarse "*la exposición prolongada a un alto nivel de ruido en periodo nocturno, propio para el descanso humano, que en el presente caso se extendió durante algo más de seis meses, que los propios agentes que reiteradamente acudieron a los domicilios de varios vecinos y estos mismos lo describieron como un infierno, insoportable, y que lo tuvieron que sufrir en la intimidad de sus viviendas*". Y destaca la STS 327/2007 de 27 de abril (RJ 2007, 4724), según la cual "*es sabido y por lo tanto público y notorio que una larga exposición a ruidos perturbadores del sueño entraña un riesgo de grave perjuicio para la salud de las personas, concluyendo incluso que actualmente los conocimientos científicos han adquirido un nivel de divulgación tal en esta materia que es innecesario hacer aquí una reseña prolija de los mismos*".

Igualmente es reconocido por la Sentencia del TEDH de 9 noviembre 2010. (JUR 2010\367178) (Caso Dees contra Hungría). A este respecto, el TEDH observa que, basándose en el dictamen pericial de la Universidad Técnica de Budapest, los órganos jurisdiccionales nacionales concluyeron que las vibraciones o el ruido provocados por el tráfico no eran lo suficientemente importantes como para causar daños en la vivienda de la demandante, pero que el ruido superaba el nivel reglamentario. Frente a ello, considera el Tribunal que ya tiene declarado que una presión acústica significativamente superior a los niveles reglamentarios, a la que no se responda con medidas estatales adecuadas, puede constituir una violación del artículo 8 del Convenio, concluyendo en ese caso que el Estado demandado ha incumplido su obligación positiva de garantizar el derecho del demandante al respeto de su domicilio y de su vida privada.

Igualmente, la Sentencia de la AP de Córdoba núm. 1121/2022 de 20 diciembre (JUR 2023\86986) considera aplicable en estos casos la doctrina "*ex re ipsa*" (habla la cosa misma), entendiendo que tan pronto como se supera el límite de ruido tolerable según la normativa sobre esta materia, se entiende que aquel deviene intolerable, y con ello producido el daño moral en cuanto que el afectado ve atacado su derecho a la intimidad personal y familiar en el disfrute de la vivienda donde desarrolla su vida.

De modo similar, en la Sentencia del TEDH de 1 julio 2008 (JUR 2008\200335) (Caso Borysiewicz contra Polonia), se argumenta que no se desprende de los autos que la salud del demandante peligrase. No obstante, se considera que, en base a las declaraciones del demandante y a la documentación del expediente, sufrió, a lo largo de trece años, de día y de noche, las actividades de la comisaría de policía y el deficiente mantenimiento sanitario de sus instalaciones. Así, el Tribunal considera que las molestias, resultado de la instalación de la comisaría de policía en el edificio residencial, cuya ilegalidad fue admitida por el departamento de policía local, y que continuó a lo largo de varios años, tuvo un efecto compuesto y duradero en la vida privada del demandante y en el disfrute de su hogar.

En el mismo sentido la Sentencia del JCA nº4 de Valencia, núm. 6/2021 de 13 enero (RJCA 2021\1), en donde estima que no resulta necesaria la aportación de informes médicos que demuestren padecimientos de los demandantes, ya que estos no alegaban daños a la salud, sino que tales ruidos vulneraban su derecho fundamental a la intimidad.

Aunque no todo daño tiene fácil encaje en estos supuestos si no se prueban suficientemente. Así, en la Sentencia de la AP de Alicante núm. 23/2003 de 9 enero (JUR 2003\112135), donde se reclamaba por los ruidos que se producían en el domicilio por una actividad hotelera, se pretendía solicitar como indemnización los perjuicios asociados al bajo rendimiento del trabajo asociados a la pérdida de descanso por dichos ruidos. Sin embargo, el Tribunal no estima dicha pretensión, al no probarse debidamente dicha relación causal entre los perjuicios sufridos y las inmisiones, no habiéndose aportado ni el contrato de trabajo con los criterios afectos a retribución, ni nóminas, ni clarificación alguna adicional a las variaciones de ingresos, pudiendo hacerlo, máxime en su condición de "asalariado" del taxi, y disponiendo de la facilidad probatoria de tales extremos. No obstante, sí que considera procedente la indemnización por daño moral por la perturbación intolerable de la tranquilidad en su domicilio prolongada durante años, afectando a su calidad de vida.

5.3.- ¿Cómo se cuantifican los daños?

A la hora de cuantificar los daños, suelen darse problemas en materia probatoria en concretar la indemnización procedente, especialmente en los daños morales, que por su propia naturaleza no son cuantificables. En estos casos ya depende de la discrecionalidad del juez y del caso concreto[10]. Se pueden

---

10 Como recoge la Sentencia del TS de 18 octubre 2000 (RJ 2000\9079): "Esta Sala tiene reiteradamente declarado en sentencias, entre otras, de 20 de julio de 1996 , 26 de abril 1997 *y* 5 de junio de 1997 *y* 20 de

observar algunos ejemplos de cómo se han determinado y de la cantidad otorgada en alguno de estos supuestos:

-Sentencia de la AP de Córdoba núm. 1121/2022 de 20 diciembre (JUR 2023\86986): En el caso de los daños producidos por los ladridos de los perros, se cuantificó el daño acudiendo al importe de la renta de una vivienda similar por el tiempo que han durado esas inmisiones y que cifra en 350 euros mensuales hasta la interposición de la demanda, en total 16.450 euros. Considera razonable dicho cálculo el Tribunal, sin que concurra enriquecimiento injusto, teniendo en cuenta la intensidad y que se prolongó durante 5 años, pretendiéndose en este caso compensar el daño sufrido.

- Sentencia del TSJ Andalucía núm. 2507/2014 de 15 diciembre (JUR 2015\74375): Esta, en el orden contencioso administrativo, frente a los daños producidos por la inacción de la Administración por los ruidos de un club de pádel, toma igualmente como criterio indemnizatorio el precio de mercado de alquiler que tuviere la vivienda del recurrente, si bien a

---

enero de 1998 *que el resarcimiento del daño moral, por su carácter afectivo y de "pretium doloris" carece de parámetros o módulos objetivos, lo que conduce a valorarlo en una cifra razonable, que siempre tendrá un cierto componente subjetivo". A la hora de efectuar la valoración, la Jurisprudencia (* STS 20 de octubre de 1987 *;* 15 de abril de 1988 , 5 de abril 1989 y 1 de diciembre de 1989 *) ha optado por efectuar una valoración global que, a tenor de la* STS 3 de enero de 1990 , *derive de una "apreciación racional aunque no matemática" pues, como refiere la* Sentencia del mismo Alto Tribunal de 27 de noviembre de 1993 *, se "carece de parámetros o módulos objetivos", debiendo ponderarse todas las circunstancias concurrentes en el caso, incluyendo en ocasiones en dicha suma total el conjunto de perjuicios de toda índole causados, aun reconociendo, como hace la* sentencia 23 de febrero de 1988 , *"las dificultades que comporta la conversión de circunstancias complejas y subjetivas" en una suma dinerada. La* STS de fecha 19 de julio de 1997 *, habla de la existencia de un innegable "componente subjetivo en la determinación de los daños morales ".*

iniciarse desde la fecha de la última actuación de la Administración, momento a partir del cual se le imputa la inacción.

-Sentencia AP Cádiz núm. 150/2013 de 4 junio (JUR 2013\296440), sobre los ruidos que provocaba una pista deportiva multiusos. Se pide 14.000€ de indemnización. Se tiene en cuenta por el Tribunal la preexistencia de la pista de tenis. No se entiende justificado el nexo causal del síndrome depresivo que dice padecer por los ruidos, y que, de existir, la incidencia ha sido mínima. Y esto es así, argumenta, teniendo en cuenta el historial médico del demandante, donde muchas de sus dolencias no tienen que ver con los ruidos, deduciendo que su padecimiento depresivo se debe casi únicamente a su estado de salud física deficiente. Estima finalmente una cantidad de 4.000 euros.

- Sentencia del TEDH de 16 enero 2018 (TEDH 2018\2) (Caso Cuenca Zarzoso contra España). Se pide por el afectado 4.321,76 euros (EUR) en concepto de perjuicio económico, incluyendo: 3,042.12€ por la instalación en su domicilio de ventanas de doble cristal; 1,075.81€ por la instalación en su domicilio de aire acondicionado para de esta manera poder dormir por la noche sin pasar demasiado calor y evitar abrir las ventanas; 98.93€ en concepto de tasa de licencia de construcción por los mencionados trabajos; 104.90€ en concepto de impuestos sobre edificios y trabajos de instalaciones y construcción;

Solicitando asimismo 3.005,05 EUR en concepto de daño moral, por el insomnio y angustia causados por la situación y el impacto en la salud del demandante, certificado a través de los informes médicos presentados.

El TEDH, reconociendo la existencia de perjuicios económicos y daño moral, concede resolviendo en equidad 7.000 EUR en concepto de perjuicio material y daño moral, que viene a coincidir en gran medida con lo solicitado.

- Sentencia del Tribunal Europeo de Derechos Humanos de 16 de noviembre de 2004 (TEDH 2004, 68): La demandante solicitaba una cantidad en concepto de perjuicio material, por el sistema de doble ventana instalado en su habitación por un importe de 879 euros, además de 3.005 EUR en concepto de daño moral. El TJUE, reconociendo acreditada la violación (contaminación acústica de discoteca durante varios años), concede la cantidad pedida, 3.884 EUR en concepto de daño moral y perjuicio material.

- Sentencia del TEDH de 1 diciembre 2020 (TEDH 2020\184) (Caso Yevgeniy Dmitriyev contra Rusia). En este caso de los ruidos de la comisaría de policía durante 13 años, el demandante reclamaba 146.590,90 euros en concepto de daño moral. No obstante, considera el Tribunal que los efectos que las molestias tuvieron en el derecho del demandante al respeto de su vida privada y de su hogar no pueden ser compensados por la mera constatación de la violación. Considera excesiva dicha cantidad, otorgando finalmente 5.000 euros en concepto de daños morales.

- Sentencia del TSJ de Madrid núm. 704/2018 de 22 noviembre (JUR 2019\14261). Se reclamaba por los ruidos generados por las festividades que organizaba el Ayuntamiento. Debido a la alta intensidad de los ruidos, incluso en horarios más allá de los previstos, así como la reiteración de la Administración (la cual fue condenada en otras sentencias por fiestas patronales de otros años) concede 500€ por día a los afectados por el tiempo en que transcurrieron dichas festividades. No estima sin embargo elevar la indemnización frente a un vecino con epilepsia, al considerar que con el mero hecho de constatar la dolencia no permite afirmar que el nivel de ruido soportado ha conllevado un mayor riesgo de sufrir una crisis o ha agravado sus padecimientos, para lo que se requería un informe pericial médico.

- Sentencia del TS núm. 80/2012 de 5 marzo (RJ 2012\2974), sobre los ruidos causados por el uso de un piano, consideró acreditada la intromisión durante largo tiempo, perturbando la intimidad del hogar, si bien no se probó suficientemente el daño a la salud alegado en la demanda al no someter a contradicción los documentos médicos con los que se acompañaba la demanda. Elevó la indemnización de 1.000€ por persona afectada, a 2.000€ para cada persona.

- Sentencia de la Sala de lo Contencioso-administrativo del Tribunal Superior de Justicia de la Comunidad Valenciana de 11 de septiembre de 2020 (JUR 2020, 310663): En un supuesto en donde se pretendía la tutela de tutela de los derechos fundamentales de vida, integridad física, intimidad e inviolabilidad del domicilio, en relación con las actividades que el ayuntamiento organiza y autoriza, provocando contaminación acústica. Concede una indemnización de 3000€ a cada afectado. Señala además que lo concedido está dentro de la horquilla que se suele establecer en los supuestos de indemnización por violación del derecho fundamental a la salud, por la inmisión de ruidos, y ante la inactividad de la administración: Valencia, S. 2/10/2006, 2.000 €; Murcia, S. 24/03/2007, 3.980; Andalucía (Sevilla), S. 14/10/2007, 3.000 €; Valencia, S. 10/03/2008, 5.000 €; Andalucía (Sevilla), S. 09/02/2009, 4.000 €; Valencia , S. 04/05/2009, 3.000 €; Andalucía (Granada), S. 29/06/2009, 3.000 €; Canarias, S. 28/07/2009, 3.000 €; Valencia S 11/12/2009, 2.000 €; Valencia 24/04/10, 2.000 €.

BIBLIOGRAFÍA

Alonso García, María Consuelo (2013) "La contaminación acústica". En De Vicente Martínez, Rosario (Coord.) *Tratado de derecho ambiental.* Tirant.

Arana García, Estanislao (2015). "La flexible valoración de la prueba por el Tribunal Europeo de Derechos Humanos en procesos sobre el ruido: el asunto Moreno Gómez de 16 de noviembre de 2004 (TEDH 2004,68)". *Revista española de derecho europeo,* 14/2005

AVIÑÓ BELENGUER, DAVID (2015). "La relación causal en los daños civiles por contaminación industrial". *Revista Aranzadi Doctrinal* num.11/2015

AVIÑÓ BELENGUER, DAVID (2021). "Responsabilidad civil por daños al medio ambiente" En CLEMENTE MEORO, MARIO E., COBAS COBIELLA, MARÍA ELENA (Dirs.) *Derecho de daños.* Tirant.

BELTRÁN CASTELLANOS, JOSÉ MIGUEL (2018) "El régimen tradicional de la responsabilidad por daños ambientales en España". *Revista Aranzadi de Derecho Ambiental* num.39/2018. Nota 71.

CORDERO LOBATO, ENCARNA (2013). "Daños a particulares y medio ambiente" En DE VICENTE MARTÍNEZ, ROSARIO (Coord.) *Tratado de derecho ambiental.* Tirant.

MARTÍNEZ GALLEGO, EVA MARÍA (2009). "Del daño ecológico a la defensa del medio ambiente". *Práctica de Derecho de Daños,* Nº 76, Sección Estudios, Laley, Noviembre

PALAZÓN GARRIDO, MARÍA LUISA (2021). "Daños causados por el ruido, responsabilidad civil y derechos fundamentales" En ATAZ LÓPEZ, JOAQUÍN Y COBACHO GÓMEZ, JOSÉ ANTONIO (coord.) *Cuestiones clásicas y actuales del Derecho de daños.* Thomson Reuters Aranzadi.

PEÑA LÓPEZ, FERNANDO (2021) "La imputación objetiva como instrumento fundamental para la delimitación del ámbito de lo resarcible por parte de la jurisprudencia" En ATAZ LÓPEZ, JOAQUÍN Y COBACHO GÓMEZ, JOSÉ ANTONIO (coord.) *Cuestiones clásicas y actuales del Derecho de daños.* Thomson Reuters Aranzadi.

RIBERA BLANES, BEGOÑA (2023). "Relaciones de vecindad e inmisiones". En DE VERDA Y BEAMONTE, JOSÉ RAMÓN (Dir.) *Derechos Reales (Tratado práctico interdisciplinar).* Tirant.

MAGRO SERVET, VICENTE (2022). "El ruido de locales de negocio afectante a los ciudadanos como actividad molesta del art.7.2 LPH y como delito del art.325 CP" *Elderecho.com.* EDC 2022/536354. Tribuna.

Capítulo 12.

Litigios medioambientales complejos: situación sinóptica de Chile.

PATRICIO CURY PASTENE

1. INTRODUCCIÓN

1.1.- El problema medioambiental y su litigación en Chile.

La problemática medioambiental en Latinoamérica es una materia de creciente interés y reincidencia en el devenir no solo político y social, sino que también se aplica en el ámbito jurídico. La explicación acerca del auge de esta problemática es atribuible la implementación de un modelo económico en el cual se alinean, la privatización, el extractivismo, la mercantilización de la naturaleza, en su vertiente más negativa y dañosa (Berger, 2012). Este diagnóstico es compartido por Rodríguez, Inturias, Frank, Sarti & Bore (2019), quienes apuntan además al proceso de desarrollo de grandes proyectos de infraestructura en Latinoamérica, como una causa de este incremento en la conflictividad.

El presente texto discutirá acerca de las trayectorias asociadas al desarrollo de ciertos casos emblemáticos, en materia medioambiental.

Entrando en el tema, debemos recordar que los litigios medioambientales constituyen una forma específica de litigio complejo. Urzúa (2018), sobre este punto indica que la complejidad de un litigio está dada por problemas de Jurisdicción, por la multiplicidad de partes, la legitimación activa o pasiva, las materias asociadas al asunto y que la materia se determine probatoria mente por medio de una prueba indirecta, esencialmente inferencial.

Es importante destacar que este texto tiene una finalidad clara, cual es, a saber, el establecer indicios precisos a través de los cuales sea posible enfrentar de manera, eficiente, eficaz, y sobre todo constructivamente, los crecientes conflictos socio ambientales que se suscitan, tanto a nivel iberoamericano como mundial, que también se suscitan en Chile. Ello, porque, el marco teórico tradicional de la conflictologia, como del derecho procesal, o la teoría política, por sí mismos, pueden considerarse insuficientes para dar una solución que no sea interdisciplinaria y que no considere los factores antropológicos y territoriales.

En base a lo ya señalado, es posible vincular el concepto del territorio y del espacio físico, con el espacio cultural y antropológico, así como con el concepto de propiedad y la manera en que los diversos actores involucrados en el conflicto entienden la apropiabilidad, la explotación y el destino o finalidad que se asigna a determinados espacios. Teniendo claro este polinomio (espacio – propiedad – cultura), es posible construir las bases de un entendimiento del conflicto, por lo menos en lo que correspondería a su esencia, cuando estamos frente a un daño medioambiental.

Sin embargo, una segunda mirada sobre este tema dice relación con la compresión de la dinámica conflictual asociada a las contiendas socioambientales. En este punto, puede considerarse relevante el hecho que este texto toma los factores territoriales – antropológicos y los asocia esta vez, con factores de tipo político, usando esta palabra, en su acepción vinculada a la lucha, obtención permanencia y gestión del poder.

Justamente, este factor político, suele soslayarse o a lo menos, considerarse poco, de manera expresa, a propósito de los conflictos socioambientales. Ello, porque justamente, la dimensión política, es decir, del poder, nos lleva indefectiblemente a que el mismo se deba ejercer sobre grupo humano situado en un determinado lugar. Esto, que forma parte de los fundamentos de a teoría política y de la teoría del Estado.

Lo anterior, nos conduce a una derivada adicional, cual es la dinámica de los conflictos socio ambientales, desde una perspectiva política, en la cual frente al estado se posicionan, por unas partes el gran capital (nacional e internacional) y la sociedad civil, particularmente las comunidades locales, sean o indígenas, las cuales lucharán e interactuarán entre sí, a fin de poder imponer su propia agenda, la cual deberá ser acogida en mayor o menor grado por parte del estado.

Así, las variables antes señaladas, nos llevan finalmente a considerar el rol de la judicialización, como un mecanismo que suple – o soluciona – las insuficiencias de las dimensiones, políticas, antropológicas, socioambientales, a propósito de los daños medioambientales.

1.2.- El daño medioambiental y su litigación en Chile.

Uno de los puntos centrales por los cuales se suscitan los litigios medioambientales, acontecen a propósito del daño ambiental, que en Chile ha ido conformando – en paralelo a las acciones constitucionales de ejercicio a gozar de un medio ambiente sano – un cuerpo de prácticas de litigación y resolución de situaciones constitutiva de daño ambiental

Como fundamentación, podemos mencionar, por una parte, el principio de indemnidad del medio ambiente, es decir, que, por el hecho de haber cometido un daño ambiental, incluso en el evento de pago o de compensación por el daño infringido. La propia ley 20.600, en Chile contempla y establece los requisitos para proceder a una conciliación o acuerdo entre las partes involucradas en un caso por daño ambiental.

2. ANÁLISIS DE LOS CASOS CHILENOS MÁS RELEVANTES EN MATERIA DE LITIGACIÓN AMBIENTAL COMPLEJA EN CHILE

2.1.- Los casos del Complejo Industrial Quintero–Puchuncavi

En el caso Chileno,–como en resto del mundo–también han existido causas de litigio medioambiental complejas, en las cuales existe un alto número de partes involucradas y además las dificultades técnicas del conflicto sometido a conocimiento de los tribunales. Uno de los casos paradigmáticos es el del complejo industrial Quintero – Puchuncaví. Así, estudiaremos la situación ocurrida en la llamada Zona de sacrificio de Quintero – Puchuncaví, zona expuesta a una serie de eventos de contaminación por un daño ambiental por saturación de empresas contaminantes.

2.1.1.- La primera causa judicial del complejo industrial Quintero – Puchuncaví: El caso La Greda

La presente causa se inició por un evento de contaminación masiva que afectó a la Escuela La Greda, en la zona de Quintero Puchuncavi, el que afectó a un grupo de alumnos de la Zona. Este es un evento que sucedió el 23 de Marzo del año 2011, consistente en una masiva y simultánea de una treintena de niños. Los síntomas correspondieron a náuseas, vómitos y malestar sufrido por los niños de esta escuela primaria, ubicada en una zona cercana al cordón industrial de Quintero Puchuncaví.

Ante esta situación es que los padres proceden a presentar un recurso de protección ante la corte de Apelaciones de Valparaíso, con el rol 179-2011, el cual, a su vez se acumuló con el recurso 220-2011, ante la misma corte, solicitando una orden de no innovar[1] (*Azocar Guzmán Víctor Manuel y otros contra CODELCO Chile–división Ventanas*, 2011)

2.1.2.- La segunda Causa judicial del complejo industrial Quintero – Puchuncaví: El caso ENAP[2]

Esta causa se vincula con la primera, pero es distinta de la primera. Lo anterior, si bien ambas refieren a eventos ocurridos en la zona de sacrificio de Quintero Puchuncavi. Sin embargo, en esta demanda se va más allá de las situaciones episódicas descritas y acotadas a un grupo específico de personas, como en el caso de la escuela La greda. En este caso, lo que se va a tratar de una serie de eventos similares a los de la escuela La Greda[3], acontecidos en un lapso de días en los meses de Agosto y Septiembre de 2018. Los síntomas son similares a los experimentados en los eventos del año 2011, pero la distribución geográfica y los causantes son distintos, ya que no se le van a atribuir únicamente a una fuente emisora.

---

1 La orden de no innovar es una es una institución propia del derecho procesal en Chile, por la cual una corte de Apelaciones conociendo de un recurso interpuesto ante ella, puede ordenar la suspensión de una situación de vulneración de derechos, a la que se le debe poner término de inmediato, evitando las consecuencias nocivas derivadas o asociadas a esta situación jurídica.

2 ENAP, corresponde a la Empresa (estatal) Nacional de Petróleo, monopolio de la refinación de crudo en Chile.

3 La escuela se ubica en la Zona de "La Greda" en la zona de Quintero Puchuncaví.

2.2.- Otros casos de litigación compleja medioambiental

2.2.1.- "Martínez González, Cristina y otros con Sociedad Procesadora de Metales Promel Ltda. y otros"

El presente fallo se considera importante para la ponencia, ya que refiere al conocido caso de "Cerro el Chuño", en la ciudad de Arica. Como se sabe, este caso refiere a una demanda incoada por pobladores de la zona del Chuño[4], en contra del Servicio de salud de Arica, alegando responsabilidad de parte del ente estatal, por no haber tomado los resguardos, para asegurar la salud e integridad de los pobladores, dada la disposición de residuos tóxicos importados en la década de 1980 (más precisamente entre los años 1983 -1984, aproximadamente), por la compañía Chilena "Promel Limitada", desde Suecia, Bolivia y España, siendo el proveedor de los residuos, la compañía Suecia Boliden.

El fallo considera la situación por la cual ocurre un daño evidente, a partir del año 1997, fecha en que la autoridad sanitaria tomó recién las medidas referidas al acopio, ordenando el traslado de los residuos tóxicos al sitio definitivo. Con todo no se logró la condena de la demandada, pero si se acreditaron los hechos alegados por la demandante.

2.2.2.- "Fernández Farfán Claudio y otros con Servicio de Salud de Arica"

Este fallo se ha seleccionado, porque refiere, en primer lugar, a un conflicto de larga data entre una comunidad local y el ente encargado de fiscalizar el cumplimiento de las normas

---

4 El chuño es un sector de la Ciudad de Arica, en la cual a fines de los ochentas, se construyó una complejo de viviendas sociales.

sobre salud pública – y en cierta forma con el medio ambiente – del lugar en que se emplaza la comunidad.

El fallo de la Corte Suprema, es relevante, porque se enfoca en establecer la responsabilidad del Estado, en relación, por una parte a los ciudadanos directamente afectados por parte de una falta de servicio – consistente en permitir el acopio de desechos tóxicos en una zona habitable – y por otro lado, se fija claramente como un hecho cierto que el antecedente de la falta de servicio del estado Chileno, se debe a la actuación iniciada y promovida por una empresa, en este caso Promel Limitada.

Aquí, queda demostrado, que el territorio y su utilización, vinculado con la política que el gobierno o la administración tiene, tanto en relación del uso y planificación del territorio, como le política y recepción que se muestra respecto de la ciudadanía y sus reclamos, por situaciones de tipo ambiental o de planificación territorial o urbana que les afecta.

Sin embargo, lo que hace especialmente relevante este caso para ser analizado, dice relación con las consecuencias que se van a derivar a partir de este fallo y del proceso que le antecede. Adicionalmente hay que mencionar, como un antecedente necesario sobre esta sentencia, el fallo del caso "Martínez González, Cristina y otros con Sociedad Procesadora de Metales Promel Ltda. y otros". Este caso se vincula con que se dirige no en contra del Estado, sino que directamente en contra de la compañía "Promel". Este fallo es ilustrativo porque refiere al daño ambiental causado por Promel, pero su valor estará dado por el hecho que apunta hacia el actuar de la compañía, y cómo ella se relaciona con una empresa transnacional, que se vale de una empresa local para efectuar una maniobra si bien ,lícita, consistente en la exportación de desechos tóxicos, pero en la cual hay un ánimo de parte de la compañía proveedora de los residuos, a saber Boliden, de eximirse de la próxima aplicación de normativa internacional, correspondiente a la Convención de Basilea, referida al Control de movimientos transfronterizos de Residuos peligrosos y a su disposición, la cual había sido ratificada por la Legislación Sueca.

Así, si bien es "Promel Limitada" la empresa que en su origen genera la conducta que va a terminar en la falta de servicio por parte del Estado de Chile, es la falta de servicio que se determina en este fallo, y que se trasuntará en última instancia en el daño sufrido en la salud de las víctimas de la población cerro el Chuño, la cual permitirá la fijación de los sujetos activos que posteriormente reclamarán en contra de Boliden, en Suecia[5].

2.2.3.- Comunidad Huascoaltina V. Empresa minera Cerro Nevado (Barrick Chile)

Este es uno de los fallos paradigmáticos en Chile acerca de las comunidades, en contra de compañías mineras. En este caso, quienes interponen la demanda son un grupo de habitantes de la zona de alto Huasco, presentarán un recurso de protección, en contra de la compañía "Minera Cerro nevado. SpA"[6], por la afectación que las labores de la faena minera generarán en su forma de vida. Particularmente pone el énfasis en la afectación en el acceso al agua que este proyecto les generará. Adicionalmente, y sin perjuicio del problema del acceso al agua, y la contaminación de la misma, los demandantes, alegan que este proyecto incumple la obligación de efectuar la consulta previa a las comunidades indígenas.

---

5 Posteriormente en base a los fallos de la Corte Suprema Chilena, se inicia el Suecia el Caso "Arica Victims KB Vs Boliden AB" en la corte de Skellefteå, la cual se falló en contra de las victimas Chilenas.

6 Este caso se conoció como "Pascua–Lama", el cual tiene una derivada posterior que se verá más adelante en este mismo texto

Interpuesta la acción constitucional de protección en contra de la compañía, se emitió informe por la misma. Posteriormente, incluso, se comisionó a uno de los ministros de la Corte de Apelaciones de Copiapó, para que se apersonara al lugar de la faena, lo cual hizo por medio de helicóptero.

Tras recibir alegatos orales de las partes, finalmente la corte falló a favor de la comunidad de Huasco Alto, basándose, más que en la falta de consulta previa – la cual por un tecnicismo de tipo temporal, no se consideró, atendida la imposibilidad de aplicar las disposiciones del convenio 169 de la OIT de manera retroactiva – se basó en los procesos de contaminación de las aguas y muy especialmente en la destrucción de Glaciares y glaciaretes, que finalmente, afectan la posibilidad de almacenaje y abastecimiento futuro de agua.

La corte suprema de justicia de Chile confirmó la sentencia de la corte de apelaciones de Copiapó, con lo cual la faena se ve paralizada, situación que se ha verificado hasta la fecha actual. La empresa, sin perjuicio de este fallo, constituyó una instancia de mediación y/o negociación con las comunidades involucradas, a fin de llegar a un acuerdo que hiciere viable la operación de la mina, cumpliendo lo dispuesto por la corte y además, con los requerimientos de los pobladores vecinos o eventualmente afectados por la faena minera.

2.2.4.- Comunidad de Caimanes V. Minera Los pelambres / Antofagasta Minerals (Chile).

"Comunidad Caimanes C. Minera Los Pelambres S.A", corresponde al último litigio de una sucesión de diversos juicios, entablados por grupos de vecinos del pueblo de Caimanes contra la empresa Minera Filial del Grupo Antofagasta Minerals PLC. Estas acciones, fueron, por una parte, aquellas tendientes a lograr el escurrimiento de aguas hacia el pueblo de caimanes desde el estero "El pupío". Esta, no fue la única acción entablada en contra de la compañía ya que hubo otras, consistentes en demandas tendientes a lograr la demolición de un tranque de relave de la empresa.

Entre las argumentaciones dadas por los demandantes se aludió al riesgo de derrumbe del muro del tranque de relave, agregándose, por otro lado, la afectación de la comunidad local por la acción de la empresa, a propósito del proceso de disposición de residuos tóxicos, dañinos para la salud de las personas y el medio ambiente.

3. ANÁLISIS DE LOS CASOS DE LITIGACIÓN AMBIENTAL COMPLEJA RESUELTOS POR MEDIO DE ACUERDOS ENTRE LAS PARTES.

3.1.- Análisis general de las conciliaciones en materia de daño ambiental

La litigiosidad en materia medioambiental ha ido creciendo exponencialmente en Chile desde la década de los años noventa en adelante. Ciertamente, el principal mecanismo por el cual se ha intentado solucionar o remediar potenciales daños medioambientales, siendo una herramienta relevante de la interposición de recursos de protección referidos a la vulneración del derecho a vivir en un medio ambiente libre de contaminación.

Con el surgimiento de los tribunales medioambientales, se amplía la posibilidad de que se pueda conocer por un tribunal especializado, casos referidos a un daño medioambiental, el cual afecta usualmente a comunidades, como consecuencia de diversos proyectos de gran envergadura.

Desde un punto de vista procedimental, el diseño normativo, por lo menos en el caso del recurso de protección, no permite – en principio – la conciliación, dado que se trata de un procedimiento cautelar, breve y sumario que busca restablecer el imperio del derecho.

Sin embargo, en el caso del recurso de protección interpuesto por afectación del medio ambiente, es en el caso "Castilla", el que marca un hito, dado que la Excelentísima Corte Suprema, al promover una conciliación entre las partes litigantes antes de resolver el fondo del recurso deducido. Esta citación para conciliar en esta clase de procedimientos de acciones constitucionales cautelares ha abierto un espacio para que respecto de bienes jurídicos de comunes–como el medio ambiente – de negociación a fin de tratar de lograr una solución que sea mucho más satisfactorias para todas las partes involucradas.

Así, lo que se analizará, es cómo la dinámica de negociación entre demandante y demandado en causas por daño ambiental, en procesos llevados ante tribunales medioambientales, han promovido acuerdos orientados más allá de la mera persecución pecuniaria, que en esencia sería insuficiente para restablecer o resarcir a las comunidades por la afectación del medio ambiente en el cual se ubican. En general, la mayoría de las conciliaciones se han dado en los tribunales ambientales en Chile. Podemos, distinguir casos en los cuales terceros que intervienen en el ejercicio de acciones por daño ambiental en las cuales se llega a arreglos, cuales serían, los pasamos a estudiar a continuación.

3.2.- Análisis casuístico de conciliaciones en materia de daño ambiental

3.2.1.- Municipalidad de Panguipulli y la Empresa de Servicios Sanitarios de Los Lagos S.A. (ESSAL)

Se trata del expediente D-32-2017, del tercer tribunal ambiental De Chile. El caso refiere a un daño causado a un humedal, de la actividad de prestación de servicios empresa sanitaria en la zona de Panguipulli. El acuerdo alcanzado entre la Municipalidad de Panguipulli y la Empresa de Servicios Sanitarios de Los Lagos S.A. (ESSAL) se refiere a la compensación que la empresa debe realizar debido a los daños causados por un derrame de aguas servidas en el Lago Panguipulli en Julio de 2019. En el acuerdo, la empresa ESSAL se compromete a pagar una compensación de 4.500 millones de pesos chilenos a la Municipalidad de Panguipulli, que se destinará a la realización de proyectos en beneficio de la comunidad. Además, la empresa se compromete a ejecutar un plan de reparación y recuperación ambiental del Lago Panguipulli y sus alrededores. Este acuerdo se logró luego de un proceso de negociación entre ambas partes, en el que se contó con la participación de la Superintendencia de Servicios Sanitarios y la Subsecretaría del Medio Ambiente. Con este acuerdo, se espera que se repare el daño causado al medio ambiente y se compensen los impactos sufridos por la comunidad de Panguipulli.

3.2.2.- Municipalidad de Primavera con YPF Chile

Esta causa corresponde al expediente D-39-2018 del tercer tribunal ambiental. El caso también refiere también a un humedal, cual es dañado, con ocasión de la actividad de la Filial Chilena de YPF. La conciliación contempla la implementación de un proceso de monitoreo por los daños infringidos. Adicionalmente YPF debe implementar las medidas para la recuperación de la capa biótica.

3.2.3.- CDE Vs Codelco–Salar pedernales

Se trata de la causa identificada con el Rol D–07 – 2020, sobre Transacción y avenimiento en una causa por daño ambiental. La materia refiere al daño causado por Codelco al Salar de Pedernales.

La causa judicial "CDE vs Codelco–Salar Pedernales" refiere a una demanda presentada por la Corporación de Defensa de la Cuenca del Río Huasco (CDE) en contra de la Compañía Nacional del Cobre de Chile (Codelco) por la extracción de salmuera en el Salar de Pedernales, ubicado en la región de Atacama, Chile.

La CDE argumentó que la extracción de salmuera en el salar estaba generando daños irreparables en el ecosistema local, en particular en las lagunas de la zona, que son importantes para la fauna y flora de la región. También alegó que la extracción de salmuera estaba violando las leyes ambientales chilenas.

En 2020, la Corte Suprema de Chile falló a favor de la CDE, reconociendo que la extracción de salmuera por parte de Codelco había causado daños ambientales y violado las leyes ambientales chilenas. Como resultado, se ordenó a Codelco detener la extracción de salmuera en el Salar de Pedernales y llevar a cabo medidas de reparación y mitigación de los daños ambientales causados.

Este caso es un ejemplo de cómo las organizaciones de la sociedad civil pueden utilizar el sistema judicial para proteger el medio ambiente y los derechos de las comunidades locales. También destaca la importancia de cumplir con las leyes am bientales y de respetar los ecosistemas frágiles como los salares en la industria minera y en cualquier actividad económica que pueda tener impactos ambientales y sociales significativos.

En esta conciliación se aprecia una mezcla de obligaciones en el cumplimiento, ya que, por una parte, establece obligaciones financieras de garantía de reparación por parte de CODELCO, y por otra parte le impone a la compañía el deber de efectuar investigación, por una parte, en lo referido en los estudios sobre Bioecología de la zona afectada y además efectuar investigaciones

3.2.4.- CDE Vs Compañía Minera Nevada SpA

Esta causa corresponde D -03 -2019, resuelta por avenimiento. El caso CDE vs Compañía Minera Nevada SpA es un caso que se llevó ante la Corte Suprema de Chile en el año 2014. En el caso, la Corporación de Defensa de la Cuenca del Río Huasco (CDE) presentó una demanda contra la Compañía Minera Nevada SpA por presuntos daños ambientales causados por la construcción de un proyecto minero llamado Pascua-Lama. La CDE argumentó que la construcción del proyecto minero había causado daños a la calidad del agua y la biodiversidad en la zona, lo que afectó a las comunidades locales. La demanda también alegó que la compañía minera había violado las leyes ambientales chilenas y los estándares internacionales de derechos humanos.

La Corte Suprema de Chile finalmente falló a favor de la CDE, reconociendo que la compañía minera había causado daños ambientales y que había violado las leyes ambientales chilenas. La sentencia incluyó la orden de suspender las obras del proyecto Pascua-Lama y de implementar medidas para remediar los daños ambientales causados.

Este caso es un ejemplo de cómo las organizaciones y comunidades pueden utilizar el sistema judicial para proteger el medio ambiente y los derechos humanos. También destaca la importancia de cumplir con las leyes ambientales y los estándares internacionales de derechos humanos en la industria minera y en cualquier actividad económica que pueda tener impactos ambientales y sociales significativos.

Esta es una causa derivada del proyecto Pascua Lama. Establece un "Plan de Restauración y Puesta en Valor del Ecosistema Altoandino" La propuesta se encuentra dividida en dos planes relativos a la flora del lugar: Plan de Restauración de Vegas Altoandinas y Plan de Puesta en Valor de Azorella Madrepórica. Somete el proyecto a este plan de cumplimiento en, lo referido a la forma en la cual se establece un mecanismo técnico de recuperación ecológica, que pretende retrotraer – en cuanto fuere posible – el sitio afectado, por la acción de la empresa propietaria del proyecto Pascua Lama.

3.2.5.- CDE Vs Minera escondida

El rol de esta causa es el D-6-2020 correspondiente al Primer Tribunal Ambiental de Chile. Corresponde a una demanda incoada por parte del consejo de defensa del Estado, en contra de Minera Escondida por daño ambiental.

El caso CDE vs Minera Escondida se refiere a una demanda presentada por la Corporación de Defensa de la Cuenca del Río Huasco (CDE) en contra de Minera Escondida, la compañía minera más grande de Chile y una de las más grandes del mundo, por presuntos daños ambientales causados por la construcción de un proyecto minero llamado Escondida Norte.

La CDE argumentó que la construcción del proyecto minero había causado daños a la calidad del agua y la biodiversidad en la zona, afectando a las comunidades locales que dependen del río Huasco para sus actividades agrícolas y pecuarias. La demanda también alegó que la compañía minera había violado las leyes ambientales chilenas y los estándares internacionales de derechos humanos.

En 2019, la Corte Suprema de Chile falló a favor de la CDE, reconociendo que Minera Escondida había causado daños ambientales y que había violado las leyes ambientales chilenas. La sentencia incluyó la orden de realizar medidas de reparación y mitigación de los daños ambientales causados.

Este caso es un ejemplo de cómo las organizaciones y comunidades pueden utilizar el sistema judicial para proteger el medio ambiente y los derechos humanos en la industria minera. También destaca la importancia de cumplir con las leyes ambientales y los estándares internacionales de derechos humanos en la actividad económica que puede tener impactos ambientales y sociales significativos. Además, resalta la importancia de la responsabilidad social y ambiental empresarial para garantizar que la actividad minera sea sostenible y responsable.

Este caso tiene un impacto mayor, dado que se avoca a solucionar, el daño causado por la compañía y además busca incorporar a las comunidades en la gobernanza de las aguas del salar.

3.2.6.- CDE Vs Sociedad Contractual Minera Bahía Inglesa

La presente causa Corresponde a la transacción en la causa "CDE con Sociedad Contractual Minera Bahía Inglesa Ltda. y Otro», la cual fue tramitada bajo el rol N° 5.532-2004 del Segundo Juzgado de Letras de Copiapó.

Es interesante el resultado de esta conciliación, porque ella involucra el cuidado de restos paleontológicos encontrados en el sitio en el que opera la compañía minera y se establece un plan de recuperación y puesta en valor, financiada por la empresa infractora.

3.2.7.- CDE Vs Forestal Sarao

La causa Original corresponde a aquella con el rol N° C-1966-2005, del primer Juzgado Civil de Puerto Montt, de la Región de Los Lagos, en Chile. La contienda asociada a esta causa dice relación con la explotación no autorizada de un predio de propiedad de la forestal demandada.

Corresponde a un acuerdo alcanzado entre el CDE por el daño ocurrido con ocasión de la tala ilegal de 2.635 ejemplares del monumento natural, alerce costero ocurrido en el predio Fundo Resto Cordillera Río Blanco.

En cuanto a la medida de reparación: reforestar reconstituyendo el ecosistema dañado. (Sentencia de la Corte Suprema de 26/06/2013).

4. CONCLUSIONES

Frente al panorama asociado al daño medioambiental, la disyuntiva es determinar si una empresa se impone a la sociedad civil, haciendo valer sus intereses, mayoritariamente económicos, o bien que sea la comunidad local la que establezca sus términos, bajo cualquier punto de vista, incluso, en contra de aquello que le sea permitido a la empresa por la normativa vigente, por el descontento de la comunidad. Así, ninguno de estos extremos es ni deseable ni conveniente, en el contexto de una sociedad democrática.

Para poder entender el problema de los conflictos ambientales y proyectos de inversión, debemos centrarnos en cuatro ideas centrales para entender la problemática en cuestión.

Una primera idea, dice relación con la crítica al sistema. El Estado se ha arrogado el derecho a resolver conflictos. En teoría, los tribunales están llamados a resolver las contiendas que se le presenten. Pero en la práctica, los jueces deben saber de forma concreta a quienes atienden cuando requieren que la justicia resuelva su problema.

De esta forma la apropiación del conflicto por parte del Estado, lo que ha logrado no es la solución de problemas, Sino lo que hace es terminar con una disputa quien dejar usualmente lo menos a una parte disconforme.

Es importante aceptar la diversidad, especialmente en el caso de Chile, donde es considerablemente más alto el número de ciudadanos que pide una solución a sus conflictos, A los tribunales de justicia.

De esta forma hay que ir más allá de la exclusión, debiendo aplicarse la tesis de los círculos de interés, en cuya virtud todos tienen un interés, pero nadie puede ser excluido. En consecuencia, no se hacen esfuerzos para establecer una autoridad, ya que como dice Taruffo, para crear una autoridad esta debe ser eficiente. (Jardim, Augusto & Martins Dias, Handel. 2021)

Un segundo punto importante dice relación con la educación. Esto implica que iniciar una transformación, a propósito de la preparación tanto de abogados como de lideres sociales y de empresa, para ser capaces de mantener puntos de vista diversos sin considerarlo como algo malo. Así, debe haber un proceso de enseñanza acerca de cómo manejar la problemática de la discordancia y gestionarla por medio del diálogo. No debe existir miedo o sospechas respecto de las divergencias. Lo que debe preocupar a los actore sociales es que no exista un diálogo.

En este sentido, los mecanismos de resolución alternativa siempre deben considerar una participación que sea voluntaria, pero estableciendo la obligatoriedad de algo menos ofrecerse la posibilidad de participar en un sistema de resolución alternativa de conflictos antes del inicio del proceso.

La judicialización, aparece entonces como algo – al parecer–negativo, ya que implicaría una apropiación de los conflictos a manos el poder judicial, lo cual no es efectivo, ya que en definitiva los tribunales solamente tratan de solucionar los problemas que le son sometidos su conocimiento.

Así, en el área de los tribunales ambientales en los cuales se han dado esta clase de conciliaciones, por lo demás consagradas en el procedimiento, han sido bastante fecundas, además de efectivas y eficaces, dado que se han logrado alcanzar acuerdos, de una manera altamente satisfactoria para los intereses y además los deberes establecidos para las partes en juicios por daño ambiental. En base a la incorporación del principio de indemnidad, la entidad que contamina o que causa un daño ambiental, no puede soslayarse de su deber de resarcir el perjuicio causado, lo que, confrontado con el deber del estado de perseguir dicho perjuicio, principalmente por medio de la actuación del Consejo de Defensa del Estado.

Por otra parte, es llamativo que los acuerdos conciliatorios alcanzados entre el Consejo de Defensa del Estado y sus contrapartes en juicios por daños ambientales han sido altamente creativos, en el sentido que, el resarcimiento va más allá del pago de una suma de dinero para efectivizar la restitución de la naturaleza al estado anterior al de perjuicio sufrido. Uno de los puntos relevantes de las conciliaciones alcanzadas ha sido, el uso de figuras como el Derecho real de conservación y la formación de personas jurídicas sin fines de lucro, destinadas a la restauración de medio ambiente y la promoción de la forma de vida de las comunidades del lugar en el cual el caso judicializado ha tenido lugar.

En base a la experiencia analizada, puede colegirse que lo que debe ofrecerse la ciudadanía es un sistema de solución de conflicto multi puertas. El problema es que, en Chile hay una ausencia de las múltiples opciones propias de un sistema multipuertas, dado que – conforme a lo antes visto en Chile–solo permiten (o fomentan) la litigación o bien la conciliación o los avenimientos, usualmente una vez que la causa se ha radicado en tribunales.

Un tercer problema que se puede apreciar es el acceso la justicia, lo cual es de suyo importante, ya que, en definitiva, trata de quiere ver una instancia donde las personas expresan sus necesidades en materia justicia.

Un cuarto – y último–problema dice relación acerca de cómo sería una propuesta futura – de política pública o normativa–que deberá tener Chile en materia de acceso la justicia ambiental. Ello supone tener o aplicar una nueva mirada en la cual los actores sociales sean ellos mismos quienes de manera directa puedan buscar la solución de sus problemas. Sin embargo, no podemos olvidar que, a propósito de la autocomposición–uno de sus mayores riesgos–es la generación de asimetrías, especialmente considerando las complejidad y alto nivel técnico del derecho medioambiental.

Sin perjuicio de lo anterior, debe considerarse que, frente toda propuesta de política pública orientada a facilitar la autogestión o la facilitación de los conflictos socioambientales, el gremio de los abogados podría sentirse afectado por una pérdida en el dominio o rol en la resolución de los conflictos socioambientales. Expropiar al gremio de los abogados de la posibilidad de determinar o dirigir el resultado final de contiendas en la cuales hay un daño ambiental, es un ámbito altamente técnico, es un riesgo especialmente, tomando en consideración las obligaciones internacionales que Chile ha adquirido en los últimos años en materia medioambiental .

Finalmente, ha de considerarse que un sistema de resolución de conflictos tiene un impacto en el gasto público y en la eficiencia del Estado como entidad regulatoria, por tanto, es indispensable establecer algún tipo de política pública, que permita balancear, por una parte el acceso la justicia, lo cual necesariamente supone un mecanismo de financiamiento para que las personas accedan a servicios legales pagados, o en su defecto, a mecanismos alternativos de resolución como por ejemplo serían la mediación o incluso el arbitraje, sin perjuicio, de por otra parte, lograr una sujeción a las normativas nacionales e internacionales relativas a los estándares mínimos de cuidado medioambiental.

BIBLIOGRÁFIA

Azocar Guzmán Victor Manuel y otros contra CODELCO Chile–Division Ventanas (Corte Suprema de Chile 2011).

Berger, M. (2012). Justicia ambiental en América Latina. Inteligencia colectiva y creatividad institucional contra la desposesión de derechos. *E-Cadernos CES*, (17). doi: 10.4000/eces.1128

Carrasco Quiroga, E., & Toresano Kuzmanic, C. (2019). El caso Quintero-Puchuncaví y la eficacia de la acción de protección como mecanismo institucional de solución de conflictos socioambientales. *Revista De Derecho Aplicado LLM UC,* (4). https://doi.org/10.7764/rda.0.4.3742

Ferreccio, C., Terrazas, S., Vives, A., & Villarroel, L. (2011). *Evaluación de los efectos en salud en escolares asistentes a la Escuela Básica La Greda. Informe Final.* Santiago: Departamento de Salud Pública. Escuela de Medicina. Pontificia Universidad Católica de Chile.

Fundación Ambiente y Recursos Naturales. FARN (2020) Causa Mendoza (Riachuelo). Consultado el 15 de Octubre de 2021. Disponible en: https://farn.org.ar/proyecto/causa-mendoza-riachuelo/

Gobierno de la Ciudad de Buenos Aires. (2021). *ACUMAR y Riachuelo.* Obtenido de Políticas y esstrategias Ambientales del Gobierno de la cIudad de Buenos Aires: Consultado el 7 de Noviembre de 2021. Disponible en https://www.buenosaires.gob.ar/agenciaambiental/politicas-y-estrategias-ambientales/riachuelo-y-acumar/acumar

Jardim, Augusto Tanger, y Handel Martins Dias. 2021. «Michele Taruffo Y Los Procesos Colectivos En América Latina». *Revista De Interés Público,* n.º 6 (diciembre):29-44. https://revistas.unlp.edu.ar/ReDIP/article/view/13213.

Merlinsky, María Gabriela. (2014). Conflictos ambientales y casos estructurales. Los efectos de la sentencia "Riachuelo" en la implementación de políticas públicas en la Metrópolis de Buenos Aires.

Merlinsky, María Gabriela. (2016). Efectos de las causas estructurales en el largo plazo: la causa Riachuelo. *Revista Direito & Praxis,* Rio de Janeiro, Vol. 07, N. 14, 2016, p. 397-420. DOI: 10.12957/dep.2016.22954 |

Rodriguez, I., Inturias, M., Frank, V., Sarti, C., & Borel, R. (2019). *Conflictividad socioambiental en Latinoamérica: Aportes de la transformación de conflictos socioambientales a la transformación ecológica* [Ebook]. Ciudad de México: Friedrich Ebert Stiftung. Disponible en: http://library.fes.de/pdf-files/bueros/mexiko/15783-20191202.pdf

Urzúa, C. (2018). ¿Qué define un litigio o arbitraje como complejo?. Consultado el 17 Septiembre de 2020, Disponible en https://www.linkedin.com/pulse/qué-define-un-litigio-o-arbitraje-como-complejo-cristián-urzúa/

Capítulo 13.

El caso de la justicia ambiental en el Perú: aproximación a la teoría del Derecho Ambiental del Enemigo[1]

DIEGO SAN MARTÍN VILLAVERDE

1. INTRODUCCIÓN

Actualmente, abordar las injusticias es una carrera por subir los peldaños del interés y del saber. El desaliento y desgaste será siempre un factor para enfrentar las tragedias cometidas contra uno, pero sin un sistema garante las consecuencias son desgarradoras y exponen a quien menos tiene.

Si bien la justicia debe ser igual para todos, enfrentamos la realidad de que no es necesariamente así y que respecto de aquellos que pertenecen a un estatus alto (sea económico, político u otro semejante) es más consecuente. El tener la plataforma para dar cuenta de un caso es imprescindible, lo que

---

[1] El presente contiene la base de la teoría creada por el autor, la cual ha sido publicada con anterioridad; sin perjuicio de ello, este artículo es una versión ampliada y actualizada del antes mencionado. Para poder conocer más acerca de la publicación inicial, puede consultar a: San Martín Villaverde, D. (2023). El derecho ambiental del enemigo: un estudio de la ilegalidad y una nueva (y necesaria) tendencia del derecho ambiental. Justicia Ambiental. Revista Del Poder Judicial Del Perú Especializada En La Protección Del Ambiente, 3(3), 71-91. https://doi.org/10.35292/justiciaambiental.v3i3.724

amerita recursos que acerquen a los ciudadanos a los órganos jurisdiccionales. Sin embargo, la lejanía que representa la ausencia estatal deprime este derecho (acaso fundamental) de las diversas colectividades.

Justamente, para atreverse a defender un derecho, tenemos que argumentar, concretar y definir, como fines superlativos del Derecho. Para Manuel Atienza, reconocido jurista y Catedrático de Filosofía del Derecho de la Universidad de Alicante (2013):

> No hay práctica jurídica que no consista en argumentar, incluso las teóricas: la teoría del derecho se ha entendido en buena medida como una teoría de la argumentación jurídica. Pues bien, creo que tal modelo normativo no sólo es empíricamente falso, sino que sacraliza normativamente al derecho y la labor de los juristas sin tener en cuenta la «caja negra» de los procedimientos jurídicos de toma de decisiones. (p. 397).

Ahora bien, según Ortega (2018), la justicia en sentido aristotélico se entiende como una virtud cardinal de la sociedad que liga al individuo con la *polis*, su carácter es relacional y se expresa en la acción justa. Santo Tomás retoma la idea aristotélica y subraya el carácter general de la justicia, sostiene que "quien busca el bien común de la multitud, también quiere su bien", puesto que el bien común de una asociación es el bien de todos (p. 290).

Nos parece interesante precisar que, si bien la justicia es anhelada continuamente, no todos la consiguen. Cuán angustiante resulta señalar que aquello que nos debe ser garantizado no es atendible. Hemos de dudar y acaso señalar de ineficiente al Gobierno y al Poder Judicial. Comprendemos, por supuesto, que la esencia de la justicia es brindar equilibrio entre lo solicitado y lo razonable.

En ese orden de ideas, entendamos justicia como aquello que es justo y merecido, lo que devendría en una controversial plataforma de percepciones. Tan romántico y difícil, sugestionable y atendible desde diferentes perspectivas.

Onfray (2008) propuso que fue la filosofía de Kant la que sirvió al nazismo para justificar sus actos. Esto lo destaca de manera sublime María Luisa Navarro (2010)[2], quien analiza este pensamiento y nos dice:

> Para demostrarlo (Onfray) nos remite a la famosa anécdota recogida por Hanna Arendt en la que se describe al teniente coronel Adolf Eichmann –el oficial nazi que gestionó directamente el traslado y la ejecución de judíos en los campos de exterminio– confesando ante el jurado su devoción por Kant y por el imperativo categórico (p. 31).

Es como decir que lo que unos piensan que es negativo, que es un atentado, para uno, en función a sus conocimientos, formación y lineamientos, fueron actos necesarios y justificados porque aquél representa el sentir de justicia de mi Nación. Claramente deslindamos de este pensamiento, puesto que los actos cometidos por el nazismo fueron atroces y atentatorios a la dignidad humana.

2. LA MECÁNICA DE LA JUSTICIA AMBIENTAL

2.1. Justicia general como valor del Estado de Derecho

Como sociedad, hemos tenido muchas oportunidades para dar cuenta de lo relevante que es el ambiente y su defensa. No obstante, ejercer la misma es un desafío crucial.

El mundo ha debatido constantemente acerca del avance de la industria (extractiva y productiva) y hoy la discusión se centra en las consecuencias negativas de tantos períodos en

---

2 Le Monde Diplomatique, 2010, p. 31.

los que carecíamos de controles ambientales y regulaciones. Nos encontramos, pues, a duras cuentas, en escenarios inciertos donde la justicia, al ser proclamada, debería emerger como respuesta a las controversias que se suscitarán.

Nos dice Gilberto Cely Galindo, S.J. (2009), que la humanidad carga a sus espaldas el imperativo moral de construir su pervivencia en el mundo, accediendo cada vez más a niveles más altos y complejos de conciencia de sí misma, lo cual es imposible sin una correcta relación con el mundo de cuyas entrañas han emergido las suyas (p. 45).

Ahora, que exista justicia y que la misma esté habilitada de igual manera para todos los ciudadanos no es lo mismo, cuando debería serlo. Existen evidentes brechas, donde los afectados son quienes menos tienen y que se hallan en zonas donde el Estado no está presente. Están, pues, a merced de actividades ilegales que se presentan como una respuesta a sus necesidades económicas y físicas.

De esta manera, estamos expuesto como sociedad porque la justicia es un valor del Estado de Derecho. Aunado a ello, las condiciones en la impartición de justicia suelen ser limitadas dependiendo la jurisdicción determinada. Esta explicación situacional conlleva a más incógnitas y resulta exacto afirmar que la solución no es una sencilla, sino que implicar analizar factores y, acaso, utopías.

2.2. La justicia en el caso ambiental: a propósito de sus aspectos constitucionales

En el marco ambiental, la Ley General del Ambiente peruana, Ley N° 28611, concretamente en el artículo V del Título Preliminar hace referencia al principio de sostenibilidad, explicando que:

> La gestión del ambiente y de sus componentes, así como el ejercicio y la protección de los derechos que establece la presente Ley, se sustentan en la integración equilibrada de los aspectos sociales, ambientales y económicos del desarrollo nacional, así como en la satisfacción de las necesidades de las actuales y futuras generaciones.

Es decir, es una integración concreta de las diversas visiones que tenemos de un escenario: economía, ambiente y social. Aunque, bien podríamos advertir que gobernanza es un mejor término, ya que resume cada uno de los antes nombrado. Sin entrar a más detalles de ello, este es el fundamento de desarrollo sostenible que aplicamos y conocemos desde que lo destacó el Informe Brundtland de 1987.

Para abordar los inicios de la regulación ambiental, tenemos que destacar que varios ordenamientos jurídicos comenzaron a adoptar criterios legales de protección al ambiente con ocasión de normas de responsabilidad ambiental.

El antecedente fue claramente la "NEPA" (*National Environmental Policy Act*), la Ley de Política Ambiental Nacional de Estados Unidos de América adoptada en 1969. La fundamentación de la NEPA fue crear y mantener condiciones en las cuales el hombre y la naturaleza puedan existir en una armonía productiva, al igual que asegurar para todos los estadounidenses un ambiente seguro, sano, productivo y apropiado cultural y estéticamente (Wieland, 2017, p. 81).

En lo sucesivo, muchos países adoptaron dicha posición y ánimo de protección y poco a poco fue acomodándose dentro de los principales preceptos jurídicos.

Para Gerardo Ruiz-Rico Ruiz (2012), las primeras referencias constitucionales sobre el medio ambiente están marcadas por una línea divisoria -ya desaparecida- de naturaleza ideológica (p. 140).

Ahora bien, conforme a lo dispuesto en el artículo 2°, numeral 22 de la Constitución Política del Perú (C.P.1993), se pronuncia sobre la relevancia del ambiente en nuestras vidas: "Toda persona tiene derecho a la paz, a la tranquilidad, al disfrute del tiempo libre y al descanso, así como gozar de un ambiente equilibrado y adecuado al desarrollo de su vida".

Ciertamente, el abordar el tema de la constitucionalización ambiental implica dar a conocer la relevancia del Estado para con el ambiente. Eso es, entonces, el Derecho Constitucional Ambiental que el Estado debe manejar adecuadamente. Así las cosas, para Canosa Usera (1996):

> El Derecho constitucional ambiental debe reparar: primero, en los principios constitucionales relativos al medio ambiente; segundo, en la dimensión subjetiva de los intereses medioambientales y su protección; tercero, en lo esencial de la organización y acción de los poderes públicos con atribuciones ambientales; y, cuarto y último, en la distribución de competencias entre Estado y Comunidades Autónomas... (pp. 76-77).

Pues bien, la relación personas-ambiente resulta ahora imprescindible a efectos de regulaciones estatales, dado que afrontamos etapas cumbres marcadas por el deterioro y la contaminación del ambiente que hacen que el mismo sea un elemento digno de tutela. Es más, podríamos vincular pandemias y epidemias con los daños ambientales y afectaciones al ambiente, tráfico de especies, etc. Consideramos que eso se demostrará fehacientemente en el futuro con más investigación científica.

La crisis que representó la pandemia reflejó la apertura a incertidumbres en todas las esferas. Desde las científicas hasta las sociales, económica y jurídicas. Por supuesto, somos parte de los desconocimientos ante un hecho novedoso y aterrador, por cierto. Pero es necesario emplear adecuadamente los conceptos, más aún aquellos que revisten contenido jurídico. Es el caso de la sostenibilidad. No se trata de definir sostenibilidad exclusivamente como algo que perdure en el tiempo. Es oportuno distinguir la definición de tal con la de desarrollo sostenible que, si bien se relacionan íntimamente, no es lo mismo, puesto que el concepto de sostenibilidad se construye en mérito a este.

En una aproximación sobre el tema podemos sostener que estamos preparados para aplicar un determinado concepto jurídico, pero no listos.

La relevancia antes referida de la justicia recae en diversas perspectivas, en este caso, en la ambiental que es la que abordamos a continuación. Para tal caso, las opiniones deben estar fundamentadas y para ello es necesario manejar información. Es cierto que no todos podemos estar de acuerdo, pero la información es (y debe ser) neutral para definir nuestra posición. Esto no ha estado ocurriendo (en ningún país nos atreveríamos a decir). No es apropiado comentar sobre un tema amoldando el mismo a una posición probablemente beneficiosa para un sector o parte.

Otro aspecto relevante es que no sólo se trata de acceder a la información, sino, además, de saber interpretarla. De nada serviría contar con documentación, sino sabemos cómo aplicarla para una defensa o de base para su argumentación. Simplemente serían letras en papel muerto. Por eso es que la garantía estatal alcanza la comprensión y para eso debería haber regulación, aunque la podemos encontrar en lo concerniente a los estudios de impacto ambiental, donde el Estado fija como obligación que la empresa presente un resumen ejecutivo del mismo (elaborado por una consultora ambiental habilitada que contrate), que deberá ser aprobado, para luego ser dirigido a los interesados, entre los que están los miembros de la comunidad propietario del área en donde se realizará la actividad extractiva.

2.3. El caso de la justicia ambiental en América Latina y el Caribe

Este fue el caso del debate sobre la ratificación del Acuerdo de Escazú[3] en el Perú. La firma del Acuerdo de Escazú (suscrito por el Perú en el 2018) fue producto de negociaciones, debates y consensos de muchos años. De hecho, este acuerdo sostiene la voluntad de los distintos Estados por alcanzar un marco de información y participación en las decisiones de índole ambiental y de protección para los defensores ambientales, figura tan expuesta y vulnerable, pero además valiosa. Pero, de repente, el debate se tornó negativo.

Entre tantos argumentos se habló que la ratificación del Acuerdo de Escazú implicaría pérdida de soberanía. Ello no tiene asidero legal alguno. Ninguno de los críticos sostiene los principios en los que se basa el acuerdo, a saber, del principio de soberanía permanente de los Estados sobre sus recursos naturales y el principio de igualdad soberana de los Estados. De igual manera, se manifestó que el Perú estaría sometido a cortes internacionales como La Haya para la resolución de conflictos.

Posteriormente, más países ratificaron el Acuerdo y este entró en vigor. Sin embargo, la justificación por la negativa a la ratificación del Acuerdo se habría debido a que muchos países de la región, especialmente de la Alianza del Pacífico[4], no lo habían hecho, lo que luego fue superado porque sí lo hicieron Chile y México.

---

3 El Acuerdo de Escazú alude a cuestiones de derechos de acceso, a información ambiental, participación y derecho ambiental e integra temas de carácter ambiental y de carácter de mejoramiento de institucionalidad democrática.

4 La Alianza del Pacífico es una iniciativa de integración regional conformada por cuatro países miembros: Perú, Colombia, México y Chile.

Aunque ya es historia pasada, los resultados se verán eventualmente y seremos juzgados y criticados por nuestras decisiones[5].

Como fuera, la justicia ambiental se entiende en la posibilidad efectiva para que cualquier ciudadano, sin distinción, pueda acceder a un mecanismo de justicia que permita la defensa ante la generación de un daño ambiental o, en todo caso, que busque el cumplimiento de la normativa ambiental vigente. En puridad, de esto se trata.

Aunado a ello, el objetivo del Acuerdo de Escazú es garantizar la implementación plena y efectiva en América Latina y el Caribe de los derechos de acceso a la información ambiental, participación pública en los procesos de toma de decisiones ambientales y acceso a la justicia en asuntos ambientales, así como la creación y el fortalecimiento de las capacidades y la cooperación, contribuyendo a la protección del derecho de cada persona, de las generaciones presentes y futuras, a vivir en un medio ambiente sano y al desarrollo sostenible.

Por tanto, tenemos que ser críticos y argumentar debidamente. En este sentido, el informe denominado "El Impacto del Covid-19 en América Latina y el Caribe", de la Organización de las Naciones Unidas (2020) sostiene a buen criterio:

> La legislación para proteger el medio ambiente se está haciendo más laxa y ha aumentado la violencia contra las personas defensoras del medio ambiente, incluidas las que defienden a los pueblos indígenas, las tierras, los territorios y los recursos. A medida que la desregulación expone a nuevos territorios y comunidades a la deforestación, los desplazamientos forzados, la extracción de recursos naturales y la destrucción de los sistemas ecológicos, los conflictos y las violaciones de los derechos humanos se hacen más frecuentes. En 2018, de los 164 asesinatos registrados a nivel mundial de defensores del medio ambiente, muchos de los cuales eran indígenas, 83 tuvieron

---

5 Perú no ratificó el Tratado y este quedo archivado por el Congreso de la República en 2020.

> lugar en la región (...) La atención a la pandemia no debería dar lugar al descuido del medio ambiente (p. 21).

Para nosotros las nuevas épocas requieren de nuevas regulaciones que permitan deslindar nuevas situaciones y alcances jurídicos. No obstante, no se basa todo en norma o, en todo caso, no debería serlo, pero en temas de índole ambiental, en diversas ocasiones nos vemos rebasados por la falta de conocimiento científico y/o técnico. Por ende, nuestra posición no exime del cumplimiento de la normativa, sino en enfatizar la necesidad de contar con conocimiento, cultura y comprensión.

Aunado a ello, la generación vigente debe incidir en este aspecto sustancial de cumplimiento de obligaciones, no sólo por ser una imposición jurídica, sino una de índole ético y humano.

Debemos señalar que proteger el ambiente es amparar la calidad de vida de las personas, la alimentación, salud equilibrada y los ecosistemas, entre otros. Es menester que el Estado cuente con mecanismos que salvaguarden ello, tales como las acciones de amparo, el mecanismo de los intereses difusos, entre otros. No obstante, estimamos prudente opinar que la existencia de los mismos no será adecuada si no cuenta con las consideraciones elementales que dan sentido a los recursos legales.

Para tal caso, la función estatal es ardua, pues debe poner a la orden de los ciudadanos medidas legales que les permitan accionar cuando sientan que sus derechos se vulneran, pero con la salvedad que dichos mecanismos sean utilizados correctamente y no para satisfacer situaciones externas a lo que verdaderamente es o que dilaten procesos. Nuevamente, esto es justicia, elemental y pura.

Cuestionar, principalmente en épocas de crisis, a los Gobiernos de turno es una labor más mediática, donde debemos resaltar exageraciones o imprecisiones sobre asuntos que nos alejarían de los verdaderamente importante.

Para los juristas, recordando las épocas de pandemia, por dar un ejemplo, la discusión versó en la constitucionalidad de las cuarentenas, inmovilizaciones y demás restricciones, pero no se ejerció un merecido debate protagónico al aspecto ambiental. Nos da la impresión que el asunto tiene mucho que ver con cómo nos relacionamos con el ambiente y sus componentes. Y, hoy, que notamos un período sumamente más cálido que otros años, entendemos que nuestra atención debió permanecer alerta.

Así también, sometemos a juicio público a los entes estatales que, como bien precisé en párrafos precedentes, tienen una labor fortísima de cara al ciudadano que ve preocupado como la crisis derrumba negocios y sueños.

En nuestro afán de enfatizar en la necesidad de mejor regulación, nos confundimos a la hora de postular soluciones uniformizando criterios para colegir en normas, pero esto no es solución. No todos las cumplen. Como bien hemos postulado anteriormente, es cuestión, incluso, de civismo ir más allá de lo solicitado para poder mantener el cuidado de todos.

Cuando vemos que la protección ambiental supone gastos, recurrimos al argumento del (des)equilibrio con el crecimiento económico. No es tanto así cuando los resultados a largo plazo son esenciales en este escenario, pero en plena sinceridad, estos plazos exceden la vigencia de los Gobiernos, por tanto, carecemos de paciencia para que las normas definan conductas apropiadas y que estas maduren en las generaciones siguientes, por lo que esbozamos nuevamente la relevancia de ejecutar el concepto del desarrollo sostenible, donde actuamos pensando en el futuro.

Tomemos de ejemplo un caso sobre minería ilegal, el cual es un delito tipificado en el Código Penal peruano[6]. Al respec-

---

6 Artículo 307-A – Código Penal.- Delito de Minería Ilegal: El que realice actividad de exploración, extracción, explotación u otro acto

to, al denunciante por minería ilegal, llevar el proceso le cuesta un promedio de 2,400 euros y que demoraría, en el mejor escenario, en resolverse unos 4 años a más. Esto representa un gasto alto para personas de escasos recursos. Estos escenarios de limitada aplicación de justicia nos han permitido crear una teoría que explica esta angustiosa dinámica: la teoría del Derecho Ambiental del Enemigo.

3. LA TEORÍA DEL DERECHO AMBIENTAL DEL ENEMIGO: FACTORES

3.1. El Rol del Derecho Ambiental en la actualidad y su institucionalidad

El derecho ambiental representa el medio, no solo para proteger el ambiente y sus componentes, sino para viabilizar actividades humanas y económicas que implican un impacto en el ambiente sin causar efectos dañinos prolongados, irremediables o irreparables.

---

similar de recursos minerales metálicos y no metálicos sin contar con la autorización de la entidad administrativa competente que cause o pueda causar perjuicio, alteración o daño al ambiente y sus componentes, la calidad ambiental o la salud ambiental, será reprimido con pena privativa de libertad no menor de cuatro ni mayor de ocho años y con cien a seiscientos días-multa. La misma pena será aplicada al que realice actividad de exploración, extracción, explotación u otro acto similar de recursos minerales metálicos y no metálicos que se encuentre fuera del proceso de formalización, que cause o pueda causar perjuicio, alteración o daño al ambiente y sus componentes, la calidad ambiental o la salud ambiental. Si el agente actuó por culpa, la pena será privativa de libertad, no mayor de tres o con prestación de servicios comunitarios de cuarenta a ochenta jornadas.

Mucho se cuestiona sobre la regulación cuando se siente que privilegia más a uno que a otro. En el marco de la supervisión y la fiscalización de obligaciones ambientales, por ejemplo, se argumenta que la entidad de fiscalización ambiental nacional (el Organismo de Evaluación y Fiscalización Ambiental [OEFA]) tiene la oportunidad de hacer una labor bastante estructurada por el hecho de que su actividad se centra en las empresas debidamente reconocidas y ubicables; pero eso no es exacto. Esta entidad también tiene que sortear denuncias anónimas, acudir a los lugares aducidos y encontrar que las actividades que se realizan en este son absolutamente ilegales, encontrar que el predio no tiene un dueño determinado y hasta ser víctimas de actos que amenazan su integridad física.

En la práctica, es diferente acudir a una unidad minera, correspondiente a una empresa, que cuenta con certificación ambiental y demás títulos habilitantes, que acudir a un área donde no sabemos quién opera, cómo está distribuida la labor, no tener alguna especie de hoja de ruta para guiarse, etc. En el primer caso, un equipo de especialistas puede planear adecuadamente su trabajo, distribuir tareas entre ellos, sabe que al llegar a la operación tendrán las facilidades para realizar sus funciones (en teoría), estimar un tiempo determinado para tener todo listo porque ya tienen identificado al administrado, y en caso este incumpla o les impida realizar sus funciones, será sancionado; en el segundo caso, todo es una incógnita y puesto que está frente a una operación ilegal no existe alguien a quien pedir información, a quien notificar. Lo anterior básicamente connota que la operación no cuenta con certificación ambiental u otra relacionada y da cuenta a la Fiscalía Especializada en Materia Ambiental (FEMA) correspondiente (Ministerio Público).

El aspecto procedimental es burocrático, por lo que explicarlo es ahondar en una dinámica frustrante para poder describir por qué es tan complejo que las autoridades enfrenten exitosamente la ilegalidad. Resumirlo sería señalar que la ilegalidad desestabiliza el orden creado y anticipado por el ordenamiento jurídico vigente y que para impedir que siga haya que volver al tablero y (re)diseñar normativa específica, así como para sugerir más presupuesto a fin de adquirir herramientas y recursos. Eso no asegura el éxito de una medida, pues se trata de hacer planes a muy largo plazo en los cuales debe prevalecer la inteligencia entendida como recursos tecnológicos, personal altamente capacitado, operativos y seguimientos confidenciales, etc.

3.2. Factores: ilegalidad y corrupción

Como hemos apuntado anteriormente, el derecho ambiental tiene hoy un rol fundamental porque acerca su finalidad a cuidar los activos más relevantes para la sociedad y para favorecerla en cuanto a su aprovechamiento.

El gran problema está en luchar contra la ilegalidad que es que la desvincula los conceptos de aprovechamiento y sostenibilidad. La formalidad garantiza más situaciones favorables porque está continuamente supervisada y fiscalizada por el Estado y, si acaso falla, es sancionada y cada paso que se sigue al respecto es comunicado en los medios y las redes sociales, lo cual asegura que afrontará la justicia.

La ilegalidad, por el contrario, no obedece al Estado de derecho. Bajo ningún criterio considera que seguir la ley le beneficiará y utilizará todo lo que tenga a su alcance para seguir latente y extraer recursos naturales sin mayor cuidado por el ambiente, pues simplemente no le interesa la existencia de un marco normativo que limite su accionar. Evidentemente, no tributa, no conocemos quién o quiénes la realizan, se esconde en actividades falsas (pantalla) y tiene vínculos con mafias asociadas a su vez con la comisión constante de tipos penales como el narcoterrorismo, la trata, el lavado de activos, la explotación sexual, la corrupción, etc.

En esta trama cruel y psicópata se encuentra también la corrupción. No podemos citar a ciencia cierta cuándo comenzó. Pensamos que es como los conflictos, los mismos que son inherentes a toda sociedad. El verdadero asunto se sostiene en el efecto desencadenador que tienen. Basta que se configure un conflicto violento para que se replique en otros escenarios; y, así, con la corrupción pasa igual. Está es cuestiones triviales, de baja monta, hasta en negocios multimillonarios que involucran fondos estatales.

En esa línea, un estudio superlativo de Canaza Choque (2018), permite determinar, a propósito de los conflictos y la justicia en Perú:

> Los signos de conflictividad de rasgos ambientales detonados en el Perú muestran a un Estado ineficiente en la solución y el manejo de conflictos, y que, desde la subalternidad, se desprenden luchas entre minorías étnicas y la enorme maquinaria transnacional. Retornar al análisis de experiencias pasadas, no sólo ha permitido reconocer el grado de importancia de estos procesos en el presente, sino que ayuda a desarrollar contenidos novedosos, de rellenar vacíos y que permiten añadir elementos de reflexión y de asociar nuevas variables en relación a un pasado que se ha dejado atrás, pero que se deben de recordar como antecedentes que implicaron la eclosión de subjetividades y miradas desde los vulnerables (p. 370).

Según Mejía Mori (2001), "es una evidencia que la corrupción como fenómeno que descompone la debida conducta individual y social transgrediendo valores éticos, morales y en muchos casos normas legales que ordenan el funcionamiento del Estado y la convivencia en sociedad, es un problema de alcance mundial" (p. 209).

La ilegalidad que representamos en esta ocasión con minería ilegal es una cuya ejecución tiene resultados nefastos, arrastrando consigo la comisión de otros delitos y la depredación del ambiente, afectándolo irremediablemente. Pero, además, afecta las posibilidades para que los ciudadanos se defiendan, en cualquier ámbito.

La lucha contra el ilegal es un acto necesario, aunque siempre podemos hallar escenarios más difíciles. ¿Qué sucede cuando una población apoya la minería ilegal? Eso no tiene fundamento, pero la justificación que se produciría estribaría en la necesidad, en que no hay trabajo cercano y solo queda dedicarse a, por ejemplo, operar una draga o a llevar suministros para que la actividad se concrete. Aquí falló el Estado porque su objeto es llegar a todos, y al no llegar, permitió que quien lo haga sea el ilegal distorsionando todo para lo cual un Estado de derecho está diseñado.

En consecuencia, un «enemigo (ambiental)» es la mente que configura un delito tan grave, según nuestro parecer, como el de dañar el ambiente a tal magnitud que resulta irremediable y afecta a la sociedad, a la flora y la fauna silvestre, al punto de condicionar su existencia.

El concepto que planteamos como «derecho ambiental del enemigo» es uno que fija su atención en quiénes idean los delitos (o crímenes) ambientales, permitiendo que el Estado y sus aliados (las empresas, las ONG, etc.) se hagan visibles a la sociedad que se siente olvidada y defraudada, demostrándoles que la ilegalidad trae perjuicios más que beneficios.

Ahora bien, ¿qué ocurre, según el «derecho ambiental del enemigo», con los «enemigos»?

No consideramos ideal plantear un régimen de limitación de garantías, sino uno de prevención porque tal es el encausamiento que le damos al derecho ambiental. Ese régimen de prevención implica que tengamos o consigamos tecnología que permita incorporar recursos en quienes tutelan el ambiente y sus componentes para evitar la promoción y la consecución de actividades ilegales. Este refleja una mirada más atenta a la sociedad y a qué se enfrenta, cuáles son sus necesidades principales y dónde están sus principales perjuicios. Esa prevención permite un trabajo más colaborativo y anticipado de la Administración pública con las autoridades que ejercen el control jurisdiccional.

4. CONCLUSIONES

La justicia es un valor supremo, perseguida y anhelada por muchos. En la crisis recurrimos a la misma para dar sentido a nuestras pretensiones y deseos, pero en necesario un marco regulatorio eficiente que sepa determinar la gravedad de las consecuencias por daños al ambiente y necesidades de la ciudadanía en este tema. Poner la protección ambiental en el centro de la discusión para determinar un mejor futuro es fundamental. Sin ambiente, no hay más.

Las lecciones de justicia ambiental permiten reflexionar acerca de los mecanismos que el Estado pone a disposición del ciudadano. Las Constituciones no están erradas, sino que el garante no brinda los mecanismos idóneos y no define conceptos que luego pueden ser aplicados por terceros que buscan manipular normas en beneficio propio. La vida es breve, pero nuestros actos perduran y podrían trascender, por lo que sugerimos reparar y estudiar, investigar el impacto de la justicia en nuestras vidas y, sobre todo, en nuestra relación con el ambiente, sea en crisis o no.

No se trata de solamente reforzar o crear más normas, sino permitir que lo disuasivo provenga de la propia sociedad y que este rechace al ilegal, para lo que cual la justicia que provea el Estado será fundamental.

El «derecho ambiental del enemigo» representa una teoría que se sustenta en casos reales como el perjuicio sostenido de la minería ilegal en el Perú y en el resto del mundo. El avance sin tregua de los ilegales, que infectan la mente de comunidades, pueblos y sociedades, perjudica todo lo que toca, tal como se observa en las imágenes de Madre de Dios, de La Rinconada, etc.

Esta teoría sugiere un régimen de prevención dotado de inteligencia y de sometimiento cuando en una zona determinada abunde la ilegalidad, por lo que es crucial abordar la confidencialidad que deben tener las operaciones que se realizarán.

Aún queda mucho por hacer en el marco de la justicia ambiental en el Perú. Luchar contra la corrupción y la ilegalidad es una que nos debería unir, cuando en la práctica hace lo contrario, porque, reiteramos, se basa en la ejecución del Estado de Derecho.

BIBLIOGRAFÍA

Atienza, M. (2013). *Curso de Argumentación Jurídica.* Editorial Trotta.

Canaza Choque, F. A. (2018). Justicia ambiental vs capitalismo global: experiencias, debates y conflictos en el Perú. *Revista De Investigaciones Altoandinas–Journal of High Andean Research, 20*(3), 369–379. https://doi.org/10.18271/ria.2018.368

Canosa, R. (1996). Aspectos Constitucionales del Derecho Ambiental. *Revista de Estudios Políticos (Nueva Época),* (94), 73-109.

Cely, G. (Enero, 2009). *Fundamentos de la ética ambiental: ¿ética ambiental o bioética?* Trabajo presentado en el marco de la VI Jornadas de Reflexión Ética: Ética Ambiental y Política Pública, Universidad Antonio Ruiz de Montoya y Secretaría de la Comunidad Andina, Lima, Perú.

Congreso de la República (2005). Ley General Ambiente. Ley n.º 28611.

Iglesias, D. (2020). La Corte Penal Internacional y la Protección del Medio Ambiente Frente a las Actividades Empresariales. *Seqüência (Florianópolis),* (86), 89-122.

Jackobs, Günther. (2020). *La ciencia del Derecho Penal ante las exigencias del presente.* Universidad Externado de Colombia.

Llobet, J. (2021). *El derecho penal del enemigo de Günther Jakobs y el enemigo de Carl Schmitt y del régimen nazi.* Ediciones Olejnik.

Martín, R. (2005). *Manual de derecho administrativo* (24.ª ed.). Aranzadi.

Mejía Mori, B. (2001). Corrupción Judicial en Perú: Causas, Formas y Alternativas. *Derecho & Sociedad,* (17), 208-215.

Navarro, M. L. (febrero de 2010). El sueño de Eichmann. Precedido de un kantiano entre los nazis. *Le Monde Diplomatique*, p. 31.

Onfray, M. (2008). *El sueño de Eichmann. Precedido de un kantiano entre los nazis.* Gedisa Editorial.

Organización de las Naciones Unidas (2020). *El Impacto del Covid-19 en América Latina y el Caribe.* Informe Ejecutivo.

Ortega, O. (2018). Repensando la justicia, *Los retos de la sociedad por venir* de Luis Villoro. *Revista Filosofía UIS*, 17(2), doi: http://dx.doi.org/10.18273/revfil.v17n2-2018017

Palacios, Y. (2010, julio-diciembre). Existencia del derecho penal del enemigo en el derecho penal internacional. *Revista Latinoamericana de Derechos Humanos, 21*(2), 19-34.

Ruiz Rico-Ruiz, G. (2012). El Medio Ambiente, Derecho Constitucional o Principio Programático (texto provisional). *Revista da Faculdade de Direito de Sao Bernardo Do Campo*, 137-173.

San Martín, D. (2022). *El Derecho Minero.* Pontificia Universidad Católica del Perú, Fondo Editorial.

San Martín, D. (2022). *El daño ambiental y la protección jurídica del ambiente. El caso de la actividad minera en el Perú.* Editorial Cenales.

San Martín, D. (2023). El derecho ambiental del enemigo: un estudio de la ilegalidad y una nueva (y necesaria) tendencia del derecho ambiental. *Justicia Ambiental. Revista Del Poder Judicial Del Perú Especializada En La Protección Del Ambiente*, 3(3), 71-91.

Valiente, L. (2019). La pena de muerte: situación actual desde una perspectiva internacional. *Inciso, 21*(1), 84-102. https://doi.org/10.18634/incj.21v.1i.913

Wieland, P. (2017). *Introducción al derecho ambiental.* Pontificia Universidad Católica del Perú, Fondo Editorial.

Capítulo 14.

El caso ambiental emblemático en la jurisprudencia argentina. Análisis del caso "Mendoza".

MARCELO ALBERTO LÓPEZ ALFONSÍN

1. INTRODUCCIÓN

La Cuenca Matanza-Riachuelo fue -y continúa siendo- la cuenca hídrica más contaminada de Argentina y uno de los treinta lugares más contaminados a nivel mundial. Se encuentra situada en el área metropolitana de Buenos Aires, atravesando la jurisdicción nacional, de la Provincia de Buenos Aires, de la Ciudad Autónoma de Buenos Aires y de catorce municipios (Almirante Brown, Avellaneda, Cañuelas, Esteban Echeverría, Ezeiza, General Las Heras, La Matanza, Lanús, Lomas de Zamora, Marcos Paz, Merlo, Morón, Presidente Perón y San Vicente). En esta área coexisten graves problemas socio-ambientales, que no pueden ser reducidos a la contaminación del agua sino que se expanden a aspectos económicos, sociales, ambientales, políticos y culturales.

El serio problema de degradación ambiental en la zona, es la muestra de la incapacidad de los distintos gobiernos de turno para dar respuesta a uno de los más importantes conflictos ambientales argentinos. Efectivamente, la ausencia de coordinación en las políticas públicas y de una planificación integral de acciones estratégicas, sumado a un ejercicio deficiente del poder de policía contribuyeron a que las actividades industriales y comerciales de la zona, se realicen anárquicamente con consecuencias significativamente desfavorables no sólo para el ambiente sino también para la salud y la calidad de vida de los habitantes (NAPOLI y GARCIA ESPIL, 2011, p. 179).

De ahí la importancia que reviste el *leading case "Mendoza"*, constituyéndose en un punto de inflexión en la historia jurisprudencial del derecho ambiental en Argentina. En este caso, la Corte Suprema de Justicia de la Nación tomó como propia la impostergable necesidad de atender los problemas de salud, discriminación, acceso al agua potable, emergencia habitacional y carencia de un sistema integral en la gestión de recursos, entre otros que padecen quienes habitan en la cuenca hídrica. Como advertíamos, no se trata exclusivamente de un problema ambiental sino que encierra numerosas aristas más, por ello diseñar una solución es una tarea sumamente compleja.

El fallo da cuenta de la continua violación de derechos humanos fundamentales a la que son sometidos los habitantes del área metropolitana, cuya gran mayoría se encuentra en un escenario de extrema pobreza. Por esta razón, la Corte da un paso de innegable contenido político y, alejándose de las estructuras procesales tradicionales, decide allanar el camino para que los distintos niveles de gobierno establezcan en forma conjunta un "Plan de Saneamiento de la Cuenca Matanza-Riachuelo" que coadyuve a dar una solución integral a la problemática en cuestión.

En otros términos, la importancia de este precedente radica en que sus efectos trascienden largamente el mero interés de las partes y se proyectan hacia toda la comunidad, no por el efecto *"erga omnes"* de su pronunciamientosino porque instaura al Poder Judicial como guardián de los derechos fundamentales de este modo, se instituye como el poder institucional que decide "tomar el toro por las astas" y abrir el camino para que se construya un política pública en torno a la contaminación del Riachuelo. Por ello, dispuso la obligación de recomponer el daño ambiental a través de un plan estratégico que cuenta con la participación de todos los sujetos involucrados y que tiene el ambicioso objetivo de convertirse en una política de Estado que sirva para guiar la conducta de todos los poderes públicos.

De lo señalado, surge con absoluta claridad la relevancia de analizar en detenimiento esta sentencia, en la que la Corte Suprema incorpora un novedoso esquema procesal y, con posterioridad, establece un peculiar sistema para controlar la ejecución de su decisorio.

A fin de alcanzar una comprensión global que permita visualizar el notable activismo judicial que ejerció el tribunal, ponderando el alcance de las violaciones a los derechos colectivos en juego, primeramente se reseñarán los hechos del caso. A título seguido se realizarán algunas consideraciones sobre la competencia originaria de la Corte Suprema en esta causa, y por último se examinarán las particularidades del trámite de sustanciación del proceso y los mecanismos de control de cumplimiento de la sentencia.

2. EL CASO "*MENDOZA*".

2.1. Hechos.

En el año 2004 un grupo de vecinos de la localidad de Villa Inflamable, en la zona de Dock Sud, partido de Avellaneda de la provincia de Buenos Aires, encabezados por Beatriz Silvia Mendoza, interpusieron demanda originaria ante la Corte Suprema de Justicia de la Nación contra el Estado Nacional, la Provincia de Buenos Aires, el Gobierno de la Ciudad Autónoma de Buenos Aires y 44 empresas radicadas en la cuenca Matanza-Riachuelo por los daños y perjuicios sufridos como consecuencia de la contaminación del río. A su vez, solicitaron una medida cautelar a fin de que se intime a los demandados a finalizar con las actividades contaminantes y a recomponer la situación ambiental que denuncian.

Respecto del Estado Nacional, se atribuyó responsabilidad en virtud de que el conflicto tiene lugar en una vía navegable e interjurisdiccional en el marco competencial federal argentino, donde éste tiene facultades de regulación y control, según lo dispuesto en el artículo 75 incisos 10 y 13 de la Constitución Nacional[1].

Para los actores, la Provincia de Buenos Aires adquiere el carácter de parte demandada en virtud del dominio originario sobre los recursos naturales existentes en su territorio -artículo 124 constitucional[2]-.

Finalmente, le atribuyen a la Ciudad Autónoma de Buenos Aires también ese carácter por ser corribereña del Riachuelo y por el deber de utilizar equitativa y razonablemente las aguas y demás recursos naturales del río, su lecho y subsuelo, sin menoscabar a los restantes corribereños, por tener jurisdicción sobre las formaciones insulares aledañas a sus costas, con el alcance especificado en el Tratado del Río de la Plata y por la obligación

---

1 Constitución Nacional, artículo 75.- *"Corresponde al Congreso: (…) 10. Reglamentar la libre navegación de los ríos interiores, habilitar los puertos que considere convenientes, y crear o suprimir aduanas (…) 13. Reglar el comercio con las naciones extranjeras, y de las provincias entre sí (…)"*.

2 Constitución Nacional, artículo 124.- *"Las provincias podrán crear regiones para el desarrollo económico–social y establecer órganos con facultades para el cumplimiento de sus fines y podrán también celebrar convenios internacionales en tanto no sean incompatibles con la política exterior de la Nación y no afecten las facultades delegadas al Gobierno Federal o el crédito público de la Nación; con conocimiento del Congreso Nacional. La ciudad de Buenos Aires tendrá el régimen que se establezca a tal efecto. Corresponde a las provincias el dominio originario de los recursos naturales existentes en su territorio"*.

de preservar la flora y la fauna de su ecosistema, como reserva natural -artículo 8° de la Constitución de la Ciudad[3]-.

Manifiestan en el escrito de inicio de la demanda la existencia de tres fuentes principales de contaminación: 1) La primera, ocasionada por los efluentes de origen cloacal que las empresas vuelcan sin previo tratamiento a pluviales, canales y arroyos tributarios del Riachuelo, 2) La segunda, originada por los efluentes industriales vertidos a la cuenta por más de 15.000 industrias, y 3) La tercera, en virtud de los 105 basurales a cielo abierto existentes en el área al momento de la interposición de la demanda en los que se alojan residuos peligrosos.

Los actores se dividen en dos grupos: por un lado, el que comprende a las personas que habitan en el asentamiento de-

---

3 Constitución de la Ciudad Autónoma de Buenos Aires, artículo 8°.- "*Los límites territoriales de la Ciudad de Buenos Aires son los que históricamente y por derecho le corresponden conforme a las leyes y decretos nacionales vigentes a la fecha. Se declara que la Ciudad de Buenos Aires es corribereña del Río de la Plata y del Riachuelo, los cuales constituyen en el área de su jurisdicción bienes de su dominio público. Tiene el derecho a la utilización equitativa y razonable de sus aguas y de los demás recursos naturales del río, su lecho y subsuelo, sujeto a la obligación de no causar perjuicio sensible a los demás corribereños. Sus derechos no pueden ser turbados por el uso que hagan otros corribereños de los ríos y sus recursos. Todo ello, sin perjuicio de las normas de derecho internacional aplicables al Río de la Plata y con los alcances del artículo 129 de la Constitución Nacional. La Ciudad tiene el dominio inalienable e imprescriptible de sus recursos naturales y acuerda con otras jurisdicciones el aprovechamiento racional de todos los que fueran compartidos. En su carácter de corribereña del Río de la Plata y del Riachuelo, la Ciudad tiene plena jurisdicción sobre todas las formaciones insulares aledañas a sus costas, con los alcances permitidos por el Tratado del Río de la Plata. Serán consideradas como reservas naturales para preservar la flora y la fauna de sus ecosistemas. Los espacios que forman parte del contorno ribereño de la Ciudad son públicos y de libre acceso y circulación. El Puerto de Buenos Aires es del dominio público de la Ciudad, que ejerce el control de sus instalaciones, se encuentren o no concesionadas*".

nominado "Villa Inflamable", y, por el otro, a los demás vecinos afectados, en su mayoría profesionales del Hospital Interzonal de Agudos Pedro Fiorito de la localidad de Avellaneda. La pretensión tiene por objeto obtener una indemnización por los daños y perjuicios derivados de la contaminación, como también el cese y recomposición del daño producido al ambiente. Es decir, el petitorio incluye dos objetos diferenciados: la indemnización por el daño individual sufrido por los vecinos y el resarcimiento del daño infringido al ambiente, así como la recomposición del mismo y la prevención del daño futuro de conformidad con lo establecido por la Ley General del Ambiente[4].

A mayor abundamiento, exponen que el artículo 27 de la Ley N° 25.675[5] diferencia el daño ambiental *per se* del daño que se produce a los individuos a través del ambiente. En base a esta distinción solicitan que para el supuesto de bienes colectivos cuya situación pueda revertirse, se establezca una indemnización para la creación de un fondo común de recomposición destinado a solventar los costos que demande recomponer el ecosistema dañado. Mientras que para los bienes dañados en forma irreversible, se fije una indemnización en concepto de daño moral colectivo por la restricción de goce que sufre la comunidad por el bien dañado, el que no tendrá como beneficiario a cada afectado en forma individual sino a la comunidad en su conjunto.

Además, solicitan una serie de medidas cautelares: 1) la creación de un fondo público, al que se le permita ejecutar acciones tendientes a reparar los daños denunciados durante

---

4 Ley N° 25.675, publicada en el Boletín Oficial del 28/11/2002.

5 Ley N° 25.675, artículo 27.- *"El presente capítulo establece las normas que regirán los hechos o actos jurídicos, lícitos o ilícitos que, por acción u omisión, causen daño ambiental de incidencia colectiva. Se define el daño ambiental como toda alteración relevante que modifique negativamente el ambiente, sus recursos, el equilibrio de los ecosistemas, o los bienes o valores colectivos".*

la sustanciación del proceso; 2) el pedido al Poder Ejecutivo Nacional para que reanude el Plan de Gestión Ambiental de Manejo de la Cuenca Hídrica Matanza-Riachuelo; 3) la implementación de medidas que atiendan los problemas de salud de la población ribereña de la cuenca, y 4) la anotación de la litis en la Inspección General de Justicia, en el Registro Público de Comercio y en los libros de acciones de cada una de las industrias demandadas.

2.2. Los diversos pronunciamientos de la Corte Suprema de Justicia de la Nación.

En primer término, la Corte Suprema entiende que corresponde delimitar con exactitud las pretensiones de las partes. En este sentido, individualiza claramente los dos tipos de reclamos: uno, el que versa sobre la lesión de bienes individuales, circunscribiéndolos al resarcimiento de los daños a las personas y al patrimonio sufridos como consecuencia indirecta del menoscabo al ambiente; el otro, el que tiene por finalidad la defensa del bien de incidencia colectiva, en el cual los actores ejercen una legitimación extraordinaria para tutelar un bien de carácter colectivo por su propia naturaleza indivisible. Agrega que en lo concerniente a la protección del ambiente, la obligación prioritaria es la recomposición y, si no fuera facticamente posible, tendrá lugar el resarcimiento.

Después, procede a analizar su intervención en el caso, en ejercicio de su competencia originaria. En este orden de ideas recuerda que el artículo 7° de la Ley General del Ambiente[6]

---

6 Ley N° 25.675, artículo 7°.- *"La aplicación de esta ley corresponde a los tribunales ordinarios según corresponda por el territorio, la materia, o las personas. En los casos que el acto, omisión o situación generada provoque efectivamente degradación o contaminación en recursos ambientales interjurisdiccionales, la competencia será federal".*

prevé la competencia federal ante supuestos de degradación o contaminación de recursos ambientales interjurisdiccionales; presupuesto que sin duda se encontraba presente en la causa toda vez que estaban involucradas más de una jurisdicción y que justamente el objeto del litigio era la recomposición y resarcimiento del daño de incidencia colectiva al ambiente, es decir que el caso versaba sobre los presupuesto mencionados de degradación y contaminación de recursos ambientales[7].

No obstante, aclara que la declaración de competencia originaria no alcanza la pretensión de indemnización de los perjuicios individuales de los demandantes. Sobre este último aspecto el Alto Tribunal sostuvo: *"(…) no está en tela de juicio que ninguna de las cuatro partes es aforada ante la jurisdicción originaria del Tribunal, en los términos expresados. Son demandadas una provincia, una ciudad autónoma y el Estado Nacional por personas que son vecinos de otro estado -y en algunos casos de la misma provincia- que reclaman la indemnización de daños que habrían sufrido en sus personas y en sus bienes a título individual, en una causa que no es de naturaleza civil (…), ni predominantemente federal a diferencia de la calificada por la materia en el considerando 8°. De haber sido emplazadas por las demandantes en forma autónoma, a éstos ni a ninguna de aquéllas le hubiese correspondido ventilar este asunto ante la jurisdicción originaria que contempla el art. 117 de la Constitución Nacional, pues no se verifica ninguna de las seis situaciones que, con sustento en la doctrina del Tribunal, prevé aquella disposición"* (Considerando 12 del voto de la mayoría).

---

7 La Corte Suprema no mantuvo en pronunciamientos posteriores tan clara definición competencial en otros conflictos ambientales que podrían adecuarse a estos parámetros. Sirva como ejemplo: "Rivarola,Martín Ramón c/ Rutilex Hidrocarburos Argentinos S.A. s/ cese y recomposición del daño ambiental" del 17/5/2011, en Suplemento de Derecho Ambiental de "El Derecho" N° 12.789, Año XLIX, p. 4/6, con disidencia de su presidente, Ricardo Luis Lorenzetti, justamente en este punto.

Por consiguiente, subrayó que el conocimiento de la Corte Suprema en el precedente de marras tendrá por objeto únicamente la tutela del bien colectivo. A su vez, destacó el carácter preeminente que se le concede a la prevención del daño futuro, en atención a que se trata de actos continuados que siguen produciendo contaminación ambiental. Por otro lado, hizo hincapié en el deber de perseguir prioritariamente la recomposición del ambiente, y que finalmente para los daños irreversibles se procederá a su resarcimiento.

En síntesis, la Corte decide: 1) Declarar su competencia originaria respecto a la prevención, recomposición y resarcimiento del daño colectivo individualizado, 2) Declararse incompetente para conocer acerca del resarcimiento de los daños y perjuicios individuales, 3) Ordenar a las empresas demandadas que en un plazo de 30 días presenten un informe sobre los efluentes que arrojan al río –cantidad y descripción de los mismos-, los sistemas de tratamiento de residuos utilizados, y declarar si han contratado los seguros que exige el artículo 22 de la Ley General del Ambiente[8], 4) Intimar al Estado Nacional, a la Ciudad Autónoma de Buenos Aires, a la Provincia de Buenos Aires y al Consejo Federal del Medio Ambiente -COFEMA- a que en el término de 30 días presenten, de conformidad con lo prescripto por la Ley N° 25.675, un plan integrado –artículo 5°[9]- que contenga: a) un

---

8 Ley N° 25.675, artículo 22.- "*Toda persona física o jurídica, pública o privada, que realice actividades riesgosas para el ambiente, los ecosistemas y sus elementos constitutivos, deberá contratar un seguro de cobertura con entidad suficiente para garantizar el financiamiento de la recomposición del daño que en su tipo pudiere producir; asimismo, según el caso y las posibilidades, podrá integrar un fondo de restauración ambiental que posibilite la instrumentación de acciones de reparación*".

9 Ley N° 25.675, artículo 5°.- "*Los distintos niveles de gobierno integrarán en todas sus decisiones y actividades previsiones de carácter ambiental, tendientes a asegurar el cumplimiento de los principios enunciados en la presente ley*".

ordenamiento ambiental del territorio –artículos 8[10], 9[11] y 10[12]-, b) control del desarrollo de actividades antrópicas –artículo 10-, c) estudio de impacto ambiental de las empresas demandas, d) un programa de educación ambiental –artículo 14[13]- y, e) un

---

10 Ley N° 25.675, artículo 8°.- *"Los instrumentos de la política y la gestión ambiental serán los siguientes: 1. El ordenamiento ambiental del territorio. 2. La evaluación de impacto ambiental. 3. El sistema de control sobre el desarrollo de las actividades antrópicas. 4. La educación ambiental. 5. El sistema de diagnóstico e información ambiental. 6. El régimen económico de promoción del desarrollo sustentable".*

11 Ley N° 25.675, artículo 9°.- *"El ordenamiento ambiental desarrollará la estructura de funcionamiento global del territorio de la Nación y se generan mediante la coordinación interjurisdiccional entre los municipios y las provincias, y de éstas y la ciudad de Buenos Aires con la Nación, a través del Consejo Federal de Medio Ambiente (COFEMA); el mismo deberá considerar la concertación de intereses de los distintos sectores de la sociedad entre sí, y de éstos con la administración pública".*

12 Ley N° 25.675, artículo 10.- *"El proceso de ordenamiento ambiental, teniendo en cuenta los aspectos políticos, físicos, sociales, tecnológicos, culturales, económicos, jurídicos y ecológicos de la realidad local, regional y nacional, deberá asegurar el uso ambientalmente adecuado de los recursos ambientales, posibilitar la máxima producción y utilización de los diferentes ecosistemas, garantizar la mínima degradación y desaprovechamiento y promover la participación social, en las decisiones fundamentales del desarrollo sustentable. Asimismo, en la localización de las distintas actividades antrópicas y en el desarrollo de asentamientos humanos, se deberá considerar, en forma prioritaria: a) La vocación de cada zona o región, en función de los recursos ambientales y la sustentabilidad social, económica y ecológica; b) La distribución de la población y sus características particulares; c) La naturaleza y las características particulares de los diferentes biomas; d) Las alteraciones existentes en los biomas por efecto de los asentamientos humanos, de las actividades económicas o de otras actividades humanas o fenómenos naturales; e) La conservación y protección de ecosistemas significativos".*

13 Ley N° 25.675, artículo 14.- *"La educación ambiental constituye el instrumento básico para generar en los ciudadanos, valores, comportamientos y actitudes que sean acordes con un ambiente equilibrado, propendan a la preservación de los recursos naturales y su utilización sostenible, y mejoren la calidad de vida de la población".*

plan de información ambiental –artículo 16[14]-, 5) Convocar a una audiencia pública el día 5 de septiembre del 2006, donde las partes deberán informar sobre lo peticionado, y 6) Diferir hasta que se lleve acabo la audiencia el tratamiento de las medidas cautelares solicitadas.

El 24 de agosto del año 2006, se hizo lugar al pedido de intervención realizado por el Defensor del Pueblo de la Nación, quien desde ese momento forma parte de la causa como tercero. Posteriormente, a través del pronunciamiento de fecha 30 de agosto de 2006, la Corte Suprema acepta la intervención en el mismo carácter de distintas organizaciones no gubernamentales, a saber: Fundación Ambiente y Recursos Naturales -FARN-, Fundación Greenpeace Argentina, Centro de Estudios Legales y Sociales -CELS- y Asociación Vecinos de la Boca. En la misma sentencia, le deniega la calidad de tercero en el proceso requerida por la Fundación Metropolitana, la Fundación Ciudad y la Fundación Poder Ciudadano, en el entendimiento que de sus estatutos no surgía la adecuada vinculación con el objeto del proceso ambiental.

En septiembre del mismo año, se llevó a cabo la primera audiencia pública a la cual concurrieron no sólo la parte actora y la demandada, sino también los terceros reconocidos, es decir las 4 organizaciones no gubernamentales y el Defensor del Pueblo de la Nación.

En esa oportunidad, la Secretaría de Ambiente de la Nación informó que la mayor contaminación ambiental era de origen cloacal, toda vez que prácticamente la totalidad de las

---

14 Ley N° 25.675, artículo 16.- *"Las personas físicas y jurídicas, públicas o privadas, deberán proporcionar la información que esté relacionada con la calidad ambiental y referida a las actividades que desarrollan. Todo habitante podrá obtener de las autoridades la información ambiental que administren y que no se encuentre contemplada legalmente como reservada"*.

descargas contaminantes provenían de líquidos cloacales sin tratamiento.

A su vez, fijó algunos puntos del plan para el saneamiento de la cuenca, basado en cuatros ejes: 1) Institucional, en el que se resaltaba la necesidad de un organismo interjurisdiccional, 2) Saneamiento, haciendo hincapié en la importancia de la realización de obras de infraestructura tales como cloacas y relocalización de industrias, entre otras, 3) Social, poniendo de manifiesto la situación de riesgo de los habitantes del lugar, y 4) Ordenamiento ambiental del territorio, donde se evidenciaba las consecuencias de la ausencia de planificación. También se dispuso la creación de un Comité de Cuenca Interjurisdiccional.

Por su parte, las empresas demandadas pusieron el acento en la visión clásica del derecho de daños, alegando que no estaban presentes los presupuestos necesarios para que se les atribuyera responsabilidad alguna, básicamente porque no había antijuridicidad, puesto que contaban con los respectivos permisos administrativos, ni tampoco existía imputabilidad en términos específicos, siendo las denuncias más bien genéricas.

La segunda audiencia pública se celebró en febrero del 2007, con la finalidad de que las partes rindieran cuentas ante el tribunal. De los cuatro ejes que se habían presentado en la primera audiencia, el que se encontraba mejor posicionado era el referido a la autoridad interjurisdiccional de la cuenca ya que a través de la Ley N° 26.168[15] el Congreso de la Nación había aprobado la creación de la Autoridad de Cuenca Matanza Riachuelo -ACUMAR- compuesta por 8 integrantes y presidida por el titular de la Secretaria de Ambiente y Desarrollo Sustentable de la Jefatura de Gabinete de Ministros, además de 3 representantes del Poder Ejecutivo Nacional, 2 de la Provincia de Buenos Aires y 2 de la Ciudad Autónoma de Buenos Aires.

---

15 Ley N° 26.168, publicada en el Boletín Oficial del 05/06/2006.

El 23 de febrero del 2007 la Corte Suprema ordenó la intervención de la Universidad de Buenos Aires para que en un plazo de 30 días informara acerca la factibilidad del plan de saneamiento de la cuenca hídrica que había sido presentado por los distintos niveles de gobierno en esta segunda audiencia.

Dicho informe fue realizado por cuatro comisiones interdisciplinarias y se expidió sobre cuatro aspectos esenciales: 1) Gestión urbana, analizado por la Facultad de Arquitectura y Urbanismo, 2) Salud, dirigido por la Facultad de Medicina, 3) Control ambiental, examinado por la Facultad de Ingeniería, y 4) Economía institucional, examinado por las Facultades de Ciencias Sociales y de Ciencias Económicas.

La conclusión del documento de la UBA fue muy crítico con respecto al proyecto estudiado. Señaló que no era completo y que se tomaban como base datos obtenidos en el año 1994 que no conservaban ninguna vigencia. Sin perjuicio de ello, la Universidad de Buenos Aires señaló que no había suficiente información para determinar la viabilidad del plan.

El 20 de marzo del 2007, la Corte Suprema admite la intervención en el proceso como tercero interesado de una nueva organización no gubernamental –Asociación Ciudadana por los Derechos Humanos-, dejando sentada su postura a futuro de no admitir ninguna otra petición que pretenda adquirir la misma condición procesal en la causa.

La tercera audiencia pública tuvo lugar en julio de 2007, en la que se debatió sobre el mencionado dictamen de la UBA. A las criticas efectuadas por la entidad académica se sumaron las de algunas empresas denunciadas, quienes plantearon la irrazonabilidad del plan oficial de erradicar los depósitos de productos químicos del Polo Petroquímico de Dock Sud, argumentando que éstos no presentaban un significativo riesgo al ambiente ni a la salud pública.

Se señaló como un avance la aprobación por el Comité Directivo de ACUMAR del Plan Integral de Saneamiento de la Cuenca Matanza-Riachuelo[16].

El 22 de agosto del 2007 el Máximo Tribunal decidió correr traslado de la demanda a las jurisdicciones y empresas involucradas, fijando pautas especiales para la contestación de la misma.

En la cuarta audiencia –noviembre de 2007- los demandados expusieron oralmente los aspectos centrales de su defensa ante la Corte Suprema en pleno.

Las 44 empresas demandadas cuestionaron el criterio de responsabilidad estricto que había adoptado el tribunal, invocando la responsabilidad colectiva y solidaria de todos los demandados, y solicitaron que se citaran en el proceso la totalidad de las industrias radicadas en la cuenca -3.500 empresas- (OGAS MENDEZ, 2008, p. 8).

Después de dos años, el 8 de julio de 2008, la Corte Suprema dictó sentencia definitiva respecto a la prevención del daño futuro y a la recomposición de la Cuenca Matanza-Riachuelo. En el decisorio se establece un programa de políticas públicas de cumplimiento obligatorio, dejando a discrecionalidad de la autoridad competente la elección de los medios para hacerlo efectivo.

El tribunal señala que el plan de saneamiento tiene que cumplir con tres objetivos simultáneos: 1) mejorar la calidad de vida de los habitantes, 2) la recomposición del ambiente en su totalidad, y 3) las medidas de prevención de los daños futuros.

---

16 Resolución ACUMAR N° 08/07, publicada en el Boletín Oficial del 22/01/2008.

La ACUMAR fue encargada de ejecutar el programa, en su carácter de órgano interjurisdiccional, lo que en modo alguno altera la responsabilidad del Estado Nacional, la Provincia de Buenos Aires y la Ciudad Autónoma de Buenos Aires.

Para medir el nivel de cumplimiento de esos objetivos, la autoridad de cuenca tiene que adoptar alguno de los sistemas internacionales de medición, es decir que deberá buscar indicadores, e informar al tribunal competente para la ejecución de sentencia en un plazo de 90 días hábiles.

El contenido del programa es el siguiente (NAPOLI y GARCIA ESPIL, 2010, p. 202):

1) Creación de un Sistema de Información Pública.
2) Informes trimestrales de calidad de agua superficial, subterránea y del aire.
3) Control de contaminación de origen industrial mediante la reconversión del sector, a partir de inspecciones en los establecimientos, declaraciones de agentes contaminantes, clausuras y traslados.
4) Reconversión industrial y relocalización del Polo Petroquímico de Dock Sud.
5) Gestión integral de los residuos sólidos urbanos y saneamiento de basurales a través de medidas preventivas, recuperación de los espacios y relocalización de los asentamientos ahí afincados.
6) Limpieza de márgenes del río y arroyos, transformándolos en áreas recreativas.
7) Urbanización de villas y asentamientos precarios.
8) Obras de infraestructura de expansión de las redes de agua potable, saneamiento cloacal y desagües pluviales.

9) Plan sanitario de emergencia a partir de estudios de diagnostico, vigilancia epidemiológica y programas específicos de atención sanitaria.

En lo que respecta al control del cumplimiento del plan, se establece que la Auditoria General de la Nación realizará un control externo en el ámbito presupuestario. Asimismo, se habilita la participación ciudadana a tal efecto, y se encomienda al Defensor del Pueblo de la Nación la coordinación de dicha participación a través de la creación de un cuerpo colegiado que comprenda a los representantes de las organizaciones no gubernamentales que actúan en la causa como terceros interesados.

Asimismo, se le otorga competencia al Juzgado Federal de Primera Instancia de Quilmes (posteriormente reemplazado por otro de la localidad de Morón) para conocer en todas las cuestiones concernientes a la ejecución de este pronunciamiento y en la revisión de las decisiones finales tomadas por la autoridad de la cuenca. Esta extensión de la competencia originaria de la Corte Suprema establecida en el artículo 117 de la Constitución Nacional resulta razonable en términos prácticos, pero constituye un precedente muy peligroso y de dudosa constitucionalidad[17].

---

[17] La restricción de la competencia originaria de la Corte Suprema hace a la esencia misma del control de constitucionalidad judicial con las características similares al modelo norteamericano que tuvo su origen en el caso "Marbury vs. Madison", y que nuestro tribunal tomó como propio en el caso "Sojo" (1887). En este precedente señaló: "*La jurisdicción originaria y exclusiva de la Corte no está sujeta a las excepciones que pueda establecer el Congreso, limitada como lo está, **no puede ser ampliada ni restringida**; la que está sujeta a reglamentación es la jurisdicción apelada, que puede ser ampliada y restringida por ley, según la organización y reglamentación de los tribunales inferiores, tanto respecto de las cuestiones de hecho como de derecho*" (El resaltado es nuestro).

3. LA CORTE SUPREMA ANTE EL MANDATO CONSTITUCIONAL DE PROVEER A LA PROTECCIÓN DEL DERECHO AL MEDIO AMBIENTE SANO.

En ese marco, y a partir de las directivas emanadas por la Corte Suprema de Justicia de la Nación en el caso de marras -que marca un hito en la materia ambiental en nuestro derecho-, el activismo del tribunal[18] impulsó la sanción de la ley por la cual se crea la "Autoridad Interjurisdiccional de la Cuenca Matanza–Riachuelo" como "ente de derecho público interjurisdiccional", se establece su integración, se dicta su reglamento, se fija su competencia, y se dispone su fuente plurianual de financiamiento, así como su régimen de compras y contrataciones, entre otras disposiciones.

Asimismo, la Corte Suprema de Justicia de la Nación en ejercicio de su competencia originaria[19] avanzó en un verdadero *"leading case"* en procesos colectivos, y apeló a mecanismos trascendentales como las audiencias públicas para delimitar el conflicto e instar a los poderes públicos[20] a la presentación de un plan de remediación de la cuenca, entre otras medidas preliminares. Es oportuno señalar el alcance que le otorga la Corte Suprema a la legitimación procesal para estar a derecho, ya que nos parece importante a fin de concluir con el debate plantea-

---

18 Este activismo judicial del Tribunal vino a suplir la virtual ausencia de los otros dos poderes políticos del Estado –el Ejecutivo y el Legislativo– en una forma por demás valiente aunque arriesgada desde el punto de vista institucional.

19 Con acierto, consideramos que el máximo tribunal deslindó la competencia ordinaria en materia de daños y perjuicios, y mantuvo la originaria en razón del conflicto interjurisdiccional planteado en autos.

20 Dichos poderes públicos no son otros que los referidos en el segundo párrafo del artículo 41 de la Constitución Nacional cuando el constituyente de 1994 impone a "las autoridades" el deber de proveer a la protección del derecho al medio ambiente sano.

do anteriormente sobre la cuestión acerca del reconocimiento del papel de los terceros en juicio y el rol del Defensor del Pueblo de la Nación en este tipo de procesos ambientales.

Queda absolutamente claro que la determinación de la Corte Suprema de avanzar en esta cuestión es una decisión de carácter político, tomada en su rol constitucional de cabeza del Poder Judicial de la Nación, que viene a suplir la falta de una política pública en materia ambiental ante la desaprensión del Congreso de la Nación una vez sancionado el primer paquete legislativo posterior a la reforma constitucional de 1994 de normas de presupuestos mínimos de protección ambiental, y la absoluta negligencia de la autoridad de aplicación de dicha normativa en el ámbito del Poder Ejecutivo (LÓPEZ ALFONSÍN, 2008, p. 4).

En suma, es de destacar la apertura participativa con que la Corte Suprema ha decidido actuar para gestionar este grave conflicto ambiental, así como el hecho de haberse declarado competente en forma originaria para entender en las cuestiones obrantes en la demanda que ofrecían interés institucional relevante, vinculadas con la recomposición del daño ambiental colectivo (JIMÉNEZ, 2008, p. 1). Resta aún a la fecha la cuantificación de este daño en forma definitiva, los mecanismos de reparación integral y la atribución precisa de las responsabilidades de los actores involucrados.

4. LAS PARTICULARIDADES DEL PROCESO ANALIZADO Y SU CARÁCTER DE "LEADING CASE" EN MATERIA DE JUSTICIA AMBIENTAL.

La Corte Suprema, en su condición de interprete final y definitivo de la Constitución Nacional, actúa como un verdadero

"Tribunal de Garantías"[21] al señalar que: *"El reconocimiento de status constitucional del derecho al goce de un ambiente sano, así como la expresa y típica previsión atinente a la obligación de recomponer el daño ambiental no configuran una mera expresión de buenos y deseables propósitos para las generaciones del porvenir, supeditados en su eficacia a una potestad discrecional de los poderes públicos, federales o provinciales, sino la precisa y positiva decisión del constituyente de 1994 de enumerar y jerarquizar con rango supremo a un derecho preexistente, que frente a la supremacía establecida en el art. 31 de la Constitución Nacional y las competencias regladas en el art. 116 de esta Ley Fundamental para la jurisdicción federal, sostienen la intervención de este fuero de naturaleza excepcional para los asuntos en que la afectación se extienda más allá de uno de los estados federados y se persiga la tutela que prevé la Carta Magna"* (Considerando 7° del voto de la mayoría).

Posteriormente afirma la inexistencia en el caso de la información necesaria para expedirse acerca del fondo de la cuestión, por lo que, haciendo uso de las facultades ordenatorias e instructorias que del artículo 32 de la Ley General del Ambiente[22], le solicita a las empresas que produzcan la informa-

---

21 Para ampliar: BIDART CAMPOS, Germán J., "La Corte Suprema, el Tribunal de las Garantías Consttucionales" actualizado por Pablo L. Manili. Editorial Ediar, Buenos Aires, 2010.

22 Ley N° 25.675, artículo 32.- *"La competencia judicial ambiental será la que corresponda a las reglas ordinarias de la competencia. El acceso a la jurisdicción por cuestiones ambientales no admitirá restricciones de ningún tipo o especie. El juez interviniente podrá disponer todas las medidas necesarias para ordenar, conducir o probar los hechos dañosos en el proceso, a fin de proteger efectivamente el interés general. Asimismo, en su sentencia, de acuerdo a las reglas de la sana crítica, el juez podrá extender su fallo a cuestiones no sometidas expresamente su consideración por las partes. En cualquier estado del proceso, aun con carácter de medida precautoria, podrán solicitarse medidas de urgencia, aun sin audiencia de la parte contraria, prestando debida caución por los daños y perjuicios que pudieran producirse. El juez podrá, asimismo, disponerlas, sin petición de parte"*.

ción necesaria, y a los distintos poderes públicos involucrados, como también al COFEMA la elaboración de un plan integral para sanear la cuenca.

En consecuencia, se observa en la propia sentencia, así como en el trámite del proceso colectivo, la utilización de algunas herramientas estratégicas en materia de política ambiental, que, pese a encontrarse reguladas en el ordenamiento jurídico argentino, aún no han conseguido instalarse definitivamente en la práctica jurisprudencial, lo que lo convierte en un decisorio por demás novedoso, precisamente por la implementación de estos mecanismos procesales que usualmente no son tenidos en cuenta por los jueces ordinarios. Concretamente nos referimos a la información pública, la participación ciudadana, las audiencias públicas y al valor probatorio de los dictámenes científicos. Así queda evidenciada la presencia de los tres pilares básicos del principio de la participación ciudadana en materia ambiental, también conocido como la teoría del "triple acceso" receptada en el principio 10 de la Declaración de Río de Janeiro -1992-.

Sin duda en la sentencia en estudio se reconoce la trascendental relevancia que tiene la información en los procesos ambientales. En este sentido, se ordenan varias medidas con la finalidad que el Estado produzca y difunda información, lo que se vincula directamente con la participación de los ciudadanos en el proceso de toma de decisiones. En efecto, el tribunal recoge la idea de que el acceso a la información es *conditio sine qua non* para el adecuado ejercicio de participación ciudadana. Ello por cuanto una comunidad desinformada o informada de manera parcial o inexacta no podrá participar eficazmente y en igualdad de condiciones en las decisiones públicas. También adquiere vital importancia para la defensa de otros derechos reconocidos constitucionalmente, como el derecho a un ambiente sano. Entonces, derivan determinados aspectos positivos del libre acceso a la información pública, los que pueden sintetizarse de la siguiente manera: 1) posibilita la participación ciudadana en los asuntos gubernamentales, 2) mejora la calidad de las decisiones al contar con una ciudadanía informada, 3) permite monitorear y controlar la gestión pública, 4) fomenta la transparencia en la gestión del Estado, lo que redunda en beneficio de la calidad institucional, 4) es un elemento fundamental para la formación de la opinión pública y la construcción de un debate informado y, 6) es una herramienta indispensable para la tutela de otros derechos (FARN, 2010, p. 11/12)[23].

Es del caso mencionar que en la Ley General del Ambiente la información ambiental es concebida como un instrumento esencial ya que el artículo 2 dispone que la política ambiental nacional deberá cumplir con ciertos objetivos, entre los cuales menciona: *"organizar e integrar la información ambiental y asegurar el libre acceso de la población a la misma"*. Además, el artículo 16 incorpora el deber de informar al establecer que: *"Las personas físicas y jurídicas, públicas o privadas, deberán proporcionar la información que este relacionada con la calidad ambiental y referida a las actividades que desarrollan"*.

Por otra parte, el artículo 17 prescribe que *"La autoridad de aplicación deberá desarrollar un sistema nacional integrado de información que administre los datos significativos y relevantes del ambiente, y evalúe la información ambiental disponible (...)"*. Mientras que el artículo 18 señala que *"Las autoridades serán responsables de informar sobre el estado del ambiente y los posibles efectos que sobre él puedan provocar las actividades antrópicas y proyectadas. El Poder Ejecutivo (...) elaborará un informe anual sobre la situación ambiental del país que presentará al Congreso de la Nación (...)"*.

---

23 Fundación Ambiente y Recursos Naturales -FARN-, *Manual de Ciudadanía Ambiental. Herramientas para ejercer los derechos de Acceso a la Información Pública, Participación Ciudadana y Acceso a la Justicia*, Fundación Ambiente y Recursos Naturales, Buenos Aires, 2010, p. 11/12.

En materia ambiental, la Ley N° 25.831[24] garantizó el libre acceso a la información pública ambiental y el Decreto 1172/2003[25] reglamentó el acceso a la información pública en el ámbito del Poder Ejecutivo.

En el fallo *"Mendoza"* la Corte, haciendo un acertado uso de toda la legislación que garantiza el derecho de acceso a la información ambiental, ordenó a la ACUMAR adoptar un sistema de información pública que presente datos actualizados y detallados en forma concreta, clara y accesible al público. Este mandato fue puesto en práctica durante el año 2010, como consecuencia de la sanción que impuso el Juzgado Federal de Quilmes en el mes de agosto. Así se diseñó una nueva página web, se creó un "Centro de Atención telefónica 0-800" y un centro de atención en los municipios de Cañuelas y Esteban Echeverría. En relación a la producción de información pública se registraron ciertos avances, como el monitoreo de la calidad del agua de la cuenca. Sin embargo, no se cumplió con el requisito de vocabulario sencillo en la difusión de la información, a fin de que la misma pueda ser comprendida por la sociedad; muy por el contrario, los informes sobre el estado de la cuenca requieren de un conocimiento técnico para su comprensión (NAPOLI y GARCIA ESPIL, 2011, p. 202/203).

La Ley General del Ambiente prevé dos mecanismos de participación: las audiencias públicas y las consultas a la ciudadanía. El artículo 19 reconoce el derecho de toda persona a ser consultada y a opinar en procedimientos administrativos relacionados con la preservación y protección del ambiente. A título seguido la legislación positiviza el deber de las autoridades de institucionalizar procedimientos de consulta o audiencias públicas como instancias obligatorias para la autorización de

---

24 Ley N° 25.831, publicada en el Boletín Oficial del 07/01/2004.

25 Decreto N° 1172/2003, publicado en el Boletín Oficial del 04/12/2003.

actividades que puedan generar efectos significativos y negativos para el ambiente. En esta cláusula se especifica el carácter no vinculante de la opinión de los individuos para las autoridades, no obstante expresamente dispone que para apartarse de la misma se deberá fundamentar tal decisión.

El artículo 21 regula la participación ciudadana, exclusivamente en los procedimientos de evaluación de impacto ambiental y en los programas de ordenamiento ambiental del territorio.

Con excelentes lineamientos, la Corte Suprema decidió en la causa llevar a cabo una serie de audiencias públicas durante el trámite del proceso que en definitiva contribuyeron a confeccionar el plan integral de saneamiento de la cuenca. Fue el punto de inflexión para avanzar notoriamente respecto a la información pública disponible, como también en la construcción de los consensos necesarios para establecer una política pública en materia de recomposición del ambiente.

Las audiencias públicas son consideradas como una instancia de participación en el proceso de toma de decisiones, donde la autoridad competente habilita un espacio institucional para que quienes puedan verse afectados o tengan algún interés particular expresen su opinión al respecto, la que podrá manifestarse en forma escrita u oral. A los fines de la gestión pública, se erigen en verdaderos espacio de encuentro entre vecinos, organizaciones sociales especializadas, el sector privado, las instituciones técnicas y las autoridades gubernamentales. Este contexto, se presenta como el momento oportuno para plantear las diferentes posturas sobre problemas comunes y encarar los programas tendientes a solucionarlos.

Esta herramienta cumplió en el precedente de referencia la totalidad de las funciones reseñadas, toda vez que resultó trascendental para la implementación del plan de saneamiento de la cuenca. Además, contribuyó notablemente a que las autoridades recepten no sólo el conocimiento técnico de alguno de los actores intervinientes sino también los conflictos que sufrían y aún padecen hasta la fecha los habitantes de la cuenca Matanza-Riachuelo.

En otro orden de ideas, estas audiencias fueron útiles para simplificar el mecanismo procedimental, ya que luego de la exposición verbal, cada parte fue interrogada por los miembros de la Corte Suprema sobre aspectos puntuales del programa, lo que posibilitó solicitar la ampliación de los informes a las empresas demandadas en puntos que los jueces se consideraron insuficientemente informados. En efecto, los jueces no se quedan estáticos esperando en su estrado el expediente terminado listo para resolver, sino que a los fines de empaparse de información implementan la herramienta de la oralidad, y establecen su propio "Reglamento de la Audiencia convocada por Resolución del 20 de junio de 2006" (MACHADO, p. 3).

En dicha reglamentación se deja establecido en forma categórica el objetivo del proceso que no es otro que, *"el cese, la prevención, recomposición y el resarcimiento de la cuenca de los ríos Matanza-Riachuelo"*. Por lo tanto, declara la Corte Suprema que no se admitirán cuestiones extrañas a dicho objeto. Desde esta perspectiva, enuncia la finalidad de las audiencias: *"requerir y obtener de la empresas demandas información pública relativa a las medidas concretas de prevención y recomposición del daño ambiental colectivo"*.

Esta es la base de la Acordada N° 30/2007, mediante la cual la Corte Suprema reglamenta en general el proceso de audiencias públicas. En primer lugar, establece que el tribunal podrá convocar a audiencias públicas cuando así lo dispongan al menos tres jueces. En segundo lugar, clasifica las audiencias en tres tipos diferentes: 1) Informativa, cuyo objeto es escuchar e interrogar a las partes sobre aspectos del litigio. En éstas, las partes podrán nombrar un abogado que las represente, quien deberá presentar un resumen por escrito con 48 horas de anticipación del alegato y su exposición oral no podrá extenderse de los 20 minutos. También podrán ser citados los "amicus curiae" para realizar exposiciones orales, 2) Conciliatoria, en las que se instará a las partes a la búsqueda de soluciones no adversariales. Acá también cada parte deberá llevar un resumen de sus pretensiones por escrito, que tiene que ser presentado con 48 horas de antelación, y 3) Ordenatoria, la que tendrá por finalidad adoptar las medidas necesarias a fin de encauzar el procedimiento para mejorar la tramitación de la causa. A su vez, se indica que la finalidad de cualquier tipología de audiencia será detallada en el acto de su convocatoria. En éstas el resumen de las partes deberá versar sobre su opinión acerca de los puntos fijados en el acto de convocatoria.

La acordada en cuestión categóricamente especifica el carácter público de las audiencias. No obstante, se señalan ciertas pautas que deberán observarse en el funcionamiento de esta herramienta de transparencia del proceso, tales como la prioridad de asistencia de las partes y quienes ellas designen, y luego el público en general hasta el número de personas que fije el tribunal de acuerdo con la disponibilidad de espacio. En cuarto lugar, se contempla la posibilidad de darle participación en las mismas al Ministerio Público Fiscal y de la Defensa Pública.

Finalmente, la acordada dispone que las audiencias serán grabadas y filmadas, constituyendo ello suficiente medio de prueba, sin perjuicio de la transcripción taquigráfica. Las actas de las mismas serán también públicas y accesibles a cualquier interesado.

En este sentido, puede afirmarse que la causa "Mendoza" fue el punto de inflexión para la consagración de esta herramienta estratégica en los procesos ambientales, de conformidad con lo que prescribe la Ley General del Ambiente y, coadyuvó notablemente a garantizar el principio de la participación ciudadana, pilar básico de la protección ambiental.

No es ocioso señalar, también, que durante el año 2010 ACUMAR convocó las dos primeras reuniones de la Comisión de Participación Social, creada por el artículo 4° de la Ley N° 26.168[26].

No menos novedoso e importante resultó la decisión del tribunal de darle intervención a la UBA luego de realizada la segunda audiencia pública para que dictaminara acerca de la factibilidad o no del plan de saneamiento de la cuenca presentado por la autoridad ambiental nacional. En este aspecto, hay varios elementos que merecen ser destacados.

Con acierto la Corte Suprema decidió hacer uso de las facultades ordenatorias e instructorias que la legislación le confiere, a fin de proteger el interés general. Recuérdese que el ya citado artículo 32 de la Ley General del Ambiente expresamente apunta que: *"El juez interviniente podrá disponer todas las medidas necesarias para ordenar, conducir o probar los hechos dañosos en el proceso, a fin de proteger efectivamente el interés general"*.

En ejercicio de estas atribuciones el tribunal requiere este informe de la universidad nacional, en forma previa a expedirse sobre las medidas cautelares peticionadas por la parte actora.

Sin embargo, el ejercicio de facultades legalmente atribuidas por parte del tribunal no se detuvo ahí y dió un paso más al convocar a una comisión técnica multidisciplinaria de la UBA para evaluar la viabilidad del plan de saneamiento presentado. En este sentido, es importante tener en cuenta que el artículo 33 de la Ley General del Ambiente prescribe: *"Los dictámenes emitidos por organismos del Estado sobre daño ambiental, agregados al proceso, tendrán la fuerza probatoria de los informes periciales, sin perjuicio del derecho de las partes a su impugnación (…)"*.

---

[26] Ley N° 26.168, artículo 4°.- *"Créase en el ámbito de la Autoridad de Cuenca Matanza Riachuelo, una Comisión de Participación Social, con funciones consultivas. Esta Comisión estará integrada por representantes de las organizaciones con intereses en el área"*.

En esta cláusula queda establecida una tasación de los dictámenes confeccionados por organismos del Estado sobre daño ambiental, que se diferencia sustancialmente de las reglas ordinarias sobre la apreciación de la prueba documental, la que sólo es tenida en cuenta como prueba indicativa según las reglas de la sana critica. Entonces, al procedimiento ambiental ingresa una valoración probatoria tasada, imponiéndole al juez de la causa una regla que se aleja del sistema de las libres convicciones, ya que en estos juicios los dictámenes de organismos del Estado adicionados al proceso adquieren la fuerza probatoria de los informes periciales. Formalmente se trata de una prueba documental, sin embargo tiene el valor material de una pericia, cuyo valor no será el simple indicio sino el de prueba pericial científica (ESAIN, 2010, p. 123).

Se conjuga así en el caso la articulación de una medida preliminar, ordenatoria e instructoria del proceso, con la necesidad de un adecuado acceso a la información pública por parte del tribunal y la sociedad, con participación de actores sociales trascendentes como son las organizaciones no gubernamentales intervinientes. Aquí es donde se advierte la especial relevancia que posee la elección de mecanismos institucionales que posibiliten la efectiva adopción de un modelo de desarrollo sustentable. En tal sentido, *"el 'ropaje' institucional adecuado debe encuadrarse dentro de los lineamientos de una democracia participativa"* (JIMENEZ, 2008, p. 8).

Por otra parte, tal como se señalaba con anterioridad, el informe técnico de la UBA fue desarrollado por un cuerpo interdisciplinario. El punto de inicio es el análisis de los problemas a partir de una nueva estrategia, orientada al estudio de problemáticas y no de temas. Estas problemáticas para ser abordadas en su totalidad, deben ser examinadas por un *pool* de disciplinas, lo cual sin duda es diametralmente opuesto a la postulación moderna que conceptualiza las ciencias naturales y a las culturales como dos compartimientos estancos, con objetos de estudios exclusivos de cada una. La complejidad que revisten las cuestiones ambientales pone en evidencia la imposibilidad de analizar los fenómenos bajo este esquema moderno. En efecto, no es posible compartimentalizar los problemas y que cada disciplina estudie los aspectos "artificialmente separados" de una problemática, sin entrar en dialogo con los demás especialistas que se encuentran abordando el mismo problema global. Siguiendo esta línea argumental, puede aseverarse que se requiere contar con un enfoque caracterizado por la transdisciplina que examine la problemática con todas sus aristas y que permita un análisis en conjunto por parte de los diferentes expertos (BERROS y SOZZO, 2009, p. 17).

Se trata de una nueva relación entre la ciencia y el derecho, dado que actualmente la ciencia puede alcanzar un grado de conocimiento relevante sobre los fenómenos naturales que antes eran imprevisibles. Ello hace que los poderes públicos la tomen en cuenta al momento de tomar decisiones, y de esta forma la ciencia ocupa un espacio cada vez más amplio en las agendas públicas (STEVE PARDO, 2009, p. 38/40).

Esta situación puede apreciarse con total nitidez en la sentencia que nos ocupa, donde el tribunal reconoce el valor trascendental que posee la ciencia a la hora de decidir sobre cuestiones ambientales y, a su vez, entiende la necesidad de que las distintas disciplinas actúen en forma conjunta para alcanzar una situación integral del problema con todas las aristas involucradas de manera eficaz.

BIBLIOGRAFÍA

BERROS, M. Valeria y SOZZO, Gonzalo, "Una agenda para el principio precautorio", Revista Crítica de Derecho Privado N° 6-2009, LL, Uruguay.

BIDART CAMPOS, Germán J., "La Corte Suprema, el Tribunal de las Garantías Consttucionales" actualizado por Pablo L. Manili. Editorial Ediar, Buenos Aires, 2010.

ESAIN, José A., "La justicia para el desarrollo sostenible. Jurisprudencia ambiental en doscientos años de Argentina", en *Informe Ambiental Anual 2010 de la Fundación Ambiente y Recursos Naturales*, 2010.

FUNDACIÓN AMBIENTE Y RECURSOS NATURALES -FARN-, *Manual de Ciudadanía Ambiental. Herramientas para ejercer los derechos de Acceso a la Información Pública, Participación Ciudadana y Acceso a la Justicia*, Fundación Ambiente y Recursos Naturales, Buenos Aires, 2010.

JIMÉNEZ, Eduardo P., "Breves reflexiones acerca de la actuación originaria de la Corte Suprema de Justicia de la Nación (En materia de prevención y recomposición del daño ambiental colectivo)", Suplemento Ambiental LL, 16/05/2008.

LÓPEZ ALFONSÍN, Marcelo A., "La Corte marca la política ambiental nacional Los peligros de la 'bala de oro'", LL Sup. Amb. 16/05/2008.

MACHADO, Mariela, "Improntas procesales derivadas de la causa 'Mendoza'", El Dial.

NAPOLI, Andrés y GARCIA ESPIL, Javier, "Recomposición Ambiental de la Cuenca Matanza-Riachuelo: Una oportunidad histórica que aún reclama un fuerte compromiso político y más eficiencia en la gestión", en DI PAOLA, María Eugenia y SANGALLI, Federico (ed.), *Informe Ambiental Anual 2010 de la Fundación Ambiente y Recursos Naturales*, Fundación Ambiente y Recursos Naturales -FARN-, 2010.

NAPOLI, Andrés y GARCIA ESPIL, Javier, "Riachuelo: Hacer hoy pensando en la cuenca del mañana", en DI PAOLA, María Eugenia y SANGALLI, Federico (ed.), *Informe Ambiental Anual 2011 de la Fundación Ambiente y Recursos Naturales*, Fundación Ambiente y Recursos Naturales -FARN-, 2011.

NAPOLI, Andrés y GARCIA ESPIL, Javier, "Riachuelo: Hacer hoy pensando en la cuenca del mañana", en *Informe Ambiental Anual 2011 de la Fundación Ambiente y Recursos Naturales*, 2011.

OGAS MENDEZ, Cintia, "Cronología de la causa 'Mendoza Beatriz Silvia y otros c/ Estado Nacional y otros s/ daños y perjuicios (daños derivados de la contaminación ambiental)'", Suplemento Ambiental El Dial, 21/10/2008.

STEVE PARDO, José, *El desconcierto del Leviatán. Política y derecho ante las incertidumbres de la ciencia*, Editorial Marcial Pons, Madrid, España, 2009.

Capítulo 15.

Justicia hídrica y reconocimiento de derecho a los ríos en Colombia.

MARÍA DEL PILAR GARCÍA PACHÓN
JUAN DIEGO RODRÍGUEZ ACUÑA

1. INTRODUCCIÓN

Este artículo destaca los desafíos significativos que enfrenta el recurso hídrico en Colombia, lugar en donde a pesar de existir una relativa abundancia de este vital recurso, paradójicamente, una parte considerable de la población experimenta la falta de acceso a agua de calidad y en cantidades suficientes, incumpliendo así con las condiciones establecidas por la Observación General No. 15, que determina las condiciones para alcanzar el derecho humano al agua. Este hecho revela la existencia de una problemática de injusticia hídrica en Colombia, donde el acceso desigual y la calidad variable del agua perpetúan disparidades sociales y medioambientales.

En este contexto, se destaca la pertinencia del concepto de justicia hídrica como una herramienta esencial para abordar las inequidades existentes. La justicia hídrica no solo se presenta como una respuesta necesaria a las deficiencias en la distribución y calidad del agua, sino también como un enfoque integral para entender y resolver eficazmente los conflictos relacionados con la gestión y gobernanza hídrica. A través de este prisma, se busca equilibrar la asignación equitativa de recursos hídricos, considerando no solo la disponibilidad del recurso, sino también las necesidades y derechos de las comunidades que dependen de él.

Después de haber identificado algunos de los elementos fundamentales del concepto de justicia hídrica, resulta imperativo someter a un análisis crítico la eficacia del reconocimiento de derechos a la naturaleza como herramienta para alcanzar la justicia hídrica. Este examen se llevará a cabo mediante la exploración de casos específicos de conflictos relacionados con el agua, en los cuales las decisiones judiciales se fundamentan en este innovador reconocimiento de derechos a la naturaleza. Se constata que el reconocimiento de derechos a la naturaleza, ya sea considerado como un paradigma jurídico en evolución o como una nueva forma de consenso democrático, ha surgido como un enfoque debatible para la protección de los recursos hídricos. Identificamos que su aplicación específica en el contexto colombiano ha enfrentado dificultades significativas, las cuales podrían tener raíces en la misma decisión judicial que establece este reconocimiento.

2. EL ESTADO DE LAS AGUAS EN COLOMBIA

El Estudio Nacional del Agua de Colombia del año 2022[1], reitera la extraordinaria riqueza hídrica que caracteriza al país en la actualidad. Este informe destaca que el 90% del territorio colombiano dispone de una oferta hídrica natural que exhibe niveles significativos de excedentes de agua. Cuando se analiza esta riqueza hídrica a escala regional, se observa una distribución diversa en las áreas hidrográficas del país. En particular,

---

1 IDEAM. *Estudio Nacional del Agua 2022*. Bogotá: Ideam. 2023. Recuperado el 1 de junio de 2023, de http://www.ideam.gov.co/documents/14691/125666586/Estudio+Nacional+del+Agua+2022.pdf/53245d68-d879-477e-8dbe-f343e4fe0b9f?version=1.0

las regiones del Caribe y Magdalena-Cauca presentan limitaciones en comparación con las áreas de Pacífico, Orinoco y Amazonas, que se destacan como espacios con altos excedentes hídricos[2].

A pesar de esta relativa abundancia, no todos los colombianos tienen asegurado su derecho humano al agua en las condiciones determinadas por la Observación General No. 15[3], situación que se agrava en las zonas rurales del país. De acuerdo a declaraciones de la Ministra de Vivienda, Ciudad y Territorio de Colombia: "el 31 % de la población es decir, 5,2 millones de hogares, se encuentran en déficit... el 20,4 % de déficit es urbano y 68,2 %, rural...3,97 millones de hogares presentan déficit cualitativo"[4] La grave situación en los espacios rurales ha sido reconocida en

---

2 Conforme al Estudio: "el país cuenta con una gran riqueza hídrica, ya que cerca del 90% del país se cataloga entre moderado a altos excedentes de agua. Sin embargo, se resalta el norte del país, desde los departamentos de Córdoba, Sucre y Norte de Santander hasta La Guajira, ya que, con excepción de la Sierra Nevada de Santa Marta, es la zona dónde se concentran las áreas deficitarias en términos hídricos, lo que hace a esta región mucho más vulnerable a la degradación. Además, en la parte más alta de las cordilleras, alrededor de las grandes ciudades, como Medellín, Bucaramanga, Tunja, Bogotá, Neiva y Cali, se reconocen zonas con déficits en la categoría de moderado a deficitario"

3 El 28 de julio de 2010, por medio de la Resolución 64/292, Naciones Unidas reconoció el derecho humano al agua y al saneamiento como indispensables para el logro de todos los derechos humanos. En noviembre se ese mismo año, por medio de la Observación General No. 15 definió que "El derecho humano al agua es el derecho de todos a disponer de agua suficiente, salubre, aceptable, accesible y asequible para el uso personal y doméstico".

4 MVCT. *La política de vivienda y agua en Colombia debe dirigirse al medio país históricamente desatendido.* MVCT. Bogotá, 2022. Recuperado el 5 de octubre de 2023, de https://minvivienda.gov.co/sala-de-prensa/la-politica-de-vivienda-y-agua-en-colombia-debe-dirigirse-al-medio-pais-historicamente-desatendido-minvivienda

instrumentos de política pública, planes nacionales de desarrollo[5] y otros instrumentos, no obstante, las medidas para solucionar esta brecha siguen siendo insuficientes.

Estas insuficiencias, intentan ser solucionadas en la práctica a través de diferentes medios de acceso. Según la encuesta nacional de calidad de vida para población campesina del año 2022[6] en 5.336 cabeceras municipales, centros poblados rurales y viviendas rurales dispersas encuestadas, se encontró que las fuentes de aprovisionamiento de agua son: acueducto público: 2269 (42,52%), acueducto comunal 1364 (25,56%), pozo con bomba 261 (4,8%), río, quebrada, manantial o nacimiento 680 (12,74%), carrotanque 30 (0,56%), aguatero 45 (0.84%), agua embotellada o en bolsa 42 (0,7%) y pila pública 8 (0,14%).

En cuanto a la calidad del agua, los datos revelan notables disparidades entre las aguas distribuidas en entornos urbanos y rurales. A nivel nacional, el índice de riesgo de la calidad del agua para consumo humano (IRCA) [7] de los proveedores de servicios de acueducto fue clasificado mayoritariamente como "bajo", con un 8.77%. El 79.95% de las muestras tomadas se

---

5 Entre estos instrumentos están: Plan Nacional de Abastecimiento de Agua Potable Y Saneamiento Básico Rural, Política Pública de gestión comunitaria del agua y el saneamiento básico, establecida en el Artículo 274 del Plan Nacional de Desarrollo del Gobierno Nacional, Plan Nacional de Manejo de Aguas Residuales Municipales (PMAR) 2020 – 2050, entre otros.

6 DANE. *Encuesta Nacional de Calidad de Vida para población campesina 2022*. DANE, Bogotá, 2022. Recuperado el 1 de octubre de 2023, de https://www.dane.gov.co/index.php/estadisticas-por-tema/salud/calidad-de-vida-ecv/encuesta-nacional-de-calidad-de-vida-ecv-2022

7 El Índice de Riesgo de la Calidad del Agua (IRCA) es "el grado de riesgo de ocurrencia de enfermedades relacionadas con el no cumplimiento de las características físicas, químicas y microbiológicas del agua para consumo humano." (art. 12. Decreto 1575 de 2007).

categorizaron como "sin riesgo", el 1.44% como "riesgo bajo", el 9.19% como "riesgo medio", el 5.84% como "riesgo alto" y el 3.59% como "inviable sanitariamente".

Lastimosamente, las mayores dificultades de calidad parecen concentrarse en el sector rural. Según datos proporcionados por la Superintendencia de Servicios Públicos Domiciliarios[8], de los 3787 operadores rurales de servicios de acueducto en el país, 833 proveedores ofrecen aguas consideradas "inviables sanitariamente" (40.49%), 1218 suministran aguas con un índice de riesgo alto (59.38%), 423 con riesgo medio (7.92%), 283 con riesgo bajo (5.30%), y solo el 10.92% recibe agua sin riesgo.

La limitada gestión de los recursos hídricos en Colombia ha tenido un impacto negativo en la calidad del agua. En el Mapa 1, se presentan los informes de las Direcciones Territoriales de Salud (DTS), que indican las concentraciones de sustancias químicas. Según el Informe Nacional de Calidad del Agua para Consumo Humano, las DTS con mayor notificación de concentraciones de sustancias químicas durante el año 2021 fueron Antioquia (5,040 notificaciones), Bogotá (3,882 notificaciones), Boyacá (3,746 notificaciones), Tolima (3,578 notificaciones), Nariño (3,325 notificaciones), Cundinamarca (2,873 notificaciones), Santander (1,864 notificaciones), Risaralda (1,749 notificaciones), Bolívar (1,185 notificaciones) y Caldas (1,148 notificaciones)[9]. Antioquia destaca por tener la mayor cobertura de datos, informando concentraciones para todas las sustancias químicas de interés en salud pública,

---

8 SSPD. (2023). *Información Rural.* Bogotá.

9 MINSALUD. *Informe Nacional de la Calidad de agua para Consumo Humano–INCA 2021.* Bogotá: MinSalud. 2023. Recuperado el 1 de julio de 2023, de https://minvivienda.gov.co/sites/default/files/documentos/informe-nacional-de-calidad-del-agua-para-consumo-humano-inca-2021.pdf

excepto el antimonio (Sb). Le sigue Cundinamarca, que proporciona datos sobre 9 sustancias, y Bogotá, Valle del Cauca y Guainía, que informan datos sobre 5 sustancias de interés en salud pública. El mayor volumen de datos se concentra en el hierro total (Fe total), magnesio (Mg) y aluminio (Al)[10].

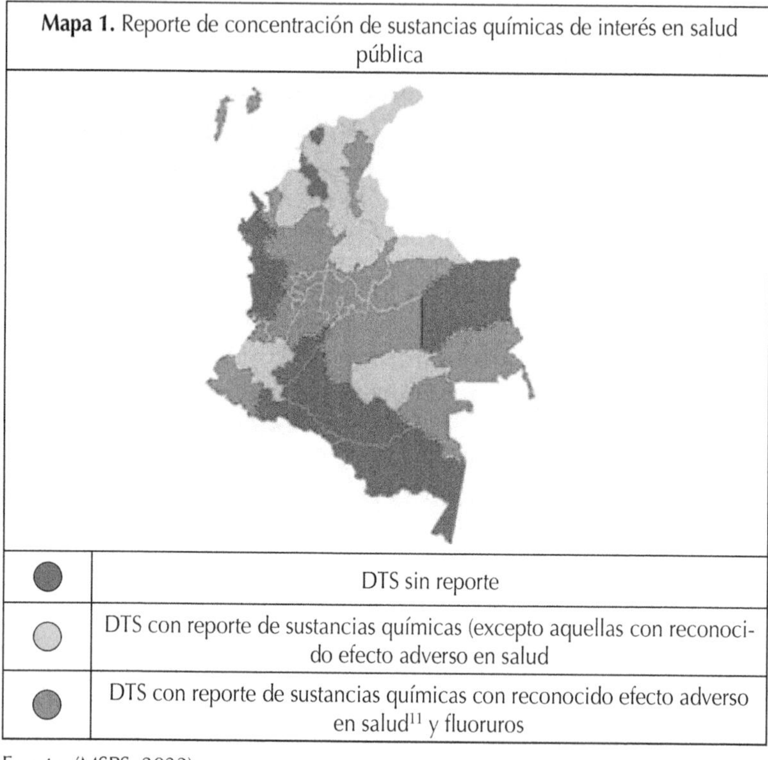

Mapa 1. Reporte de concentración de sustancias químicas de interés en salud pública

Fuente: (MSPS, 2023)

10 Ibidem.

11 Antimonio (Sb), Arsénico (As), Cadmio (Cd), Cloro Volátil (CV), Cromo total (Cr total), Mercurio (Hg), Plomo (Pb), Selenio (Se), Subproductos de la desinfección (Trihalometanos–THM), y Hidrocarburos Aromáticos Policíclicos (HAPs).

Las deficiencias en los sistemas de potabilización de agua se ven agravadas por las dificultades en los servicios de saneamiento y el escaso o nulo tratamiento de las aguas residuales, situación que también se agrava en las zonas rurales. Según datos recopilados por el DANE[12], en las zonas rurales se encuestaron 5336 hogares ubicados en cabeceras, centros poblados y viviendas rurales dispersas. De este conjunto, el 38.4% (2053) contaba con un inodoro conectado a alcantarillado, el 46.1% (2460) disponía de un inodoro conectado a pozo séptico, el 1.8% (99 hogares) utilizaba inodoros sin conexión, el 1.4% (78 hogares) optaba por letrinas, el 0.45% (215 hogares) tenía inodoros con descarga directa a fuentes de agua (bajamar), y un 8.09% (432 hogares) de las viviendas rurales carecían por completo de servicio sanitario.

En lo que respecta al tratamiento de aguas residuales municipales, Colombia ha experimentado cierto progreso si comparamos los resultados actuales con los alcanzados en 2010, cuando el tratamiento alcanzaba solo el 24.93%[13]. Aunque se han logrado avances, persisten desafíos significativos. Según datos de la SSPD[14], el 53.12% de las aguas residuales municipales fueron tratadas en el año 2021. No obstante, el país ha reconocido la necesidad de mejoras sustanciales y ha señalado metas ambiciosas, buscando alcanzar cl 68.60% para el año 2030 y el

---

12 DANE. *Encuesta Nacional de Calidad de Vida para población campesina 2022*. DANE, Bogotá, 2022. Recuperado el 1 de octubre de 2023, de https://www.dane.gov.co/index.php/estadisticas-por-tema/salud/calidad-de-vida-ecv/encuesta-nacional-de-calidad-de-vida-ecv-2022

13 MAVDT. *Política Nacional para la Gestión Integral del Recurso Hídrico*. Bogotá, 2010. 126p.

14 SSPD. *Informe sectorial de los servicios públicos domiciliarios de acueducto y alcantarillado. Vigencia 2021"*. SSPD, Bogotá. 2023. Recuperado el 6 de octubre de 2023, de https://www.superservicios.gov.co/sites/default/files/inline-files/Informe-sectorial-SSPD-de-Acueducto-y-Alcantarillado-2021.pdf

80% para el año 2050, conforme a los objetivos delineados en el PMAR.

Con todo, la pobre gestión del agua en Colombia se ve reflejada igualmente en la calidad del recurso para otros usos distintos al abastecimiento humano. Un indicador que puede reflejar la situación es el índice de calidad del agua (ICA) el cual es un número (entre 0 y 1) que refleja el nivel de calidad de un cuerpo de agua. Este indicador evalúa las condiciones físicas, químicas y, en algunos casos, microbiológicas del cuerpo de agua, proporcionando señales de posibles problemas de contaminación, independientemente de su uso específico en beneficio humano[15]. El ENA 2022[16], explica que el ICA, para el 2021, se calculó con las mediciones de las seis variables (Oxígeno Disuelto (OD), Demanda Química de Oxígeno (DQO), Sólidos Suspendidos Totales (SST), Conductividad Eléctrica (CE), Potencial de Hidrógeno (pH), Relación de Nitrógeno Total a Fósforo Total (NT/PT).) los resultados permitieron evidenciar que ningún punto de los monitoreado se calificó con categoría de "muy malo", no obstante, con descriptor "malo" se calificaron las corrientes Bogotá, Magdalena, Lebrija, Opón, Pamplonita, Negro, Sogamoso, Villeta, Guayuriba, Güejar, La Vieja y Lagunilla, entre otras.

Como puede observarse, la situación del agua en Colombia es compleja y esta revestida de desafíos medulares en términos de distribución, acceso, calidad y preservación del recurso hídrico. A pesar de la abundancia relativa de recursos hídricos, la distribución hidrográfica desigual representa un obstáculo importante para asegurar que todos los colombianos tengan acceso equitativo a este recurso vital para todos los usos. La disparidad entre las áreas urbanas y rurales subraya la necesidad apremiante

---

15 IDEAM. *Indicadores*. Bogotá. IDEAM, s,f. Recuperado el 10 de octubre de 2023, de http://www.ideam.gov.co/web/agua/indicadores1

16 IDEAM 2022, op.Cit

de abordar las brechas existentes, especialmente en las regiones más apartadas y vulnerables y evidencia un altísimo potencial de conflicto, que será aún más complejo cuando en el esenario del litigio actores que merecen especial protección constitucional como niños, comunidades indígenas, afrodecendientes o campesinas, entre otros, estén reclamando justicia hídrica.

3. LA JUSTICIA HÍDRICA. CONCEPTO Y ELEMENTOS.

Hemos definido a la justicia hídrica como "aquel tipo de justicia en la que los derechos humanos individuales, colectivos, comunitarios y étnicos relacionados el recurso hídrico son protegidos prioritariamente, al tiempo que se impulsan acciones dirigidas a lograr una adecuada gobernanza de las aguas, así como la protección y conservación del recurso hídrico para las generaciones actuales y futuras. Las condiciones para lograr este tipo de justicia por parte del juez estarán condicionadas por el conocimiento especializado del juez en derecho de aguas, derecho ambiental y derecho público. Esta expertticia jurídica deberá estar acompañada por solvencia técnica y científica sobre los asuntos que son objeto de análisis en el caso concreto, ese conocimiento podría conseguirse en los tribunales con jueces no abogados que solventen con su pericia técnica o científica estas necesidades y den completitud a la decisión, debe entenderse que si hay error en el sustento técnico o jurídico"[17]

La propuesta conceptual que se planteó buscó trascender la noción básica de justicia, entendida como el principio de "dar

---

17 GARCÍA PACHÓN, M. "Justicia hídríca. Aproximación Conceptual", *Información, participación y Justicia Ambiental. Herramientas para alcanzar el desarrollo sostenible y la democracia ambiental.* Universidad Externado de Colombia, Bogotá, 2020, pp. 479-507.

a cada uno lo que le corresponde". En este empeño, se integraron elementos de diversos enfoques filosóficos e iusfilosóficos, aportados por pensadores como Sandel[18], Sen[19] y Ross[20], quienes identifican los paradigmas de libertad, felicidad, igualdad y bien común como fundamentales en la búsqueda de la justicia contemporánea.

Luego, entendiendo a la justicia como una necesidad latente en un mundo en crisis hídrica, analizamos diversas propuestas de conceptualización del término "justicia hídrica" realizadas por la doctrina y organizaciones internacionales, las cuales nos permitieron evidenciar que en la resolución de conflictos por el agua es importante procurar la defensa de derechos humanos individuales, colectivos, comunitarios o étnicos amenazados o vulnerados y paralelamente es necesario impulsar acciones dirigidas a lograr una gestión integrada de recursos hídricos a través de la adecuada gobernanza del agua.

Nuestro análisis también reconoció que al juez o la administración encargada de solucionar el caso, le corresponde un actuar diligente que le permita la identificación plena del espacio hídrico, biológico, ambiental, económico y social en el que se desarrolla el conflicto de manera tal que pueda dar una respuesta adecuada con el fin de realizar los valores del ordenamiento jurídico[21]. Este análisis igualmente tuvo en cuenta la experiencia de los tribunales judiciales especializados en asuntos de agua y los principios de la Declaración de Jueces de Justicia del Agua de Brasilia, que identificó principios sobre

---

18 SANDEL, M.J. *Justicia.: ¿Hacemos lo que debemos?.* Trad. Juan Pedro Campos. Penguin Randon House. Barcelona, 2011. p. 352

19 SEN, A.. *La idea de Justicia.* Trad. Hernando Valencia Villa, Taurus. Buenos Aires, 2011, p. 499

20 ROSS, A. *Sobre el derecho y la justicia.* Buenos Aires : Editorial Universitaria, 1997, p.468.

21 GARCÍA PACHÓN, M. 2020, Op.cit

aspectos que resultan esenciales para que en el ejercicio jurisdiccional se logre una verdadera justicia hídrica.

Luego de pasados unos años de exponer esta propuesta conceptual, parece oportuno examinar con cierto detalle algunos de los elementos que permiten alcanzar la justicia hídrica, entre los cuales abordaremos: tutela de los derechos humanos afectados por el conflicto del agua, adecuada gobernanza de las aguas, protección y conservación efectiva del recurso hídrico, análisis y solución integral de la problemática y del conflicto por parte del juez.

3.1. Tutela de los derechos humanos afectados por el conflicto del agua

La vulneración del derecho humano al agua conlleva repercusiones directas en otros derechos fundamentales. El acceso al agua, conforme a las condiciones establecidas en la Observación General No.15, se erige como un requisito fundamental para la realización de diversos derechos humanos, entre los cuales se encuentran la alimentación, la salud, la vida, el trabajo, la intimidad, entre otros. Puede afirmarse que existe un "nexo" indisociable entre el derecho humano al agua y otros derechos fundamentales, una conexión evidenciada en el párrafo 1 del artículo 1 del Pacto Internacional de Derechos Económicos, Sociales y Culturales. Este artículo identifica las condiciones esenciales para alcanzar un nivel de vida adecuado, haciendo referencia, a modo de ejemplo, a la alimentación, el vestido y la vivienda, todos los cuales dependen de manera indispensable del acceso al agua.

Otros derechos como los derechos a la participación, al acceso a la información, a la identidad cultural, a la igualdad, al territorio, podrían igualmente verse vulnerados en casos de conflicto por el agua. La vulneración del derecho humano en agua podría llegar a tener impacto significativo cuando se afecta la capacidad de una comunidad para involucrarse en la toma de decisiones relacionadas con los recursos hídricos, del mismo modo, podrían verse limitadas las posibilidades de participación si el derecho a la información transparente sobre la gestión del agua fuese limitado por aquel que resguarda información sobre el líquido vital. La identidad cultural de comunidades negras, indígenas o campesinas que dependen de manera extraordinaria del acceso a los recursos hídricos podría haberse también amenazada, pues de la tutela efectiva que se logre al derecho humano al agua, pueden depender tradiciones y prácticas culturales.

Podría afirmarse entonces que para lograr la justicia hídrica, es necesario que el juez tome decisiones con enfoque basado en los derechos humanos, lo cual implica entre otros aspectos centrales identificar claramente los titulares de los derechos relacionados con el agua afectados, así como los agentes obligados a garantizar su cumplimiento[22].

3.2. Adecuada Gobernanza de las aguas

La OCDE define la gobernanza del agua como el "abanico de reglas, prácticas y procesos (formales e informales) políticos, institucionales y administrativos a través de los cuales se toman e implementan decisiones, los actores pueden articular sus intereses y que sus inquietudes sean tomadas en consideración, y los tomadores de decisiones rinden cuentas por su gestión del agua"[23].La gobernanza implica el relacionamiento

---

22 UNFPA. *El enfoque basado en Derechos Humanos.* s,f. Recuperado el 5 de octubre de 2023 de https://www.unfpa.org/es/el-enfoque-basado-en-los-derechos-humanos

23 OCDE. *Marco de Indicadores de Gobernanza del Agua de la OCDE.* Recuperado el 19 de octubre de: https://www.oecd.org/cfe/regionaldevelopment/OECD-Water-Governance-Indicator-Framework-Spanish-version.pdf

de las entidades encargadas de la administración del agua con los stakeholders, grupos sociales y colectivos que podrían verse afectados o que están relacionados con las decisiones alrededor del agua.

En línea con esta perspectiva, Boelens, Perreault & Vos[24] proponen una noción de justicia hídrica fundamentada en la idea de "gobernanza a través de la naturaleza". Afirman que es necesario promover una perspectiva relacional que comprende la forma en la que las personas diversas ven y definen la justicia dentro de un contexto, historia y tiempo determinados. Es decir, no basta con desarrollar medios que de manera uniforme atiendan las necesidades de los usuarios del agua, se deben adelantar acciones que permitan entender los contextos heterogéneos de donde provienen las partes afectadas en el marco del conflicto por el agua para procurar atender adecuadamente desde la decisión judicial o administrativa dicha particularidad.

Incluso en contextos de comunidades indígenas, negras o campesinas, no podría darse por sentado que cada una de ellas tienen las mismas expectativas, creencias y objetivos en cuanto a la maner en la que espera que se gestione el agua al interior de sus territorios. Debe reconocerse que cada comunidad posee su propia diversidad interna, con perspectivas individuales y colectivas que pueden variar significativamente, tal y como lo

---

24 BOELENS, R., PERREAULT, T., & VOS, J. "The Multiple Challenges and Layers of Water Justice Struggles". En R. Boelens, J. Vos, & T. Perreault, *Water Justice.* pp 1-32. Cambridge University Press. 2018. Recuperado el 1 de mayo de 2020, de : https://www.cambridge.org/core/services/aop-cambridge-core/content/view/3EDEFDED451F29D8B3566FFD98B7C276/9781107179080c1_1-32.pdf/introduction_the_multiple_challenges_and_layers_of_water_justice_struggles.pdf

reconoce el principio 8 de la Declaración de Jueces de Justicia del Agua de Brasilia[25].

3.3. Protección y conservación efectiva del recurso hídrico

Las decisiones de aquellos encargados de administrar justicia hídrica en casos relacionados con la prevención o reparación del daño a los recursos hídricos deben fundamentarse en los principios de prevención y precaución en materia ambiental, así como en los principios de restauración del daño ambiental.

A través de diversos instrumentos internacionales no vinculantes se han identificado principios que pueden guiar la labor del juez, por ejemplo, la Carta Mundial de la Naturaleza, establece principios para evitar los daños como por ejemplo el principio 11ª que ordena evitar "actividades que puedan causar daños irreversibles a la naturaleza" o el 11 b que determina "Las actividades que puedan entrañar grandes peligros para la naturaleza serán precedidas de un examen a fondo, y quienes promuevan esas actividades deberán demostrar que los beneficios previstos son mayores que los daños que puedan causar a la naturaleza y esas actividades no se llevarán a cabo cuando no se conozcan cabalmente sus posibles efectos perjudiciales". Otro ejemplo, de principios aplicables en esta materia lo encontramos en la Declaración de Jueces de Justicia del Agua de Brasilia, que adopta los principios de "El que contamina paga,

---

25 El Principio 8 determina: *"Justicia hídrica y buena gobernanza del agua De manera congruente con el papel propio de una judicatura independiente para sostener y hacer cumplir el Estado de Derecho, así como asegurar la transparencia, rendición de cuentas e integridad en la gobernanza, la existencia de leyes adecuadas sobre el agua y su aplicación y cumplimiento efectivo son esenciales para la protección, la conservación y el uso sostenible de los recursos hídricos y los ecosistemas relacionados".*

el usuario paga y la internalización de los costos y las externalidades ambientales. (Principio 7).

Por otro lado, para lograr los objetivos de prevención mencionados, es fundamental respaldar la sentencia y sus órdenes con conocimientos científicos y técnicos. En la decisión judicial, no solo se debe identificar la causa de la afectación, el impacto negativo o la contaminación del recurso hídrico, sino también encontrar el sistema o medio técnico para prevenir o reparar dicho daño. Además, es necesario identificar de manera específica los medios viables a implementar, teniendo en cuenta las circunstancias nacionales, las mejores tecnologías disponibles y las condiciones económicas del caso. Todo esto debe hacerse procurando establecer plazos razonables para la adopción de dichas medidas.

3.4. Análisis y solución integral de la problemática y del conflicto por parte del juez

Los asuntos relacionados con los recursos hídricos suelen ser complejos; no podemos abordarlos considerando el agua de manera aislada de los demás elementos de la naturaleza. El enfoque debe ser ecosistémico, es decir, debe procurarse "el manejo integrado de la tierra, el agua y los recursos vivos, promoviendo su conservación y uso sostenible de forma justa y equitativa"[26].

Del mismo modo, una decisión dirigida a alcanzar la justicia hídrica debería impulsar soluciones integrales a la problemática que se está resolviendo. Una solución que no cubra todas las causas del conflicto, a todos los actores relacionados o que no tenga en cuenta el contexto social, económico, ambiental y

---

26 SHEPHERD, G. *El Enfoque Ecosistémico: Cinco Pasos para su Implementación.* UICN, Gland, Suiza y Cambridge, Reino Unido. 2006. pp. 30.

administrativo en el cual se actúa, será difícilmente implementable en la práctica.

El juez debe tomar decisiones que efectivamente determinen obligaciones, prohibiciones o condicionamientos realizables, en los casos en los que las decisiones afecten a entes públicos, debe tener en cuenta las funciones y competencias que le han sido atribuidas por ley para que la orden no entre en contradicción con la norma y se generen dilaciones o incumplimientos que afecten derechos fundamentales o que puedan hacer más gravoso el daño ambiental.

4. EL RECONOCIMIENTO DE DERECHOS A LOS RÍOS EN LA JURISPRUDENCIA COLOMBIANA. ANÁLISIS DE EFECTIVIDAD A LA LUZ DEL CONCEPTO DE JUSTICIA HÍDRICA

El reconocimiento de derechos a la naturaleza, ya sea en su conjunto o a alguno de sus elementos, se puede identificar como un paradigma jurídico innovador que busca contribuir a la protección del entorno natural. Algunos autores consideran este reconocimiento como una categoría jurídica respaldada por la idea de reconocer cosmovisiones diversas y lo identifican como una nueva forma de consenso democrático, un "nuevo contrato social" de naturaleza biocéntrica que busca incorporar valores, derechos y principios protectores de la vida de las personas.[27]. Otros, identifican a los derechos de la naturaleza como una "sombrilla" que recoge corrientes de pensamiento

---

27 MARTÍNEZ GARCÍA, E. "Nuevos sujetos, nuevas legitimaciones, nuevo contrato social ¿nueva función jurisdiccional" En Debates y perspectivas sobre los derecho del a Naturaleza. Una lectura desde el Mediterráneo". Marínez Dalmau. R. (ed). Pireo Editorial, Valencia. 2023. P. 12-32.

que pretenden lograr el "orden social, político y económico diferente en armonía con el planeta[28]. Otros autores no reconocen novedad en este tipo de reconocimientos y logran identificar antecedentes que se remontan hasta la edad media e indican que el modelo biocéntrico responde entre otros motivos a una institucionalidad ambiental débil que espera consolidarse con estas nuevas visiones[29].

En Colombia, la implementación de esta novedosa forma de reconocer a la naturaleza, especialmente en relación con los ríos, sus cuencas y afluentes, ha enfrentado desafíos significativos. Este proceso ha resultado problemático debido a las serias dificultades que el país experimenta en la gestión de su recurso hídrico. Hasta el momento, no se ha logrado observar de manera explícita cómo este reconocimiento contribuye concretamente a la justicia hídrica ya estudiada. La complejidad de las dificultades hídricas en Colombia que abarcan desde la gestión ineficiente hasta la afectación de comunidades vulnerables plantea dudas sobre la efectividad del reconocimiento de derechos a los ríos. La falta de contenido del derecho reconocido por el juez, la limitada claridad sobre su alcance y sobre el cómo se traduce este reconocimiento en acciones concretas que permitan abordar los problemas existentes, ha generado incertidumbre en cuanto a su impacto real en la justicia hídrica en el contexto colombiano.

Así las cosas, una vez explicado el concepto "justicia hídrica" y algunos de sus elementos, a continuación, se analizará cómo ciertas decisiones jurisprudenciales en las que se reconocen derechos a los ríos en Colombia aportan a una efectiva

---

28 CORTÉS-NIETO, J. Y GÓMEZ-REY, A. Los derechos de la naturaleza entre la emancipación y el disciplinamiento. *Revista Derecho del Estado n.°54, enero-abril de 2023,* pp. 133-161

29 MOLINA ROA, J. *Derecho de la naturaleza. Historia y tendencias actuales.* Universidad Externado de Colombia. 2014. P. 221.

protección de los derechos de las comunidades afectadas, a la adecuada gobernanza de las aguas, a la protección y conservación efectiva del recurso hídrico o si la sentencia permite evidenciar que el juez analiza y soluciona de manera integral la problemática y el conflicto relacionado con el agua, es decir si genera justicia hídrica a partir de la sentencia.

4.1. Algunos casos en los cuales se han reconocido derechos a los ríos en Colombia.

A Partir del año 2016 en Colombia se evidencia una tendencia de reconocimiento como sujeto de derechos a los ríos, especialmente en casos donde se verifica algún tipo de afectación negativa. La declaratoria ha quedado en manos de jueces de diversa jerarquía que deben resolver sobre problemáticas asociadas a estos espacios y que deciden utillizar la nueva categoría jurídica como soporte de las órdenes determinadas en la Sentencia.

Tribunal /juez a cargo del caso	Sentencia	Fecha	Espacio Hídrico protegido
Corte Constitucional de Colombia	T 622 de 2016	10/12/2016	Río Atrato
Corte Suprema de Justicia	STC 4360 de 2018	2/4/2018	Amazonía colombiana
Tribunal Administrativo de Boyacá	2028-00016-02	9/8/2018	Páramo de Pisba
Juzgado Único Civil Municipal de la Plata, Huila	2019-00114-00	19/3/2019	Río La Plata
Tribunal Administrativo de Tolima	2011-00611-03	30/5/2019	Ríos Combeima, Cocora y Coello
Tribunal Superior de Medellín	T 038 de 2019 (2019-00071)	17/6/2019	Río Cauca
Juzgado Tercero de Ejecución de Penas y Medidas de Seguridad de Cali	T 031 de 2019 (2019-00043)	12/7/2019	Río Pance

Tribunal /juez a cargo del caso	Sentencia	Fecha	Espacio Hídrico protegido
Juzgado Cuarto de Ejecución de Penas y Medidas de Seguridad de Pereira	2019-41179	11/9/2019	Río Otún
Juzgado Primero Penal del Circuito con Funciones de Conocimiento de Neiva–Huila	2019-00066	24/10/2019	Río Magdalena
Tribunal Administrativo de Quindío	2019-00024	5/12/2019	Río Quindío
Corte Suprema de Justicia	STL 10716 de 2020	25/11/2020	Parque Natural Nacional Los Nevados

Fuente: Elaboración propia.

Estamos seguros que estas no son todas las sentencias existentes en el país, no obstante, consideramos que en la tabla anterior se refieren algunas de los pronunciamientos más relevantes. De todos ellos, hemos escogido algunos que nos permiten observar de manera muy clara si a través de la decisión del juez se logra el objetivo de justicia hídrica ya analizado.

4.2. El punto de partida; Sentencia del rio Atrato (T 622 de 2016)

La Corte Constitucional de Colombia en un estudio de revisión de tutela, examinó la petición de diferentes comunidades étnicas que alegaron la vulneración de sus derechos fundamentales debido a un "*Uso intensivo y a gran escala de diversos métodos de extracción minera y exploración forestal ilegal*" en el río Atrato, ubicado en el Pacífico colombiano y considerado uno de los de mayor rendimiento hídrico en el mundo debido a su extensa cuenca de 40.000 Km2[30].

---

30 Corte Constitucional. Sentencia T-622 de 2016, Magistrado Ponente.: Jorge Iván Palacio.

En este caso, se presentó un contexto conflictivo multidimensional en el cual las comunidades negras se vieron afectadas por la inadecuada prestación de servicios relacionados con el agua, así como por actividades ilegales de extracción minera y explotación forestal ilegal realizadas a gran escala en la región desde los años noventa. Según las comunidades demandantes, estas actividades tuvieron lugar en la cuenca del río Atrato[31] y aumentaron considerablemente en los últimos años, causando niveles de contaminación por sustancias como el cianuro o mercurio que generaron un riesgo para la vida de las comunidades y para algunas especies de flora y fauna que dependían del agua del río para subsistir.[32]

La Corte Constitucional, analizó elementos como el concepto de estado social de derecho, la relevancia constitucional del medio ambiente, los efectos de la actividad minera, la aplicación del principio de precaución ambiental y los efectos *inter comunis* de las sentencias de revisión. Igualmente, la Corte refiere al derecho fundamental al agua, su evolución normativa y jurisprudencial, quizás con la finalidad de afianzar esa cercanía entre el recurso natural y los derechos fundamentales reconocidos por la Constitución Política de Colombia. Al respecto, destacó la doble dimensión del agua, como derecho independiente y como servicio público esencial; la importancia del agua y especialmente de los ríos en la formación de culturas y tradiciones en la anti-

---

31 Hace parte de uno de los territorios más ricos en diversidad natural, étnica y cultural de Colombia al contar con una extensión de 40.000 km2 y ser el espacio para el ejercicio cultural de múltiples comunidades (Sentencia T 622-2016).

32 Sobre este punto, se recomienda leer el artículo de contaminación hídrica por mercurio y su manejo en el derecho colombiano, en el cual Gafner (2018), examina a detalle estudios sobre la intensa y continua contaminación de los ríos en Colombia por mercurio y la necesidad de generar medidas concretas para que se regule el uso del mercurio con aras a recuperar las aguas.

güedad; la importancia particular del río Atrato como principal vía navegable del chocó y como escenario de relaciones comerciales entre algunos departamentos de Colombia; entre otros[33].

Un elemento clave de la Sentencia para llegar a la declaratoria del Atrato como sujeto de derechos, es el argumento relacionado con los derechos bioculturales. En este argumento se afirma que estos son derechos que tienen las comunidades étnicas para "administrar y ejercer tutela de manera autónoma sobre sus territorios y los recursos naturales que conforman su hábitat"[34]. Sin embargo, a pesar de que el concepto de derechos bioculturales se menciona, la Corte no indagó sobre la relación de cada una de las comunidades con el río, con el fin de determinar cuáles eran sus propias leyes y costumbres y si en desarrollo de ellas, las comunidades afectadas percibían al río como un sujeto o si encontraban necesaria o útil tal categorización. La Corte dio por hecho la utilidad de dicha declaración sin tener en cuenta si las comunidades así lo demandaban[35], o si efectivamente desde su cosmovisión o tradición se percibía al río como sujeto de derecho.

Otro argumento relevante para la toma de la decisión por parte de la Corte es la existencia de un cambio de ontología del antropocentrismo hacia el ecocentrismo, el cual "implica que las políticas, normas e interpretaciones sobre conservación de la biodiversidad reconozcan el vínculo e interrelación que existe entre cultura y naturaleza, extiendan la participación de las comunidades étnicas en la definición de políticas

---

33 Corte Constitucional. Sentencia T-622 de 2016, Magistrado Ponente.: Jorge Iván Palacio Palacio.

34 Ibid.

35 SANTAMARÍA ORTÍZ, A. "La naturaleza como sujeto de derechos: ¿transformaciones del derecho para responder a sociedades pluriétnicas o a cambios en la ontología occidental?" *Revista Derecho del Estado n.°54, Universidad Externado de Colombia. Bogotá* 2023. 55–85.

públicas y marcos de regulación, y garanticen las condiciones conducentes a la generación, conservación y renovación de sus sistemas de conocimiento...". No obstante a lo largo de la sentencia, se refiere la necesidad de proteger al río a partir de los servicios que ofrece para satisfacer las necesidades humanas, lo cual, resulta contradictorio.

A primera vista, algunos podrían considerar que, la decisión de la Corte Constitucional fue suficiente desde una perspectiva de la justicia hídrica. Sin embargo, dicha consideración es debatible, debido a que aunque en la tutela se reconoce la vulneración de los derechos, en el marco de la sentencia no se toman medidas que permitan la protección efectiva de los derechos a la vida, a la salud, al agua, a la seguridad alimentaria, al medio ambiente sano, a la cultura y al territorio de las comunidades étnicas accionantes. Igualmente, frente a los problemas relacionados con la contaminación del rio no se evidencian medidas que permitan restauración pronta y efectiva del recurso a través de acciones precisas. El juez opta por ordenar la realización de un plan, pero no identifica desde la perspectiva técnica o científica medidas que deba incluir el plan o que prioritariamente deban adelantarse por parte de los obligados en la sentencia.

Del mismo modo, los plazos en los que deben adelantarse las órdenes, no están soportados de manera alguna en la decisión, por ejemplo: seis meses siguientes a la notificación de la sentencia, para desarrollar un plan de acción conjunto para neutralizar y erradicar definitivamente las actividades de minería ilegal que se realicen no solo en el río Atrato y sus afluentes, sino también en el departamento de Chocó o tres meses para realizar estudios toxicológicos y epidemiológicos del río Atrato, sus afluentes y comunidades.

Del mismo modo, en la sentencia se evidencia la falta de solución integral de la problemática que debía ser solucionada. Ha de tenerse en cuenta que el caso de contaminación descrito en la sentencia tiene múltiples causas que exigen la intervención del Estado a través de diversas entidades de desigual categoría, cuya interrelación en la práctica es compleja o inexistente y no ha logrado solucionarse con la elaboración de planes conjuntos.

Infortunadamente, el reconocimiento al río Atrato, su cuenca y afluentes como una entidad sujeto de derechos a la protección, conservación, mantenimiento y restauración a cargo del Estado y las comunidades étnicas, no está ligado por sí mismo a acciones concretas e integrales que permitan alcanzar el objetivo de justicia hídrica, cada uno de los derechos que se reconocen al nuevo sujeto no tiene contenido jurídico propio pues el juez no lo construyó en la decisión. No se aclaró en la Sentencia el alcance de cada una de las acciones o efectos que se proponen, es más cada una de las órdenes tendría el mismo alcance, aunque se hubiese omitido en la decisión el reconocimiento como sujeto de derechos al Rio.

En el marco del reconocimiento se ordenó al Gobierno nacional ejercer la tutoría y representación legal de los derechos del río en conjunto con las comunidades étnicas que habitan en la cuenca del río Atrato en Chocó, adicionalmente, ordenó a los representantes legales diseñar y conformar una comisión de guardianes del río Atrato. Este aspecto no fue detallado tampoco en la sentencia, por tanto las funciones de los representantes legales y de los integrantes de la Comisión tampoco están definidos, no se conoce por cuanto tiempo se ejerce el encargo o si ser guardián es vitalicio, si se deben cumplir ciertos requisitos para serlo o si el ejercicio de la labor implica un pago, si se generan inhabilidades especiales por el cargo o si las tareas de la Comisión deben ser acompañadas por algún ente de control, en fin no se conoce el alcance de la labor de representación o sus condiciones.

El décimo informe de avance de cumplimiento de la sentencia T 622 de 2022, presentado en agosto de 2022 por el MADS y otras entidades accionadas y vinculadas a la sentencia, concluyó que existen problemáticas que dificultan el cumplimiento de las ordenes impartidas. Lo anterior, debido a factores como la "persistencia del factor tensionante (extracción ilícita de minerales) y la situación de acceso seguro al territorio"[36]. Además, el documento mencionó que, de acuerdo con reportes allegados por Corporaciones Autónomas Regionales, se ha evidenciado que en la cuenca del río se presentó un aumento de arsénico, plomo y mercurio, este último, con reporte de variación que pasó un valor de 0,2 mgHg/kg en 2019 a 29,8 mgHg/kg en 2022[37] .

Adviértase que, siete años después de la promulgación de la orden más significativa en materia de reconocimiento de ríos como sujetos de derecho en el país, las estadísticas indican un aumento en áreas afectadas por minería ilegal. Además, la falta de articulación entre instituciones continúa siendo un desafío considerable que obstaculiza la consecución de resultados efectivos.

4.3. Decisiones posteriores que basaron su contenido en la Sentencia T 622 de 2016

En el marco de este documento hemos analizado otros casos de conflictos por el agua en los que se tomaron decisiones judiciales basadas en los argumentos de la Sentencia T 622 de 2016. En los casos examinados encontramos que los jueces no han llenado de contenido a la categoría jurídica "rio como sujeto de derecho", no han construido elementos adicionales relativos al alcance y efecto de la figura, lo cual podría restarle efectividad limitando la materialización de la justicia hídrica.

---

36 MADS. 2022. *Décimo informe de cumplimiento a la sentencia t-622 de 2016*. Recuperado de chrome-extension://efaidnbmnnnibpcajpcglclefindmkaj/https://atrato.minambiente.gov.co/wp-content/uploads/2022/11/Decimo-Informe-ST-622-2016-Agosto-2022.pdf

37 Ibidem.

4.3.1. Caso Rio Cauca:

Se trata de la Sentencia T 038 de 2019 emitida por la Sala Cuarta Civil de Decisión del Tribunal Superior de Medellín, en ella se analizó en segunda instancia la solicitud de protección a los derechos fundamentales a la salud, agua, medio ambiente y vida digna de comunidades ubicadas en zona de influencia del río Cauca, se declare sujeto de derecho al rio, y se obligue al Gobierno Nacional y al Departamento de Antioquia, a que ejerzan la tutoría y representación legal, y conformen una comisión de guardianes para el río Cauca, entre otras solicitudes. Lo anterior, a partir de la ocurrencia de una contingencia presentada en el proyecto hidroeléctrico "Hidroituango", que generó una disminución dramática del caudal del río y una afectación considerable de todo el ecosistema de fauna y flora que depende directamente del río[38].

En lo relativo al reconocimiento de derechos al Rio, el Tribunal tomó en cuenta los argumentos planteados en el precedente de la Sentencia T 622 de 2016, para luego determinar similares órdenes, como son las relativas a la guardia y representación legal del rio, el diseño y conformación de una Comisión de Guardianes y el seguimiento de la sentencia por parte de entes de control. La sentencia además indicó ampliamente que un proyecto hidroeléctrico de la magnitud de Hidroituango se relaciona indiscutiblemente con el desarrollo sostenible y las generaciones futuras.

A partir del seguimiento que se ha hecho al avance de la sentencia, el MADS reporta que hay avances importantes en el diseño de la estrategia de seguimiento al avance y desarrollo de los proyectos que permitan garantizar los derechos del Río Cauca y en la implementación de la estrategia de seguimiento

---

38 Tribunal Superior de Medellín. Sentencia T 038 de 2019 Sala Cuarta Civil de Decisión.

al avance y desarrollo de los proyectos que permitan garantizar los derechos del Río Cauca.[39]

4.3.2. Caso del Río Magdalena

Otro caso que encontramos relevante es el reconocimiento del Río Magdalena como sujeto de derechos[40]. En este caso, fue el Juzgado Penal del Circuito con Funciones de Conocimiento de Neiva, quien, través de la sentencia de 24 de octubre de 2019 estimó que con ocasión a los constantes vertimientos de aguas al río y sus afluentes por proyectos hidroeléctricos, se presentaron afectaciones importantes que ameritaban el reconocimiento del río como sujeto de derechos, otorgando el deber de su tutoría y representación legal al Gobierno Nacional a través del MADS y de la Corporación Autónoma Regional del Río Grande de Magdalena – Cormagdalena. Igualmente ordenó la conformación del Comité de Guardianes, el seguimiento de la sentencia por parte de la Procuraduría.

El juzgado consideró que la contaminación por vertimientos directos de aguas residuales y la ineficiencia de plantas de tratamiento de aguas residuales, entre otras afectaciones evidentes, consolidaban una situación de deterioro general en la calidad hídrica del río Magdalena, lo cual afectaba consecuentemente la flora y fauna circundante en el área hidrográfica y vulneraba los derechos fundamentales de las comunidades en la zona de influencia del río, tales como la salud, el acceso al agua, el medio

---

39 MADS. Dirección de Gestión Integral del Recurso Hídrico – DGIRH. Sentencia T-038 2019. Cuenca del Rio Cauca – sujeto de derechos. 2021. Recuperado el 15 de octubre de https://storymaps.arcgis.com/stories/1a6a253ff85b4d538b44071fa62b3885

40 Juzgado Penal del Circuito con Funciones de Conocimiento de Neiva. Sentencia No. 071 de 24 de octubre de 2019. Rad. No 41001-3109-001-2019-00066-00.

ambiente sano y una vida digna. Igualmente, el juez identificó la inexistencia de infraestructura de PTARs o su falta de eficacia en distintos municipios del departamento, estableciendo que tal motivo contribuía al aumento de la contaminación[41].

En este caso además del reconocimiento como sujeto de derechos al Río Magdalena, el juez exhortó a la Gobernación, Corporación Autónoma Regional del Alto Magdalena – CAM y a las administraciones municipales a ejecutar estudios y obras para el mejoramiento de las PTAR, no obstante, el juez no ordenó su implementación.

4.3.3. Caso del río Otún

Finalmente, la Sentencia de 11 de septiembre de 2019, por medio de la cual el Juzgado Cuarto de Ejecución de Penas y Medidas de Seguridad de Pereira[42], estudia una acción de tutela en la que solicita la protección de los derechos a la salud, vida y agua de los accionantes y como consecuencia se declare al río Otún como sujeto de derecho. En este caso, el juez determinó que, debido al elevado vertimiento de aguas residuales, desechos y otros contaminantes desde la parte alta del río, la calidad del agua se vio reducida, lo cual generó consecuentemente afectaciones a derechos fundamentales de las personas que consumen dicha agua en el departamento de Risaralda.

---

41 Al respecto, la sentencia menciona que resultó determinante un informe presentado por la Corporación Autónoma Regional del Alto Magdalena – CAM, quien demostró que solo 20 de los 37 municipios del departamento de Huila contaban con PTARs, lo cual podría incluso acarrear responsabilidad del Estado a través de las empresas prestadoras del servicio público y las administraciones municipales.

42 Juzgado Cuarto de Ejecución de Penas y Medidas de Seguridad de Pereira. Sentencia No. 036 de 11 de septiembre de 2019. Rad No. 660013187004201900057.

El juzgado en este caso, además de tutelar los derechos alegados en cabeza de las generaciones presentes y futuras, reconoció al Rio Otún como sujeto de derechos utilizando como soporte de su decisión la Sentencia del Rio Atrato, no obstante, en las ordenes no se refirió a los temas recurrentes relacionados con la representación y guardia del rio, o al seguimiento de la sentencia a cargo de órganos de control.

En este caso, el juez optó por ordenar a la autoridad ambiental CARDER garantizar el tratamiento previo de los vertimientos que se realicen a las aguas del rio Otún y sancionar a generadores de vertimientos, igualmente ordenó al Departamento de Risaralda, Municipio de Pereira y Dosquebradas destinar el presupuesto necesario para ejecutar labores de limpieza de la cuenta y ejecutar jornadas educativas en los barrios colindantes a la rivera del rio, entre otras decisiones. Así pues, las órdenes de esta sentencia resultaron explícitas y directamente relacionadas con la afectación alegada por los demandantes.

Después de identificar y analizar algunos casos jurisprudenciales relacionados con el reconocimiento de derechos a los ríos Atrato, Cauca, Magdalena y Otún, se observa un creciente interés en Colombia por la protección prioritaria de los cuerpos hídricos en los últimos años. Sin embargo, las decisiones judiciales no muestran ser transformadoras únicamente por el hecho de reconocer derechos a los ríos. La verdadera transformación se materializa cuando las órdenes derivadas de las sentencias impulsan de manera efectiva acciones directas destinadas a resolver la causa subyacente del problema en discusión.

En este contexto, se destaca que la calidad de las decisiones judiciales es crucial. La efectividad de estas decisiones radica en la claridad, el razonamiento y la argumentación sólida que las respaldan. Cuando las órdenes se fundamentan en un análisis profundo y se apoyan en una base jurídica y técnica robusta, contribuyen de manera significativa a la búsqueda de la justicia hídrica. Por el contrario, en los casos en que el reconocimiento de derechos a los ríos se limita a una mera repetición de la categoría jurídica sin un respaldo sustancial, este reconocimiento carece de eficacia y no aporta al logro de la justicia hídrica.

5. CONCLUSIONES

Primera: En Colombia puede evidenciarse una paradoja frente al agua, pues a pesar de contar con abundancia hídrica existen múltiples desafíos en cuanto al acceso y la calidad del recurso hídrico, especialmente en áreas rurales. La débil gestión del agua genera impactos negativos que afectan la calidad de las aguas para todos los usos, generando a su vez conflictos por su uso y situaciones de injusticia hídrica.

Segunda: La propuesta conceptual de justicia hídrica pretende una justicia que va más allá de lo tradicional, integrando principios filosóficos y jurídicos, elementos doctrinales, experiencias de tribunales existentes y otros elementos que permitan entre otros fines, proteger los derechos humanos relacionados con los recursos hídricos, promover la adecuada gobernanza de las aguas, lograr la protección y conservación efectiva del recurso hídrico e impulsar el análisis y solución integral de la problemática y del conflicto por parte de los jueces.

Tercera: El reconocimiento de derecho a los ríos no debe entenderse como herramienta inequívoca para alcanzar la Justicia hídrica, se hace necesario dar claridad al contenido de los derechos reconocidos a los ríos e impulsar que los espacios vacíos de su definición se llenen de contenido con el fin de estandarizar su alcance y a partir de allí lograr acciones concretas que se reflejen en casos de justicia hídrica en Colombia

Cuarta: La protección del agua a través de decisiones de carácter judicial, no puede tener exclusivamente un valor simbólico, el juez debe evitar decisiones que no transformen situaciones de injusticia hídrica, para lograrlo puede partir del concepto de justicia que defendemos, procurando cubrir todos sus elementos.

Quinta. La experiencia colombiana en el reconocimiento de derechos a los ríos pone de manifiesto la necesidad apremiante de dotar de contenido sustantivo a esta innovadora categoría jurídica. Aunque se ha avanzado en la conceptualización del río como sujeto de derechos, la tarea de delineación y especificación de los alcances de este reconocimiento recae directamente en la figura judicial. El juez, en este contexto, asume un papel crucial no solo al dictaminar la existencia de derechos para los ríos, sino también al articular de manera clara y precisa el contenido y las implicaciones de estos derechos.

BIBLIOGRAFÍA

BOELENS, R., PERREAULT, T., & VOS, J. "The Multiple Challenges and Layers of Water Justice Struggles". En R. Boelens, J. Vos, & T. Perreault, *Water Justice.* pp 1-32. Cambridge University Press. 2018. Recuperado el 1 de mayo de 2020, de : https://www.cambridge.org/core/services/aop-cambridge-core/content/view/3EDEFDED451F29D8B3566FFD98B7C276/9781107179080c1_1-32.pdf/introduction_the_multiple_challenges_and_layers_of_water_justice_struggles.pdf

CORTÉS-NIETO, J. Y GÓMEZ-REY, A. Los derechos de la naturaleza entre la emancipación y el disciplinamiento. *Revista Derecho del Estado n.°54, enero-abril de 2023*, pp. 133-161

DANE. *Encuesta Nacional de Calidad de Vida para población campesina 2022.* DANE, Bogotá, 2022. Recuperado el 1 de octubre de 2023, de https://www.dane.gov.co/index.php/estadisticas-por-tema/salud/calidad-de-vida-ecv/encuesta-nacional-de-calidad-de-vida-ecv-2022

GAFNER ROJAS, C. (2018). *La contaminación hídrica por mercurio y su manejo en el derecho colombiano.* En M.P García Pachón (Ed), Tratado de derecho de aguas, Tomo I (pp. 493-526), Universidad Externado de Colombia.

GARCÍA PACHÓN, M & HINESTROZA CUESTA, L. "Reconocimiento de la Naturaleza y de sus componentes como sujetos de derechos" *El reconocimiento de los recursos naturales como sujetos de derechos. Análisis crítico sobre los fundamentos y efectividad de la sentencia del río Atrato.* Universidad Externado de Colombia, 2020, pp. 21-75.

GARCÍA PACHÓN, M. "Justicia hídrica. Aproximación Conceptual", *Información, participación y Justicia Ambiental. Herramientas para alcanzar el desarrollo sostenible y la democracia ambiental.* Universidad Externado de Colombia, Bogotá, 2020, pp. 479-507.

IDEAM. *Estudio Nacional del Agua 2022.* Bogotá: Ideam. 2023. Recuperado el 1 de junio de 2023, de: http://www.ideam.gov.co/documents/14691/125666586/Estudio+Nacional+del+Agua+2022.pdf/53245d68-d879-477e-8dbe-f343e4fe0b9f?version=1.0

IDEAM. *Indicadores.* Bogotá. IDEAM, s,f. Recuperado el 10 de octubre de 2023, de http://www.ideam.gov.co/web/agua/indicadores1

MADS. 2022. *Décimo informe de cumplimiento a la sentencia t-622 de 2016.* Recuperado de chrome-extension://efaidnbmnnnibpcajpcglclefindmkaj/https://atrato.minambiente.gov.co/wp-content/uploads/2022/11/Decimo-Informe-ST-622-2016-Agosto-2022.pdf

MARTÍNEZ GARCÍA, E. "Nuevos sujetos, nuevas legitimaciones, nuevo contrato social ¿nueva función jurisdiccional" En Debates y perspectivas sobre los derecho del a Naturaleza. Una lectura desde el Mediterráneo". Martínez Dalmau. R. (ed). Pireo Editorial, Valencia. 2023. P. 12-32.

MADS. Dirección de Gestión Integral del Recurso Hídrico – DGIRH. Sentencia T-038 2019. Cuenca del Rio Cauca – sujeto de derechos. 2021. Recuperado el 15 de octubre de https://storymaps.arcgis.com/stories/1a6a253ff85b4d538b44071fa62b3885

MAVDT. *Política Nacional para la Gestión Integral del Recurso Hídrico.* Bogotá, 2010.

Ministerio de Ambiente y Desarrollo Sostenible. (2022). *Décimo informe de cumplimiento a la sentencia t-622 de 2016.* Recuperado de chrome-extension://efaidnbmnnnibpcajpcglclefindmkaj/https://atrato.minambiente.gov.co/wp-content/uploads/2022/11/Decimo-Informe-ST-622-2016-Agosto-2022.pdf

MINSALUD. *Informe Nacional de la Calidad de agua para Consumo Humano– INCA 2021.* Bogotá: MinSalud. 2023. Recuperado el 1 de julio de 2023, de https://minvivienda.gov.co/sites/default/files/documentos/informe-nacional-de-calidad-del-agua-para-consumo-humano-inca-2021.pdf

MOLINA ROA, J. *Derechos de la naturaleza. Historia y tendencias actuales.* Universidad Externado de Colombia. 2014. P. 221.

MVCT. *La política de vivienda y agua en Colombia debe dirigirse al medio país históricamente desatendido.* MVCT. Bogotá, 2022. Recuperado el 5 de octubre de 2023, de https://minvivienda.gov.co/sala-de-prensa/la-politica-de-vivienda-y-agua-en-colombia-debe-dirigirse-al-medio-pais-historicamente-desatendido-minvivienda

OCDE. *Marco de Indicadores de Gobernanza del Agua de la OCDE.* Recuperado el 19 de octubre de: https://www.oecd.org/cfe/regionaldevelopment/OECD-Water-Governance-Indicator-Framework-Spanish-version.pdf

ROSS, A. *Sobre el derecho y la justicia.* Buenos Aires : Editorial Universitaria, 1997.

SANDEL, M.J. *Justicia.: ¿Hacemos lo que debemos?.* Trad. Juan Pedro Campos. Penguin Randon House. Barcelona, 2011. p. 352

SANTAMARÍA ORTÍZ, A. *La naturaleza como sujeto de derechos: ¿transformaciones del derecho para responder a sociedades pluriétnicas o a cambios en la ontología occidental?* Revista Derecho del Estado. 2023

SEN, A.. *La idea de Justicia.* Trad. Hernando Valencia Villa, Taurus. Buenos Aires, 2011.

SHEPHERD, G. *El Enfoque Ecosistémico: Cinco Pasos para su Implementación.* UICN, Gland, Suiza y Cambridge, Reino Unido. 2006. pp. 30.

SSPD. (2023). *Información Rural.* Bogotá

SSPD. *Informe sectorial de los servicios públicos domiciliarios de acueducto y alcantarillado. Vigencia 2021".* SSPD, Bogotá. 2023. Recuperado el 6 de octubre de 2023. de https://www.superservicios.gov.co/sites/default/files/inline-files/Informe-sectorial-SSPD-de-Acueducto-y-Alcantarillado-2021.pdf

Jurisprudencia:

Corte Constitucional de Colombia. Sentencia T 418 de 2010.

Corte Constitucional de Colombia. Sentencia T 362 de 2014.

Corte Constitucional de Colombia. Sentencia T 131 de 2016.

Corte Constitucional de Colombia. Sentencia T 280 de 2016.

Corte Constitucional de Colombia. Sentencia T-622 de 2016.

Corte Constitucional de Colombia. Sentencia T 100 de 2017.

Corte Constitucional de Colombia. Sentencia T 129 de 2018.

Corte Constitucional de Colombia. Sentencia T 118 de 2018.

Corte Constitucional de Colombia. Sentencia T 282 de 2020.

Corte Constitucional de Colombia. Sentencia T 058 de 2021.

Corte Suprema de Justicia. Sentencia de 5 de abril de 2018. Radicado 110001-22-03-000-2018-00319-01.

Tribunal Superior de Medellín. Sentencia T 038 de 2019, Sala Cuarta Civil de Decisión.

Juzgado Penal del Circuito con Funciones de Conocimiento de Neiva. Sentencia No. 071 de 24 de octubre de 2019. Rad. No 41001-3109-001-2019-00066-00.

Juzgado Cuarto de Ejecución de Penas y Medidas de Seguridad de Pereira. Sentencia No. 036 de 11 de septiembre de 2019. Rad No. 66001318700420190057.

Tribunal Administrativo de Quindío. Sentencia de 5 de diciembre de 2019. Rad. 63001-2333-000-2019-00024-00.

Capítulo 16.

Los sistemas de gestión ambiental como forma de participación privada para la protección del medio ambiente

ANA LÓPEZ NAVÍO

1. INTRODUCCIÓN

El Derecho ambiental[1] constituye un fenómeno relativamente reciente cuyo origen se ubica en la segunda mitad del siglo XX. Es de destacar que éste cobra especial fuerza en las dos últimas décadas debido a los avances del conocimiento científico con respecto al deterioro del medio ambiente y a la creciente sensibilización social con respeto a los problemas ambientales. Podemos definirlo como el ordenamiento que garantiza y disciplina el goce colectivo inherente a los bienes ambientales, velando por su integridad natural y por el control de la disponibilidad de los bienes ambientales para garantizar sus utilidades y efectos colectivos (Pérez Moreno, 1983, p. 2786).

---

1 Para más información puede consultarse: SIMÓN YARZA, F., "El llamado derecho al medio ambiente: un desafío a la teoría de los derechos fundamentales", Revista Española de Derecho Constitucional, n.° 94, enero-abril, 2012, pp. 160-183. Jordano Fraga, J., "El derecho a disfrutar de un medio ambiente adecuado: elementos para su articulación expansiva (1)", Medio Ambiente & Derecho: Revista Electrónica de Derecho Ambiental, n.° 0, 1998.

La política europea en materia de medio ambiente tiene su origen en el Consejo Europeo celebrado en París en 1972, en el que los jefes de Estado o de Gobierno (tras la primera conferencia de las Naciones Unidas sobre medio ambiente) dispusieron que era necesario el establecimiento de una política comunitaria en materia de medio ambiente que acompañara la expansión económica, así como un programa de acción para aplicarla. Mediante el Acta Única Europea de 1987 se introdujo un nuevo título sobre medio ambiente, que constituyó la primera base jurídica para una política común en materia de medio ambiente, con la finalidad de preservar la calidad del medio ambiente, proteger la salud humana y garantizar un uso racional de los recursos naturales. Posteriores revisiones de los Tratados reforzaron el compromiso de la Comunidad con la protección del medio ambiente y el papel del Parlamento Europeo en su desarrollo. Con el Tratado de Maastricht (1993), el ámbito medioambiental se convirtió en una esfera política oficial de la Unión. Se introdujo el procedimiento de codecisión y la votación por mayoría cualificada pasó a ser la norma general en el Consejo. El Tratado de Ámsterdam (1999), por su parte, estableció la obligación de integrar la protección medioambiental en todas las políticas sectoriales de la Unión con el objetivo de promover el desarrollo sostenible. La «lucha contra el cambio climático» (2.5.2) pasó a ser un objetivo específico con el Tratado de Lisboa (2009), al igual que el desarrollo sostenible en las relaciones con países terceros. El Tratado de Lisboa también otorgó a la Unión personalidad jurídica, lo que le permitió celebrar acuerdos internacionales[2].

En España, por su parte, el derecho medioambiental previsto en el artículo 45 de la Constitución Española se configuró

---

2 Información extraída del siguiente enlace: https://www.europarl.europa.eu/factsheets/es/sheet/71/la-politica-de-medio-ambiente-principios-generales-y-marco-basico

como un derecho subjetivo con un contenido delimitado por el desarrollo legislativo (STC 32/1983, de 28 de abril) y cuya lesión por el incumplimiento de la legalidad ordinaria producirá automáticamente la lesión del derecho a la calidad de vida ambiental (SSTS de 10 de abril de 2003 y de 12 de marzo de 2007), (Candela Talavero, 2015, p. 48).

La Constitución[3] de 1978 recoge la participación en los asuntos públicos como un derecho fundamental de los ciudadanos en su artículo 23, y garantiza su ejercicio en el artículo 55. Esta participación, directa o representativa, se realizará por los poderes públicos por mandato del artículo 9.2 CE, que recoge la necesidad de "facilitar la participación de todos los ciudadanos en la vida política, económica, cultural y social".

Este mandato podrá aplicarse al medio ambiente mediante el establecimiento en el artículo 45 CE al disponer que "1. Todos tienen el derecho a disfrutar de un medio ambiente adecuado para el desarrollo de la persona, así como el deber de conservarlo. 2. Los poderes públicos velarán por la utilización racional de todos los recursos naturales, con el fin de proteger y mejorar la calidad de la vida y defender y restaurar el medio ambiente, apoyándose en la indispensable solidaridad colectiva. 3. Para quienes violen lo dispuesto en el apartado anterior, en los términos que la ley fije se establecerán sanciones penales o, en su caso, administrativas, así como la obligación de reparar el daño causado".

---

3 Para más información puede consultarse: CANOSA USERA, R., "Aspectos constitucionales del derecho ambiental", *Revista de Estudios Políticos (Nueva Época)*, n.° 94, octubre-diciembre 1996, pp. 75 y 82. MARTÍN-RETORTILLO BAQUER, L., "Derechos fundamentales y medio ambiente", *Revista Electrónica de Derecho de la Universidad de La Rioja*, n.° 4, 2006, p. 20-35. CANOSA USERA, R., "¿Existe un verdadero derecho constitucional a disfrutar del medio ambiente?", *Anuario de Derechos Humanos*. Nueva Época, vol. 7, T1, 2006, p. 162-177.

Esta "indispensable solidaridad colectiva" en relación con el cuidado del medio ambiente hace referencia a la colaboración y apoyo mutuo de grupos de personas, comunidades o incluso naciones que comparten un interés común en la preservación y protección del entorno natural[4]. Asimismo, va a implicar el reconocimiento de que los problemas ambientales son globales y requieren esfuerzos conjuntos para abordarlos de manera efectiva. Por tanto, esta solidaridad colectiva, en relación con el cuidado del medioambiente, va a exigir una colaboración activa y un sentido compartido de responsabilidad para abordar los desafíos ambientales de manera efectiva y equitativa. En este sentido, la participación privada va a jugar un papel clave en el cuidado y protección del medioambiente.

2. LOS SISTEMAS DE GESTIÓN AMBIENTAL

2.1. Origen

La gestión ambiental nace a finales del siglo XX como reorientación de parte del pensamiento ambiental (eco-desarrollo y desarrollo sostenible) y como instrumento de diagnóstico y planificación (planes, programas y proyectos) para la resolución de los problemas ambientales, cada vez más crecientes en los países más desarrollados. Hace referencia a actuaciones que contribuyen al cumplimiento de los requisitos de la legislación medioambiental vigente, mejorar la protección ambiental y reducir los impactos de la propia organización sobre el medio ambiente, al controlar los procesos y actividades que los generan.

---

4 Puede consultarse: LINDE PANIAGUA, E. (coord.), "Parte especial del derecho administrativo: la intervención de la Administración en la sociedad", Colex, Madrid, 2007.

Los Sistemas de Gestión Ambiental (en adelante SGMA) surgen de la necesidad de incorporar el interés por el cuidado y protección del medio ambiente en la gestión general de una empresa u organismo público. Asimismo, pretenden aportar un valor estratégico y de ventaja competitiva a toda la organización. También son una herramienta para sistematizar las actuaciones de la empresa y minimizar su influencia en el medio ambiente. Estos sistemas se basan principalmente en el control de los aspectos que afectan al medio ambiente, permitiendo así establecer un proceso de mejora continua, prevención y control de la contaminación.

Podemos definir un SGMA como el un sistema estructurado de gestión que incluye la estructura organizativa, la planificación de las actividades, las responsabilidades, las prácticas, los procesos, los procedimientos y los recursos para desarrollar, implantar, llevar a efecto, revisar y mantener al día los compromisos en materia de protección medioambiental que suscribe la organización, es decir, su política medioambiental. El objetivo principal de un SGMA será, por tanto, el de determinar qué elementos deben considerar las empresas en materia de protección ambiental. Pretenderán pues, integrar actuaciones de protección ambiental en una estructura sólida y organizada que garantice que se tengan en cuenta el control de las actividades y operaciones que podrían generar impactos ambientales significativos.

2.2 Definición

Un SGMA es un enfoque estructurado y sistemático que una organización utiliza para gestionar y mejorar su desempeño ambiental. En otras palabras, este sistema sirve para conocer, controlar y prevenir los impactos medioambientales que produce una empresa sobre el medio ambiente de una forma ordenada y planificada, teniendo siempre presentes los recursos disponibles (económicos, técnicos, materiales, humanos, etc.)[5]. De este modo, la implementación de un SGMA ayuda a una empresa u organización a identificar, monitorear, gestionar y controlar sus impactos ambientales de manera efectiva. Su objetivo principal es promover prácticas empresariales sostenibles y reducir el impacto negativo en el medio ambiente.

La norma internacional ISO 14001 es un estándar comúnmente utilizado para establecer y certificar Sistemas de Gestión Ambiental. La implementación de un SGMA no solo puede beneficiar al medio ambiente, sino que también puede mejorar la eficiencia operativa, la reputación de la empresa y su posición en el mercado. Veremos posteriormente de forma más detenida esta normativa.

Podemos destacar como algunos elementos clave de un SGMA los siguientes:

- Política Ambiental: Una declaración formal que establece los objetivos y compromisos de la organización respecto a su desempeño ambiental.
- Planificación: Identificación de aspectos ambientales y evaluación de impactos, así como el establecimiento de objetivos y metas ambientales.
- Implementación y Operación: Desarrollo de capacidades y competencias, así como la implementación de procesos y procedimientos necesarios para alcanzar los objetivos ambientales.

---

5 https://www.juntadeandalucia.es/medioambiente/consolidado/publicacionesdigitales/CA-73-8 MANUAL DE GESTION MEDIOAMBIENTAL ESTUDIO MEDIOAMBIENTAL DE %20 LOS %20PUERTOS %20DE LA COMUNIDAD AUT/CA-73-8/6 SISTEMAS DE GESTION MEDIOAMBIENTAL.PDF

- Monitoreo y Medición: Recopilación y seguimiento de datos ambientales para evaluar el desempeño y garantizar el cumplimiento de los requisitos legales y otros compromisos.
- Evaluación del Cumplimiento: Verificación de que la organización cumple con los requisitos legales y otros requisitos relacionados con el medio ambiente.
- Revisión por la Dirección: Evaluación periódica del desempeño ambiental y la eficacia del SGMA por parte de la alta dirección.

El contenido de un SGMA suele responder al siguiente esquema[6]:

I. Análisis Medioambiental.

II. Política Medioambiental.

III. Planificación:

3.1. Requisitos Legales y otros requisitos.
3.2. Aspectos Medioambientales.
3.3. Objetivos, Metas y Programa de Gestión Medioambiental.

IV. Implantación y funcionamiento:

4.1. Estructura y responsabilidades.
4.2. Formación, sensibilización medioambiental e implicación de los trabajadores.
4.3. Gestión de la documentación del Sistema de Gestión Medioambiental.

---

6 Información extraída de la página del Ministerio para la transición ecológica y reto demográfico: https://www.miteco.gob.es/es/calidad-y-evaluacion-ambiental/temas/sistema-comunitario-de-ecogestion-y-ecoauditoria-emas/contenido_sgma.html

4.4. Control operacional.
4.5. Planes de emergencia y capacidad de respuesta.

V. Evaluación:

5.1. Seguimiento y medición.
5.2. No conformidades, acciones correctoras y acciones preventivas.
5.3. Registros.
5.4. Auditorías ambientales.

VI. Revisión por la Dirección.

VII. Declaración Medioambiental.

VIII. Verificación Medioambiental.

IX. Registro en el EMAS.

X. Uso y utilización del logotipo.

3. NORMAS ISO 14000

3.1 Ideas generales

Las normas ISO[7] 14000 son un conjunto de estándares internacionales desarrollados por la Organización Internacional de Normalización (ISO) que se centran en la gestión ambiental. Tienen su origen a principios de0 la década de 1990, cuando la concienciación sobre los problemas ambientales y la sostenibilidad comenzó a aumentar a nivel mundial.

---

7 Las siglas ISO corresponden a 'International Organization for Standardization' o 'Organización Internacional de Normalización'. La Organización Internacional de Normalización (llamada en ocasiones: Organización Internacional de Estandarización) es una organización para la creación de estándares internacionales compuesta por diversas organizaciones nacionales de normalización.

En 1992, la Cumbre de la Tierra de las Naciones Unidas, también conocida como la Conferencia de Río, protagonizó el impulso de la conciencia ambiental. Durante esta conferencia, se resaltó la relevancia de la gestión ambiental y la necesidad del desarrollo de estándares que ayudaran a las organizaciones a abordar sus impactos ambientales de manera efectiva.

En respuesta a ello, la ISO estableció un comité técnico, conocido como el Comité Técnico ISO/TC 207, el cual desarrolló una serie de normas internacionales de gestión ambiental, las ISO 14000. Este comité trabajó en colaboración con expertos de todo el mundo, incluyendo representantes de gobiernos, industria, organizaciones no gubernamentales y otras partes interesadas.

Cabe resaltar dos vertientes de la ISO 14000:

- La certificación del Sistema de Gestión Ambiental, mediante el cual las empresas recibirán el certificado.
- El Sello Ambiental, mediante el cual serán certificados los productos ("sello verde").

La primera de esta serie de fue la ISO 14001, publicada en 1996. Esta norma estableció los requisitos para un sistema de gestión ambiental y proporcionó un marco que las organizaciones podían seguir para identificar, gestionar y mejorar sus impactos ambientales. Posteriormente, se desarrollaron otras normas dentro de la serie ISO 14000 que cubrirían distintos aspectos de la gestión ambiental, tales como evaluación del desempeño, etiquetado ambiental, comunicación ambiental y auditorías ambientales[8]:

---

8 Información extraída del siguiente enlace: https://www.nueva-iso-14001.com/2014/08/la-familia-de-normas-iso-14000/

- ISO 14000: describe cómo establecer un SGA activo. Esta norma se propone crear el equilibrio perfecto entre ahorro económico y reducción del impacto ambiental.
- ISO-14001: proporciona los criterios necesarios para implementar un sistema de gestión ambiental y las empresas pueden certificarse según esta norma. Esto no es obligatorio, pero proporciona un conjunto de principios rectores que permiten a la organización crear un SGA eficaz. Puede implementarse en cualquier tipo de organización, sin importar el tipo de negocio o incluso la industria en la que opere.
- ISO 14004: ofrece una orientación general sobre principios, sistemas y prácticas que facilitan la gestión corporativa en la implementación, mantenimiento y mejora continua de un SGA, así como la coordinación de su integración con otros sistemas de gestión. Los principios de la ISO 14004 son consistentes con los de la ISO 14001 y ayudan a mejorar el SGA existente.
- ISO 14010 e ISO 14011: establecen todos los principios generales de auditoría ambiental que se aplican a todas las auditorías ambientales. Esta norma, ha sido reemplazada por la ISO 19011, que cubre muchas funciones relacionadas con la auditoría en general.
- ISO 14012: especifica criterios básicos de competencia para los auditores.
- ISO 14013: proporciona orientación sobre asesoramiento al considerar la certificación ambiental.
- ISO 14014: proporciona orientación sobre la revisión inicial que se debe llevar a cabo para todos los sistemas de gestión ambiental.

- ISO 14015: incluye directrices que cubren los criterios necesarios para realizar una evaluación ambiental de una instalación.
- ISO 14031: gracias a esta norma es posible evaluar el comportamiento proecológico y desarrollar las herramientas necesarias para alcanzar los objetivos ambientales. Es sólo para uso organizacional.
- ISO 14032: ofrece orientación sobre indicadores específicos de la industria.
- ISO 14060: proporciona orientación para tener en cuenta aspectos ambientales en los productos producidos por una organización.

Por tanto, el principal objetivo de esta serie de normas es proporcionar a las organizaciones herramientas prácticas y efectivas para gestionar su impacto ambiental y promover prácticas sostenibles. Estos estándares son voluntarios, pero muchas organizaciones optan por implementarlos como parte de su compromiso con la responsabilidad ambiental y la mejora continua.

3.2 La norma ISO 14001

La norma internacional ISO 14001 (UNE EN ISO 14001 en España), es una norma internacional que establece los requisitos para la implementación de un SGMA. Como hemos dispuesto anteriormente, ésta fue desarrollada por la Organización Internacional de Normalización (ISO) y se publicó por primera vez en 1996. La norma proporciona un marco para que las organizaciones puedan gestionar sus impactos ambientales de forma efectiva.

Uno de los principales objetivos de esta norma es el de implementar un SGMA en un organismo cumpliendo los requisitos que sean necesarios. Igualmente, persigue proporcionar un lenguaje común para la gestión ambiental proporcionando un marco para la certificación de SGMA por terceros, ayudando a las organizaciones a satisfacer la demanda de los consumidores y agencias gubernamentales de una mayor responsabilidad ambiental. Este certificado es compatible con los certificados ISO de los que disponga cualquier entidad.

La norma ISO 14001 ayuda a gestionar e identificar los riesgos ambientales que se pueden producir en una empresa mientras en el desarrollo diario de su actividad. De este modo, se tiene en cuenta tanto la prevención de riesgos como la protección del medio ambiente, siguiendo la normativa legal y las necesidades socioeconómicas requeridas para su cumplimiento. Al implementar un SGMA conforme a la ISO 14001, una organización puede identificar, controlar y mejorar continuamente sus aspectos ambientales.

La implementación de la norma ISO 14001 y un SGA en una empresa es un activo de gran valor ya que se genera una gran confianza en clientes, proveedores, sociedad, comunidad, etc. Igualmente, disponer de esta certificación supondrá beneficios económicos además de la mayor confianza generada.

No debemos olvidar que esta norma se revisa periódicamente para mantenerla actualizada y relevante. La versión más reciente es la ISO 14001:2015, que reemplaza a la edición anterior de 2004.

4. SISTEMA COMUNITARIO DE GESTIÓN Y AUDITORÍA MEDIOAMBIENTALES: EMAS

El Sistema Comunitario de Gestión y Auditoría Medioambientales (EMAS, por sus siglas en inglés "Eco-Management and Audit Scheme") es un sistema voluntario de gestión medioambiental que opera a nivel de la Unión Europea (UE).

Fue establecido por el Reglamento (CE) No 1221/2009 del Parlamento Europeo y del Consejo de 25 de noviembre de 2009 relativo a la participación voluntaria de organizaciones en un sistema comunitario de gestión y auditoría medioambientales (EMAS), y por el que se derogan el Reglamento (CE) no 761/2001 y las Decisiones 2001/681/CE y 2006/193/CE de la Comisión.

El Real Decreto 239/2013, de 5 de abril, estableció las normas para la aplicación del Reglamento (CE) n.° 1221/2009 del Parlamento Europeo y del Consejo, de 25 de noviembre de 2009, relativo a la participación voluntaria de organizaciones en un sistema comunitario de gestión y auditoría medioambientales (EMAS), y por el que se derogan el Reglamento (CE) n.° 761/2001 y las Decisiones 2001/681/CE y 2006/193/CE de la Comisión.

Con la citada normativa se incorporaron importantes novedades en los siguientes temas: la posibilidad de que una organización que cuente con varios centros situados en uno o en varios Estados miembros o en terceros países, pueda solicitar una única inscripción en el sistema EMAS; la posibilidad de que los Estados miembros puedan inscribir en el registro EMAS a organizaciones situadas fuera de la Unión Europea; o el nuevo régimen jurídico de actuación y supervisión de los verificadores medioambientales, que se adapta a lo previsto en el Reglamento (CE) n.° 765/2008 del Parlamento Europeo y del Consejo, de 9 de julio, por el que se establecen los requisitos de acreditación y vigilancia de mercado relativos a la comercialización de los productos y por el que se deroga el Reglamento (CEE) n.° 339/93.

El modelo de SGMA este Reglamento está basado en la norma ISO 14001, y propone una sistemática eficaz para ayudar a las organizaciones a gestionar y mejorar de manera continua su desempeño ambiental. Sin embargo, EMAS contiene requisitos propios que le convierten en un modelo de excelencia para la gestión ambiental. El sistema EMAS se afianza pues como una herramienta de carácter voluntario que permite evaluar, gestionar y mejorar los impactos medioambientales de empresas y organizaciones. Implantar el sistema EMAS en una organización garantiza el cumplimiento de los estándares de respeto medioambiental, reforzando así un comportamiento extraordinario.

El EMAS obliga a que todas las organizaciones que se adhieran a su sistema mantengan una política ambiental definida. Dentro del EMAS podemos encontrar organizaciones de diferentes dimensiones, sectores de actividad y titularidad pública o privada, que se encargan de revisar e informar de forma periódica del funcionamiento de su actuación a través de una declaración medioambiental verificada por organismos independientes.

Cabe destacar también que el EMAS proporciona un importante crecimiento de las posibilidades de negocio en el ámbito comunitario ya que existe una gran demanda de empresas que exigen a sus proveedores y ofrecen a sus clientes, garantías y comportamientos acordes a los estándares medioambientales.

Para adherirse al Registro EMAS será necesario implantar un SGMA según la ISO 14001. Con el cumplimiento de los requisitos establecidos dentro de la norma UNE EN ISO 14001, se garantiza la adecuación de la Organización a la realización de un diagnóstico ambiental, al compromiso de cumplimiento de la normativa y a la evaluación de las actividades desarrolladas por la empresa para controlar y minimizar sus impactos.

Cuando una organización haya implantado de forma efectiva un SGMA, se le asignará un logotipo EMAS. Este logotipo es garantía de la fiabilidad de la información brindada por la empresa u organización que dispone lo posea y, a su vez, reflejo del compromiso de mejora en el comportamiento medioambiental de la misma.

5. BENEFICIOS DE LA IMPLANTACIÓN DE UN SISTEMA DE GESTIÓN AMBIENTAL

De manera progresiva, las organizaciones, independientemente de su actividad, tamaño o ubicación geográfica, tienen la obligación de cumplir con un mayor número de exigencias ambientales que la Administración, los clientes y la sociedad en general les impone. Por ello, resulta imprescindible el uso de una serie de herramientas que integren el cuidado del medio ambiente en su gestión global.

Como hemos mencionado anteriormente, la implantación de un SGMA acorde a la norma UNE-EN ISO 14001 ofrece la posibilidad de sistematizar, de manera sencilla, los aspectos ambientales que se generan en cada una de las actividades que se desarrollan en las organizaciones, así como la posibilidad de promover la protección ambiental y la prevención de la contaminación. Esta implantación consiste en la integración de una serie de procesos para la preservación del estado del medio ambiente en relación al trabajo diario de las organizaciones. Pero, más allá de la obligatoriedad de la gestión ambiental, este enfoque es el resultado de la concienciación de éstas sobre su impacto en el medio ambiente.

Pero, más allá de esto, la implementación de un SGMA ofrece importantes ventajas a la organización que decida ajustarse a este proceso. Estas ventajas hacen que su implantación sea una estrategia integral para las organizaciones que buscan operar de manera sostenible y responsable desde el punto de vista ambiental. Asimismo, la organización se posicionará como socialmente responsable, diferenciándose de la competencia y reforzando, de manera positiva, su imagen ante clientes y consumidores.

Podemos dividir pues estas ventajas en dos visiones diferentes: la primera radicará en el hecho en sí mismo de que la implantación de un SGMA favorece al planeta, además de ser un requisito fundamental para alcanzar la sostenibilidad global y, la segunda visión, versará sobre la idea de que la implantación de un SGMA puede mejorar en un futuro las relaciones comerciales de la organización, aportando valor a su negocio.

Algunas de las ventajas más significativas que podemos subrayar son las siguientes:

- Cumplimiento de la normativa medioambiental: la implementación de un SGA asegura a la empresa el cumplimiento de la normativa ambiental vigente. Esto reduce el riesgo de posibles sanciones y multas, asegurando que la empresa opere dentro de la legalidad.
- Mejora de la eficiencia operativa: al implementar procesos y prácticas más sostenibles, las empresas suelen lograr una mayor eficiencia en el uso de sus recursos, lo que puede traducirse en un ahorro significativo a el largo plazo.
- Minimización de los riesgos ambientales: identificar y gestionar los aspectos ambientales y los riesgos asociados a estos, ayuda a prevenir incidentes ambientales. Prevenir los problemas ambientales no sólo protege el medioambiente, sino que también protege la reputación y la responsabilidad social de la empresa.
- Ahorro de recursos: la gestión eficaz de recursos como el agua, la energía y los materiales puede ayudar a reducir los costos operativos y aumentar la sostenibilidad a largo plazo.
- Prestigio y responsabilidad social: un enfoque proactivo de la gestión medioambiental mejorará la imagen de una empresa y su responsabilidad social corporativa. Muchos consumidores y partes interesadas valoran cada vez más a las empresas que demuestran un compromiso con la sostenibilidad medioambiental.

- Acceso a nuevos mercados: algunos mercados y clientes prefieren proveedores que demuestren prácticas ambientalmente responsables. Ser propietario de una empresa que posea un SGMA puede abrir nuevas oportunidades comerciales y mejorar la competitividad en mercados ambientalmente sensibles.
- Participación de los empleados: la implementación de un SGMA involucra a los empleados en la gestión del medio ambiente de la empresa. Esto no sólo mejora la conciencia ambiental dentro de la organización, sino que también puede mejorar la moral y la satisfacción de los empleados.
- Innovación: encontrar prácticas más sostenibles puede impulsar la innovación dentro de su empresa. La adopción de tecnologías y enfoques más limpios puede dar lugar a productos y servicios más respetuosos con el medio ambiente.

En conclusión, la implantación de un SGMA puede ofrecer beneficios significativos que van más allá del cumplimiento normativo, contribuyendo al éxito a largo plazo y a la sostenibilidad de la empresa u organismo.

6. CONCLUSIONES

- La participación del sector privado desempeña un papel crucial en el cuidado del medioambiente, y su importancia radica en varios aspectos que van más allá de las responsabilidades individuales y gubernamentales. Esta participación del sector privado es esencial para abordar los desafíos ambientales de manera efectiva y para avanzar hacia un modelo económico más sostenible y responsable. La combinación de incentivos económicos, innovación y responsabilidad social puede conducir a soluciones más efectivas para la preservación del medio ambiente.

- La transparencia y el prestigio social de las organizaciones aumentan considerablemente cuando se utilizan SGMA ya que éstos suponen una forma independiente y neutral de demostrar que se está actuando de una forma sostenible con el medio ambiente. Por tanto, la implementación de un sistema de gestión ambiental puede ser estratégica y beneficiosa para la empresa en términos económicos, sociales y ambientales.
- Las administraciones públicas deben promover la implantación de estos sistemas, sometiéndose ellas mismas a éstos. La incentivación por parte de las administraciones para la implantación de SGMA puede tener múltiples beneficios tanto a nivel empresarial como a nivel medioambiental y social.
- La aplicación de los SGMA está tan extendida que, poco a poco, se les empieza a ver como un requisito necesario para garantizar la actividad económica de ciertas empresas debido a su carácter universal y su creciente reputación, lo que pone en entredicho el carácter voluntario de estos sistemas, por ejemplo, a la hora de optar a la concesión determinadas subvenciones e incentivos fiscales.
- Para poder aplicar un SGMA de forma adecuada es necesario crear una serie de procedimientos y hábitos de trabajo que deben ser asumidos como una tarea más dentro de la organización, tanto para los directivos como para los operarios y empleados. Es necesario, por tanto, una toma de conciencia y predisposición a asumir esa responsabilidad con el medioambiente en el presente y en el futuro.
- Tomar la decisión de implementar un SGMA en un organismo va a implicar la adopción de compromisos de me-

jora continua más allá de la normativa ambiental vigente. Para ello es necesaria una adecuada planificación de la gestión ambiental, la cual se ejecuta de forma organizada y sistemática, se mide y evalúa su progreso y se la ajusta para mejorar los resultados.

- La implantación en un organismo de un SGMA ofrece numerosas ventajas tales como el aseguramiento del cumplimiento de la normativa ambiental vigente, la reducción de costes a medio-largo plazo, la reducción de riesgo de accidentes medioambientales, mayores oportunidades de mercado y mejora de la imagen corporativa entre otros.

BIBLIOGRAFÍA

CANDELA TALAVERO, J. E., "La potestad administrativa y los mecanismos de protección del medio ambiente", *Cuadernos de Derecho Local. Fundación Democracia y Gobierno Local,* junio de 2015, pp. 36-80.

CANOSA USERA, R., "¿Existe un verdadero derecho constitucional a disfrutar del medio ambiente?", *Anuario de Derechos Humanos.* Nueva Época, vol. 7, T1, 2006, p. 162-177.

CANOSA USERA, R., "Aspectos constitucionales del derecho ambiental", *Revista de Estudios Políticos (Nueva Época),* n.° 94, octubre-diciembre 1996, pp. 75 y 82.

JORDANO FRAGA, J., "El derecho a disfrutar de un medio ambiente adecuado: elementos para su articulación expansiva (1)", *Medio Ambiente & Derecho: Revista Electrónica de Derecho Ambiental,* n.° 0, 1998.

LINDE PANIAGUA, E. (coord.), "Parte especial del derecho administrativo: la intervención de la Administración en la sociedad", Colex, Madrid, 2007.

MARTÍN-RETORTILLO BAQUER, L., "Derechos fundamentales y medio ambiente", *Revista Electrónica de Derecho de la Universidad de La Rioja,* n.° 4, 2006, p. 20-35.

PÉREZ MORENO, A., "Reflexiones sobre la sustantividad del derecho ambiental", *Revista de Administración Pública,* n.° 100-102, enero-diciembre 1983, pp. 2786-2799.

SIMÓN YARZA, F., "El llamado derecho al medio ambiente: un desafío a la teoría de los derechos fundamentales", Revista Española de Derecho Constitucional, n.º 94, enero-abril, 2012, pp. 160-183.

https://www.miteco.gob.es/es/calidad-y-evaluacion-ambiental/temas/sistema-comunitario-de-ecogestion-y-ecoauditoria-emas/contenido_sgma.html

https://www.europarl.europa.eu/factsheets/es/sheet/71/la-politica-de-medio-ambiente-principios-generales-y-marco-basico

https://www.juntadeandalucia.es/medioambiente/consolidado/publicacionesdigitales/CA-73-8_MANUAL_DE_GESTION_MEDIOAMBIENTAL_ESTUDIO_MEDIOAMBIENTAL_DE_%20LOS_%20PUERTOS_%20DE_LA_COMUNIDAD_AUT/CA-73-8/6_SISTEMAS_DE_GESTION_MEDIOAMBIENTAL.PDF

https://cdn.standards.iteh.ai/samples/70138/517229ae04b347e6b0e068a95bcb3c86/ISO-14002-1-2019.pdf a fecha 18/12/2022

https://observatoriorsc.org/wp-content/uploads/2013/07/reglamento_EMAS.pdf

https://ecoindustria.net/2017/04/07/sostenibilidad-sellos-y-certificaciones/

Capítulo 17.

Mediación en casos medioambientales

RAQUEL CASTILLEJO MANZANARES

1. MEDIACIÓN ADMINISTRATIVA

1.1. El legislador y la mediación administrativa

Es ya habitual en la justicia la abrumadora litigiosidad y el tremendo atasco de asuntos, lo que desemboca inevitablemente en una justicia tardía. Esto es una de las razones que provoca que el legislador proponga sistemas alternativos de solución de conflictos y, en concreto, la mediación.

Como es sabido, la mediación, el arbitraje y la conciliación son medios tradicionales, también en nuestro ordenamiento jurídico, para resolver controversias. La mediación se distingue de los otros medios en que, en ella, dos o más partes intentan voluntariamente alcanzar por sí mismas un acuerdo con la intervención de un mediador, configurado como un tercero neutral que promueve una resolución equitativa entre las partes, permitiendo el mantenimiento de las relaciones subyacentes y conservando el control sobre el final del conflicto.

Si nos planteamos la posibilidad de mediar con la Administración Pública, la desventaja es evidente al tener ésta reconocida legalmente una serie de potestades exorbitantes, que incluso le permiten acciones coercitivas y ejecutorias de sus propias decisiones, pasando por encima de la voluntad de los particulares que se relacionan con ella.

Este panorama induce a pensar que, tal vez, a la Administración no le parezca conveniente, ni mucho menos necesario recurrir a un tercero, ajeno no sólo al conflicto concreto de que se trate, sino al propio funcionamiento y dinámica interna administrativa, para solucionar el problema.

De hecho, a día de hoy, no existe una ley que aborde la mediación en el ámbito administrativo, a diferencia de lo que ocurre en el ámbito civil y mercantil (cuya regulación por Ley 5/2012, de 6 de julio, de Mediación en asuntos civiles y mercantiles, excluye expresamente de su ámbito de aplicación la mediación con las Administraciones Públicas; artículo 2.2.b). Sin embargo, lo cierto y verdad es que en la actualidad se derivan a mediación asuntos administrativos de variada índole, porque realmente las normas administrativas no lo prohíben. Antes, al contrario, la mediación se prevé expresamente en la Ley 39/2015, de procedimiento administrativo común, cuyo artículo 112.2 dispone que "*las leyes pueden sustituir los recursos de alzada y de reposición, en supuestos o ámbitos sectoriales determinados, por procedimientos de mediación*". Así bien, según este precepto, las leyes podrán sustituir el recurso de alzada, en supuestos o ámbitos sectoriales determinados, y cuando la especificidad de la materia así lo justifique, por otros procedimientos de impugnación, reclamación, conciliación, mediación y arbitraje, ante órganos colegiados o Comisiones específicas no sometidas a instrucciones jerárquicas, con respeto a los principios, garantías y plazos que la citada Ley reconoce a las personas y a los interesados en todo procedimiento administrativo. En las mismas condiciones, el recurso de reposición podrá ser sustituido por dichos procedimientos, respetando su carácter potestativo para el interesado.

No obstante, el reconocimiento de la mediación que aquí se efectúa aparece limitado a lo que dispongan las leyes en orden a combatir un acto administrativo previamente dictado y desfavorable para el interesado, pues la posibilidad de contemplar la mediación —según el precepto— se circunscribe a los momentos procedimentales en los que la Administración ya ha decidido e impuesto la solución, su solución, que podrá ser combatida vía recursos administrativos o vía mediación, y en todo caso en ella se partirá del previo ejercicio de potestades administrativas.

Existen además materias específicas en las que el legislador también reconoce la mediación; así, en materia de función pública, el artículo 45 del Real Decreto Legislativo 30/2015 (TREBEP) establece que para la solución extrajudicial de conflictos colectivos derivados de la aplicación o interpretación de Pactos o Acuerdos alcanzados con los representantes de los empleados públicos se puedan derivar a mediación todas las materias excepto aquellas sobre las que exista una reserva de ley.

Ya de forma más genérica, la Ley de Procedimiento Administrativo no hace mención específica al procedimiento de mediación, pero sí nos ofrece la posibilidad de terminar convencionalmente los procedimientos administrativos al señalar, en su artículo 86, que "*Las Administraciones Públicas podrán celebrar acuerdos, pactos, convenios o contratos con personas tanto de Derecho público como privado, siempre que no sean contrarios al ordenamiento jurídico ni versen sobre materias no susceptibles de transacción y tengan por objeto satisfacer el interés público que tienen encomendado, con el alcance, efectos y régimen jurídico específico que, en su caso, prevea la disposición que lo regule, pudiendo tales actos tener la consideración de finalizadores de los procedimientos administrativos o insertarse en los mismos con carácter previo, vinculante o no, a la resolución que les ponga fin*". En estos casos, la mediación es un método adecuado para intentar llegar a estos acuerdos o pactos.

Además, se ha añadido una regulación específica para la terminación convencional de los procedimientos de responsabilidad patrimonial en el artículo 86.5 de la Ley de Procedimiento Administrativo Común, señalando que el acuerdo alcanzado entre las partes deberá fijar la cuantía y modo de indemnización con arreglo a los criterios que para calcularla y abonarla establece el artículo 34 de la Ley de Régimen Jurídico del Sector Público.

1.2. Problemas que suscita la mediación administrativa

La aplicación de la mediación en el ámbito administrativo no está exenta de dificultades. Sobre la base de ese concepto genérico, la mediación administrativa tiene por objeto conflictos en los que una de las partes es una Administración Pública. Hay, por tanto, inicialmente, una pretensión de efectividad de las normas de Derecho Administrativo, ya que no nos referimos a los supuestos en los que la Administración se sujeta al derecho privado sino a aquellos casos, la inmensa mayoría, en los que actúa revestida de *imperium.*

La primera objeción deriva, en consecuencia, de la naturaleza indisponible del ejercicio de potestades administrativas y del sometimiento pleno a la ley y al Derecho que han de regir su actuación. El principio de legalidad que impone a la Administración el artículo 103 de la Constitución impediría, en un plano axiológico, toda alternativa negociada o soluciones alcanzadas por la vía del diálogo con los propios administrados. Soluciones que, además, no excluirían, por definición, intereses estrictamente privados.

A pesar de esta evidencia, hay razones que impulsan de modo creciente el desarrollo de la mediación administrativa. Por una parte, porque se conecta con una nueva concepción del principio de objetividad del artículo 103 CE y con los conceptos de buena administración, transparencia y buen gobierno. Además, y según el art. 41 de la Carta de Derechos Fundamentales de la Unión Europea, el poder acudir a mediación es una exigencia derivada del derecho que tienen los/as ciudadanos/as a "una Buena Administración", posibilitándose así el dar cumplimiento a los objetivos de transparencia, buen gobierno, eficiencia, mejor gestión de los recursos públicos, mejor atención y respuesta al ciudadano/a.

Por otra, con un aluvión de procesos contenciosos que derivan de una práctica administrativa no siempre coherente y transparente. Junto al uso abusivo del silencio administrativo negativo, justificado por la Administración en una imposibilidad material de resolver expresamente en plazo sobre todas las solicitudes y reclamaciones que se le presentan, se da una cierta perversión del sistema de recursos administrativos, construcción técnica de gran perfección que la práctica diaria de las administraciones ha terminado por convertir en muchos casos en un mecanismo inoperante y formal que se utiliza para poder agotar la vía administrativa.

La intervención puramente proforma del superior jerárquico en la resolución de los recursos de alzada, la falta de motivación, el incumplimiento de los plazos en reclamaciones sobre asuntos urgentes para el ciudadano, la lentitud de la tramitación... son casos palmarios de una mala praxis que ha saturado los juzgados y tribunales contencioso-administrativos poniendo el riesgo el principio de la «*razonable duración del proceso*» y, en ocasiones, la propia efectividad de la tutela judicial. En esa práctica administrativa potencialmente conflictiva hay que incluir la vía de hecho, o la proliferación de entidades instrumentales que dificultan la efectividad de las garantías del propio Derecho administrativo.

Por su parte, la mediación también tiene ventajas para el ciudadano. Así, según la Guía de preguntas y respuestas sobre la mediación y las Administraciones Públicas del Ilustre Colegio de Abogados de Madrid: a. Facilita el diálogo y comunicación con la Administración; b. Garantiza el derecho de audiencia; c. Otorga protagonismo a las partes del conflicto; d. Posibilita una mayor igualdad entre las partes del conflicto, gracias a la actuación del/de la mediador/a especializado/a, permitiendo alcanzar un mayor equilibrio entre los derechos e intereses públicos y privados en juego; e. El/la mediador/a debe garantizar a las partes que van a ser tratadas a lo largo de todo el proceso con dignidad e igualdad; f. Permite al ciudadano participar activamente en la gestión y decisión de sus asuntos, pues son las propias partes las que deciden cómo poner término al conflicto, con la ayuda del mediador, sin que la solución venga impuesta por un tercero, como ocurre en la vía judicial; g. La mediación ofrece la posibilidad de valorar el conflicto y su contexto a diferencia de lo que ocurre en la vía judicial, donde las partes verán limitada su intervención a los términos concretos en que el conflicto haya sido planteado; h. Ayuda a preservar la confidencialidad en la resolución de los conflictos, frente al carácter público del proceso judicial; i. Constituye una forma de justicia más amable y cercana; e j. Se caracteriza por su flexibilidad frente al carácter rígido del procedimiento judicial.

2. MEDIACIÓN INTRAJUDICIAL

En el plano judicial, si bien la Ley 29/1998, de 13 de julio, reguladora de la Jurisdicción Contencioso-Administrativa (LJCA) no contiene una mención expresa a la mediación, sí habla de la posibilidad de llegar a acuerdos en el seno del proceso judicial.

Es el artículo 77 LJCA[1] el que nos sirve para introducir la mediación y fórmulas autocompositivas de solución de controversias. De él cabe extraer:

1.- El acudir a mediación es fruto de la derivación que podrá realizar el Juez o Tribunal ya sea de oficio o a instancia de

---

1 Según el Auto del Pleno de la Sala de lo Contencioso-administrativo del Tribunal Superior de Justicia de Galicia de 8 de febrero de 2019, el artículo 77 de la Ley de la Jurisdicción Contenciosa admite implícitamente la mediación.

parte. Se trata de que, una vez derivadas las partes al procedimiento de mediación, éstas asistan a una sesión informativa.

Si es alguna de las partes quien lo insta, podrá hacerlo mediante otrosí en los escritos de demanda o contestación.

2.- Dice el artículo 77 que el sometimiento por el Juez o Tribunal a las partes de la posibilidad de llegar a un acuerdo ha de operarse tras el trámite de alegaciones, esto es, tras la formulación de la demanda y su contestación, y hasta la declaración de concluso para sentencia.

Así fue como ocurrió en el procedimiento acaecido en las Palmas de Gran Canaria, resuelto por el Juzgado de lo Contencioso Administrativo número 3 en auto de 7 de noviembre de 2017. Se interpuso por la entidad Club Lanzarote S.A recurso contencioso-administrativo dirigido contra el Decreto 17/16, dictado por el Consejo Insular de Aguas de Lanzarote, por el que se desestiman las alegaciones de su representada y se declara la extinción y revocación de la autorización otorgada mediante Decreto 66/04.

Una vez admitido a trámite, las partes solicitaron que el procedimiento se derivara al proyecto de mediación puesto en marcha en el Juzgado, en virtud del Convenio Marco de colaboración suscrito por el CGPJ, la Fundación Valsaín, la Comunidad Autónoma de Canarias y el Iltre. Colegio de abogados de Las Palmas.

Celebradas las sesiones informativas y de mediación, por el mediador designado por las partes, se presentó escrito adjuntando acta final de mediación, de la que se desprendía que las partes habían alcanzado un acuerdo.

Es por ello que se recoge en el auto como fundamentos de derecho que "*Primero.- Según la Base 14 del Proyecto de Mediación, si las partes llegaran a un acuerdo que implique la desaparición de la controversia, el Juez dictará Auto declarando terminado el procedimiento, siempre que lo acordado no fuera manifiestamente contrario al ordenamiento jurídico ni lesivo del interés público o de terceros, circunstancias que no concurren en este caso.*

Segundo.- Por tanto, mediante esta resolución procede aprobar el acuerdo al que han llegado las partes conforme a su derecho de disposición sobre el objeto de este proceso, según lo dispuesto en el art. 77 LJCA. Si el acuerdo fuera incumplido esta resolución será título ejecutivo a los efectos previstos en los artículos 517 y ss de la LEC".

Por todo lo cual resuelve "*homologar el acuerdo alcanzado entre la entidad Club Lanzarote, S.A. con el Consejo Insular de Aguas de Lanzarote, con el contenido transcrito en los Antecedentes de Hecho de esta resolución, con las consecuencias, si fuera incumplido, previstas en el Fundamento Jurídico de este Auto".*

Quizá el mejor momento de derivar a mediación fuere tras la fase de conclusiones, pues recordemos que, aunque el artículo 65.1 LJCA fija que "*En el acto de la vista o en el escrito de conclusiones no podrán plantearse cuestiones que no hayan sido suscitadas en los escritos de demanda o contestación*"; se prevén dos excepciones, una de ellas la recogida en el artículo 65.3 LJCA, según el cual "*la sentencia formule pronunciamiento concreto sobre la existencia y cuantía de los daños y perjuicios de cuyo resarcimiento se trate, si constasen ya probados en autos*".

Para interpretar este precepto el Tribunal Supremo en sentencia de 3 de junio de 2020, haciendo repaso de otras de sus sentencias, fija como doctrina jurisprudencial que:

1. En el escrito de conclusiones, por lo general, no se pueden alterar o complementar las pretensiones -la de nulidad y otras de plena jurisdicción-.

2. Ello no impide las alegaciones de refutación de las efectuadas por la parte contraria -en la contestación a la demanda o en el escrito de conclusiones de la actora-, según sus respectivas posiciones.

3. La prohibición del art. 65.1 LJCA no afecta a alegaciones o razonamientos complementarios o de refuerzo de los esgrimidos en los escritos de demanda y contestación.
4. No es inoportuno, en el trámite de conclusiones o en otro momento procesal incluso posterior, recordar al Tribunal sentenciador su propia doctrina dictada en casos semejantes o la existencia de sentencias anteriores que pueden afectar al enjuiciamiento del asunto.
5. En ningún caso está prohibido por el artículo 65.1 LJCA efectuar indicaciones o consideraciones jurídicas que, para el tribunal que ha de fallar el asunto, constituyen una facultad y deber de oficio, insoslayable por aplicación del principio *iura novit curia.*

Por lo tanto, resulta posible concretar las pretensiones en momento posterior a la fase de alegaciones. Pero, además, y sin perjuicio de todo lo hasta aquí expuesto, el propio Tribunal Supremo ha reconocido expresamente la posibilidad de mediación en fase de recurso[2].

Pero también cabe que el procedimiento de mediación tenga lugar en sede de procedimiento de ejecución, como resuelve claramente el Auto del Pleno de la Sala de lo Contencioso-administrativo del Tribunal Superior de Justicia de Galicia de 8 de febrero de 2019. Se trató de un supuesto en el que se trataba de ejecutar una sentencia dictada en diciembre de 2001, siendo demandantes unos particulares, y demandado el Ayuntamiento de la coruña, actuando como codemandada la Comunidad de Propietarios del Edificio Conde de Fenosa.

Recayó sentencia el 20 de diciembre de 2001 en recurso contencioso-administrativo interpuesto contra acuerdo de 10 de noviembre de 1997 del Ayuntamiento de La Coruña por el

---

2 Auto de 7 de abril de 2003.

que se otorga licencia para la rehabilitación de un inmueble para para ser destinado a viviendas y locales comerciales. En la sentencia se estima el recurso y se anula el acuerdo recurrido, siendo confirmada por la STS de 28 de junio de 2006. Ante las dificultades de ejecución por ser un edificio utilizado y habilitado, se entiende como solución la mediación. En ella de manera concisa, según resume SORIANO[3], se logra salvar de la piqueta a un edificio emblemático de la ciudad, que habitado, tendría dificultades sin cuento para ser derribado, ya que el realojo en condiciones semejantes sería una carga enorme para las arcas municipales. Ello además del reconocimiento de una compensación a los comuneros del edificio, y la modificación puntual del plan para legalizarlo, y esas interesantes obligaciones de modificación del Plan Urbano, junto con la asunción de un exigible Código de Conducta con el indicado *deterrent effect*, constituyen los acuerdos[4].

---

3 SORIANO, J.E., *Solución extrajudicial de conflictos y ejecución de sentencias contencioso-administrativas. La mediación…*, Revista Aranzadi de Uranismo y Edificación, número 44/2020, parte Jurisprudencia. Comentarios, BIB 2020/9433.

4 Tras la mediación, los acuerdos obtenidos son:
Los acuerdos convenidos entre el Ayuntamiento de A Coruña y la parte recurrente (particulares)

a. Reconocimiento público por parte del Ayuntamiento de A Coruña de la responsabilidad de dicha Corporación Municipal respecto de la anulación de la licencia correspondiente a la rehabilitación del Antiguo Edificio de Fenosa.

b. Adopción de un Protocolo de Buenas Prácticas urbanísticas por parte del Ayuntamiento de A Coruña, cuya finalidad consiste en evitar que un caso como el Antiguo Edifico de Fenosa se vuelva a producir.

c. Construcción de un edificio de viviendas de Protección Oficial por parte del Ayuntamiento de A Coruña.

d. Indemnización de los daños personales de índole moral causados a la parte recurrente.

e. Renuncia de acciones por la parte recurrente.

Al llevarse a cabo un procedimiento de mediación en sede de ejecución de sentencia, no se está contrariando lo previsto en el artículo 105.1 LJCA, según el cual "*No podrá suspenderse el cumplimiento ni declararse la inejecución total o parcial del fallo*". Así es porque como se manifiesta en el Auto del Pleno "*El objeto, contenido y finalidad de los acuerdos alcanzados entre las partes se sitúa en otro plano, el de la determinación de los concretos medios y formas a través de los cuales se va a ejecutar la sentencia, como cumplimiento de sustitución o equivalente, con la finalidad de preservar el bien jurídico último objeto de tutela en este tipo de procedimientos, articulando una determinada fórmula para conseguir el restablecimiento de la legalidad urbanística*".

Lo que no cabe es que el acuerdo obtenido en la mediación sea un desistimiento o renuncia a cambio de obtener una compensación, pues en este caso no se podría homologar por el juez al ir en contra de lo prevenido en el precepto citado.

Para que el acuerdo se convierta en título ejecutivo, se hace preciso que se dicte un auto que homologue el acuerdo.

Los acuerdos convenidos entre el Ayuntamiento de A Coruña y la Comunidad de Propietarios del Antiguo Edificio de Fenosa.

a. Sustitución de la ejecución in natura de la sentencia, evitándose el derribo del edificio del Antiguo Edificio de Fenosa.

b. Reconocimiento público por parte del Ayuntamiento de A Coruña de la responsabilidad de dicha corporación municipal respecto de la anulación de la licencia correspondiente a la rehabilitación del Antiguo Edificio de Fenosa.

c. Modificación del planeamiento urbanístico de A Coruña para incluir el Antiguo Edificio de Fenosa como "edificio singular".

d. Adopción de un Protocolo de Buenas Prácticas Urbanísticas por parte del Ayuntamiento de A Coruña, cuya finalidad consiste en evitar que un caso como el del Antiguo Edificio de Fenosa se Vuelva a producir.

e. Bases para la compensación a los propietarios del Antiguo Edificio de Fenosa.

3.- Los conflictos sobre los que será posible llegar a un acuerdo han de versar sobre materias susceptibles de transacción, y en particular cuando el pleito verse sobre reclamación de cantidad, lo que nos permite afirmar que la mediación es un campo abonado para la resolución de litigios en materia de responsabilidad patrimonial de las Administraciones Públicas, si bien no es el único.

Por lo general, y según la Guía práctica de la mediación intrajudicial del Consejo General del Poder Judicial (Protocolo de mediación contencioso administrativa), serán susceptibles de mediación las materias en las que se permite la terminación convencional del procedimiento administrativo, aquellas en las que se prevé la mediación como sustitutiva de los recursos administrativos y todas aquellas en las que la Administración ejercite potestades discrecionales, destacando además la mediación para la fijación de hechos controvertidos en las potestades regladas o que son presupuesto de aplicación de normas jurídicas.

En efecto, en ella se diferencia entre ámbito formal y material de la mediación. Con el primero se alude a la naturaleza de la actividad administrativa, desde cuya perspectiva considera mediables: a. Los supuestos en que el ordenamiento jurídico permite la transacción; b. Los supuestos en que el ordenamiento jurídico admite la terminación convencional del procedimiento administrativo; c. Los supuestos para los cuales el ordenamiento jurídico prevea procedimientos compositivos impugnatorios y sustitutivos de la vía del recurso administrativo; d. El ejercicio de potestades discrecionales de la Administración; y e. La fijación de hechos controvertidos en las potestades regladas, o que son presupuesto de aplicación de normas jurídicas[5].

---

5 Según GAMERO CASADO, E., *Iniciativas de mediación intrajudicial en el contencioso-administrativo*, Revista española de Derecho Administrativo,

De otro lado, también debe admitirse la mediación en la llamada discrecionalidad administrativa técnica, que tan solo es discrecionalidad en sentido impropio. En efecto, las valoraciones de carácter técnico disfrutan de un margen de interpretación que da cabida a la mediación. Por ejemplo, en instrumentos de control ambiental es posible que los técnicos de ambas partes -Administración y promotor- cambien impresiones, de tal manera que, si haya una calificación ambiental desfavorable, analicen las eventuales medidas correctoras en un diálogo articulado por un mediador, buscando una solución que, sin desatender el interés general subyacente, desbloquee el conflicto con la reconsideración de las medidas a adoptar: frente a una opción A), plasmada en el proyecto inicial y que resulta contraria a los valores ambientales, a la que se opone la opción B), planteada por los especialistas de la Administración y puede ser técnica o económicamente inviable, podría encontrarse una solución C), que no desatienda ninguno de los intereses en presencia, sino que resulte una alternativa pactada a las dos opciones anteriores, en las que todas las partes salen ganando. El juez se ve abocado a la dicotomía A-B, en tanto que la mediación abre el asunto a la opción C, que sería la que mejor satisficiese y armonizara los intereses en presencia[6].

---

núm. 198/2019, parte Crónica, Editorial Civitas, S.A., Pamplona, 2018, "*La delimitación es, en cierto sentido, clásica, y obedece a los campos que tradicionalmente se reconocen a la mediación (y al resto de fórmulas alternativas de resolución de conflictos), aunque se añade el último ámbito, relativo a la determinación de los hechos en los supuestos de ejercicio de potestades regladas, lo cual es un matiz sumamente interesante frente a la genérica exclusión de la mediación de lo relativo a potestades regladas in toto y sin matices*".

6 GAMERO CASADO, E., *Iniciativas de mediación intrajudicial en el contencioso-administrativo,* Revista española de Derecho Administrativo, núm. 198/2019, parte Crónica, Editorial Civitas, S.A., Pamplona, 2018.

4.- Para que la Administración Pública demandada pueda aceptar el sometimiento de la cuestión litigiosa a mediación, es necesario que confiera autorización en tal sentido a su representante procesal, a su Letrado. Este no puede unilateralmente vincular a su Administración Pública, sino que precisa autorización del órgano de gobierno correspondiente, que además debería autorizar ulteriormente el acuerdo en su caso alcanzado. En cualquier caso, quién acude a mediación es una decisión que deberá adoptar la Administración Pública en cada momento o bien plasmarla en la reglamentación propia de sus servicios jurídicos.

5.- Existe una limitación que en todo caso deberá ser respetada: que lo acordado no sea manifiestamente contrario al ordenamiento jurídico ni lesivo del interés público o de terceros. Y esta valoración es de la competencia exclusiva del órgano jurisdiccional que conoce del litigio, cuyos razonamientos habrá de plasmar en el auto que le ponga fin.

Es por ello, que debiere preverse como requisito en una futura regulación, que los mediadores llamados a intervenir en esta clase de procesos posean conocimientos, no sólo propios de las habilidades y técnicas de solución de conflictos, sino también jurídicos que les permitan apreciar la conformidad a derecho del acuerdo alcanzado, orientando a las partes en el camino correcto.

A nivel interno, la Administración Pública que alcance acuerdo en las sesiones de mediación, deberá considerar el mismo como una especie de pre-acuerdo de necesario sometimiento a informe por su servicio jurídico y posterior aprobación gubernativa, antes de que dicho acuerdo sea sometido al órgano jurisdiccional.

En la actualidad, se están desarrollando algunas experiencias piloto de mediación intrajudicial[7], destacando:

---

7 En Andalucía a través del Convenio entre el CGPJ y la Consejería de Justicia e Interior desde 2017, así como entre el CGPJ y el Defensor del Pueblo Andaluz y Defensor del Menor de Andalucía para fomentar la mediación en el ámbito de los conflictos con la Administración de Justicia desde 2021, o entre el CGPJ y la Consejería de Turismo, Regeneración, Justicia y Administración Local de la Comunidad Autónoma de Andalucía para el impulso, promoción y divulgación de la mediación en el 2022.
En Aragón, el Convenio marco de colaboración para la promoción de la mediación intrajudicial, entre el CGPJ y la Comunidad Autónoma de Aragón, desde 2016.
En Asturias el Convenio de colaboración para la promoción de la mediación entre el Consejo General del Poder Judicial y el Principado de Asturias desde el 2016, aprobándose en el 2022 el Convenio entre el Consejo General del Poder Judicial y la Administración del Principado de Asturias, a través de la Consejería de la Presidencia, para la promoción de la mediación intrajudicial.
En Canarias en el 2015 el Convenio de Colaboración entre el Consejo General del Poder Judicial y la Comunidad Autónoma de Canarias para el impulso de la mediación y métodos alternativos de resolución de conflictos. Firmándose en 2021 el Convenio marco de cooperación entre el CGPJ y la Administración Pública de la Comunidad Autónoma de Canarias en materia de promoción de la mediación intra judicial.
En Cantabria el Convenio marco de colaboración entre el CGPJ y el Gobierno de Cantabria en materia de mediación desde 2015.
En Castilla y León el Convenio entre el CGPJ y el Ayuntamiento de Burgos para el impulso de la mediación contencioso-administrativa en la ciudad de Burgos en 2020.
En Cataluña el Acuerdo de colaboración para la promoción de la mediación, entre el CGPJ y la Generalitat de Catalunya.
En la Comunidad Valenciana el Convenio entre el CGPJ y el Colegio de Abogados de Valencia para aplicar la mediación en el ámbito de los conflictos con la Administración Pública en 2017 y el Convenio entre el CGPJ y el Colegio de Abogados de Alicante para aplicar la mediación

- El 30 de abril de 2013 el CGPJ suscribió un Convenio marco con la Fundación Valsaín que posibilita la mediación en este orden jurisdiccional. El mismo día, se firmó igualmente el Acuerdo vinculado al Convenio marco de colaboración entre la Fundación Valsaín y el CGPJ para el desarrollo del proyecto piloto de mediación intrajudicial en la jurisdicción contencioso-administrativa de la CA de Canarias
- El Juzgado número 1 de Badajoz, sobre la base que ofrece el art. 77 LRJCA, instauró métodos de resolución transaccional de conflictos, alcanzando más de 200 acuerdos en temas de responsabilidad patrimonial y derecho sancionador con Administraciones locales.
- El Tribunal Superior de Justicia de Murcia lleva a cabo un proyecto "*Unidad de mediación intrajudicial de Murcia: un modelo para incorporar la mediación a la carta de servicios de la Administración de Justicia*".

---

intrajudicial en el ámbito de los conflictos con la Administración Pública en 2019.
En Galicia el Convenio entre el Consejo General del Poder Judicial y Vicepresidencia Primera y Consellería de Presidencia, Justicia y Turismo de la Xunta de Galicia para la promoción de la mediación y de otras alternativas para la resolución de conflictos en 2021.
En Madrid el convenio entre el CGPJ y el Colegio de Abogados de Madrid para aplicar la mediación en el ámbito de los conflictos con la Administración Pública desde 2017
En Navarra el Convenio de Colaboración entre el CGPJ y el Gobierno de Navarra en materia de promoción de la mediación intrajudicial en 2021.
En País Vasco el Convenio de colaboración entre el CGPJ y la Administración General de la Comunidad Autónoma de Euskadi en materia de mediación intrajudicial en 2021.

3. MEDIACIÓN ADMINISTRATIVA EN MEDIOAMBIENTE

3.1. Variedad de conflictos ambientales

Dentro de los conflictos en general, los ambientales serán aquellos en que la calidad de vida o el uso de los recursos naturales suponen un telón de fondo en el enfrentamiento de las partes. Aquellos en que las posiciones estén relacionadas con actividades potencialmente contaminantes o molestas, así como a la gestión de recursos naturales, y en los que muchos de los intereses están basados en cuestiones referidas al espacio vital o la conservación de la naturaleza, sin perjuicio de que en muchas ocasiones las necesidades de las partes puedan estar orientadas también a otros perfiles sociales o psicológicos.

Se trata, en definitiva, de un tipo particular de conflicto social donde la problemática en disputa tiene que ver con la calidad de vida de las personas o las condiciones ambientales.

El conflicto ambiental adopta muy diversas formas y pueden diferenciarse situaciones en que las partes mantienen una relación igual (entre vecinos) o desigual (entre vecinos y una industria molesta), aquellas en las que interviene la Administración (local, autonómica o estatal) o las que se dan entre sujetos privados y, por último, las que se refieren a cuestiones de calidad de vida o a la gestión sostenible de recursos naturales.

Algunos ejemplos de medición ambiental:

- Ubicación para el establecimiento de una central nuclear.
- Construir una nueva instalación de residuos tóxicos.
- Cambiar el emplazamiento de un vertedero o incineradora.
- Conflictos por la propiedad de la tierra.

- Desacuerdos entre una comunidad y un organismo gubernamental acerca de la aprobación de un determinado plan o programa.
- Planificación urbanística.
- Estructura del crecimiento urbano.
- Instalación de nuevas industrias.
- Conflictos transfronterizos por el reparto del agua.

Así, cuando dos vecinos disputan por la convivencia en la que uno de ellos produce una gran dosis de ruido, están disputando por la calidad de vida, ya que uno de ellos siente que no puede disfrutar de la tranquilidad de su hogar frente a inmisiones del exterior.

En otras ocasiones estamos ante propietarios de terrenos o viviendas que se enfrentan a las emisiones contaminantes o molestias de industrias, sin que se pueda demostrar la superación de los límites legales y acudir por tanto a las vías de sanción administrativa o penal.

También nos podemos encontrar los conflictos entre regantes o usuarios del agua que suponen a su vez una tensión por la gestión de un recurso limitado, y en ocasiones el reparto de tal recurso se torna complejo por los intereses enfrentados.

Provocan problemas la ubicación de un vertedero de residuos peligrosos en una u otra población o la de una gran infraestructura en uno u otro barrio genera un conflicto ambiental de grandes proporciones que complica la decisión de la Administración que debe resolver sobre su definitiva implantación. O aquellos otros surgidos a raíz de la creación o gestión de un espacio natural protegido frente a la que hay diversas posturas provenientes de propietarios, usuarios, asociaciones de defensa de la naturaleza, promotores de actividades…

Los conflictos vecinales o de ámbito comunitario en lo ambiental suceden en una proporción menor que los conflictos macro o supralocales, en los que están implicados intereses supraindividuales o difusos.

Hay otro tipo de conflictos que se sitúan en torno a decisiones ambientales de gran complejidad técnica y social, por ejemplo, la instalación de una central térmica o el diseño de un espacio natural protegido. En estas decisiones que toma la Administración, existe un gran número de intereses contrapuestos y una gran tensión social, que ni se ven resueltos con una decisión autoritaria exenta de negociación entre las partes, ni se solucionan con un futuro proceso judicial largo, complejo y donde una de las partes pretende imponer a las otras su criterio, o simplemente anular la decisión administrativa sin solucionar realmente la controversia de fondo.

3.2. Dificultad de mediar en conflictos ambientales

Realmente se trata de procesos muy complejos por varias razones:

a. Son conflictos que entrañan asuntos escondidos entre las partes (posición individual/posición como grupo)

b. Relación extensiva y continua entre las partes.

c. Sus elementos y ramificaciones pueden ser económicos, sociales, culturales, científicos, políticos y/o netamente ambientales (interdisciplinariedad).

d. Requieren en varios casos mucha información.

e. El proceso en gran número de ocasiones se desarrolla en el ámbito público.

f. El conflicto resulta de distintos valores, percepciones o significados que los actores otorgan a acciones o circunstancias que afectan o pueden afectar al medio ambiente.

g. En determinados supuestos afectan a actores que no están presentes… las generaciones futuras.

h. Suelen presentar un alto grado de incertidumbre, ya que es difícil predecir los impactos ambientales de las acciones propuestas, o la información necesaria para estimularlos no está disponible.

i. Requieren un entendimiento del contexto, una visualización del problema desde varias perspectivas y una exploración de las posibilidades.

j. Su resolución es un proceso continuo: a medida que se avanza hacia los cambios positivos, se encuentran nuevos desafíos y nueva información.

En concreto, el conflicto ambiental puede estar centrado en:

a. Diferentes posibilidades o interpretaciones de la información.

b. Intereses contrapuestos, que requieren procedimientos de negociación formal.

c. Valores/percepciones contrapuestas.

d. Resolver cuestiones filosóficas o éticas.

Al ser tan diferentes los conflictos ambientales, cabe distinguir entre los que hay posiciones e intereses negociables, como son los elementos materiales del conflicto, así el poder económico, político, propiedad, territorio. Por otro lado, los que se caracterizan porque sus necesidades no son negociables, así los elementos identitarios, emocionales, espirituales, ideológicos, divergencias perceptivas subjetivas, etc…

En estos casos podremos acudir a la mediación administrativa, que ya ha sido objeto de una Recomendación por parte de la Comisión Europea, basada en acercar la Administración al público en la solución de controversias y buscar una forma más rápida, económica y duradera de solventar conflictos entre ciudadanos y Administraciones. Si bien esta mediación tendrá características propias en materia ambiental.

A la Administración no sólo le interesa, sino que constituye una exigencia derivada del derecho que tienen los/as ciudadanos/as a "*una buena administración*" recogido en el artículo 41 de la Carta de los Derechos Fundamentales de la Unión Europea y que posibilita dar cumplimiento a los objetivos de transparencia, buen gobierno, eficiencia, mejor gestión de los recursos públicos, mejor atención y respuesta al/la ciudadano/a.

Para la práctica de la mediación ambiental no existe ninguna norma reguladora en el marco normativo vigente ni ningún protocolo para aplicar a los diferentes conflictos que puedan surgir. Lo único que tenemos a este respecto es el Libro Blanco de la mediación en Cataluña, en la que se referencia la existencia de dos modalidades, por un lado, la referente a la programación y planificación ambientales, en las que se utiliza la mediación preventiva y, por otro, la modalidad correctora o resolutiva, cuando ya ha surgido el conflicto.

Bien, por lo tanto, cabe el uso de la mediación previa a la decisión de la autoridad pública, gestionando de forma cooperativa el conflicto a fin de que sirva de alternativa a la decisión tecnocrática seguida de un proceso en la jurisdicción contencioso-administrativa. Estos procedimientos participativos no sustituyen al proceso decisorio ni a la Administración, sino que sirven para preparar la decisión que en última instancia tomará la autoridad pública.

En el marco del proceso administrativo también cabe la mediación, siendo susceptible en cualquier momento de la primera instancia, en fase de recurso o en ejecución.

En principio cabría la mediación en todo tipo de conflicto, salvo e aquellas materias que afecten directamente a los derechos fundamentales de las personas, fueran contrarias al orden público o perjudicasen intereses de terceros.

En el resto de las materias se haría necesario un análisis previo de la naturaleza y circunstancias del conflicto, así como de las partes para evaluar la idoneidad de acudir a mediación. En estos supuestos, los órganos judiciales pueden derivar a mediación los asuntos que estimen oportunos, previo análisis de su viabilidad, atendiendo a las circunstancias del caso concreto, bien de oficio o a instancia de parte.

4. MEDIACIÓN PENAL EN CONFLICTOS AMBIENTALES

4.1. Amplitud de la legitimación en el proceso penal

La mayor parte de las infracciones contempladas en el Capítulo del Código Penal dedicado al medio ambiente son también infracciones administrativas. No es solo un incidente técnico, sino que es fruto necesario de un presupuesto técnico, la unidad del derecho ambiental, en el que es la aparición de un aumento del injusto material por la creación de peligro, lo que da paso al delito.

Pues bien, partamos de hacer un recordatorio sobre la legitimación para comparecer ante la jurisdicción penal, pues incide de forma fundamental en los conflictos penales ambientales, o más bien, en el procedimiento de mediación de los mismos.

La legitimación corresponde a cualquier ciudadano, quien podrá denunciar, más no por eso será parte en el proceso que pudiese abrir de ser atendida la denuncia.

Para constituirse en parte se requiere que los ciudadanos o/y las asociaciones ecologistas o de cualquier otra clase, interpongan querella, ejercitando así la acción popular, la cual presupone que quien la insta no es perjudicado por el delito. Ante la jurisdicción contenciosa-administrativa, esa legitimación no se ha declarado de modo general para todo tipo de conflictos o daños ambientales, sino que sólo se ha permitido en concretas materias, como la caza, energía nuclear o patrimonio histórico-artístico.

Por último, quien demuestre daños en su persona o bienes causados por una conducta que a su vez sea tipificable como delito contra los recursos naturales o el medio ambiente, podrá ejercer la acción penal como perjudicado.

En el caso concreto de los delitos medioambientales, la tutela del bien jurídico medio ambiente constituye un deber de los Estados que deben de ocuparse de protegerlo y de perseguir y sancionar a los que lo dañen. Por lo tanto, la situación normal viene caracterizada por una actuación de la Administración espontánea o reclamada por los ciudadanos, que también pueden reclamar a la Administración no sólo que vele por el ambiente, sino también que proceda a restaurarlo o repararlo cuando se dañe.

Eso es coherente con que el bien jurídico ambiente nunca puede ser considerado como objeto de un derecho subjetivo individual, y eso equivale a decir que un derecho social constitucional no puede ser suficiente para fundamentar la condición de perjudicado en el proceso penal, pues de admitirse esa subjetivación se desvirtuaría el bien mismo.

En todo caso, la posibilidad de daños personales, en salud o patrimonio, obliga a admitir el perjuicio directo en delitos ambientales, y ello deriva inevitablemente en admitir la presencia de particulares como potenciales beneficiarios de la reparación que se acuerde en la sentencia.

4.2. Bien jurídico protegido en medio ambiente

En materia medioambiental el derecho penal no puede pretender utilizar las fórmulas de incriminación que sirven para la protección de otros bienes jurídicos, como pueda ser la propiedad o la vida.

Ni el medio ambiente es un bien jurídico semejante a cualquier otro: es genérico, impreciso, omnipresente, polimórfico como objeto, de difícil concreción como deseo social y cultural, que enfrenta intereses que a su vez se traducen en interpretaciones diferentes de su valor y respeto, y, sobre todo, en muchos lugares y momentos puede llegar a generar violentísimos conflictos de intereses. Pero a su vez, el medio ambiente no se puede destruir o suprimir, sino deteriorar cualquiera de los elementos que lo componen, poniendo en peligro la salud humana o animal o la flora.

En este contexto, los delitos contra el medio ambiente se encuadran como delitos de peligro, los que no son sino uno de los resultados que arroja la imparable expansión del derecho penal, que ha legitimado la intervención penal ante una sociedad de riesgo en la que los bienes jurídico-penales han dejado de ser solo individuales para convertirse en colectivos, e incluso difusos o generales. Así bien, en la actualidad los delitos de carácter colectivo se regulan tipificados como delitos de peligro[8].

En esta tipología de delitos, la intervención del Derecho penal se adelanta a fases previas de la efectiva lesión del bien jurídico, adquiriendo así un carácter preventivo. Como dice GÓMEZ PAVÓN, "*un delito de peligro… supone siempre un adelantamiento de las barreras de protección penal, no esperar a la lesión o destrucción del bien jurídico*".

---

8 RODAS MONSALVE, J.C., *Protección penal y medio ambiente,* PPU, Barcelona, 1993, págs. 240 a 241, se refiere al concepto de peligro como un juicio valorativo caracterizado por un juicio material-objetivo, ya que tiene una base material que determina su existencia y que constituye el bien jurídico y, dentro de ese juicio material, por un juicio de posibilidad: la vinculación entre la conducta y el resultado negativamente valorado.

Realmente el Código Penal no contempla una definición de lo que sea peligro, pero podemos entender que son aquellos en los que no se exige en el tipo una lesión o menoscabo del bien jurídico, sino que basta para su consumación una simple puesta en peligro del mismo, de manera que se produce un adelantamiento de la protección del bien a fases anteriores a las de su efectiva lesión. Ese adelantamiento de la intervención del Derecho Penal será mayor o menor dependiendo de la intensidad de esa puesta en peligro[9].

Siguiendo a RODIGUEZ MEDINA[10], cabe destacar como elementos básicos para que una situación pueda ser considerada penalmente peligrosa, por un lado, la posibilidad o probabilidad de la producción de un resultado, y por otro, el carácter dañoso o lesivo de ese resultado para algún bien objeto de protección jurídica.

Los delitos de peligro, a su vez, pueden diferenciar los de peligro concreto, que son "*delitos de resultado, donde éste consiste básicamente en la producción de una situación de peligro para el bien jurídico protegido que ha de ser constatado por el juez en el caso concreto*"[11]. En otras palabras, son aquellos que "*el peligro del bien jurídico es un elemento del tipo; de modo que el delito queda sólo consumado cuando se ha producido realmente el peligro del bien jurídico*"[12].

---

9 GÓMEZ PAVÓN, P., *El delito de conducción bajo la influencia de bebidas alcohólicas, drogas tóxicas o estupefacientes y análisis del art. 383 CP*, 4ª ed., Bosch, Barcelona, 2010, pág. 124.

10 RODRÍGUEZ MEDINA, M., *Problemática de los delitos de peligro abstracto. Especial consideración de los delitos contra el medio ambiente*, Revista Aranzadi de Derecho y proceso penal, número 38/2015, parte Análisis Doctrinal, Editorial Aranzadi, S.A.U., Cizur Menor, 2015.

11 DE LA CUESTA AGUADO, P., *Causalidad en los delitos contra el medio ambiente*, 2ª ed, Tiran lo Blanch, Valencia, 1999, pág. 113.

12 CEREZO MIR, J., *Curso de Derecho penal español. Parte general II. Teoría jurídica del delito*, 6ª ed., Tecnos, Madrid, 2002, pág. 111.

Mientras los delitos de peligro abstracto son "*delitos de mera actividad; se consuman con la realización de la conducta supuestamente peligrosa, por eso el juez no tiene que entrar a valorar si la ebriedad del conductor puso o no en peligro la vida de tal o cual transeúnte para entender consumado el tipo*"[13]. El peligro, por tanto, no es un elemento del tipo legal, sino que es la *ratio essendi* del precepto, quedando consumado el delito, aunque en el caso concreto no se haya producido un peligro del bien jurídico protegido.

Así y según la STS de 16 de mayo de 2001 "*El delito tipificado en el art. 368 CP es de los llamados de riesgo o peligro abstracto, de consumación anticipada, en los que el logro de la finalidad última de sus autores cae fuera del perfeccionamiento consumativo tipificado, por cuya razón no caben las formas imperfectas, salvo muy especiales excepciones*". O la sentencia del Tribunal Supremo de 15 de diciembre de 2000, según lo cual *"lo decisivo es el carácter peligroso de la sustancia administrada y no el peligro real creado con ella para la salud pública"*.

Pues bien, como decíamos, los delitos contra el medio ambiente son delitos de peligro, y en este sentido el Tribunal Supremo, en sentencia de 2 de marzo de 2012 dice "*La técnica más adecuada de protección del medio ambiente frente a las transgresiones más graves, que puedan constituir infracciones penales, es la de los delitos de peligro, pues la propia naturaleza del bien jurídico "medio ambiente" y la importancia de su protección exige adelantarla antes de que se ocasiones la lesión*"[14].

---

13 BERDUGO GÓMEZ DE LA TORRE, I., *Curso de Derecho Penal. Parte General, Experiencia,* Barcelona, 2010, pág. 2015.

14 La Audiencia Provincial de Córdoba en sentencia de 18 de enero de 1995, los considera como delitos de peligro abstracto por entender que es lo más adecuado para la protección del bien jurídico del medio ambiente. Para ello argumenta que "*Sin perjuicio de que se pueda estimar más deseable, de "lege ferenda", por razones de eficacia de la protección penal del ambiente el empleo de la técnica del peligro abstracto y así un sector doctrinal*

También se refiere a ellos en su sentencia de 26 de abril de 2002, según la cual *"En efecto, el referido precepto -art. 351 CP- requiere como elementos necesarios para su comisión, en la descripción típica que introduce innovadoramente el vigente Código respecto de la figura del incendio contenida en los textos penales que le preceden, los siguientes: a) la acción de prender fuego a una cosa, sea propia o ajena; y b) el que ese fuego provocado ocasione un peligro para la vida o la integridad física de las personas.*

Estamos, por tanto, ante un delito que la Jurisprudencia, contra la opinión de una parte de la doctrina científica, unánimemente considera de peligro abstracto, siendo el bien jurídico tradicionalmente protegido tanto el patrimonio como la protección de la vida e integridad personal, ya de personas concretas como potenciales. Tratándose así mismo de infracción no de mera actividad sino de resultado porque es el resultado de la acción, la producción del incendio, lo que la convierte en peligrosa o, en todo caso, de peligro abstracto en el que "... el incendio es el medio generador de un peligro".

Desde hace más de cien años este Tribunal, en un paradigmático ejemplo de perseverancia doctrinal, viene afirmando que la consumación, en esta infracción, se alcanza en el momento en que el fuego prende en el objeto, aun cuando éste no sea destruido, es decir, con la simple causación del incendio mismo pero, eso sí, siempre que su autor conozca

---

lo destaca con varios argumentos: a) reducir la arbitrariedad judicial para determinar si en concreto se ha puesto en una situación de peligro o algún concreto bien; b) facultar la labor del juzgador en la aplicación de la norma no requiriéndose conocimientos técnicos para comprobar la creación de peligro, bastando comprobar que se ha producido al situación de peligro descrita en la norma; c) se elimina el factor azar en el nacimiento de la responsabilidad penal pues no depende de que se haya puesto en peligro o no un determinado bien sino que basta que se haya causado la situación peligrosa que prevé la norma; d) es preferible en aquellas conductas que afecten a intereses colectivos y que se reiteran o repiten siendo imposible la individualización de las actuaciones que lo lesionan; y e) permite superar el escollo dela prueba del nexo causal entre la conducta y la situación de peligro concreto".

la presencia en el lugar de una o varias personas sujetas al peligro de las consecuencias de ese fuego que origina, según se desprende de la literalidad del precepto vigente que exige, como vimos, la necesaria causación de un peligro efectivo para las personas.

Pues ya se decía, incluso aplicando los preceptos configuradores del delito de incendio en el, que «... aunque no se puede dudar de que el delito de incendio tiene la naturaleza jurídica de los llamados delitos de peligro, tampoco cabe olvidar que a diferencia de lo que ocurre con los delitos puramente formales, su consumación o realización no debe entenderse producida con absoluto automatismo, sino que en ellos se requiere un mínimo de intencionalidad provocadora del peligro, bien a través de un dolo directo, bien a través de un dolo eventual, máxime en los casos en que ese peligro se entienda de gran trascendencia y se sancione en consecuencia».

La generación de ese riesgo, abstracto al no requerirse la concreción de la persona puesta en peligro, debe ser por consiguiente también querida por quien provoca el fuego, en el momento mismo de la ejecución de la acción de prenderlo. Esta intencionalidad, de otra parte, podrá integrarse como dolo directo o, cuando menos, eventual si la creación del peligro se presenta como probable y se consiente su acaecimiento".

Surge la duda de cómo afrontar una respuesta restaurativa en la persecución de estos hechos delictivos, y se duda de sí podría en estos supuestos hablarse igualmente de mediación penal. La complejidad se halla en la delimitación subjetiva plural, compleja y diversa, que en ciertos casos obstaculiza el desarrollo de la mediación. Y estos obstáculos se acentúan más si cabe en los denominados delitos de peligro abstractos, en los que surge el concepto de víctima innominada o colectiva, que comporta *a priori* ciertos obstáculos a la hora de considerar la mediación, como medio que exige, entre otras cosas, dos posiciones, siendo una de ellas la de la víctima, que se basa en el diálogo y la comunicación. Aun cuando no es imposible, evidentemente es más que compleja la viabilidad de estos supuestos.

En efecto, en los delitos de peligro abstracto no existe víctima concreta, sancionándose en ellos la realización de la acción prohibida por considerar que, en sí misma, constituye una conducta reprobable. Evidentemente, la inexistencia de víctima concreta nos lleva a pensar que no es un supuesto en el que queda la mediación penal[15].

No obstante, considero que en estos casos no es imprescindible la singularización de la víctima, dado que es posible referirnos a víctima simbólica o víctima por subrogación, asumiendo por ley que determinadas personas jurídicas pueden ejercer esa función en el lado de las víctimas, tales como asociaciones en defensa del medio ambiente. Asumirían la representación y defensa de los intereses colectivos e intereses difusos de los afectados por los delitos de peligro.

Lo importante realmente aquí es la obtención de la responsabilidad del victimario respecto de las conductas infractoras. Pero, si identificamos la víctima con personas físicas y los daños con los estrictamente evaluables, se rechaza el uso de la mediación en delitos con víctimas colectivas o supraindividuales como los delitos medioambientales, pese a las amplias posibilidades reparadoras que pueden presentar.

Sin embargo, en estos delitos sin víctimas concretas por ser delitos de riesgo que provocan un peligro abstracto e indeterminado, es factible que se puedan provocar dos vías para facilitar la voluntad de reparación del agresor:

La primera sería facilitar que el agresor se responsabilizara de sus actos delictivos cometidos ante víctimas simbólicas que representan a la comunidad, como por ejemplo, las asociaciones de afectados.

---

15 Vid. SIGUENZA LÓPEZ, J., *Mediación y fin del proceso penal*, Revista Aranzadi Doctrinal, núm. 7/2021, parte Legislación. Doctrina, Editorial Aranzadi, S.A.U, Cizur Menor, 2021.

Y, la segunda, a través de encuentros de reconciliación o prestación de servicios a la comunidad caracterizados por su interés social. La importancia de desarrollar esta vía reside en no perjudicar a quienes cometen delitos contra intereses generales que manifiestan la voluntad de resarcir el daño producido.

El protagonismo de las partes y la voluntad de reparar aconsejan evitar la elaboración de listados cerrados de delitos mediables y optar por valorar la idoneidad de las partes en cualquier tipo de delito, siendo las ventajas más destacadas su carácter necesariamente voluntario y que se valore el esfuerzo para tener en cuenta la capacidad individual de restaurar el daño causado[16].

Una solución para la viabilidad de la mediación o de cualquier otra solución restaurativa en los delitos con víctimas

---

16 Según BARONA VILAR, S., *Mediación penal. Fundamento, fines y régimen jurídico*, Tirant lo Blanch, 2011, "*hay que evitar caer en las generalidades o principios absolutos que no caben ni deben tener cabida en mediación penal. Si bien en los delitos de peligro es más dudosa la templabilidad de la mediación penal por la menor efectividad en la función restaurativa, hay que matizar a la hora de considerar estos delitos de peligro y habrá que concretar en atención a la diversa tipología y gravedad de los hechos, dado que entre ellos puede tanto hacerse referencia a los delitos contra la salud pública, como a los atentatorios al medio ambiente, delitos de enaltecimiento del terrorismo o de la violencia, entre otros. Así, por ejemplo, en el caso de los delitos contra la salud pública y en especial los referidos a la drogodependencia existen manifestaciones claras en el derecho comparado que permiten afirmar el importante papel que se desempeña por la mediación penal, al ser ésta un instrumento de tutela penal funcionando con cierta experiencia, y encontramos precisamente que en los supuestos de los drogodependientes la mediación puede servir esencialmente para cumplir, amén de las demás funciones, fundamentalmente resaltar la posible función de resocialización del delincuente; lo que no es óbice, a su vez, a que en países muy similares a nuestro sistema jurídico, como sucede con Alemania, excluyeron el procedimiento de mediación para aquellos casos de delitos in víctimas individualizadas*".

colectivas o anónimas es atender a las víctimas simbólicas o víctimas por subrogación; con ello; los daños producidos a personas individuales que directa o indirectamente sufren las consecuencias de las conductas delictivas se podrían canalizar a través de asociaciones o entidades. Esta solución permitiría rescatarles de la invisibilidad en la que quedan bajo el anonimato de la víctima colectiva.

Los delitos de peligro abstracto en general encajan mal con la mediación por las dificultades para determinar la concreción de las víctimas que se hayan podido ver perjudicadas por el delito. De esta forma, los inconvenientes ya señalados que dificultan que los delitos con víctimas colectivas puedan ser objeto de procesos de mediación, pueden derivarse de las limitaciones basadas exclusivamente en tipologías delictivas y de la complejidad de identificar el daño y el sufrimiento en las conductas delictivas que afectan a la colectividad.

Por ello, si las limitaciones abandonan al tipo de delito como referencia, pasando a fijarse en los propios requisitos de la Justicia restaurativa y la estimación de los daños, se canaliza hacia entidades o asociaciones a través de la víctima por subrogación, los obstáculos para admitir que la mediación pueda llevarse a cabo en delitos colectivos pueden despejarse, facilitando que se haga un mayor uso de instrumentos restaurativos que resultan útiles y eficaces para la resolución de conflictos, al enfrentarse el infractor a entidades que representan a las víctimas para responsabilizarse del daño causado.

Una cualidad especial de los delitos colectivos es precisamente la magnitud y, a su vez, imprecisión de los daños producidos, lo que además de producir en muchos casos la imposibilidad de hacer frente a la reparación, si se limita a los contenidos dinerarios, olvida que en los delitos colectivos también subyacen daños individuales. De esta forma, delitos colectivos como los que atentan al medio ambiente conllevan una referencia implícita a bienes individuales directamente relacionados con los seres humanos como la vida e integridad de las personas, la salud o la calidad de vida respectivamente.

El hecho de que en los delitos colectivos el sujeto pasivo sea la sociedad en su conjunto o la colectividad, significa que su titularidad no puede atribuirse a individuos concretos, pero no que se trate de intereses indefinidos o abstractos, en la medida en que se pueden identificar intereses específicos en concretos colectivos, de esta manera en los delitos contra el medio ambiente puede haber territorios o zonas especialmente afectadas, o en los delitos contra la seguridad vial y en delitos contra la salud pública puede haber colectivos específicos de afectados por sus consecuencias; de hecho, que en el proceso se permita la acción particular por asociaciones o entidades, así lo confirma.

De esta manera, entidades en defensa del medio ambiente, asociaciones de víctimas de accedentes de tráfico o de tratamiento a personas drogodependientes pueden ser interlocutores válidos para un diálogo restaurativo dirigido a obtener la responsabilidad del daño producido y la voluntad de repararlo, al actuar todas ellas como víctimas simbólicas que representan a personas afectadas o sensibilizadas por las adicciones a las drogas, los accidentes de tráfico o los daños medioambientales.

Ejemplo de este reconocimiento de víctimas por representación se recoge en la sentencia de la Audiencia Nacional de 21 de marzo de 2017, en un delito de enaltecimiento del terrorismo, que valoró positivamente la petición de perdón y las muestras de arrepentimiento que el condenado ofreció tanto a los familiares de la víctima, como a la asociación de víctimas, como organización representativa del colectivo afectado.

Determinados los interlocutores que pueden llevar a cabo instrumentos restaurativos en los delitos colectivos, el siguiente elemento a determinar son los contenidos de la reparación, siendo esencial no plantearla en términos dinerarios estrictos, sino valorar las amplias posibilidades que presenta la reparación simbólica por los efectos preventivos que despliega. Esto serviría para aquellos casos en los que el infractor es insolvente o el daño colectivo es difícil de evaluar, lo que permite recurrir a las obligaciones de dar, hacer, o no hacer propias de la reparación del daño. Lo contrario daría lugar a una reparación selectiva y discriminatoria que dejaría fuera a las personas sin recursos económicos, y a las que atentan a intereses colectivos, cuando existen otras vías alternativas de reparación siempre que el responsable del delito lleve a cabo conductas activas en esta dirección.

La reparación colectiva implica pues, que el concepto de víctima se extienda a víctimas de delitos similares o incluso a potenciales o futuras víctimas, este es el sentido de aceptar como tal la colaboración en las tareas de regeneración o la asistencia a talleres de educación y protección medioambiental.

Ejemplo de todas estas posibilidades se puede encontrar en la aplicación de la atenuante genérica de reparación del daño. La SAP Valencia 195/2000 de 20 de junio que la aprecia en un delito de conducción bajo la influencia de alcohol, en el que pese a tratarse de un delito de peligro abstracto sin causación de daños concretos, se valora la colaboración del condenado en un centro con pacientes tetrapléjicos por accidentes de tráfico, e incluso su propia recuperación tras el internamiento en un centro de desintoxicación, bajo el argumento de que la finalidad de la pena no es solo el castigo, sino la recuperación social del infractor.

También en el ámbito de la persona jurídica como sujeto pasivo del delito, la SAP Valladolid 149/2012 de 30 de abril, suscribió un acuerdo de mediación penal del Servicio de Castilla-León, en el que el responsable de un delito de estafa cuyo perjudicado era el Ayuntamiento reconocía los hechos y el perjuicio moral ocasionado a la citada Corporación, comprometiéndose a realizar gratuitamente las obras de acondicionamiento de una calle, para apreciar la atenuante de reparación muy cualificada por el reconocimiento de los hechos y la voluntad de reparar el daño.

BIBLIOGRAFÍA

BARONA VILAR, S., Mediación penal. Fundamento, fines y régimen jurídico, Tirant lo Blanch, 2011.

BERDUGO GÓMEZ DE LA TORRE, I., Curso de Derecho Penal. Parte General, Experiencia, Barcelona, 2010, pág. 2015.

CEREZO MIR, J., Curso de Derecho penal español. Parte general II. Teoría jurídica del delito, 6ª ed., Tecnos, Madrid, 2002.

DE LA CUESTA AGUADO, P., Causalidad en los delitos contra el medio ambiente, 2ª ed, Tiran lo Blanch, Valencia, 1999

GAMERO CASADO, E., Iniciativas de mediación intrajudicial en el contencioso-administrativo, Revista española de Derecho Administrativo, núm. 198/2019, parte Crónica, Editorial Civitas, S.A., Pamplona, 2018

GÓMEZ PAVÓN, P., El delito de conducción bajo la influencia de bebidas alcohólicas, drogas tóxicas o estupefacientes y análisis del art. 383 CP, 4ª ed., Bosch, Barcelona, 2010.

RODAS MONSALVE, J.C., Protección penal y medio ambiente, PPU, Barcelona, 1993.

RODRÍGUEZ MEDINA, M., Problemática de los delitos de peligro abstracto. Especial consideración de los delitos contra el medio ambiente, Revista Aranzadi de Derecho y proceso penal, número 38/2015, parte Análisis Doctrinal, Editorial Aranzadi, S.A.U., Cizur Menor, 2015.

SIGUENZA LÓPEZ, J., Mediación y fin del proceso penal, Revista Aranzadi Doctrinal, núm. 7/2021, parte Legislación. Doctrina, Editorial Aranzadi, S.A.U, Cizur Menor, 2021.

SORIANO, J.E., Solución extrajudicial de conflictos y ejecución de sentencias contencioso-administrativas. La mediación…, Revista Aranzadi de Uranismo y Edificación, número 44/2020, parte Jurisprudencia. Comentarios, BIB 2020/9433.